前田育徳会尊経閣文庫編

尊経閣善本影印集成 50

春除目抄 京官除目次第 他

八木書店

春除目抄

兼日職事問日次於陰陽寮〈除之家并執柄衰日〉
之其日之後内々仰外記
又三ヶ日被始行御修法〈兼五六ケ日始之〉
不動息災法〈伴僧廿口　一七ケ日修之〉
執政家同始行之　其法同前〈伴僧員数比定〉
前一両日職事向大臣第仰下其日可被行除目
可勤仕執筆之也　大臣着冠直衣出客亭相逢

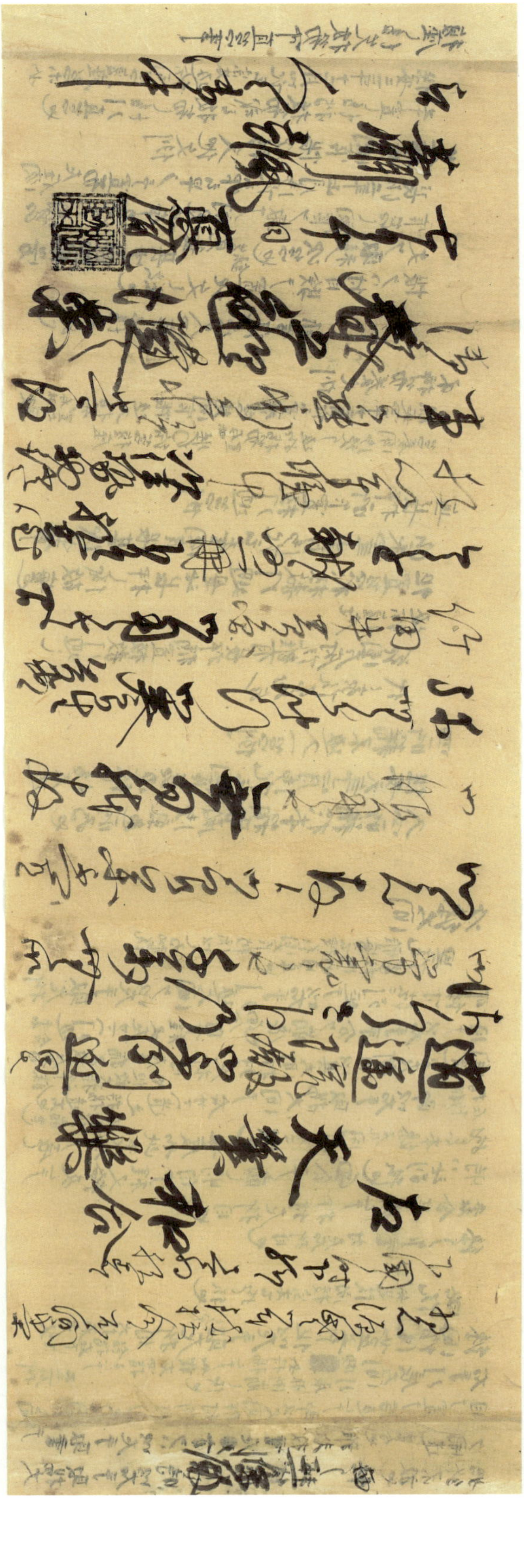

春除目抄　下　紙背　第二十紙（本文一六四頁）

京官除目次第

大臣已下参着仗座　一上直着外　次人先着奥

次使官人敷軾

上臈大臣移着外座後令ゝ敷之

次職事就軾仰召仰事　於里第有召仰之時　於陣無此事

次大臣召外記仰之　其詞曰今日可有除目　召仰諸司ゝ

次召弁仰之　其詞同前

次召外記問文書具否　其詞文書具ゝ不や

次問議所装束具否於大弁　不候者問装束司弁　共不候者召他弁

[illegible]者宜陽殿額間公日華門

廉一面

廿五日　天晴風静、自今夜被始行県召除目、奉行
左中弁量光朝臣也、今春依可有執筆之間、懇以御状
賜本府御時始之、追終文、未練旁所憚也、仍除目事
應仁二年以来八ヶ年停止、已為新例乎　二二十年停止例度々在之
於今者盡彼之處、中将殿御昇進之事、無事被撰勝定院
贈太政大臣御例、以應永三年正月除目為本府兼国以後例、今
春可有本府兼国之間、且云先例、且為再興、被為如形一被遂
行之也、自去年以定進之被結御沙汰了、寛宥以下停止
除目計被行之条、可為当時規模之也、於執筆、仍元日之年

例言

一、『尊経閣善本影印集成』は、加賀・前田家に伝来した蔵書中、善本を選んで影印出版し、広く学術調査・研究に資せんとするものである。

一、本集成第七輯は、平安鎌倉儀式書を採りあげ、『内裏式』『本朝月令要文』『小野宮故実旧例』『年中行事秘抄』『雲図鈔』『無題号記録（院御書）』『春玉秘抄』『春除目抄』『京官除目次第』『県召除目記』『禁秘御抄』『局中宝』『夕拝備急至要抄』『参議要抄』『羽林要秘抄』『上卿簡要抄』『消息礼事及書礼事』『大臣二人為尊者儀』『大要抄』『大内抄』『暇服事』の二十一部を十一冊に編成、収載する。

一、本冊は、本集成第七輯の第六冊として、『春除目抄』（二巻）、『京官除目次第』（一巻）、『県召除目記』（一冊）を収め、朱がある原本については、墨・朱二色に色分解して製版、印刷した。なお、『春除目抄』の紙背文書については、一紙ずつ横向きに掲載した。

一、巻子装の料紙は、第一紙、第二紙と数え、図版の下欄、各紙右端にアラビア数字を括弧で囲んで、(1)、(2)のごとく標示した。冊子形態の『県召除目記』については、遊紙を除き、墨付で第一丁、第二丁と数え、各丁のオモテ、ウラをそれぞれ本冊の一頁に収め、図版の下欄の左端または右端に(1オ)、(1ウ)のごとく丁付した。

一、目次及び柱は、原本記載の編目名等を勘案して作成し、『春除目抄』の紙背文書は紙数を柱に標示した。

一、『春除目抄』は抄録本であるため、本文図版の上欄に、宮内庁書陵部編・刊『図書寮叢刊　九条家本除目抄』上（一九九一年）を参考にして、標出および抄略部分を注記した。

一、『京官除目次第』の裏書は、その巻末に一括して収め、本文の図版および裏書の図版の上欄にそれぞれ「裏1」の如く標示し、その傍らに相互の所載頁をアラビア数字で示した。

一、原本の包紙の上書などを、参考図版として附載した。

一、各書目について、左記の各氏執筆による解説を収載する。

　『春除目抄』…田島公（東京大学史料編纂所）　『春除目抄』紙背文書…末柄豊（東京大学史料編纂所）

　『京官除目次第』『県召除目記』…尾上陽介（東京大学史料編纂所）

平成二十八年五月

前田育徳会尊経閣文庫

目次

春除目抄　上

春除目抄　上　表紙

春除目抄
初日上（第一）

除目ノ日次ヲ陰陽寮ニ問フ

除目修法ヲ始行ス

執筆ヲ命ズ

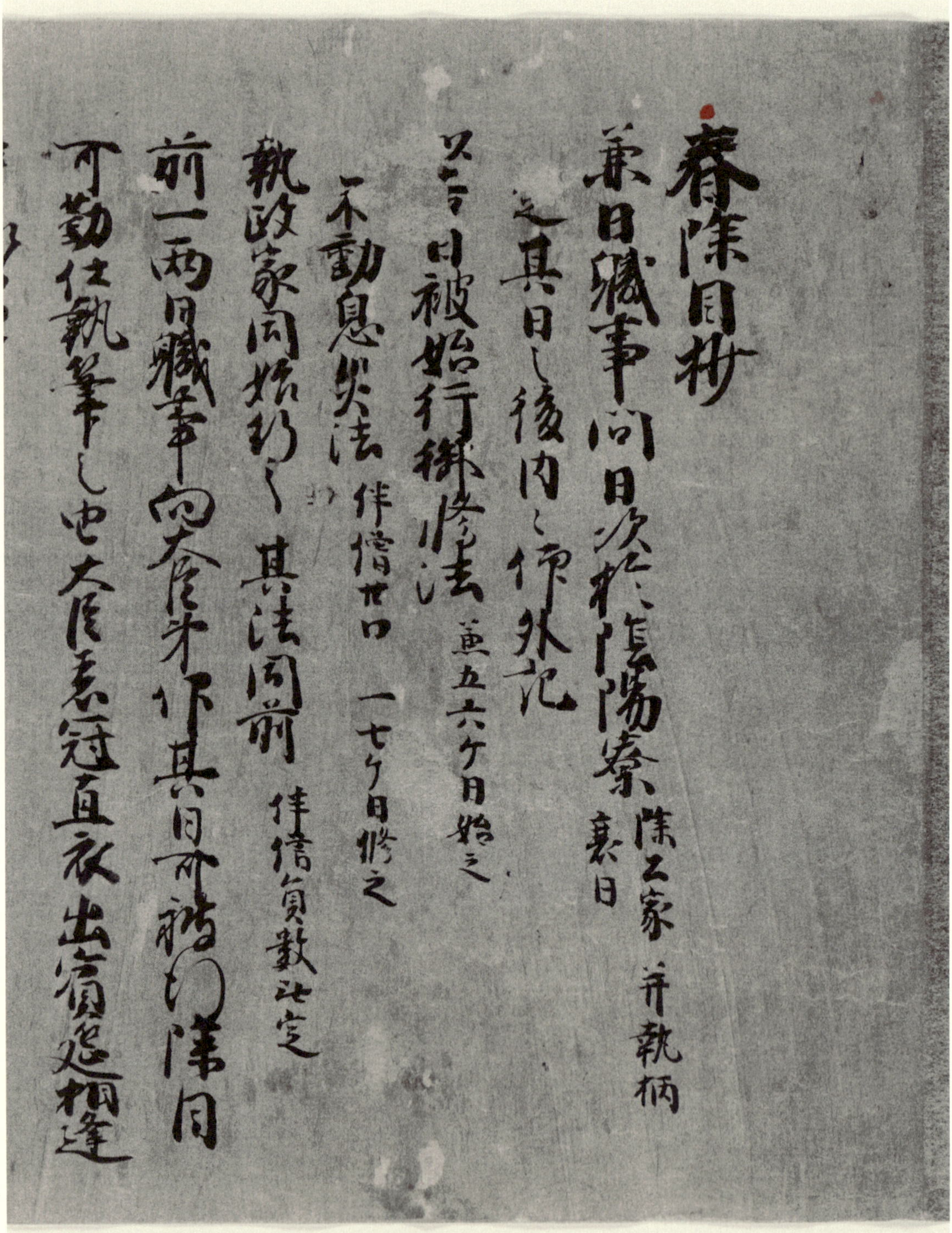
春除目抄
兼日職事問日次於陰陽寮
次其日之後内々仰外記
又其日被始行御修法　兼五六ケ日始之
一不動息災法　伴僧廿口　一七ケ日修之
執政家同始行之　其法同前　伴僧員数注定
前一両日職事向大臣家仰下其日可被行除目
可勤仕執筆之由也　大臣着冠直衣

（1）

知足院御記
○殿暦

召仰

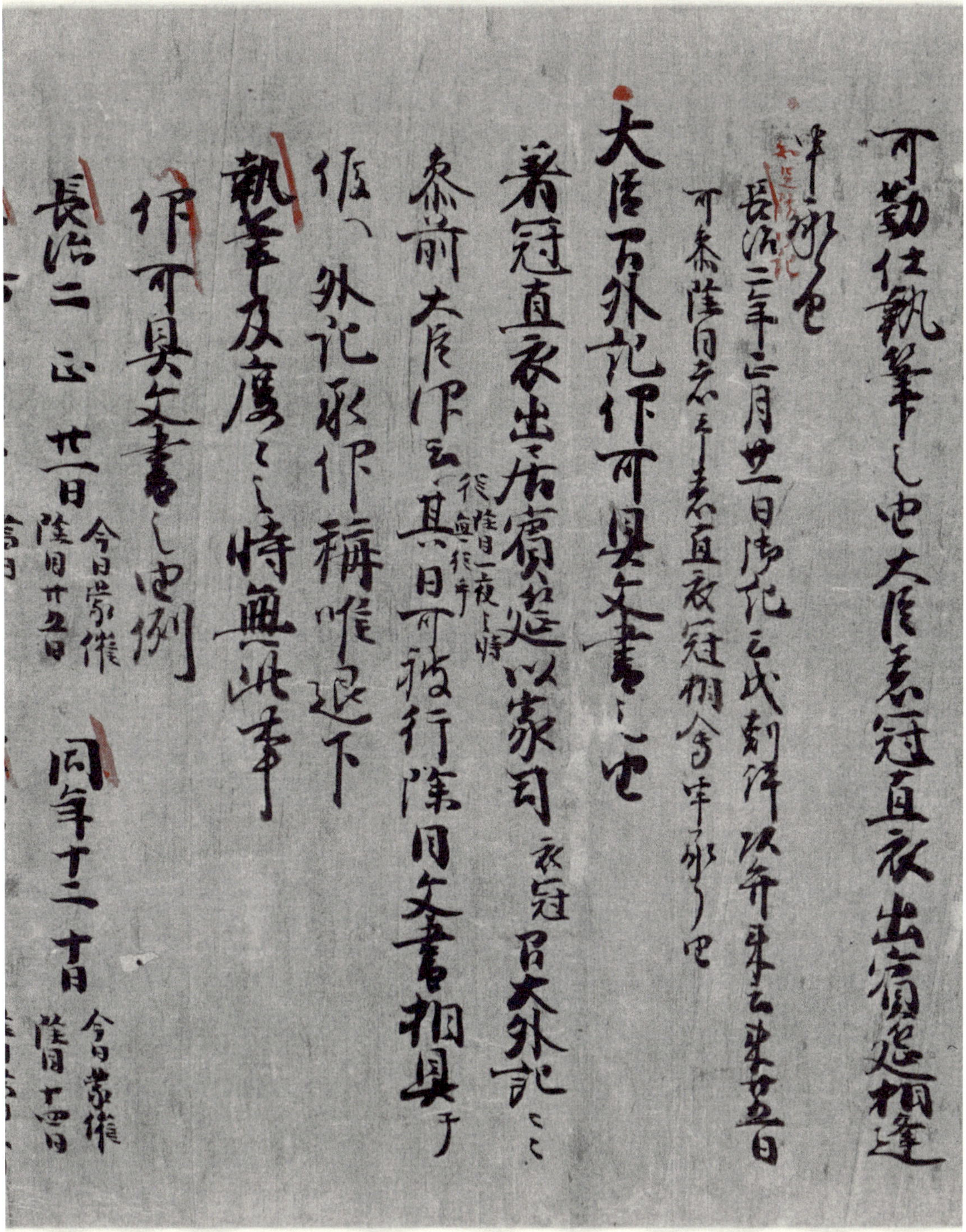
可勤仕執筆之由大臣着冠直衣出居簀邊相逢
畢帰了也
知足院記
長治二年正月廿一日御記云戌刻許以弁来云来廿五日
可参除目忩々着直衣冠相会余承了也
大臣召外記仰可具文書之由
着冠直衣出居簀邊以家司　衣冠　召大外記〻〻
参前大臣仰云　後除目一夜之時　其日可被行除目文書相具于
候〻外記承仰称唯退下
執筆及座之時無此事
仰可具文書之由例
長治二　正　廿一日　除目廿五日　今日営催
同年十二　十日　今日営催　除目十四日

長治二 正 廿日 今日竟儀 除目廿五日

同年十二 十日 今日竟儀 除目十四日

永久四 正 廿六日 今日竟儀 当日

承安四 十二 一日 除目当日竟日 廿四日竟儀

安元々 十二 八日 除目竟日 去三日竟儀

同二 正 廿一日 竟日 明 竟儀

同年十二 五日 去三日竟儀 当日

不作例

元永元 十一月

[illegible] 同二 正月

同年十一月

保安元 正月

同二 正

治承元 十二月

同二 正

同年 十二月

同三 正

同年 十月

同四 正

里第ニテ召仰ノ例

○法性寺殿記

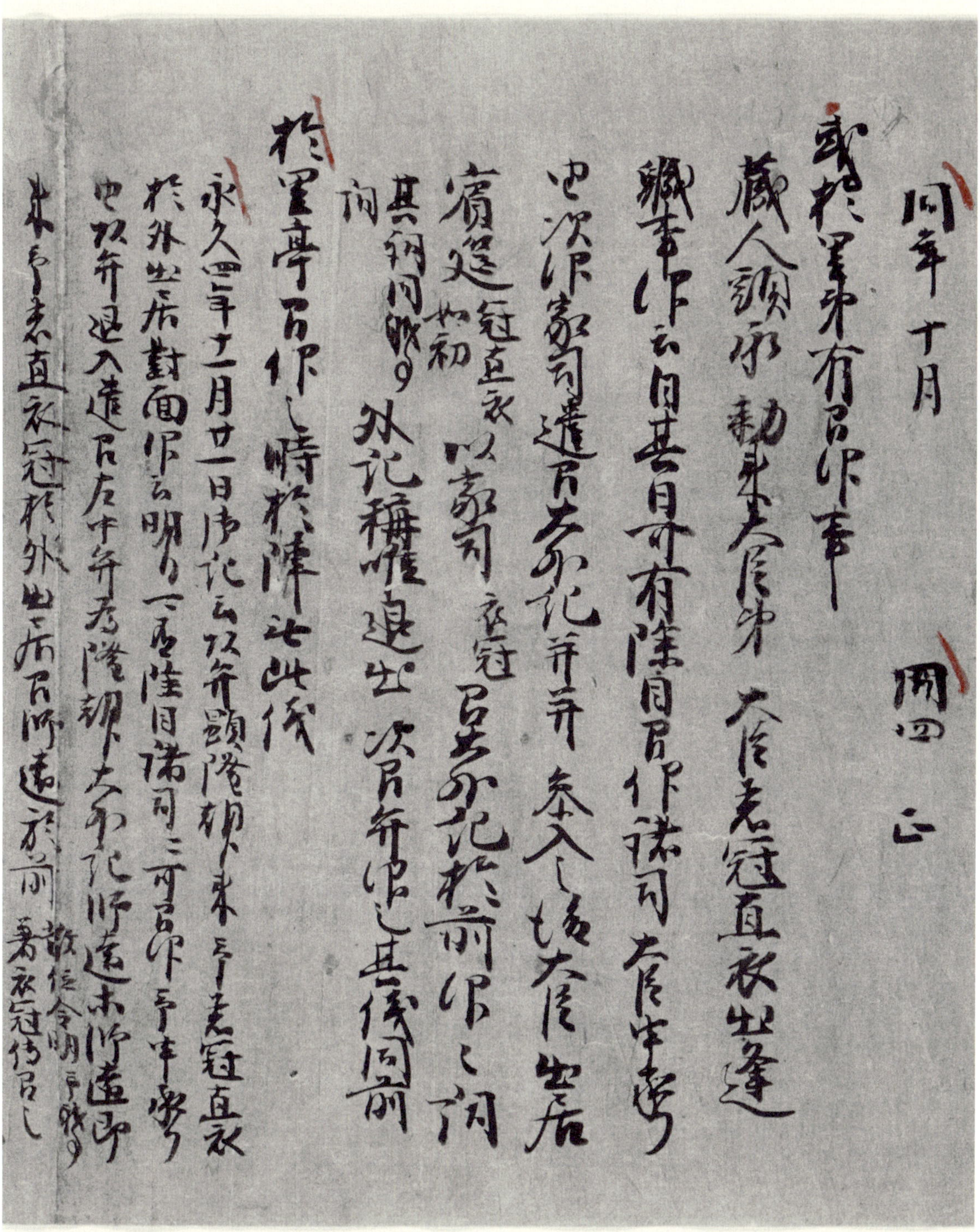
同年十月　同四　正
或於里第有召仰事
蔵人頭承勅来大臣第　大臣着冠直衣出逢
職事仰云、自某日可有除目、召仰諸司、大臣召寄
也、次仰家司、遣召大外記并弁、参入之後、大臣出居
賓延如初　冠直衣　以家司　衣冠　召大外記於前、仰之、又
其詞同職事、外記称唯退出、次召弁仰之、其儀同前
詞
於里亭召仰之時、於陣仰此儀
永久四年十一月廿一日、御記云、以弁顕隆朝臣、未時着冠直衣
於外出居対面、仰云、明日可除目、諸司可召仰、午時参
也、以弁退入、遣召左中弁為隆朝臣大外記師遠、未時師遠参
来、着直衣冠於外出居召師遠於前、仰之　敦任令問時刻　着衣冠候召之

（2）

○台記

○台記

○台記

（図書寮大間料紙ヲ外記ニ渡スコト略ス）

除目初日

申文内覧

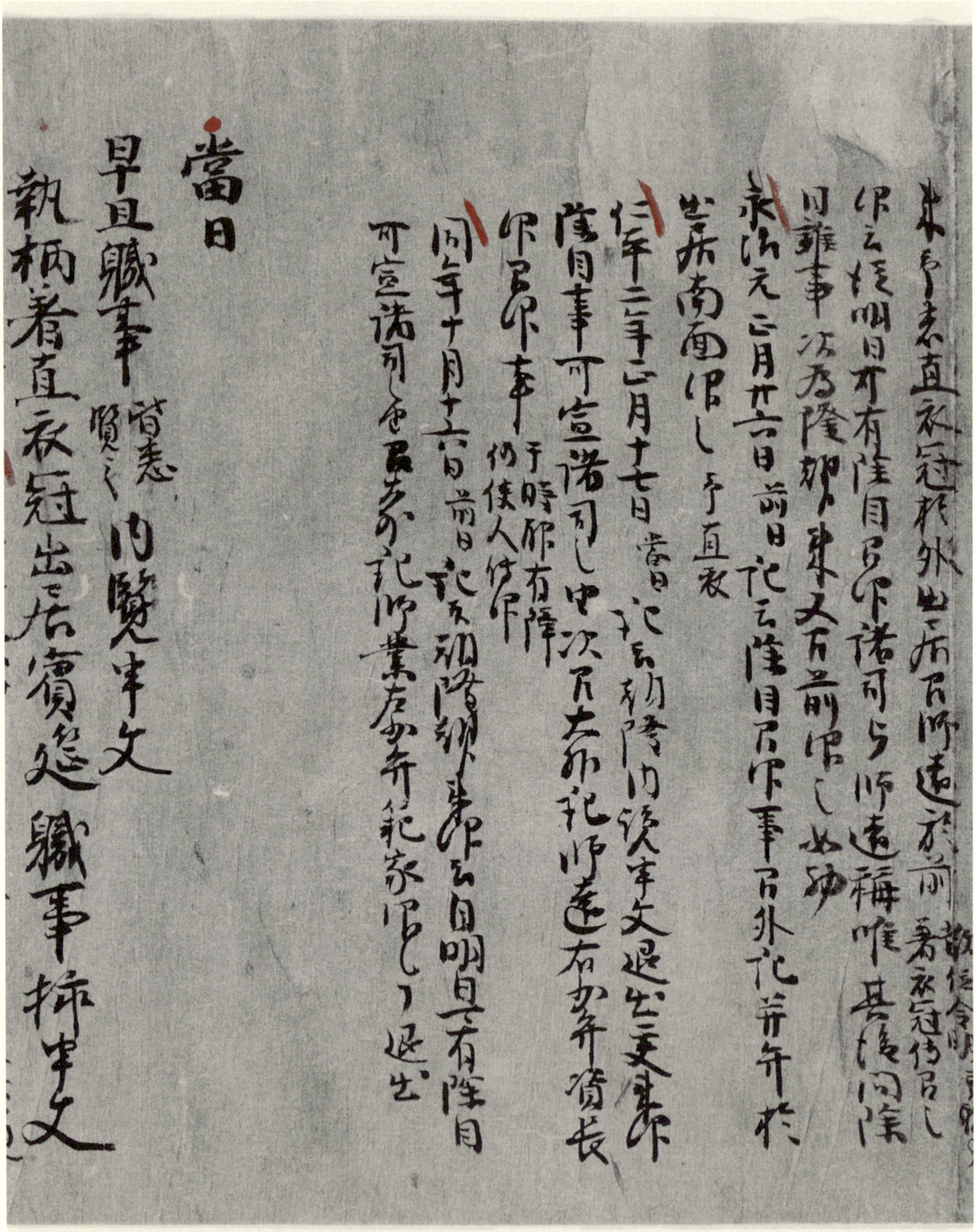
来参直衣冠於外出南殿召師遠於前
仰云任明日可有除目召仰下諸司之由師遠稱唯
同雑事次為隆卿来又召前仰之如例
永治元年二月廿六日前日記云除目召仰事召外記并弁於
出居南面仰之　予直衣
仁平二年正月十七日當日記云初除目内覧申文退出之次召外記
除目事可宣諸司之由次召大外記師遠右少弁資長
仰召仰事
同年十月十六日前日記云明日除目
可宣諸司之由召大外記師業左少弁範家仰之了退出
當日
早旦職事　皆悉覧之　内覧申文
執柄着直衣冠出右衛陣　職事捧申文

○殿暦

○殿暦

○法性寺殿記

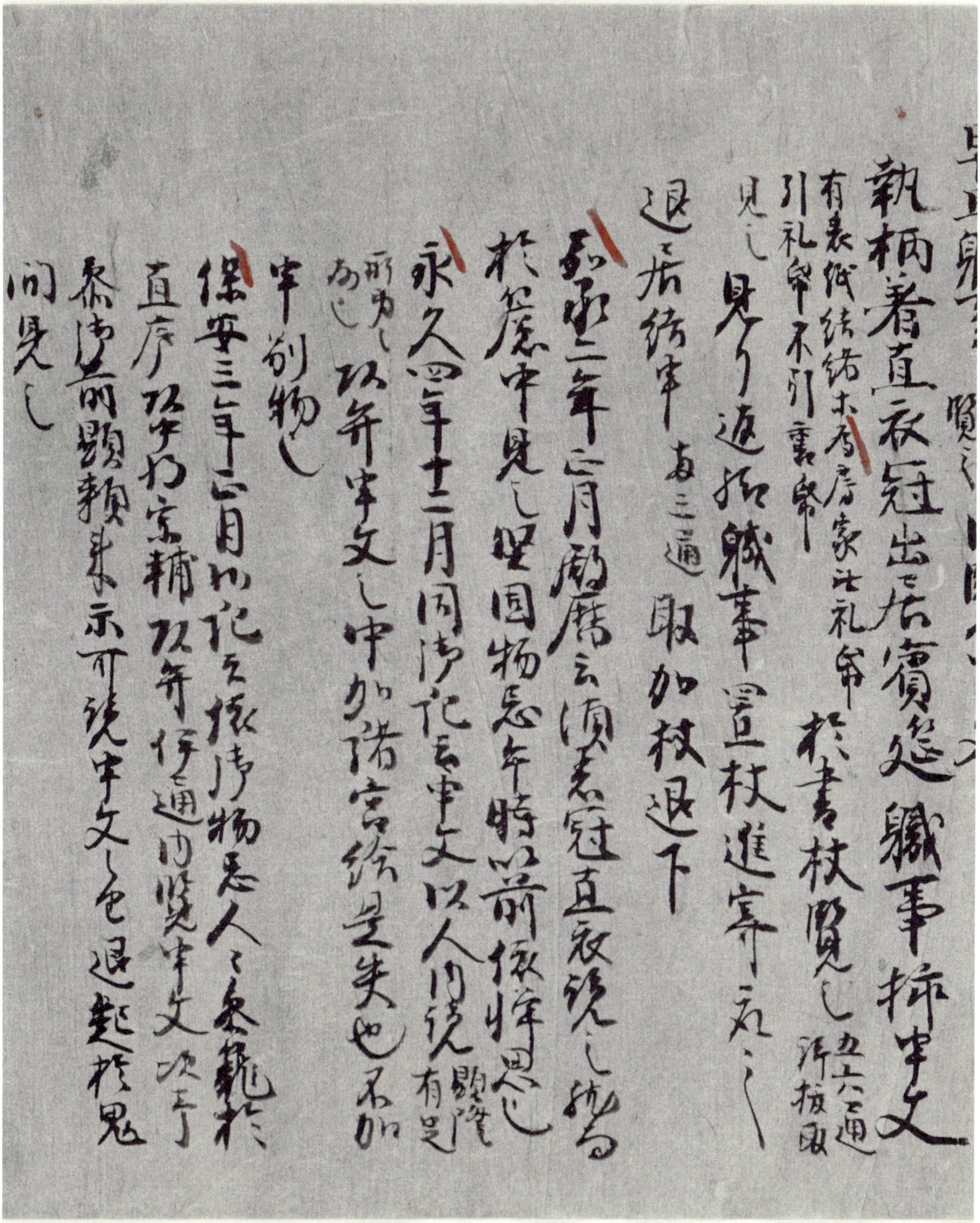
執柄着直衣冠出居膝突　職事挿申文
有表紙結緒末有房家注礼紙　於書杖覧之　五六七通許披取
引礼紙不引裹紙
見之
見了返給職事置杖進寄乱之
退居結申　或三通　取加杖退下
天永二年正月殿暦云須着冠直衣見之猶
於殿中見之里亭物忌年時以前依悩思也
永久四年十二月同御記云申文以人内覧有障
所労之故也　以解申文之中加諸宮給是失也不加
申到物也
保安三年正月法性寺殿記云依御物忌人々参籠於
直廬以右京輔以解伍通内覧申文次于
参陣其前頭弁来示可読申文之由退起於鬼
間見之

○法性寺殿記

執筆家司

申文奏聞

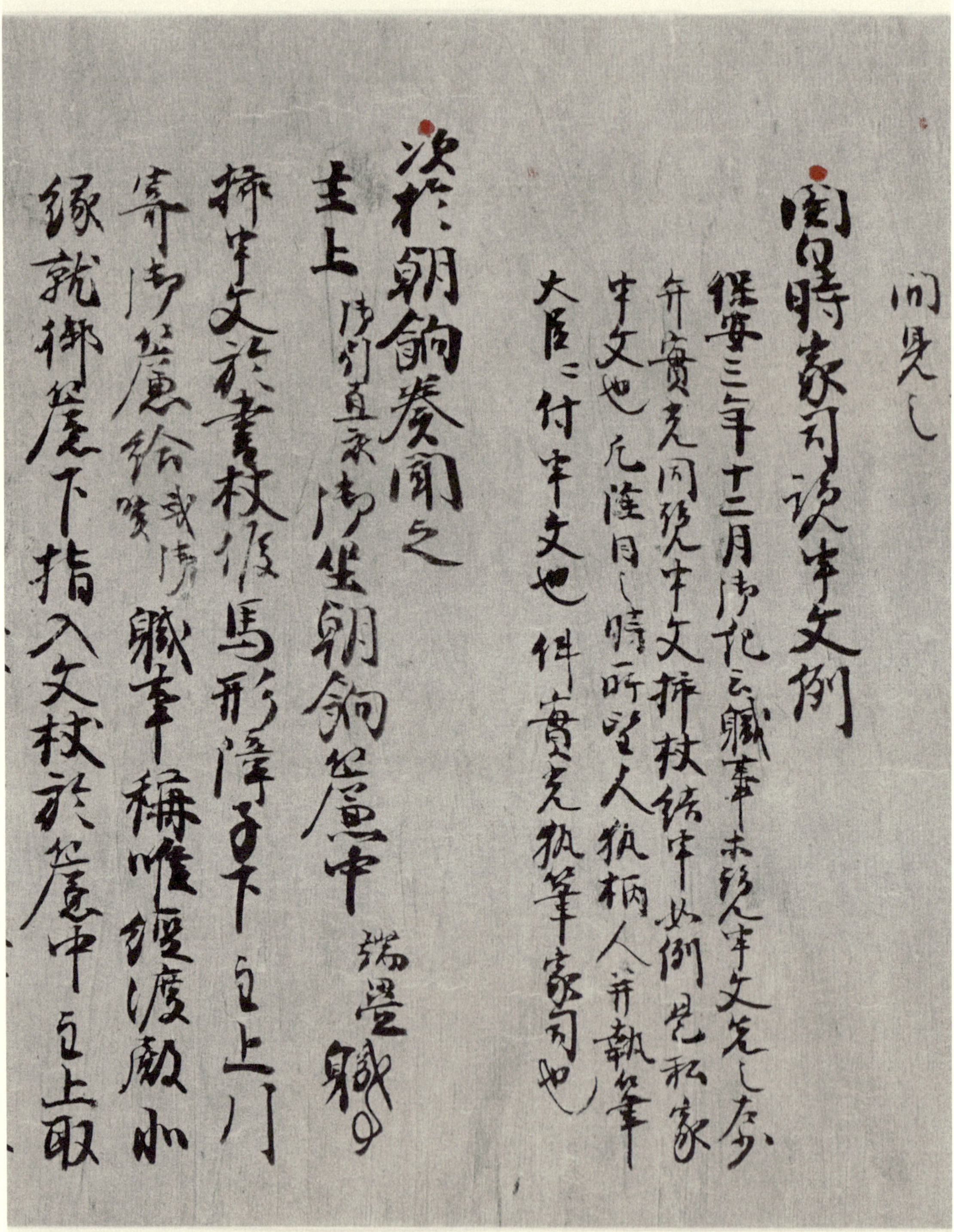
同見之
當時家司讀申文例
保安三年十二月御記云、職事未讀申文先之參
弁實光同讀申文、挿杖結申如例、是私家
申文也、凡陣目録所司人執柄人并執筆
大臣ニ付申文也、件實光執筆家司也
次於朝餉奏聞之
主上御引直衣　御坐朝餉御座中　端疊　職事
挿申文於書杖、假馬形障子下、自上戸
寄御座給　或御　職事稱唯、經渡殿小
縁、就御座下、指入文杖於御座中、自上取

○法性寺殿記

申文ヲ撰ブ

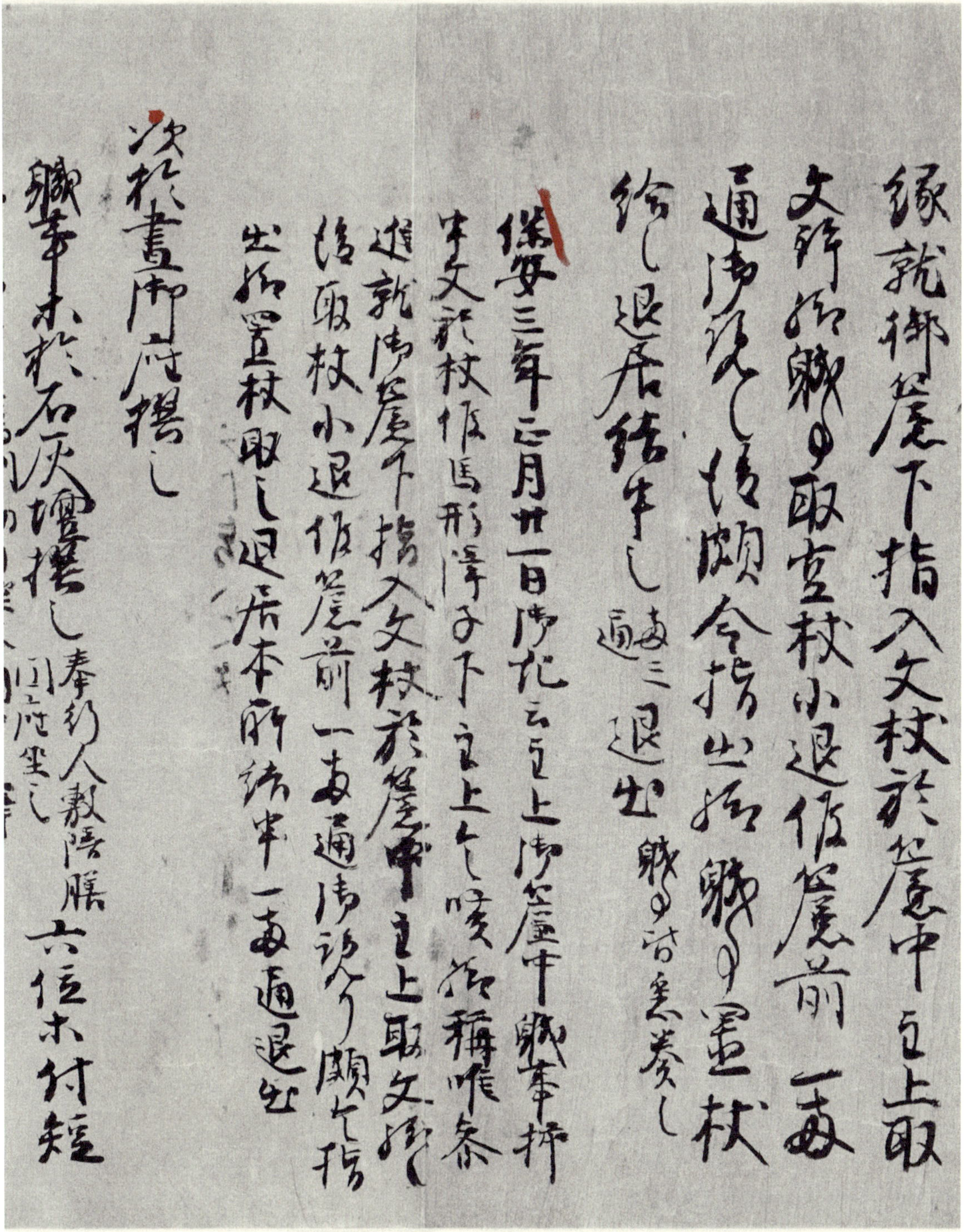
縁就御座下指入文杖於御座中主上取
文杖於膝ヲ取直杖小退候御座前一揖
逼使從し陳頗令指出於膝ヲ置杖
給し退居結申し　一揖三逼退出　膝ヲ付突参し
保安三年正月廿一日御記云、主上御座中膝突持
申文於杖作馬形障子下主上乞喚、称唯参
進就御座下指入文杖於御座中主上取文給し
給取杖小退候御座前一揖逼使退頗七指
出於置杖取し退居本所結申一揖逼退出
次於書御所撰し
職事於石灰壇撰し　奉行人敷陰膝　六位ホ付短

職事於石灰壇撰之、奉行人敷陪膳　六位不付短
同之附之

冊注袖書　舊例初日撰外國中日撰
京官近代初日皆撰之

近代書目録　六位執筆用大業者及文章生
五卿給不取目録

撰ノ積申文等於御硯箱蓋　以紙捻綴継結也袖書
尸文樣入下方目六相加

重服者依撰申文之座例

天治元年十二月十四日御記云、以弁云、藏人少數召加
重服藏人盛國如何、先例重服者依此座也云々、奏
云、藏人以五位藏人未有例、若被召加有何難乎、仍
召加也

短冊付樣　大概注之
院宮當年給不入此中臨期
依召進之

短冊付様　大概但し　院宮当年給不入此中臨期依召進之

院宮内官未給　院宮未給

院宮名替　院宮国替　名国共替入此束

院宮更任　将任入此束　院宮任符返上

准后人皆加此束

公卿当年給　公二合　当年二合也

公卿未給　未給二合加入此束　公名替

公国替　公卿更任

公卿任符返上

旧例親王入此束中　巡給入二合束

近代親王皆別束　巡給　別巡給　別給皆別束

近代親王皆別奏

中大外記史

中史

中式部丞

中式部録

中八省輔

舊吏

別功

諸司奏

諸道挙

巡給　別巡給　別給皆別奏

中外記

中民部丞

中左右志尉

中式部録

毎省各別
中其省　其録亘分
諸之本奏

新叙

中六位受領

所々奏

建奏

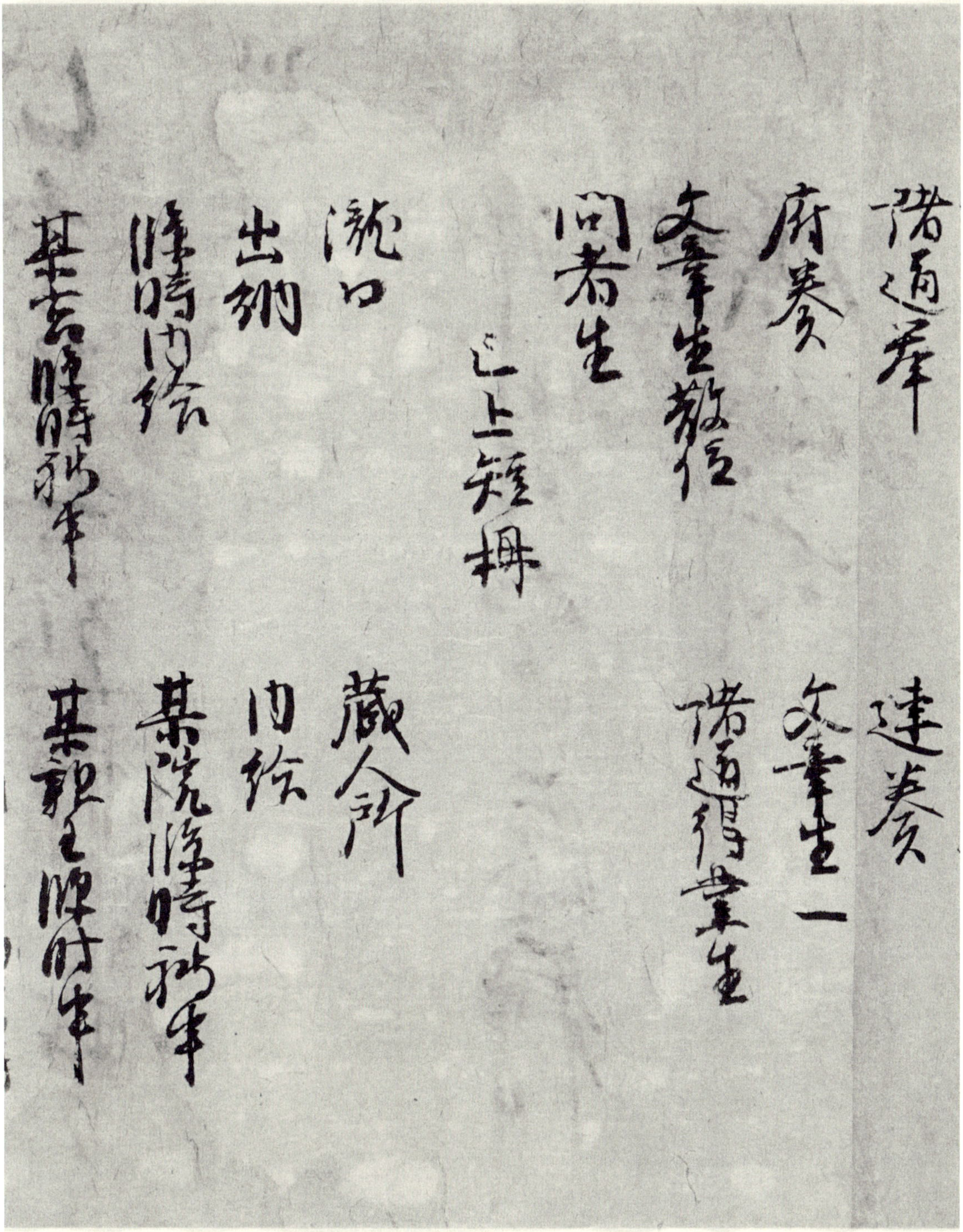

諸道挙
府奏
文章生散位
問者生
已上短冊
瀧口
出納
臨時内給
某宮臨時給年

連奏
文章生一
諸道得業生
蔵人所
内給
某院臨時給年
某親王臨時年

(4)

某宮臨時給事
某太后臨時給事
某官二合事
行某初章事所事
造某寺行事所事
大将請
権藤原朝臣請
検校藤原朝臣請事
已上初書

某親王臨時事
某御年給藤原朝臣臨時事
又某以所帯官譲某
初造宮事所事
某宮被請事
卿源朝臣請事
修理請

（御殿装束ノコト略ス）

議所装束

内竪所台盤ヲ立ツ

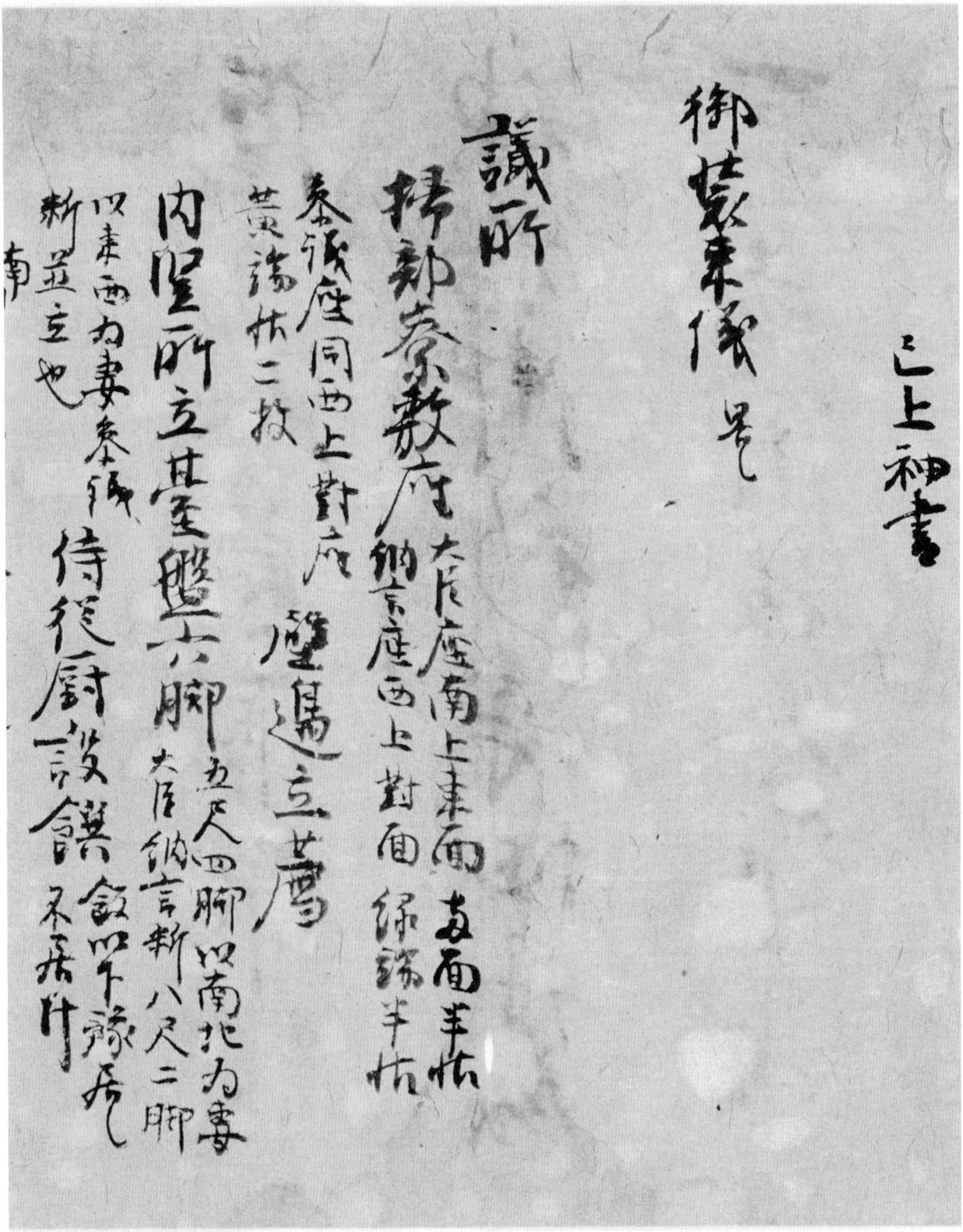

已上初書

御装束儀　略

議所

掃部寮敷座　大臣座南上東面　高麗半帖　納言座西上對面　緑端半帖

参議座同西上對座　黄端帖二枚

壁邊立屏

内竪所立台盤六脚　五尺四脚以南北為妻　大臣納言料八尺二脚　以東西為妻参議料並立也

侍従厨設饌　飯以下盛居　不居汁

南

硯筥

（黒一廷以下、一筥・二筥・三筥マデ略ス）

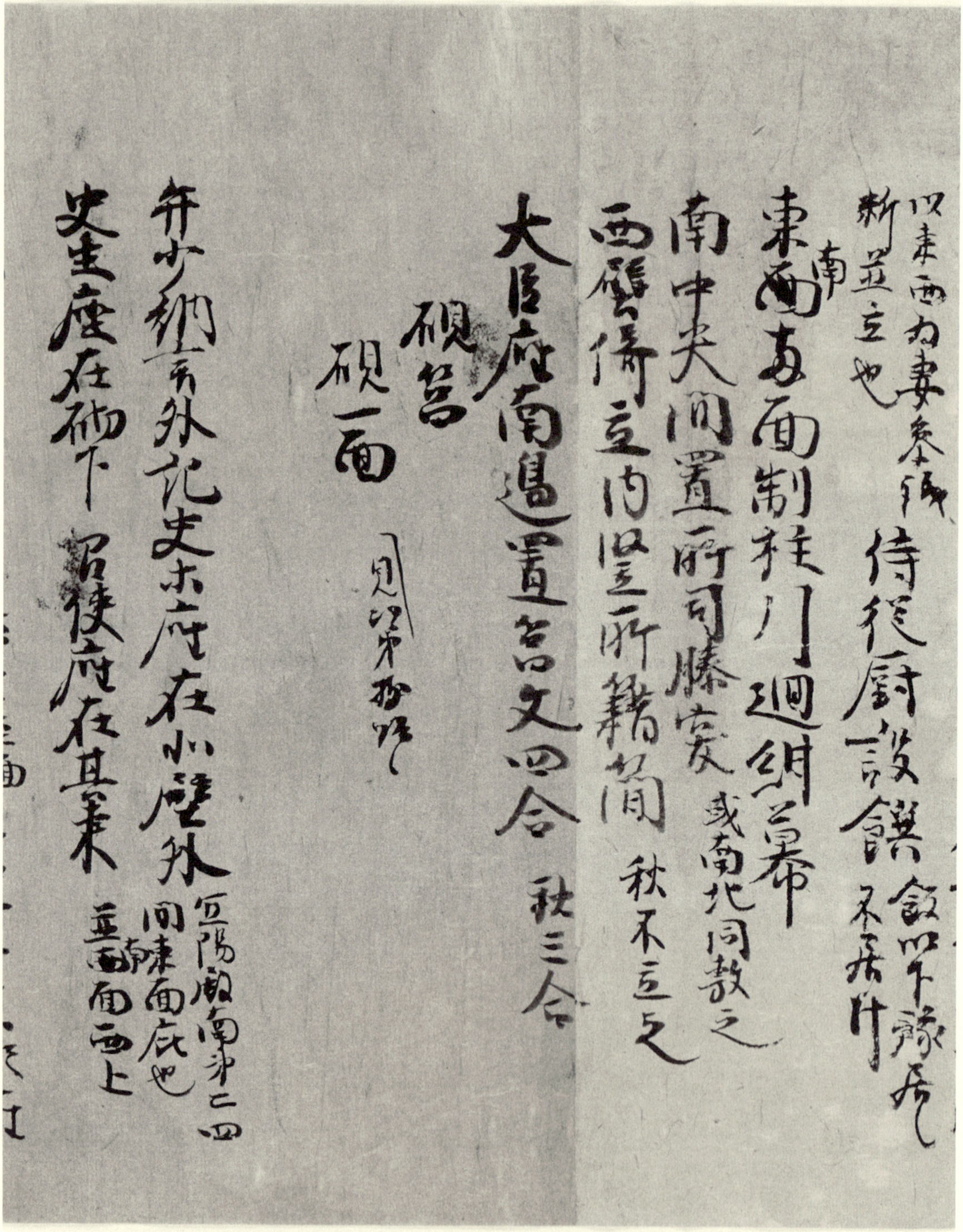

（5）

（外記闕官帳ヲ進メルコト以下略ス）

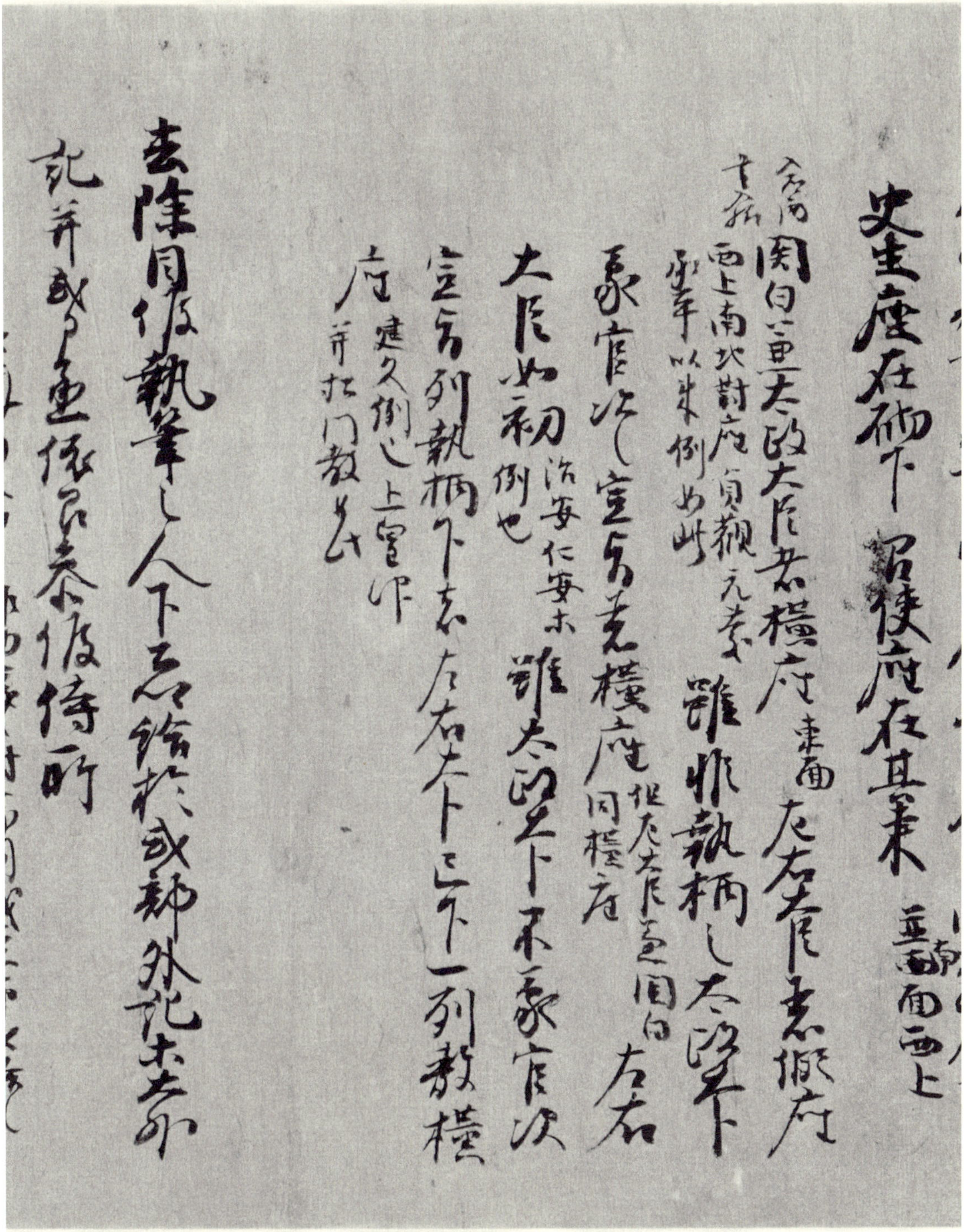

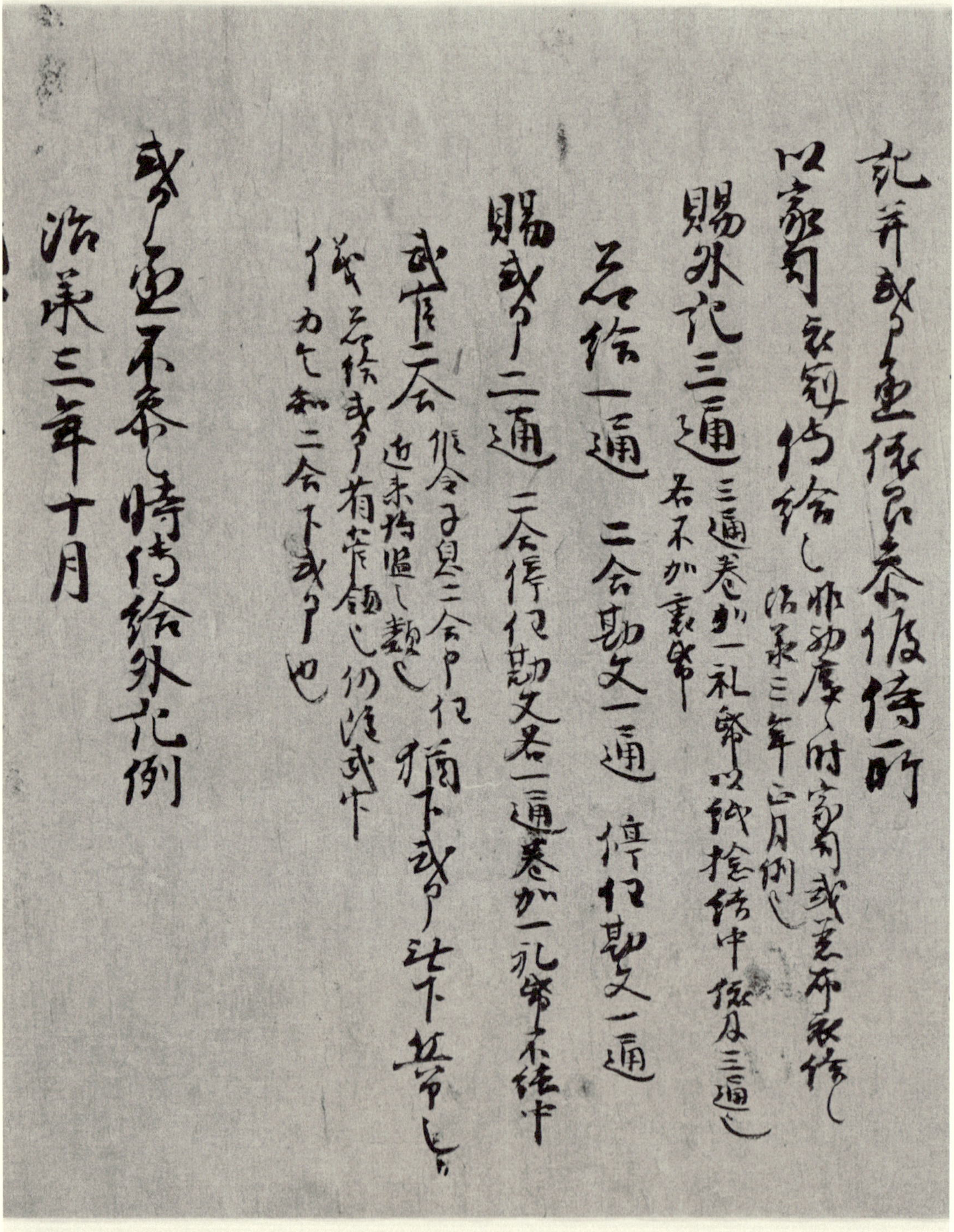
就并或ハ重依以奏傍侍所
以家司衣冠侍給之　非執柄之時家司或着布衣給之
治承三年正月例之
賜外記三通　三通巻加一礼紙以紙捻結中、及三通之
若不加表紙
召給一通　二合勘文一通　停任勘文一通
賜或ハ二通　二合停任勘文若一通巻加一礼紙不結中
或及二合　作合子息二合ハ任　猶下或ハ北下並常之
近来猶臨之歟之
儀召給或ハ有二荒鋪之仍從或中
加之加二合下或ハ也
或重不参之時侍給外記例
治承三年十月

外記ヲ召シ硯墨筆ヲ賜フ

（大外記召シニ依リ参リ候フコト以下略ス）

五位外記ノ例

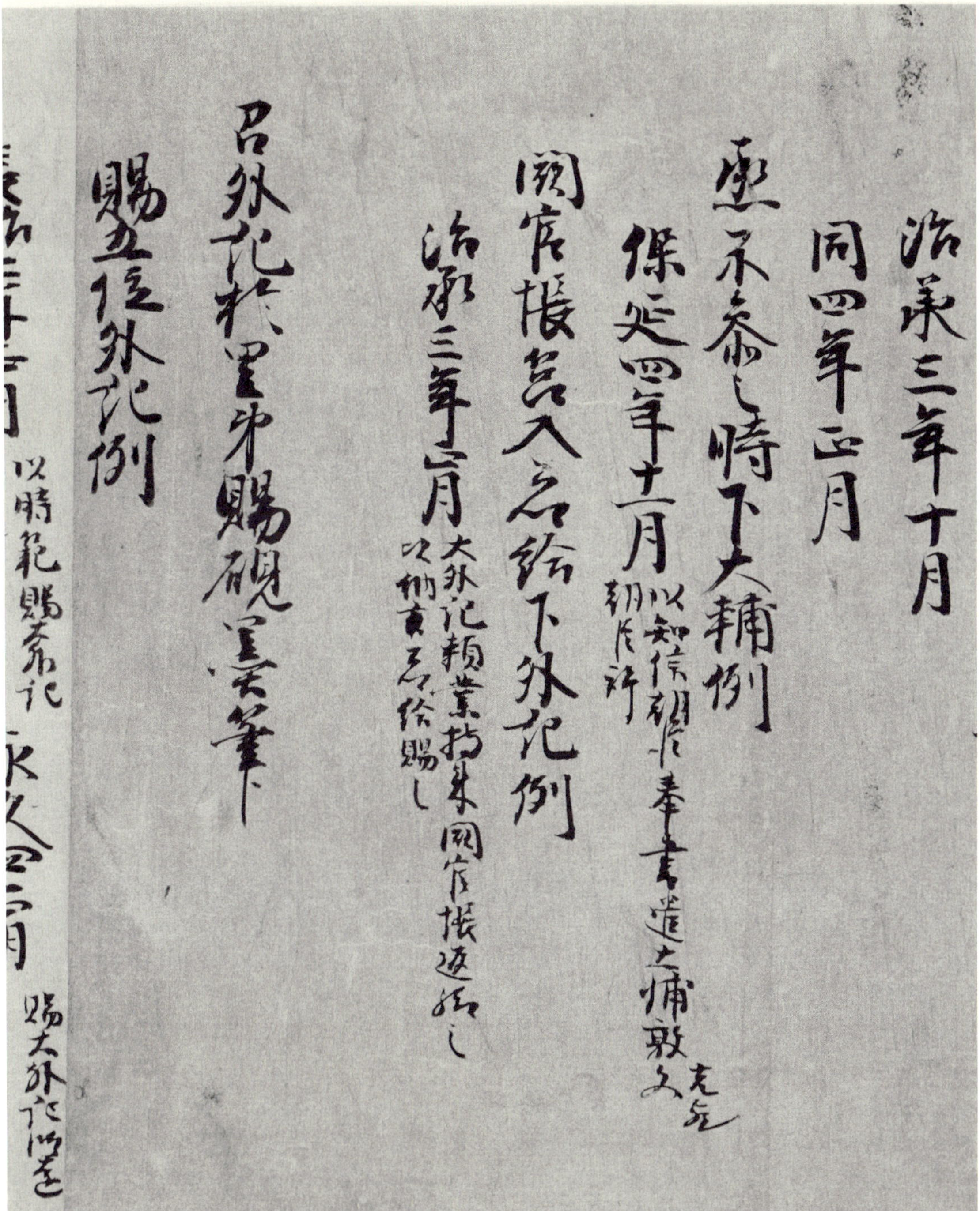
治承三年十月
同四年正月
闕官帳書入名給下外記例
召外記於里第賜硯墨筆
賜五位外記例

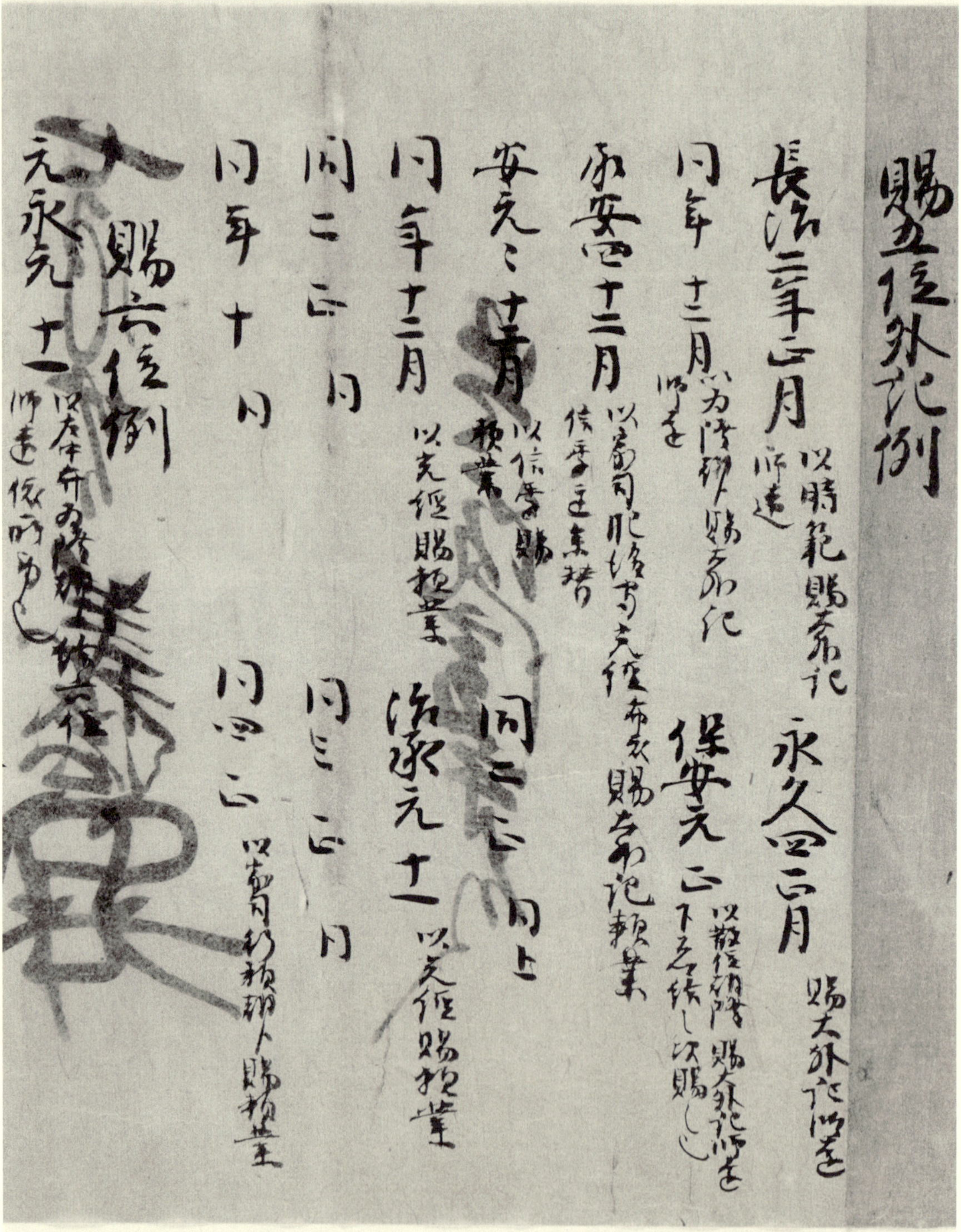
賜六位外記例

（諷誦ヲ修スコト束帯ヲ着スコト略ス）

桜張下重ノ例

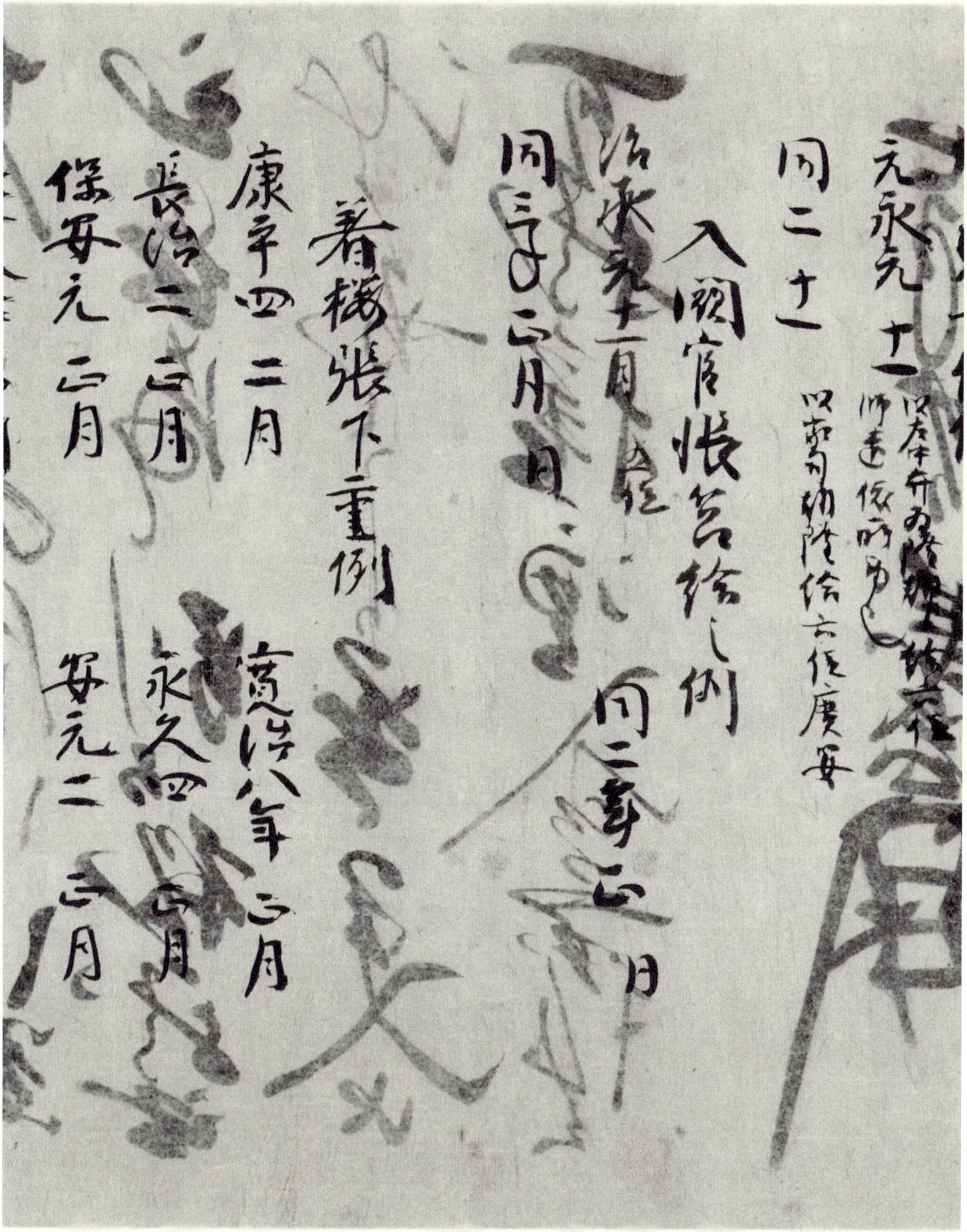

打下重ノ例

（参内着陣略ス）（軾ヲ敷クコト略ス）（九条殿御説ヲ略ス）

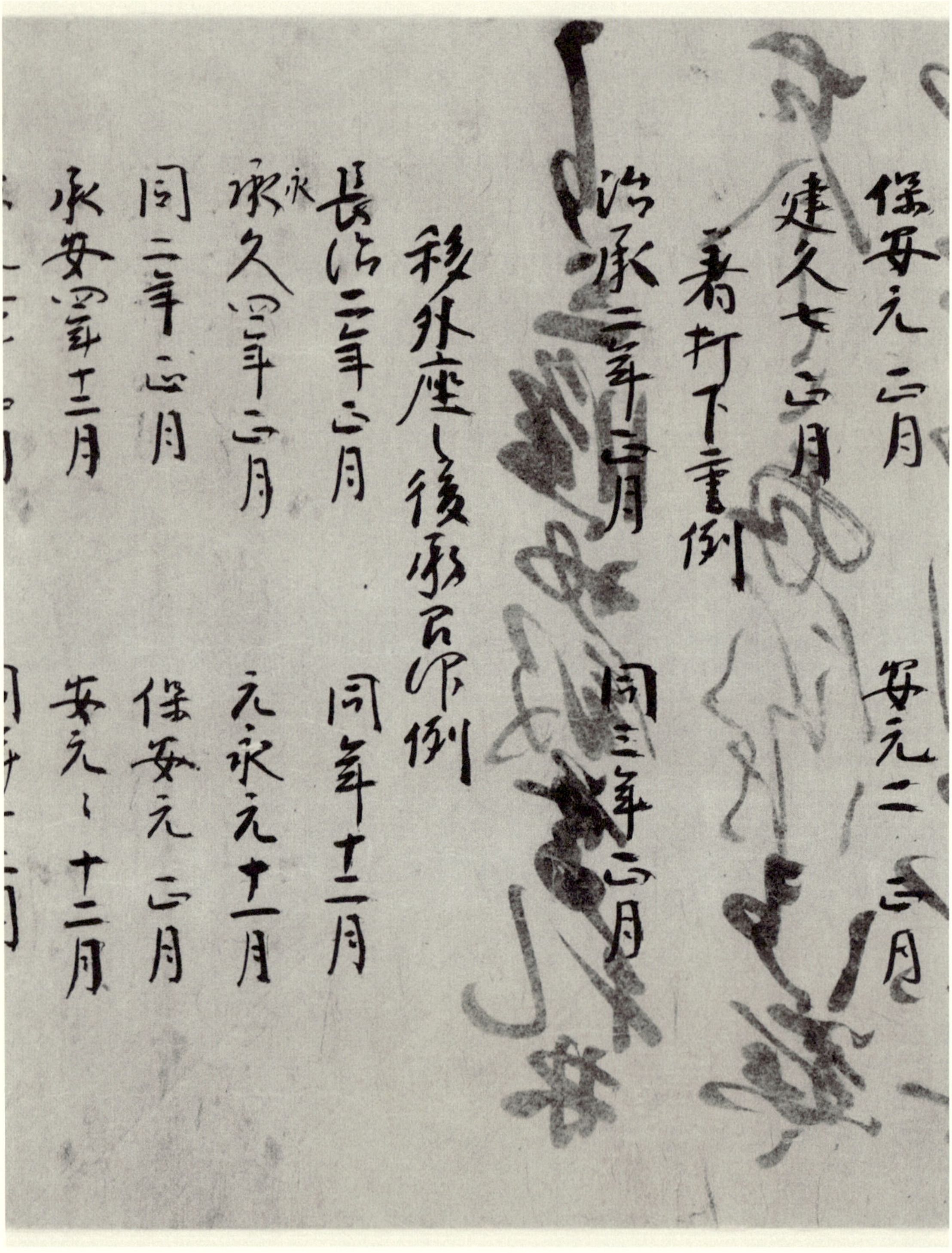
保安元 正月　安元二 正月
建久七 正月
着打下重例
治承二年正月　同三年正月
移外座之後取召仰例
長治二年正月　同年十二月
永久四年正月　元永元十一月
同二年正月　保安元 正月
承安四年十二月　安元々 十二月

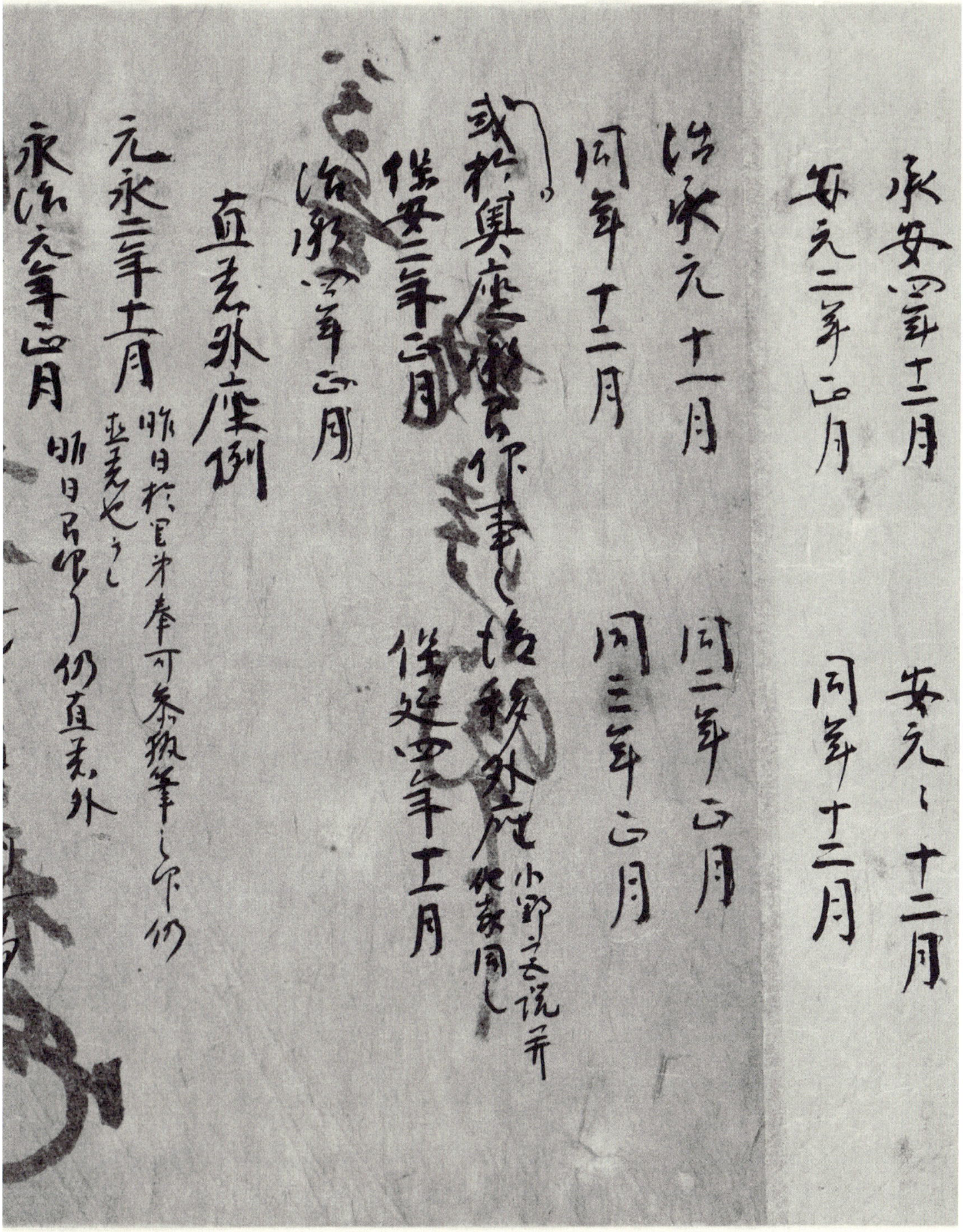
承安四年十二月　安元々十二月
安元二年正月　同年十二月
治承元十一月　同二年正月
同年十二月　同三年正月
或於奥座被召仰、筆〻、猶移外座　小野宮説并 九条同〻
保安二年正月　保延四年十二月
治暦四年正月
直着外座例
元永二年十二月　昨日於官方奉可参執筆之由仰、仍直着也〻
永治元年正月　昨日召仰了、仍直着外

(7)

召仰

（大臣笏ヲ正ス以下略ス）

○法性寺殿記

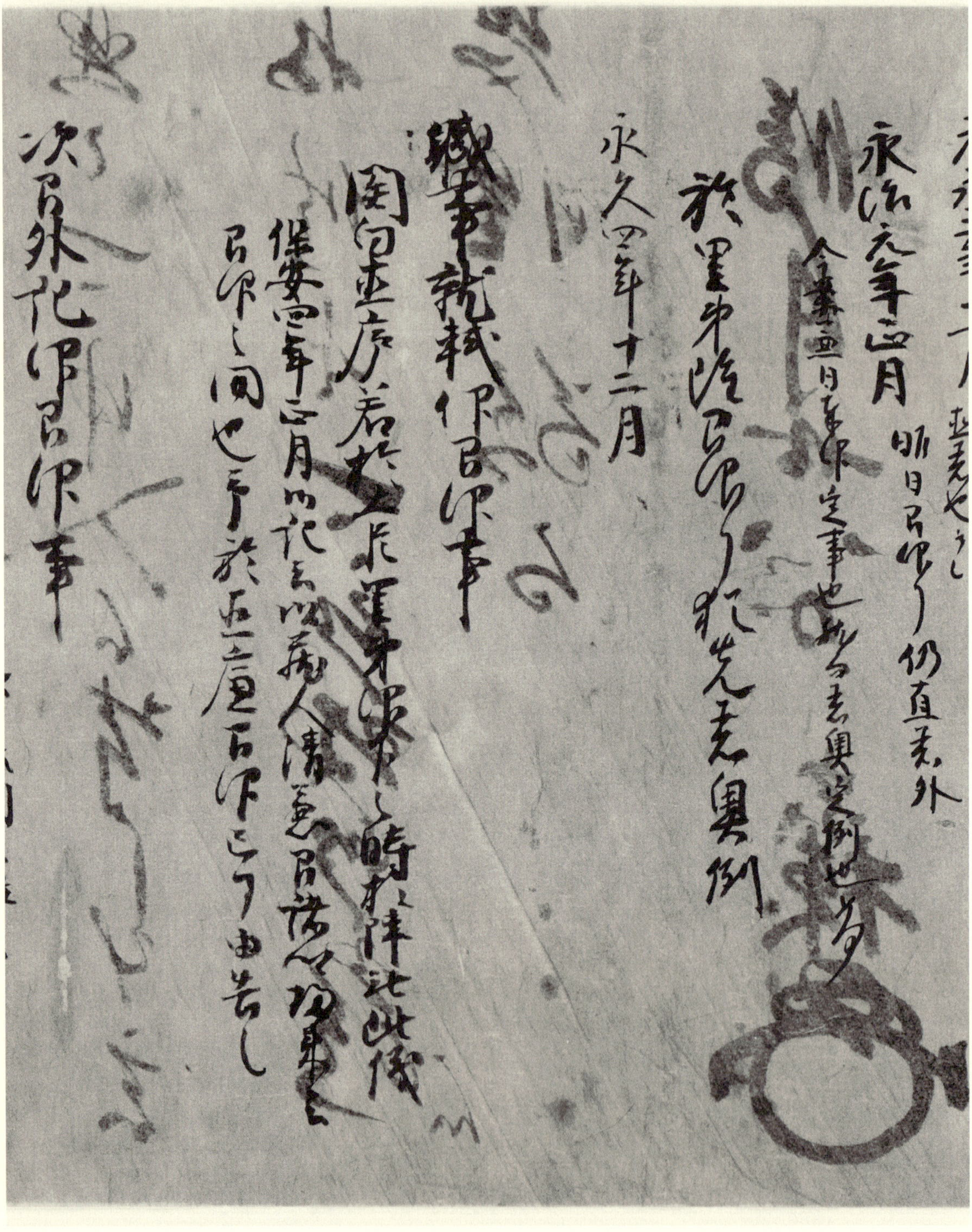
永治元年正月

永久四年十二月

職事就軾召仰事

次召外記召仰事

外記ヲ召ス（官人ヲシテ外記ヲ召サシム以下外記称唯退去マデ略ス）六位外記ノ例

○法性寺殿記

○法性寺殿記

○台記

弁ヲ召ス（官人ヲ以テ弁ヲ召スコト以下略ス）尋常ノ説ニアラズ

○台記

（以下三二頁四行まで九条家本〔九一一六二〕欠落。同家類本〔九一一二五〕存ス）

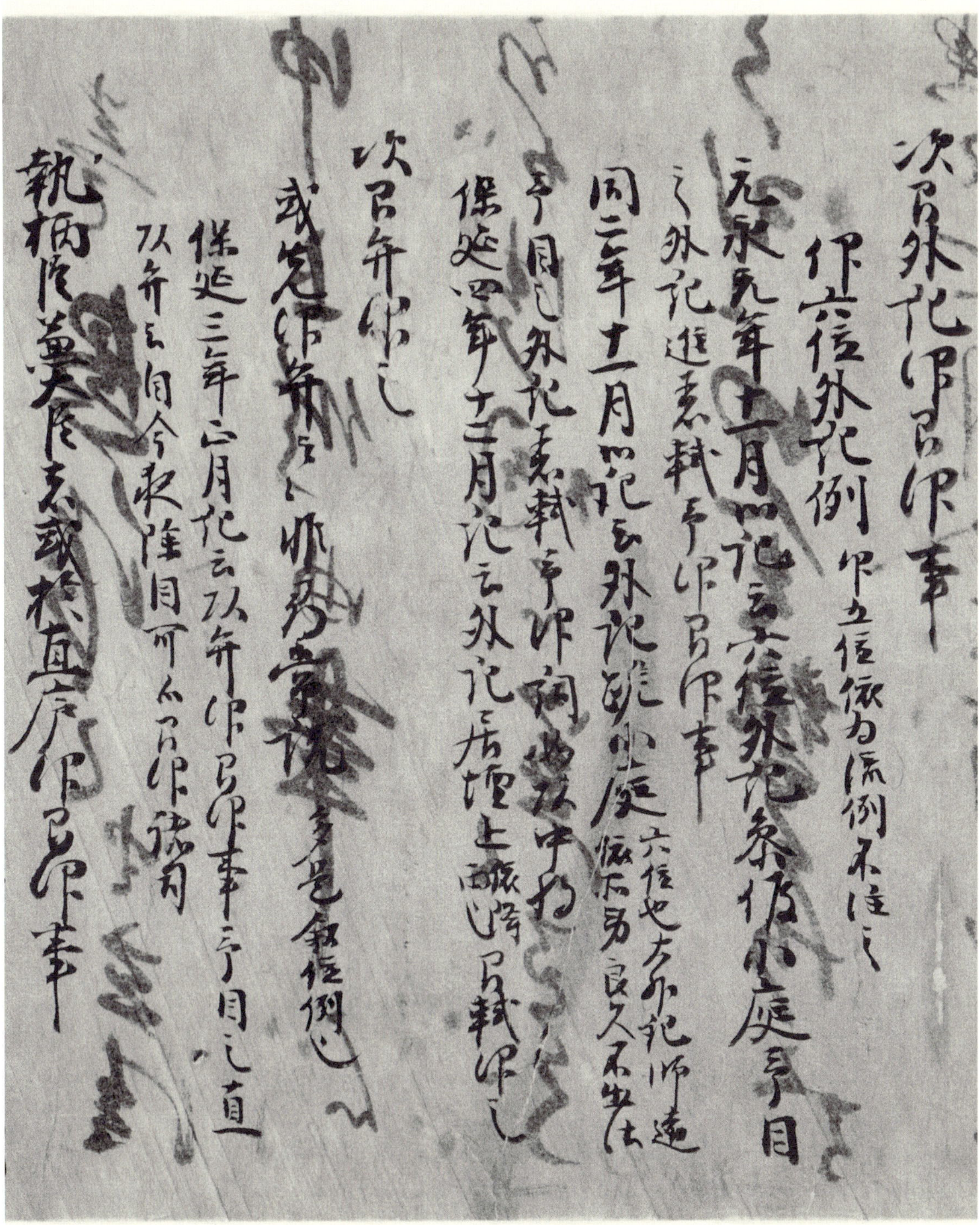

○宗忠記（中右記）

○法性寺殿記

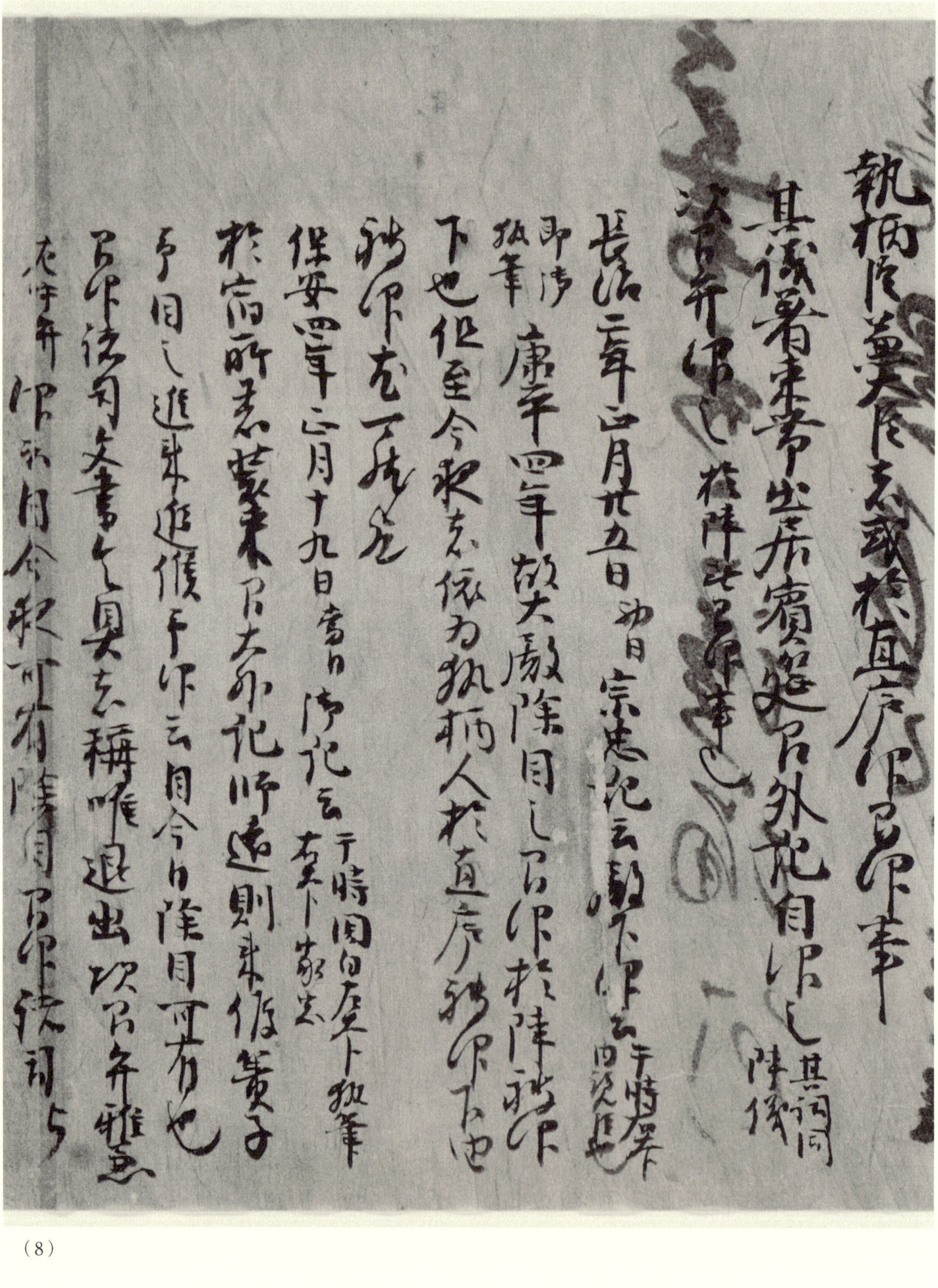

（8）

○台記

北山抄（年中上）

西宮記（年中甲）

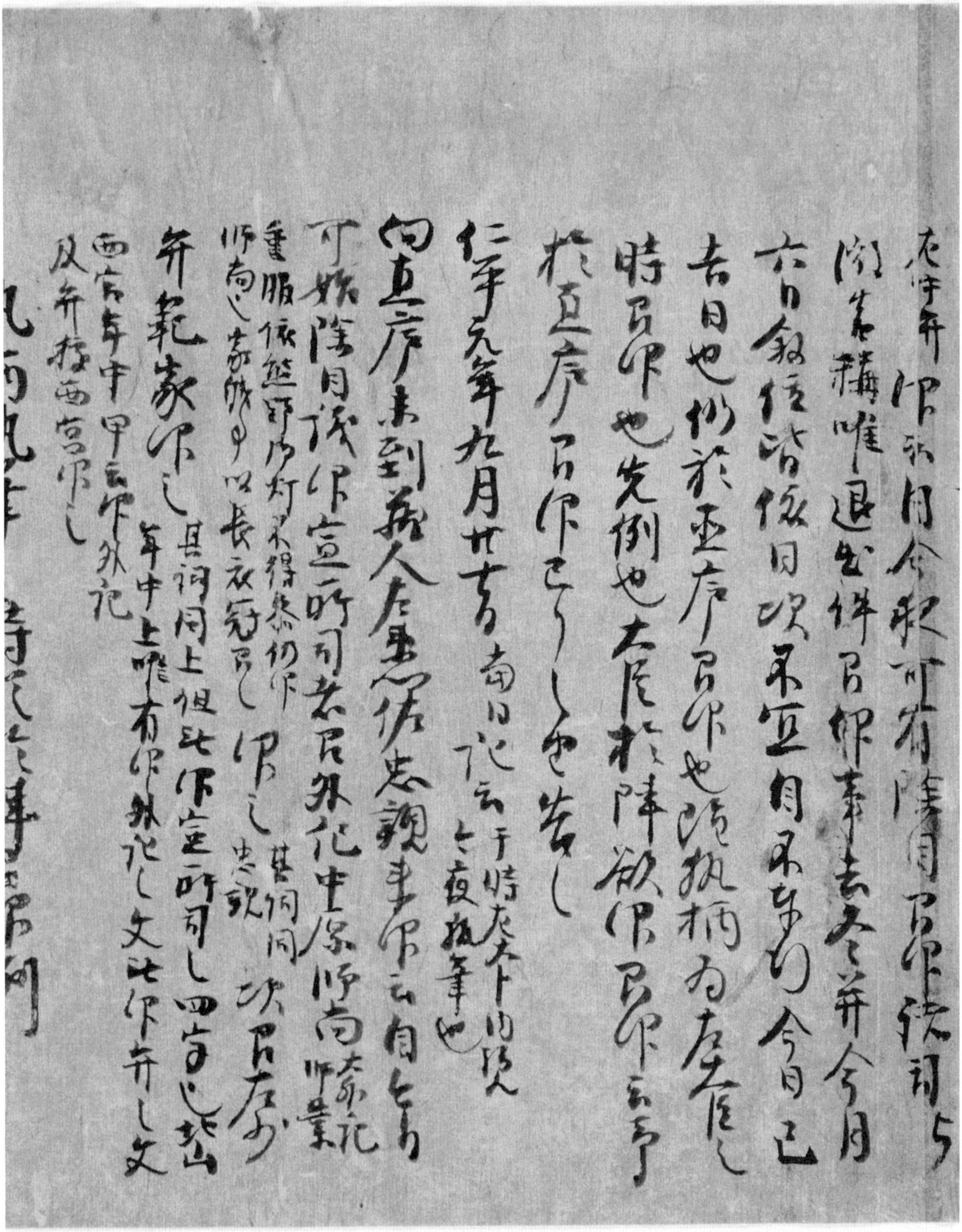

（以上、九条家本（九－一六二）欠落）

文書ノ具否ヲ外記ニ問フ

（大臣外記ヲ召ス以下外記称唯退出マデ略ス）

（早速有召之時不必問之ノ十字略ス）

大外記ノ例

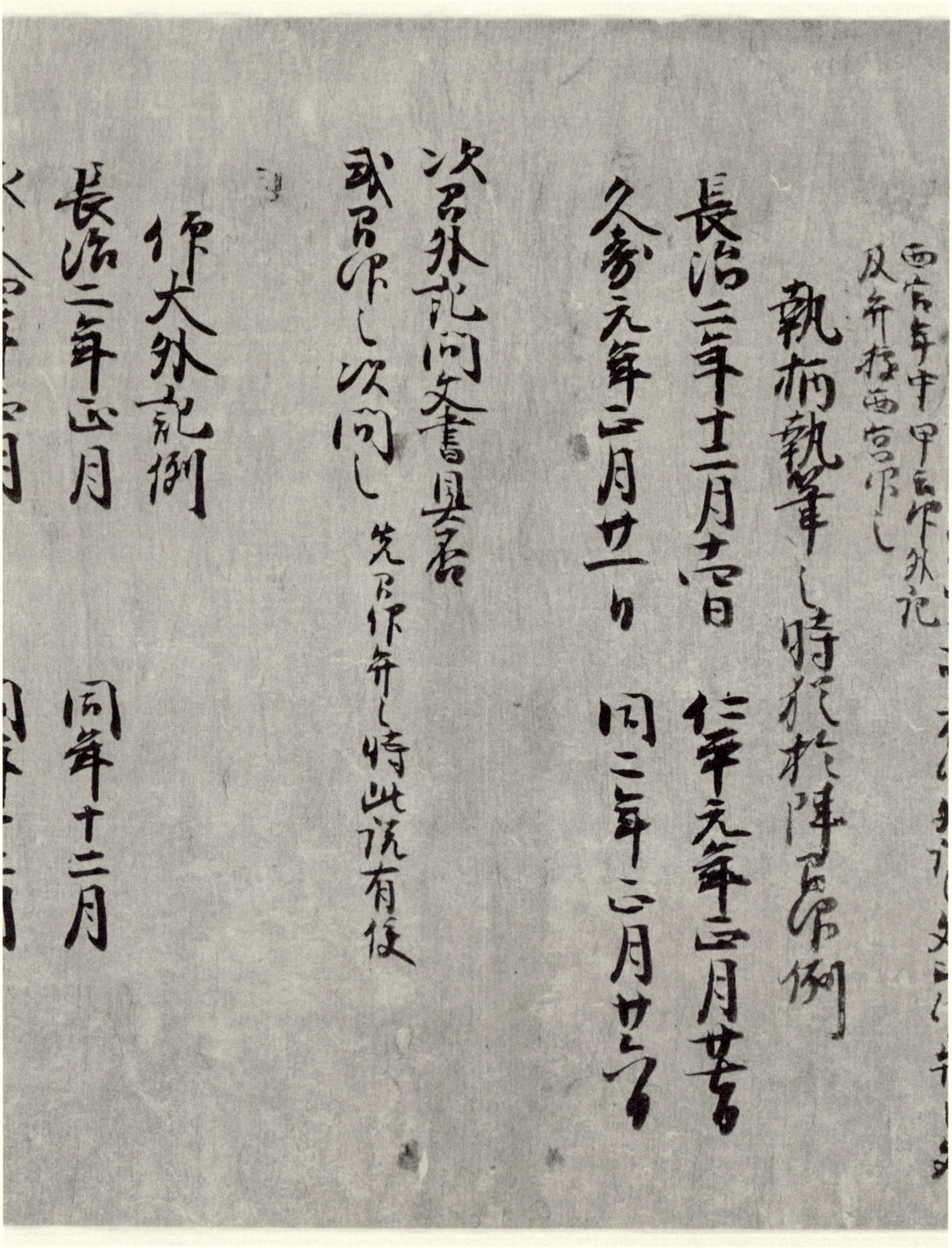

六位外記ノ例

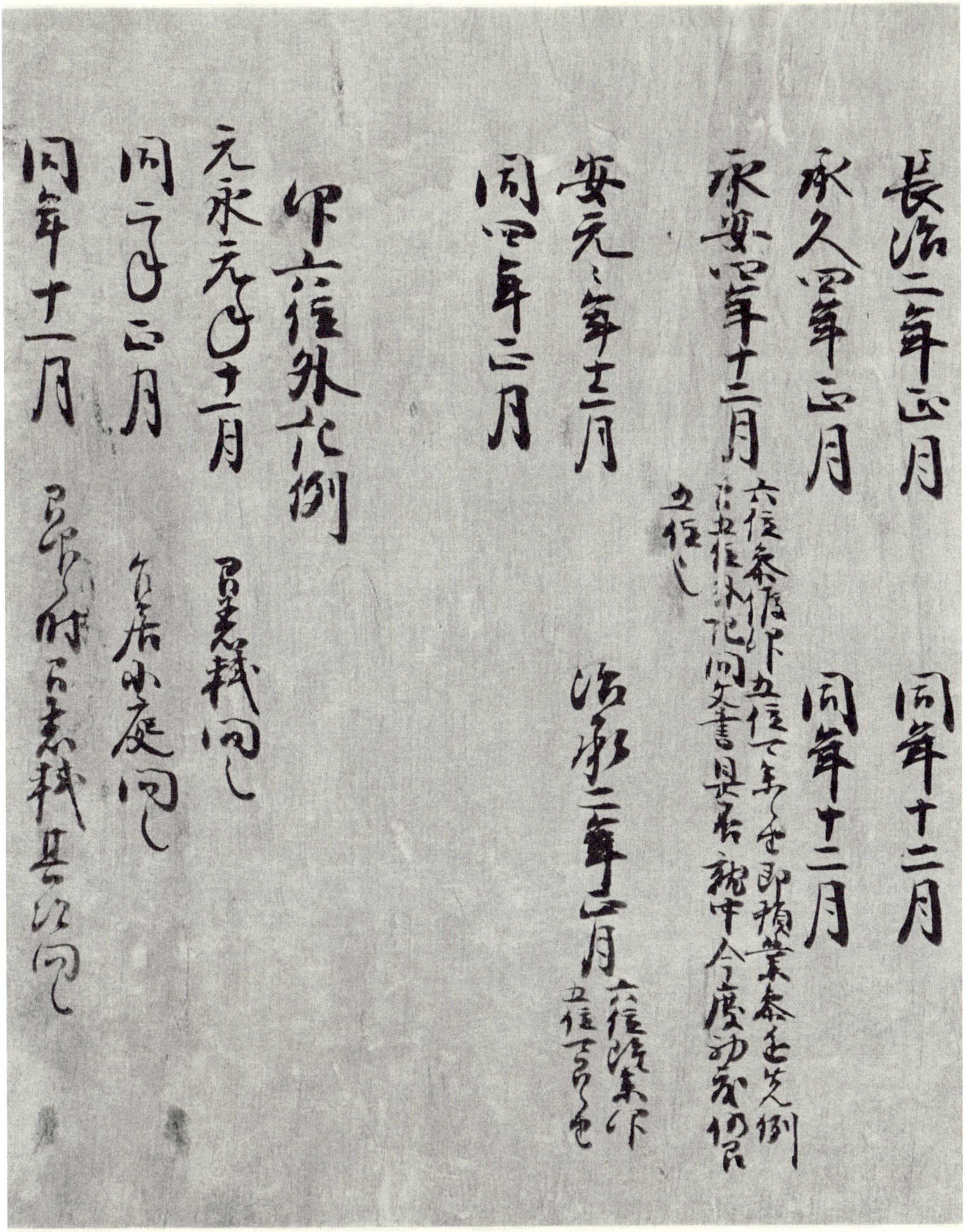
長治二年正月
同年十二月
承久四年正月
同年十二月
承安四年十二月
安元々年十二月
同四年正月
治承二年正月
卯下六位外記例
元永元年十二月
同二年正月
同年十二月

○法性寺殿記

雨儀

宇治左府

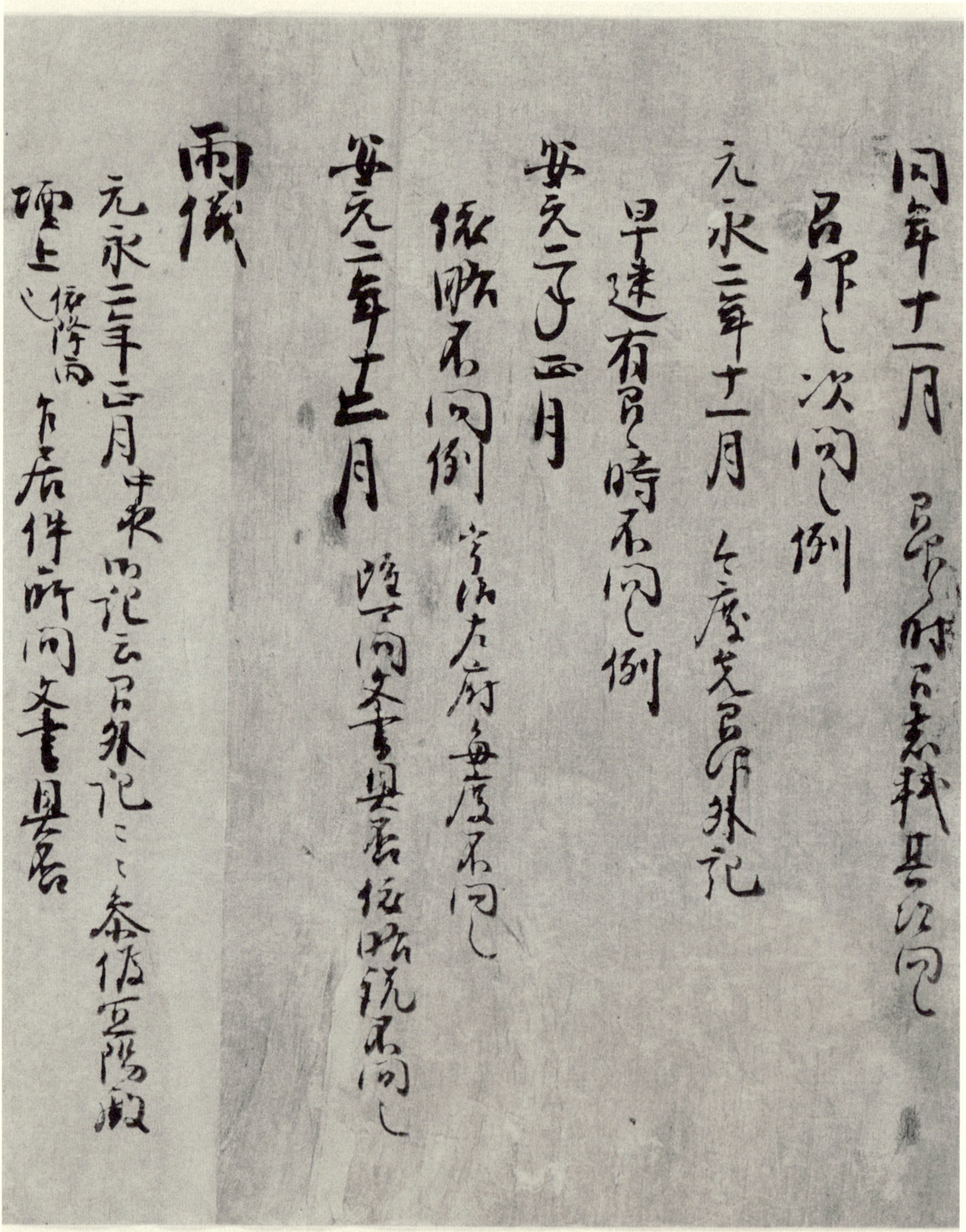
同年十二月　召使下志摂其召例
召仰之次同之例
元永二年十二月　々度先召外記
早速有召時不同之例
安元二年正月
依眠不同例　宇治左府毎度不同之
安元二年十二月　臨同文書奥居依眠読不同之
雨儀
元永二年正月十六日記云召外記々々参依宜陽殿
壇上之　依降雨　下居伴所同文書奥居

（9）

○法性寺殿記

議所装束ノ具否ヲ問フ

○法性寺殿記

（○法性寺殿記・○台記ノ例略ス）

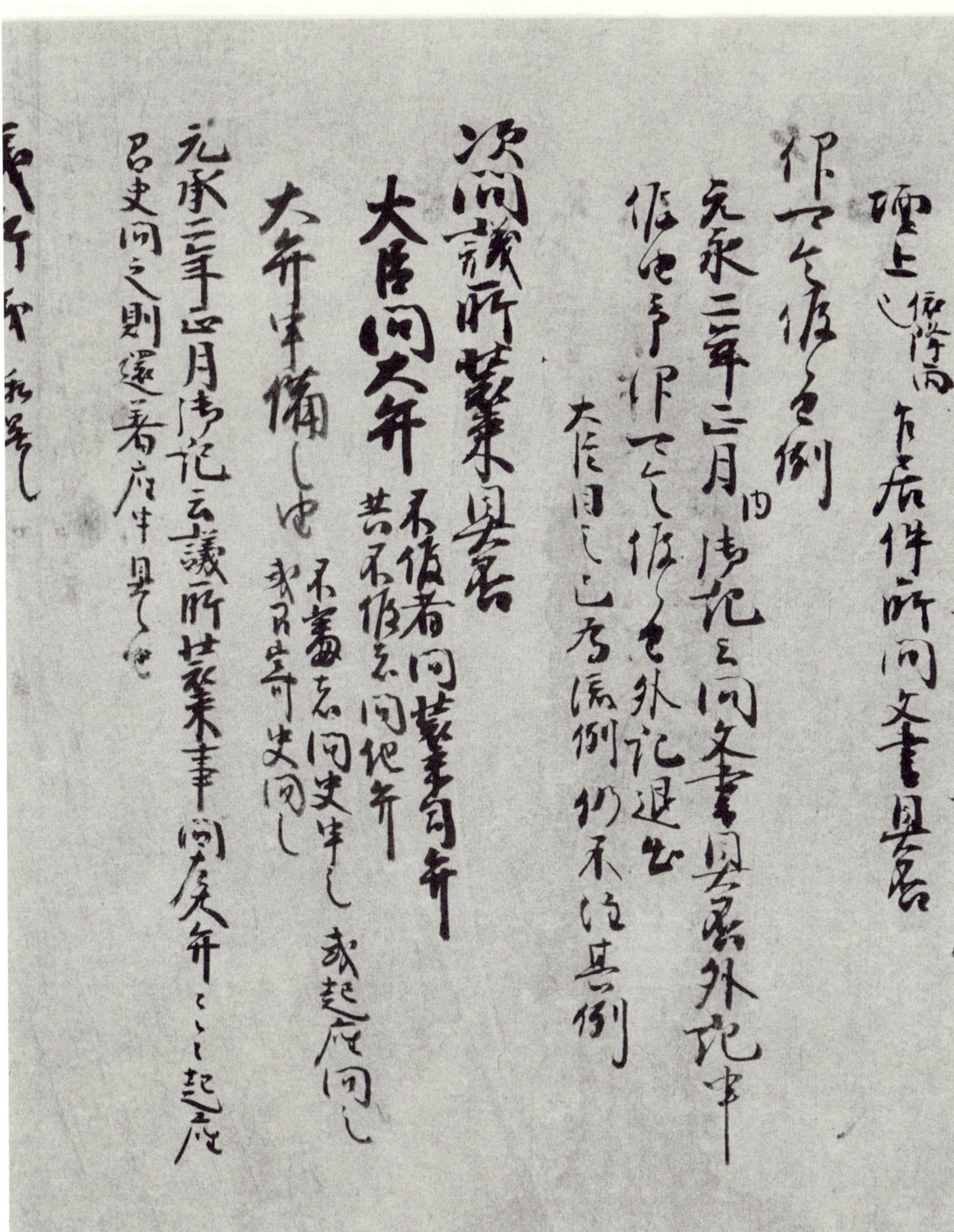

（諸卿議所ニ着ス以下大臣以下射場殿ニ列立スマデ略ス）

召使同之則還着床申畢之
議所儀　私記

（以上議所ノ儀ヲ略ス）

（大臣以下射場殿ニ列立スルコト略ス）

（○殿暦・○法性寺殿記・○台記ノ例略ス）

○台記

○玉葉

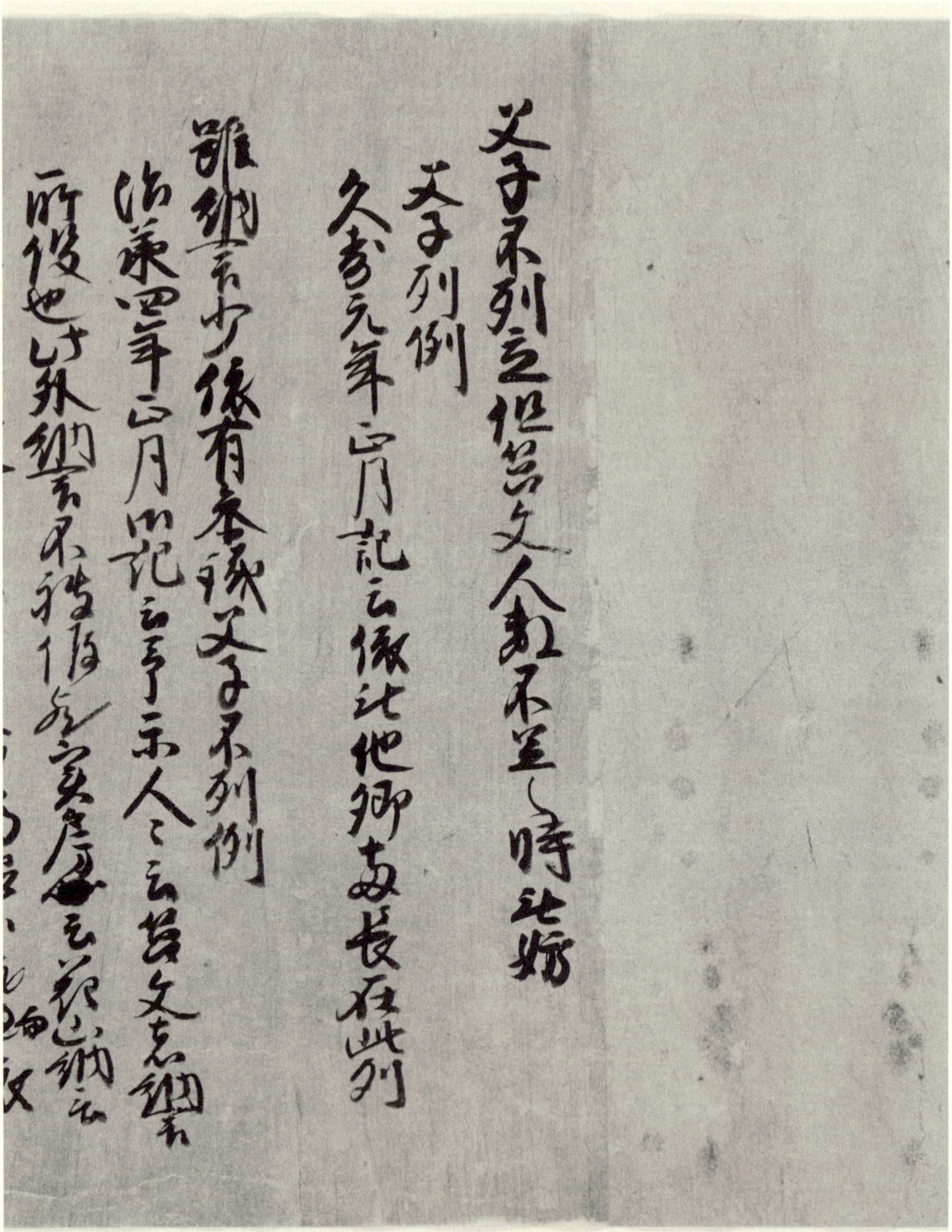
文章不列立但召文人數不足之時被召
文章列例
久壽元年正月記云依被召卿安長在此列
雖納言少依有各職文章不列例

（松殿仰以下割書略ス）

○法性寺殿記

○台記

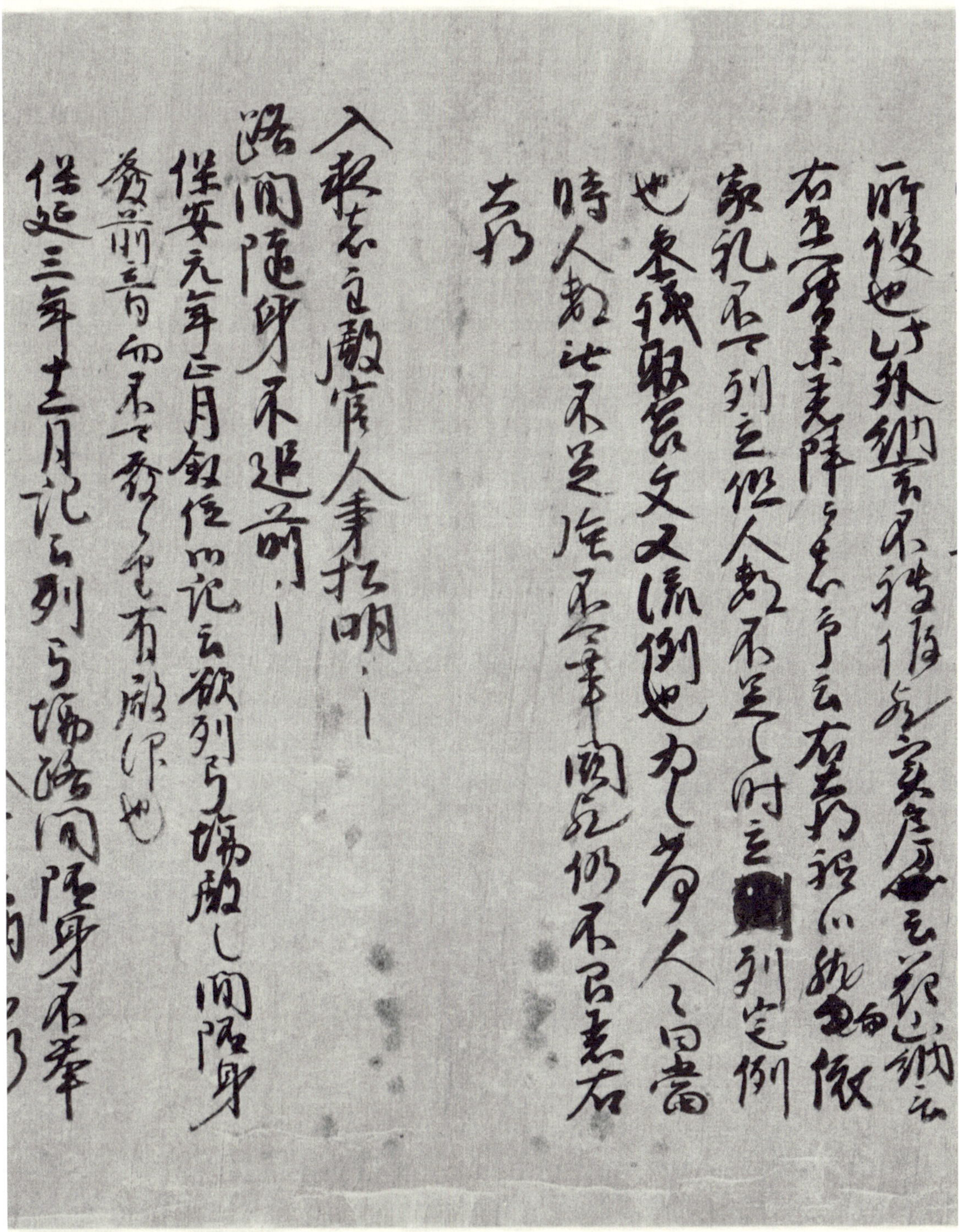

○台記

○玉葉

○玉葉

（外記納言ノ後ノ東庭ニ列立スルコト以下大臣殿上ニ着スコトマデ略ス）

○法性寺殿記

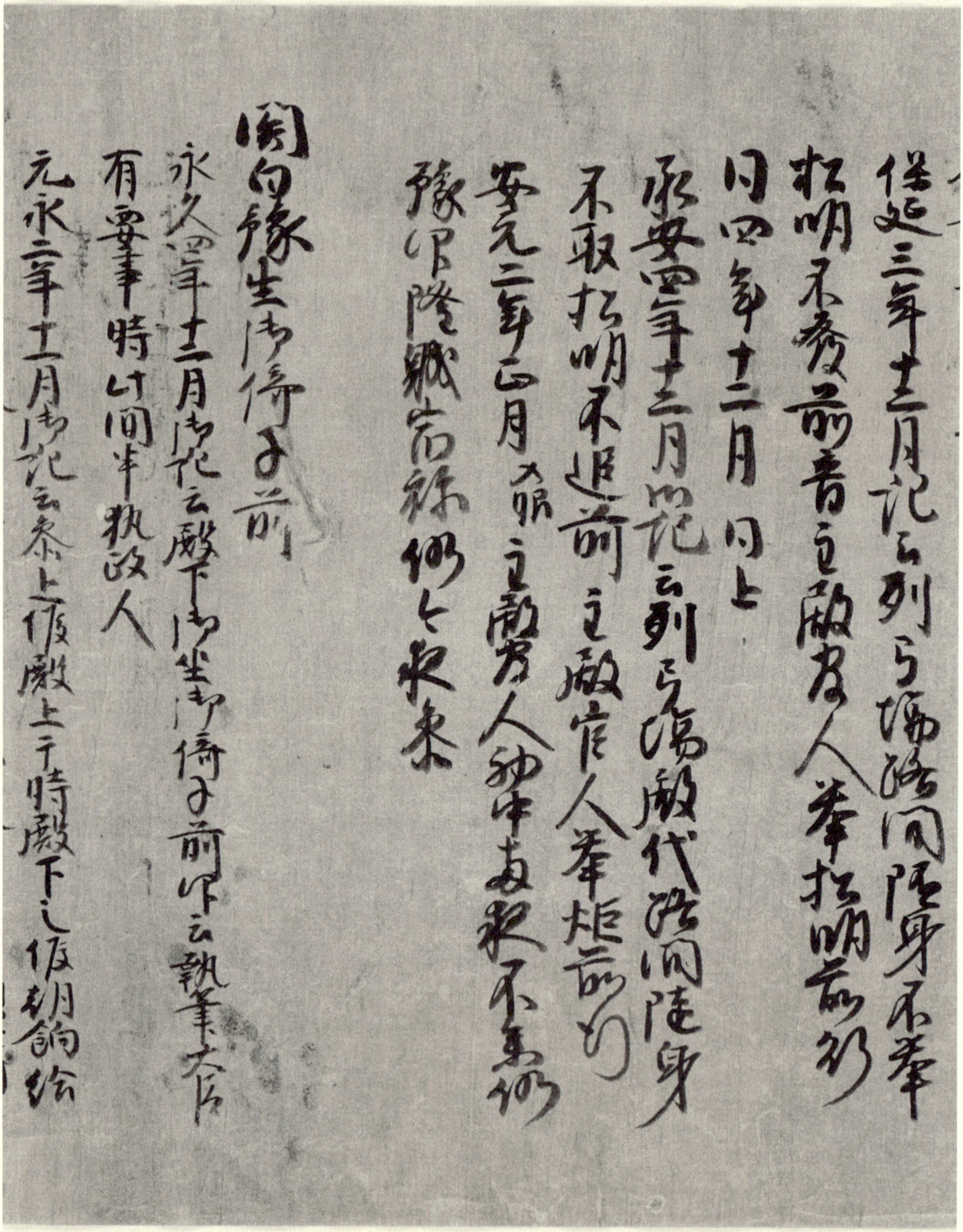
保延三年十二月記云、列立場路間、陰身不挙
松明、不参前、晋自殿方人挙松明前行
同四年十二月　同上
承安四年十二月御記云、列立場殿代路間、陰身
不取松明、不進前、自殿官人挙炬前行
安元二年正月大臣　主殿男人御牛者取不来仍
豫昨除職官縁仍々取来
関白豫参御倚子前
永久四年十二月御記云、殿下御坐御倚子前、御下云、執筆大臣
有要事時召間半執政人
元永二年十二月御記云、参上仮殿上、于時殿下之仮胡箙給

○法性寺殿記

元永二年十一月御記云参上仮殿上于時殿下已仮胡簶給
仍各々以蔵人中上卿参上也蔵人頭来云頭隆頼
為院御使参入有賜事云々　指及二時殿下経下戸
并大盤奥着御前座給

○台記

保延四年十二月記云着殿上端座小大盤下指有　笏小板敷
々時此指是常法也

○台記

永治元年十二月記云召文到了右府指　無示下若指　予不指　右廻
入此右門々了予指　納言又若指　参上

○台記

子息大臣先仮気色着座了
保延三年正月記云予笏小板敷指居于仮御気色着
小盤下家礼也

○台記

同四年秋同之

松殿説

○玉葉

故実

（以下八行、九条家本［九－一六二］欠落。同家類本［九－一二五］存ス）

○殿暦

（○台記ノ例ナシ）

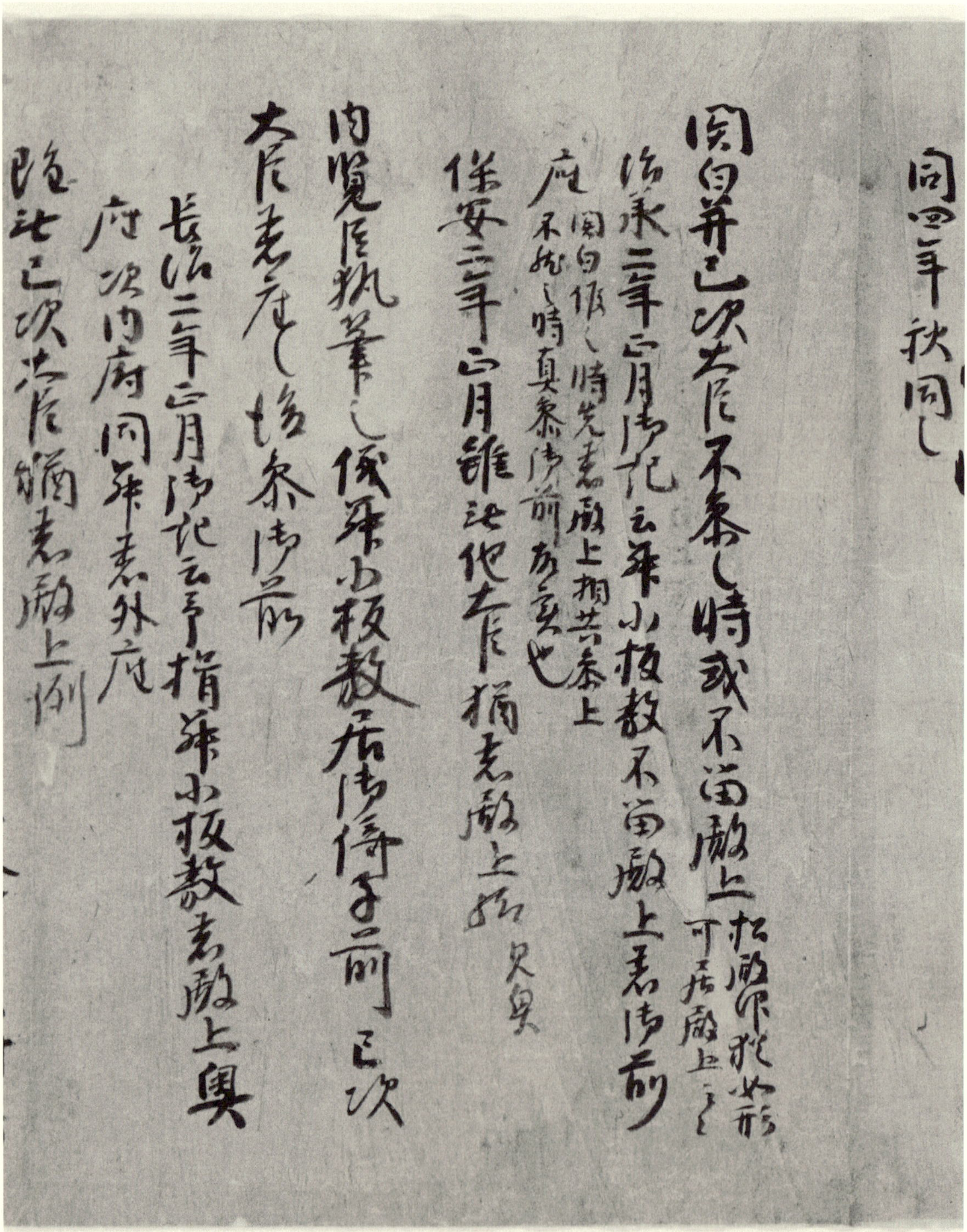
同四年秋同し
関白并已次大臣不参之時或不当敷上　松殿仰於此所可居敷上云々
治承二年正月御記云、余小板敷不当敷上着御前
座　関白依之時先着殿上相共参上　不然之時直参御前依召也
保安二年正月雖此他大臣猶着殿上如　例奥
内覧臣執筆之儀余小板敷居御倚子前　已次
大臣着座之後参御前
長治二年正月御記云、予指余小板敷着殿上奥
座、次内府同余着外座
随此已次大臣猶着殿上例

○法性寺殿記
（以上八行、九条家本（九―一六二）欠落。同家類本（九―一二五）存ス）

関白及ビ大臣御前座ニ着ス
（起座殿上ノ上戸ニ入ル以下略ス）

○玉葉

○台記

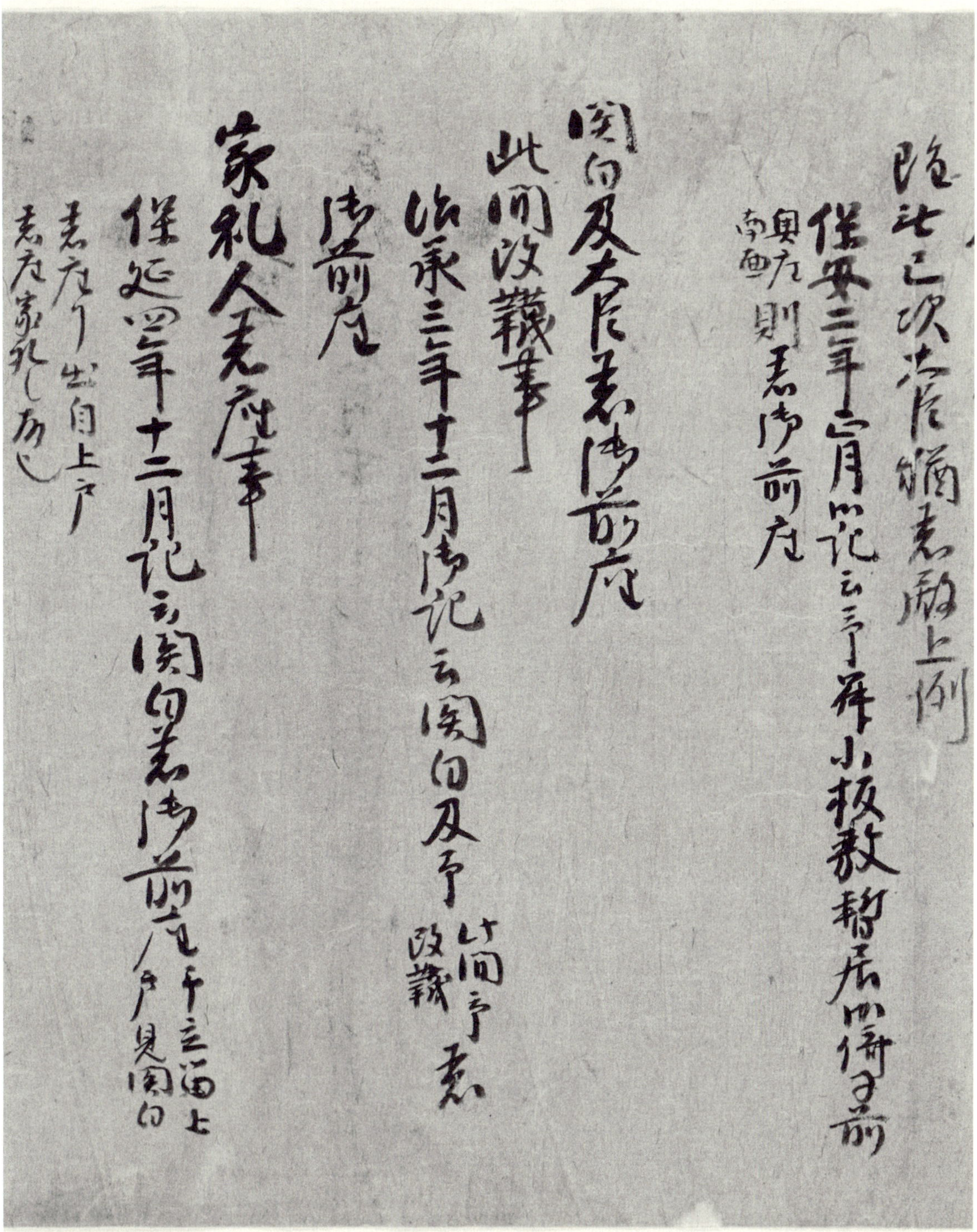

○玉葉

○法性寺殿記

○殿暦

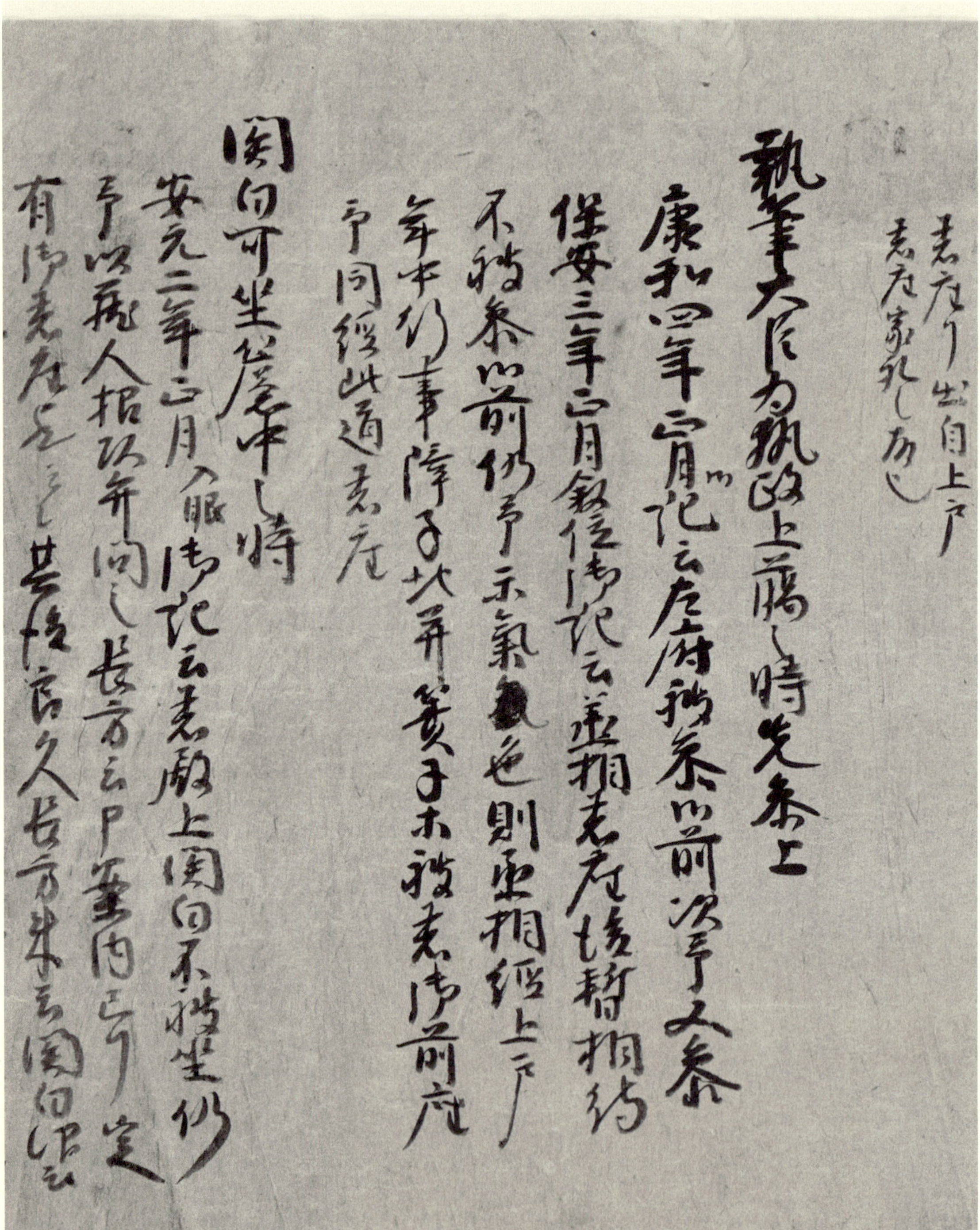
丞相出自上戸
丞相家礼之故也
執筆大臣為執政上臈之時先参上
康和四年宵記云左府猶参以前次第又参
保安三年正月叙位御記云亜相丞相猶猶相猶
不待参以前依予示氣色也則亜相経上戸
年中行事障子北并簀子不待丞相御前座
予同経此道丞相
関白可坐公卿座中之時
安元二年正月入眼御記云丞殿上関白不待坐仍
予以蔵人相招弁問之長方云早着関白座可定
有御丞相足之共揖言久人長方来云関白退云

（雨儀以下一〇五頁ニ続ク）

春除目抄　下

春除目抄　下　表紙

春除目抄
初日下（第三）

当年内給ヲ任ズ
（御申文ヲ取ル以下官闕宮ニ入ルマデ略ス）

○殿暦

松殿説

○玉葉

○台記

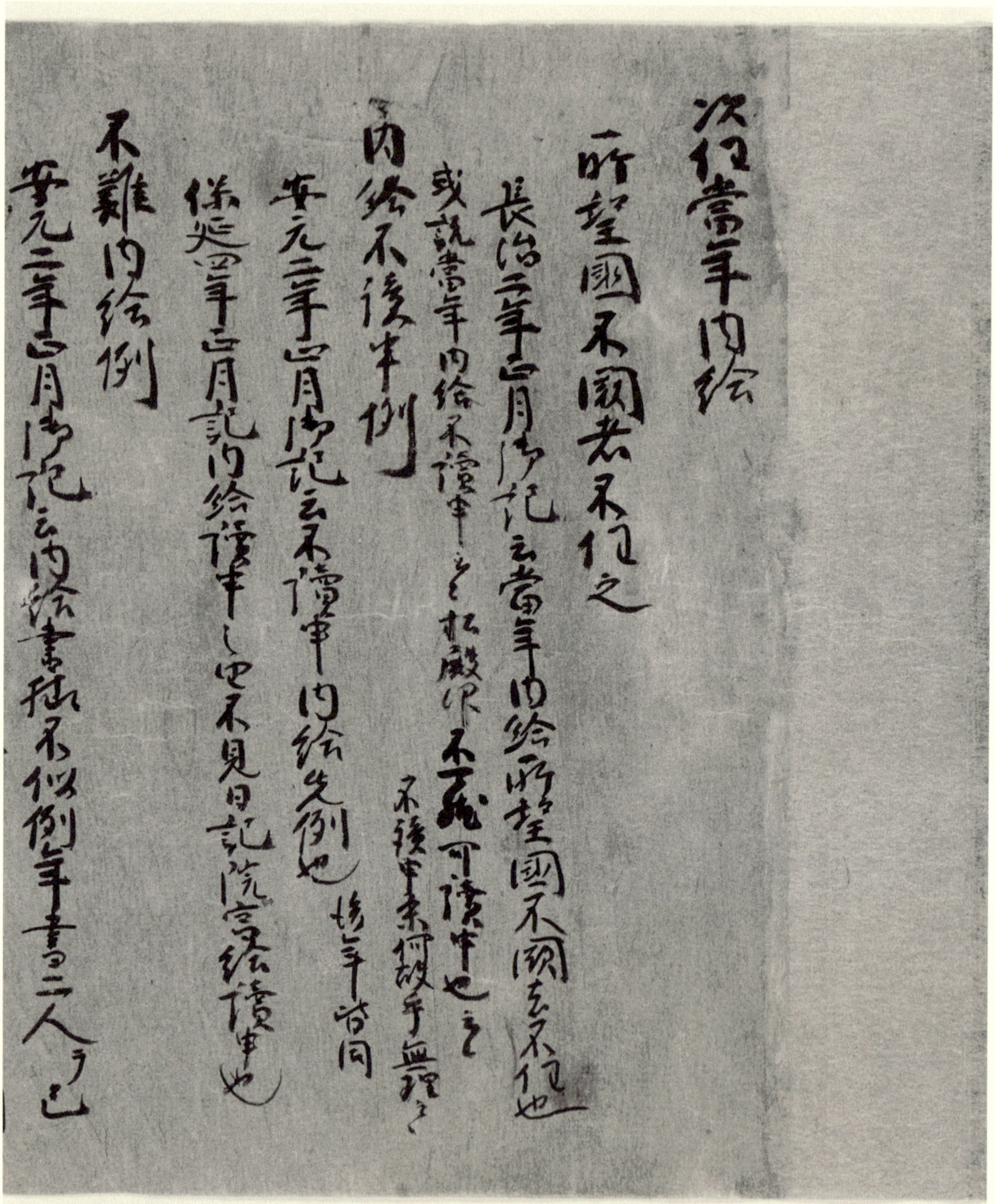
次任當年内給
所望國不闕者不任之
長治二年正月御記云當年内給所望國不闕者不任也
或説當年内給不讀申云々松殿説不讀可讀申也云々
不讀申未知故乎無理々々
内給不讀申例
安元二年正月御記云不讀申内給先例也
後年皆同
保延四年正月記内給讀申之也不見日記院宮給讀申也
不難内給例
安元二年正月御記云内給書様不似例年書二人ヲ也

（1）

○玉葉

○玉葉

○法性寺殿記

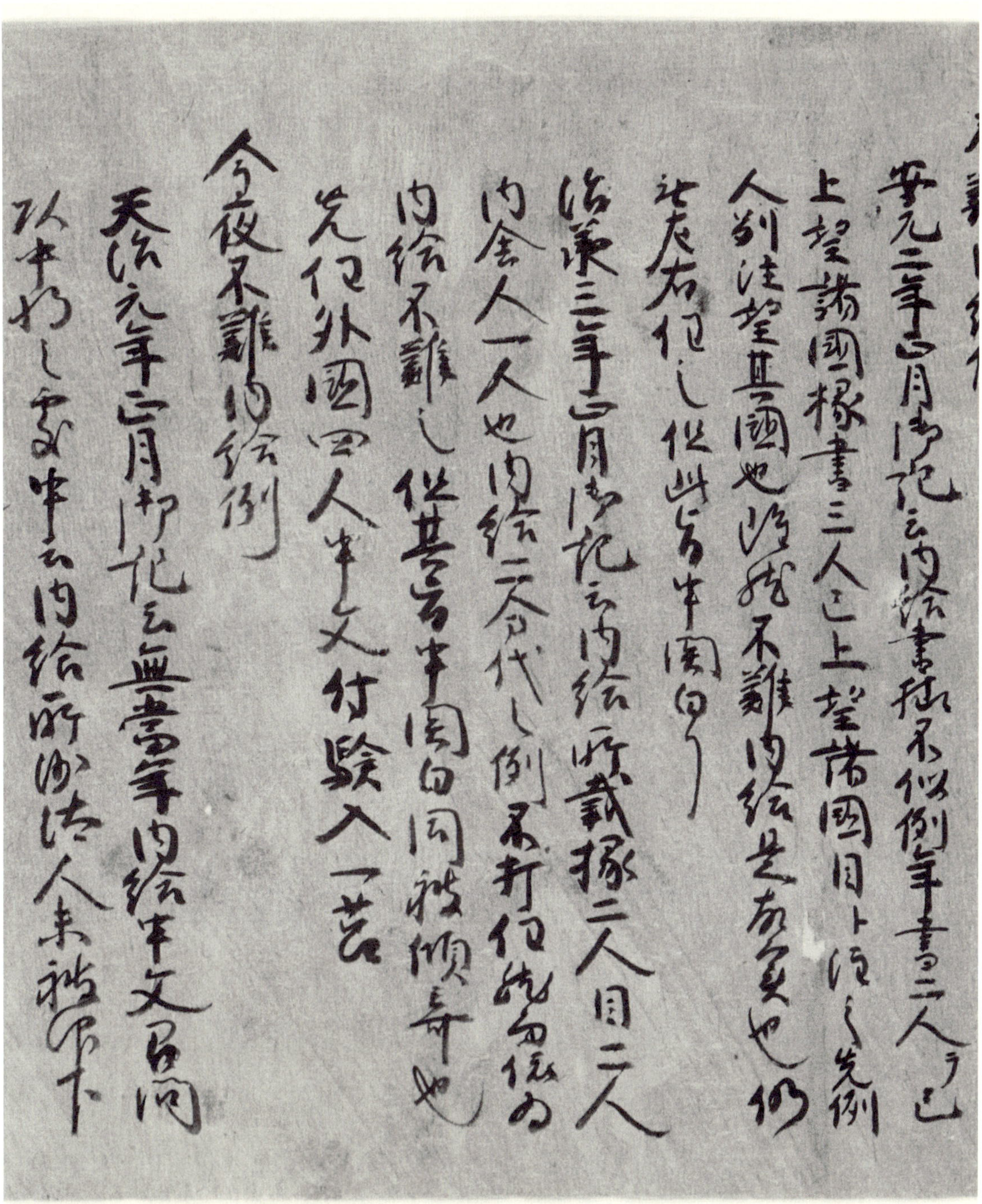
安元二年正月御記云、内給書様不似例、年書二人之已
上望諸国掾書三人已上、望諸国目ト注之、先例
人別注望其国也、猶不難内給之存異也、仍
注左右、但し從此旨申関白了
治承三年正月御記云、内給所載掾二人目二人
内舎人一人也、内給二合代之例不打、但此旨依内
内給不難之、從其旨申関白、関白被傾奇也
先但外国四人申文付驗入一莒
今夜不難内給例
天治元年正月抄御記云、無当年内給申文召問
以中将し宣申云、内給所沙汰人未被下

○台記

○玉葉

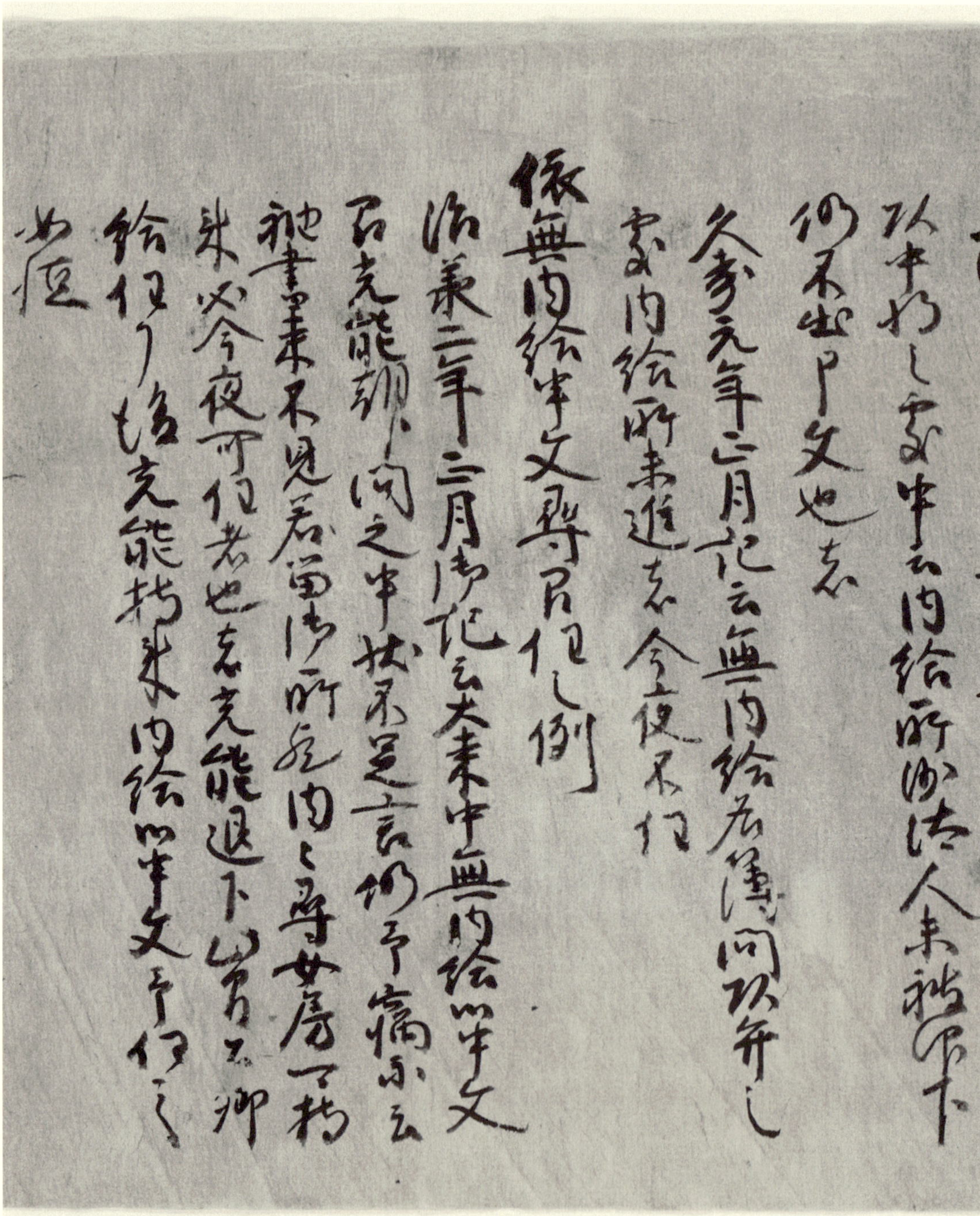
次中将ゝ家申云内給所御使人未祗候下
仰不出召文也云々
久安元年正月記云無内給者催問次弁ゝ
家内給所未進云々今夜不仰
依無内給申文尋召但ゝ例
治承二年正月御記云大未申無内給申文
召光能朝臣問之申状不足言仰可竊示云
被書未不見若留御所乎内々尋女房可稱
未必今夜可仰者也云々光能退下召蔵人卿
給仰了後光能持来内給申文可仰之ゝ
出座

院宮当年給ヲ任ズ

（御申文ヲ取ル以下成残ヲ加ヘ返上也マデ略ス）

読申儀

○台記

○玉葉

○台記

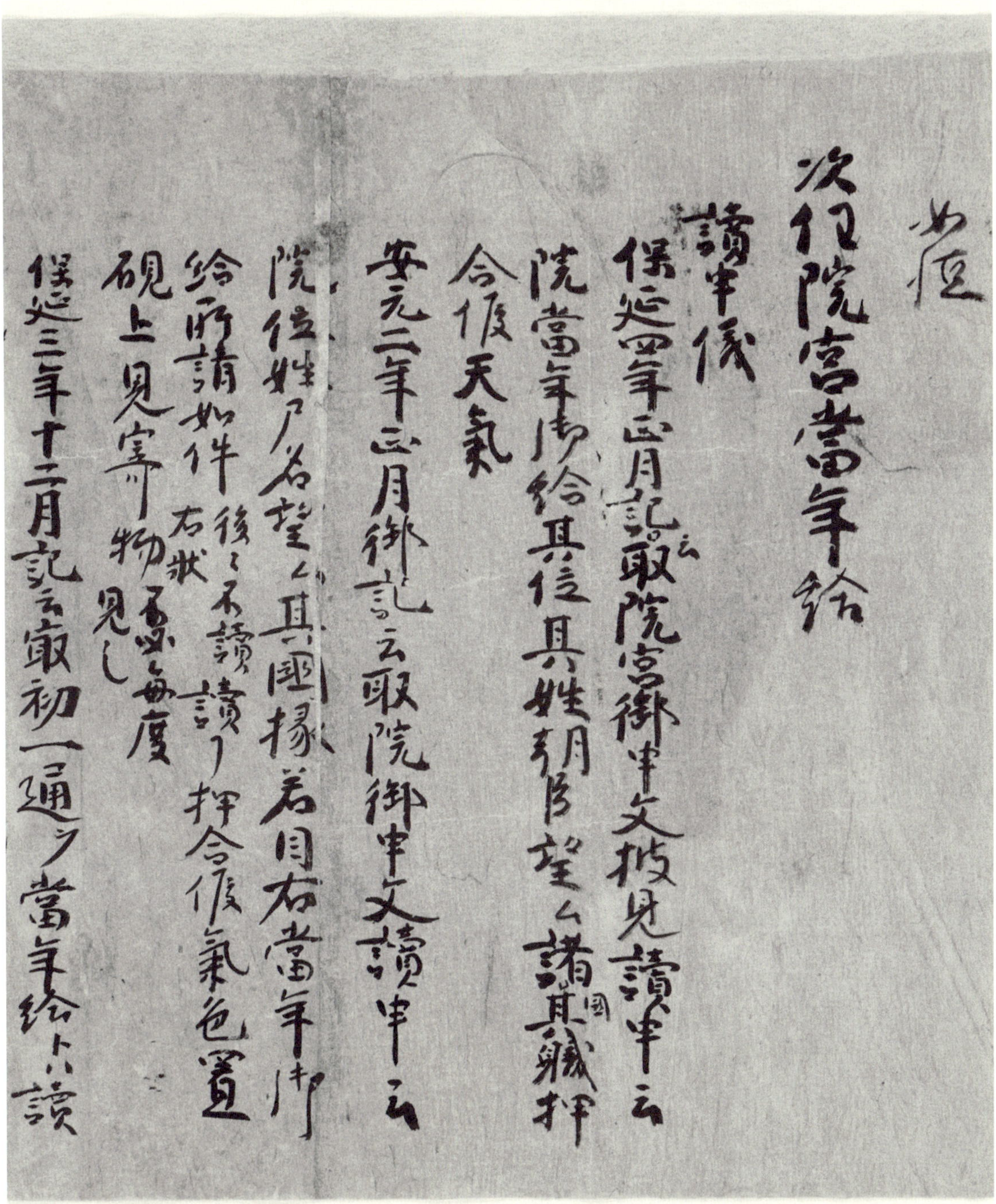

出座

次任院宮當年給

讀申儀

保延四年正月記云、取院宮御申文披見讀申云々

院當年御給其位其姓朝臣望、諸國其職拜

令仮天氣

安元二年正月御記云、取院御申文讀申云々

院位姓ア名望、其國掾若目右當年御

給所請如件 後々不讀 右状 讀了拜令仮氣色置

硯上見寄物 悉毎度 見し

保延三年十二月記云、最初一通ヲ當年給トハ讀

（2）

保延三年十二月記云最初一通ハ當年給ト云ハ讀
申也後々ハ當年給ト云ハ不讀申也

○玉葉

承安四年十二月御記云取院御申文讀申其
詞云院ノ當年御給任姓朝臣名望ム其官
後々不讀當年御給字

掾目載二通例

○台記

保延四年正月記云一所御申文有二通普通一紙二人書
之而掾一人目人二通ニ一人ツヽ書之仍以此旨申聞之處只
可任之有何事仍任之

二合代載列紙例　見于裏紙所

○法性寺殿記

保安元年正月御記云院宮當年給中有二合代内舎
人申文等相具入成文筥今夜不可任之故也

掾二合代載一紙例

○玉葉

○玉葉

○玉葉

同姓同位准后尻付ノ事

○台記

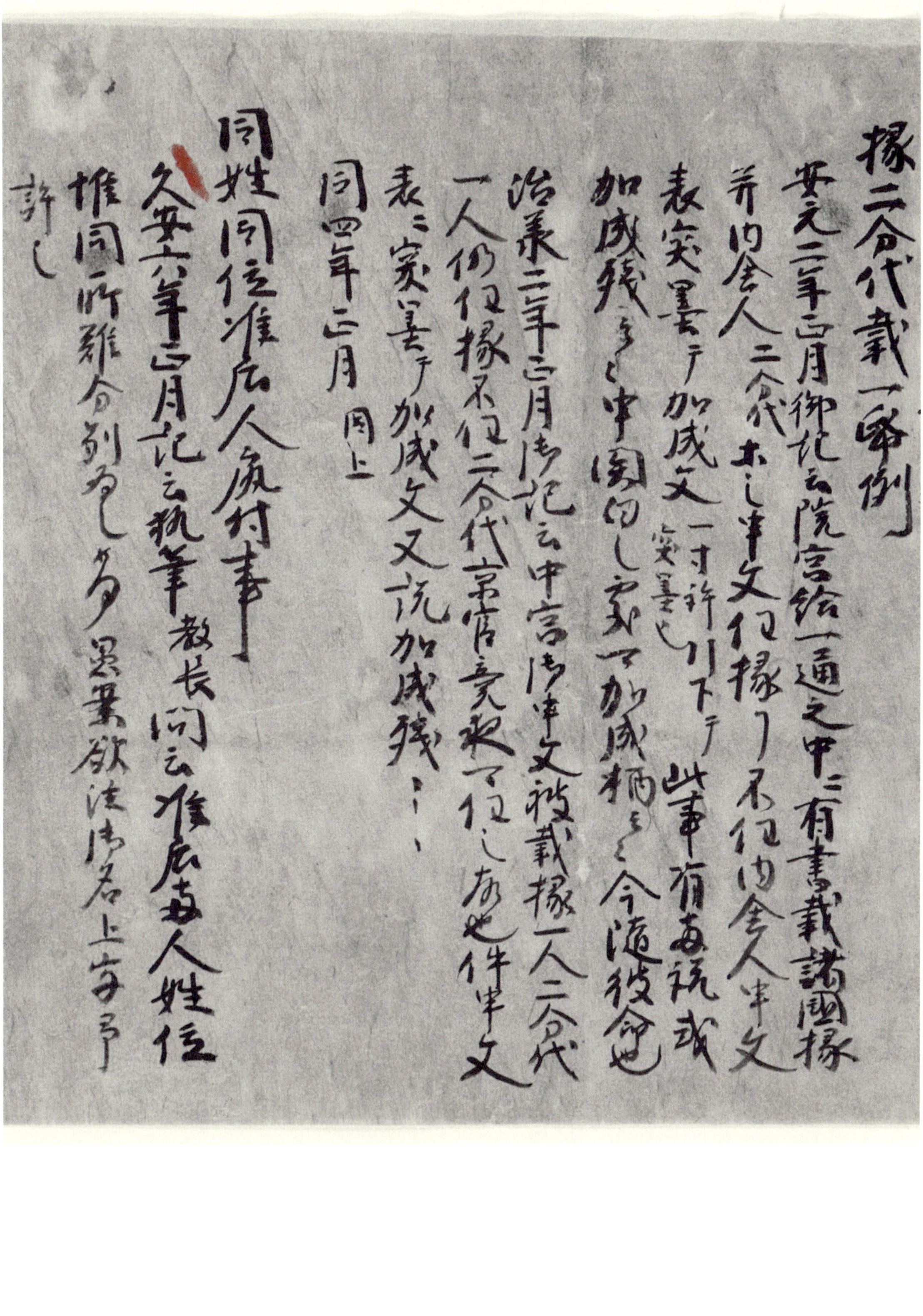

掾二合代載一所例

安元二年正月御記云院宮給一通之中ニ有書載諸国掾
并内舎人 二合代 或ハ申文ニ任掾了不任内舎人申文
表実ニ書テ加成文 一寸許リ下テ 実書之 此事有無疑或
加成残ニスヘキ申聞之処可加成柄之由今随彼命也

治承二年正月御記云中宮御申文被載掾一人二合代
一人仍任掾不任二合代京官 寛和可任之由也件申文
表ニ実ニ書テ加成文又説加成残云々

同四年正月 同上

同姓同位准后尻付事

久安六年正月記云執筆教長問云准后無人姓位
雖同所難合判為之如何 恩案欲注御名上字了
許之

出家人尻付ノ事

○台記

○玉葉

両院御給尻付ノ事

○法性寺殿記

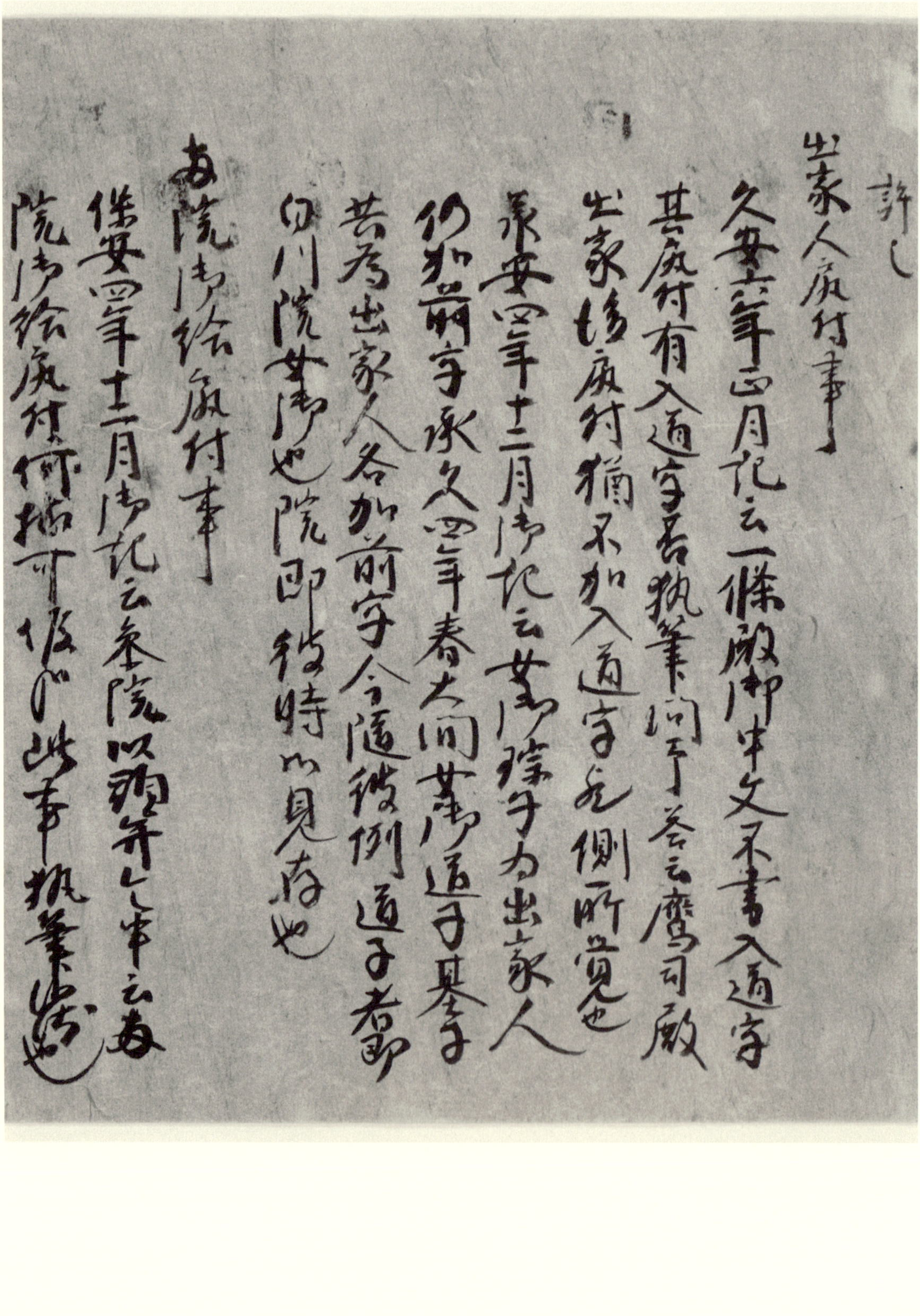
許し
出家人尻付事
久安六年正月記云一條殿御申文不書入道字
其尻付有入道字者執筆問之答云鷹司殿
出家之後尻付猶不加入道字无側所覚也
承安四年十二月御記云女房猶子為出家人
何加前字承久四年春大間女房道子基字
若為出家人各加前字今随彼例道子者前
白川院女御也院即彼時所見存也
両院御給尻付事
保安四年十二月御記云両院以殿下家令云両
院御給尻付何様可候哉此事執筆定也

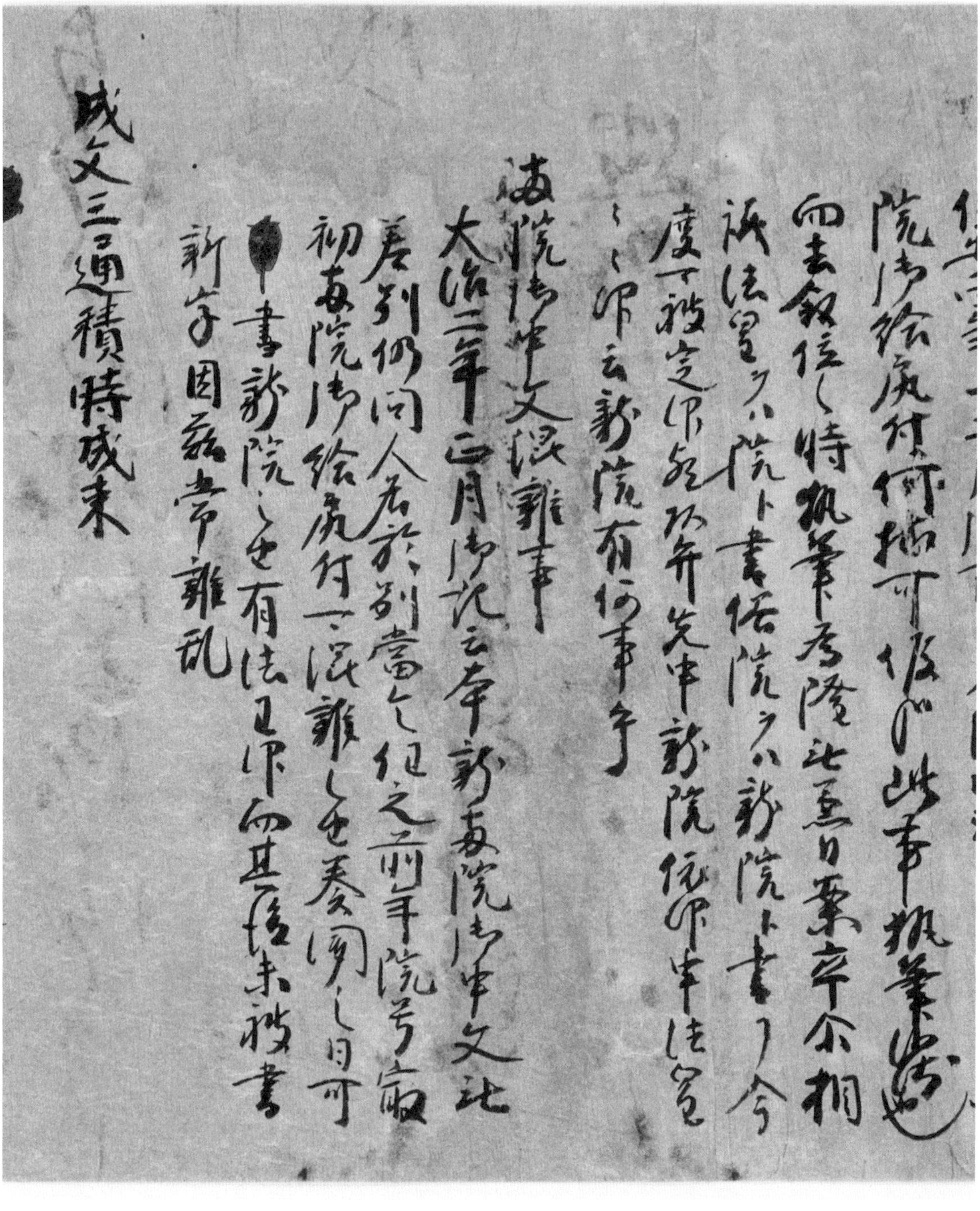

院御給尻付何様可書哉、此事執筆之故
而去叙位之時執筆為隆
新法皇ヲハ院ト書、院ヲハ新院ト書了、今
度可被定仰歟、然而先申新院御法皇
々々仰云、新院有何事乎
両院御申文混雑事
大治二年正月御記云、今新本院御申文此
差別例、問人君於別當之処、前年院分叙
初本院御給尻付一混雑之由、奏聞之日可
書新院之由有法王仰、而其後未被書
新字、因茲常雑乱
成文三通、積時成来

（3）

（不用続紙用紙也ノ七字及ビ割書ノ在第三筥ノ四字ナシ）

松殿説

（爪ヲ以テコレヲ破ル以下成文ノ筥ニ入ルマデ略ス）

正説

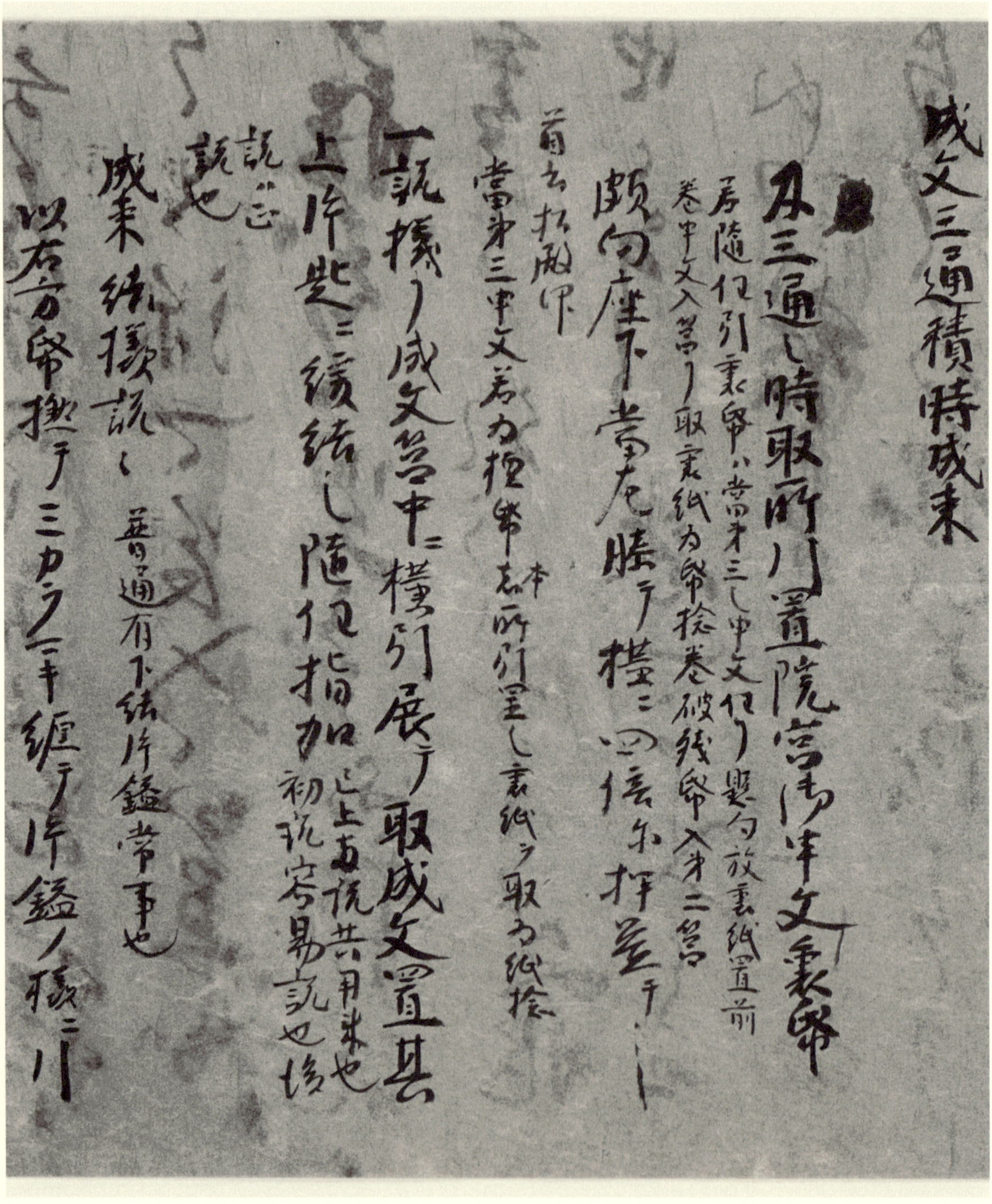

花園左大臣所用ノ説

（近代件ノ紙以下密カニコレヲ引キ入レ取リ替ル也マデ略ス）

○殿暦

○殿暦

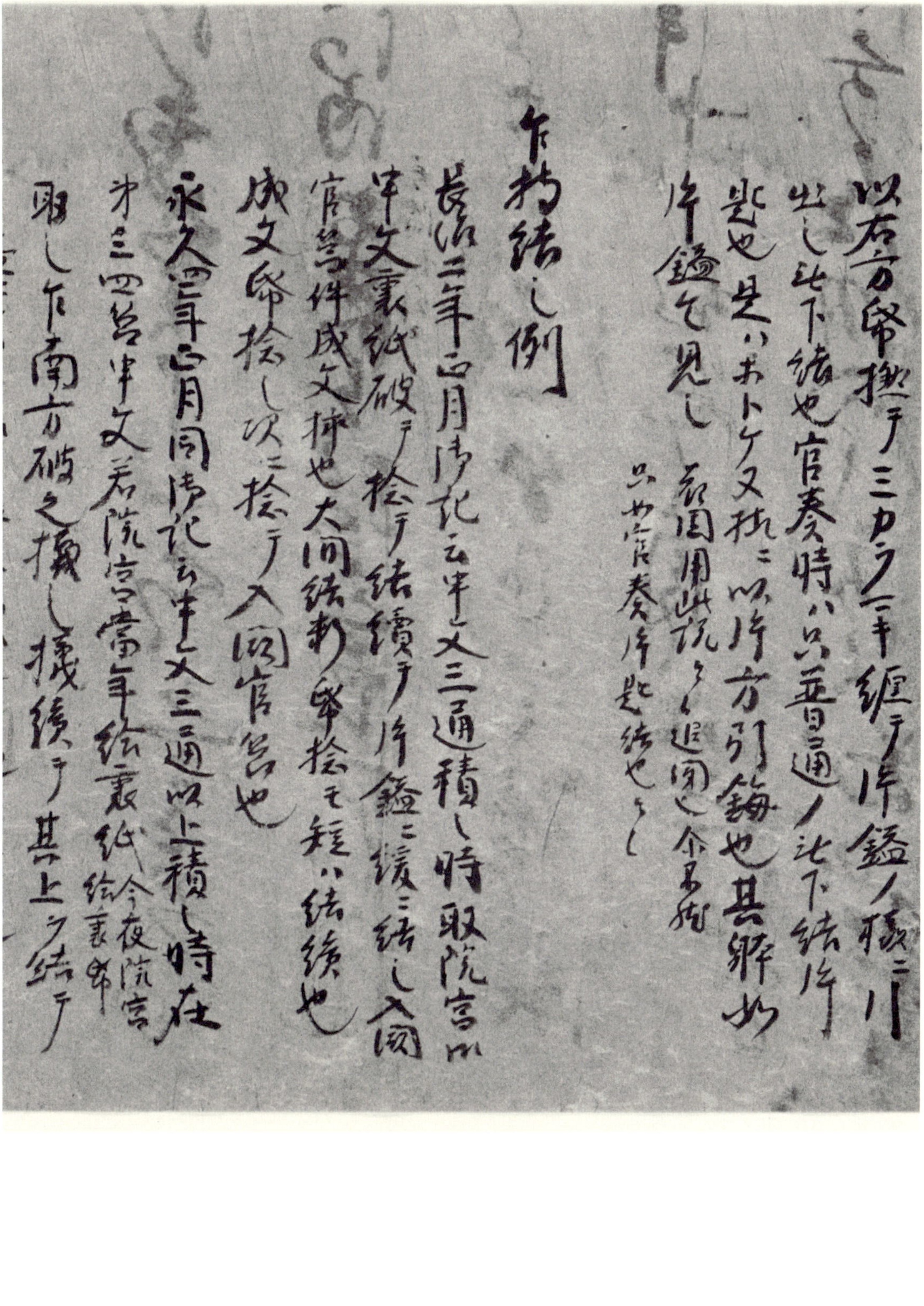

○玉葉

○台記

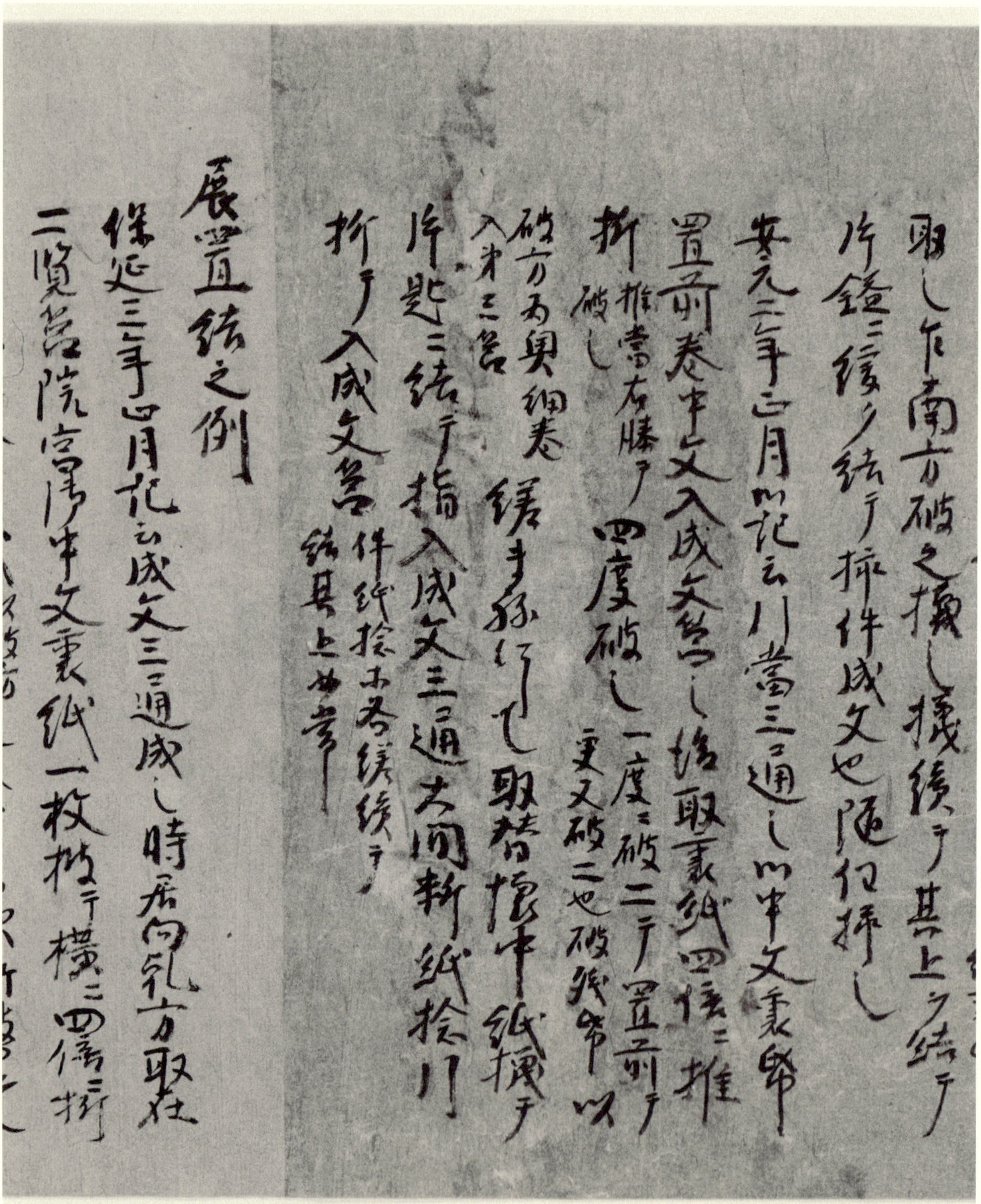

（4）

二覧畢院宮御申文裏紙一枚抜テ横ニ四信ニ折テ
四度破シ巻裏紙（以破方為奥）返入本筥次所破置シ
紙ヲ[illegible]揉抜ニテ所破置シ紙自左袖ノ入
懐中本所入懐中紙捻ニ筋ヲ自右袖取出
以一覧筥取一紙捻ノ延筥中其上置成文
三通紙捻テ作鑰ニ綴方ニ結也
承安四年十二月記云取在第二覧畢シ院宮御申
文裏紙一枚頗向府下横ニ四信ニ推折テ以所破シ
一寸余置前次巻破残帋（以破方為奥）如例中程ヲ
許
取テ　メテ返入第二覧筥取所破置シ紙テ
捻シ又取[illegible]今一筋綴シ其上ヲ一結ニテ
竊自左袖ノ入シ自右袖取出懐中紙捻（不令人見）

（〇玉葉安元元年十二月条略ス）

懐中ニ紙捻ヲ用意シ取替フル事

〇殿暦

〇法性寺殿記

〇法性寺殿記

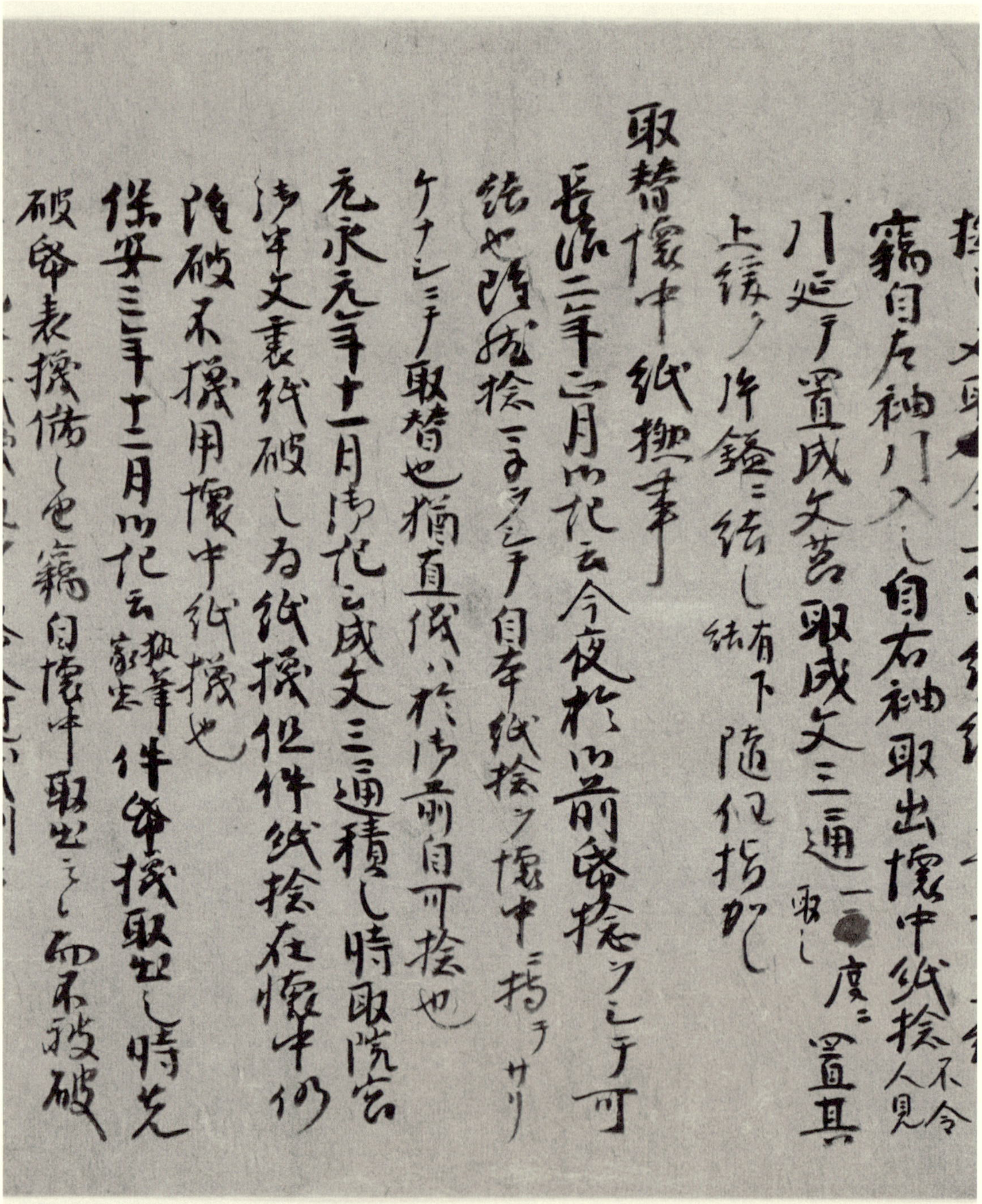
竊自左袖入之自右袖取出懐中紙捻不令人見
入延□置成文書取成文三通一度ニ置其
上後乃件籤ニ結之 結有下 随例指之
取替懐中紙捻事
長治二年正月廿八日云、今夜於御前紙捻ヲコシテ可
結也、随□□捻ニテヨリニテ自本紙捻ヲ懐中ニ持テサリ
ケナレニテ取替也、猶直段ハ於御前自可捻也
元永元年十一月御記云、成文三通積之時取院宮
御申文裏紙破之、為紙捻但件紙捻在懐中例
紙破不捻用懐中紙捻也
保安三年十二月廿八日記云 執筆家忠 件紙捻取出之時先
破紙表捻備之、而竊自懐中取出之、而不被破

近代ノ例

○台記

○台記

○玉葉

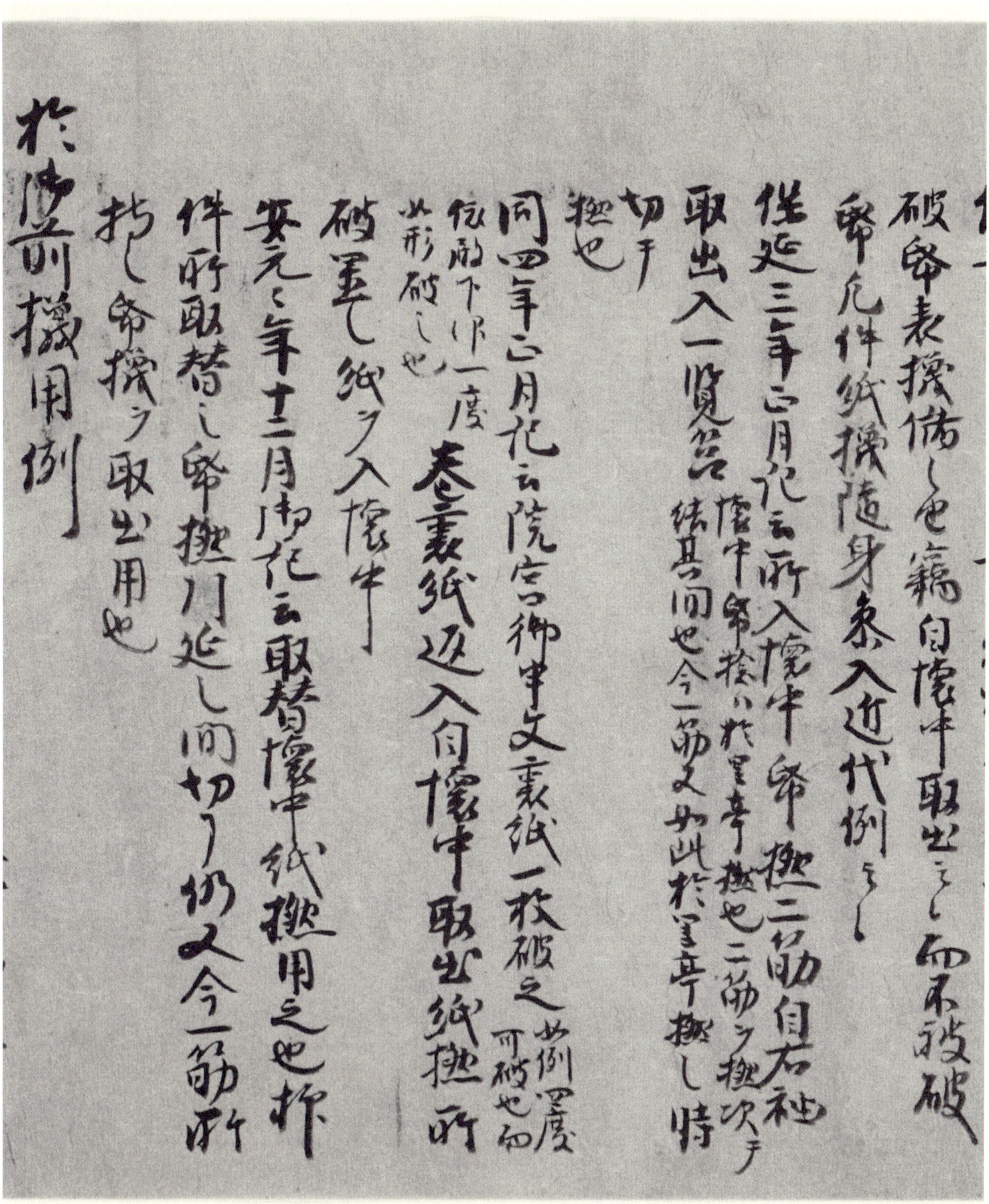

破除表擬備之、竊自懐中取出之、而不被破
除凡件紙擬随身参入、近代例之
保延三年正月記云、所入懐中除目、擬二筋、自右袖
取出入一覧筥、懐中除目擬ハ於里亭擬也、二筋ヲ擬、次テ結其間也、今一筋又如此於里亭擬之、時
切テ
擬也
同四年正月記云、院宮御申文裹紙一枚破之、如例冒度可破也、而
依御下作一度如形破之也
巻裹紙返入自懐中取出紙擬所
破罷之、紙ヲ入懐中
安元々年十二月御記云、取替自懐中紙擬用之也、於
件所取替之、除擬間延之間、切了、例又今一筋所
拵之、除擬ヲ取出用也
於御前擬用例

○玉葉

○玉葉

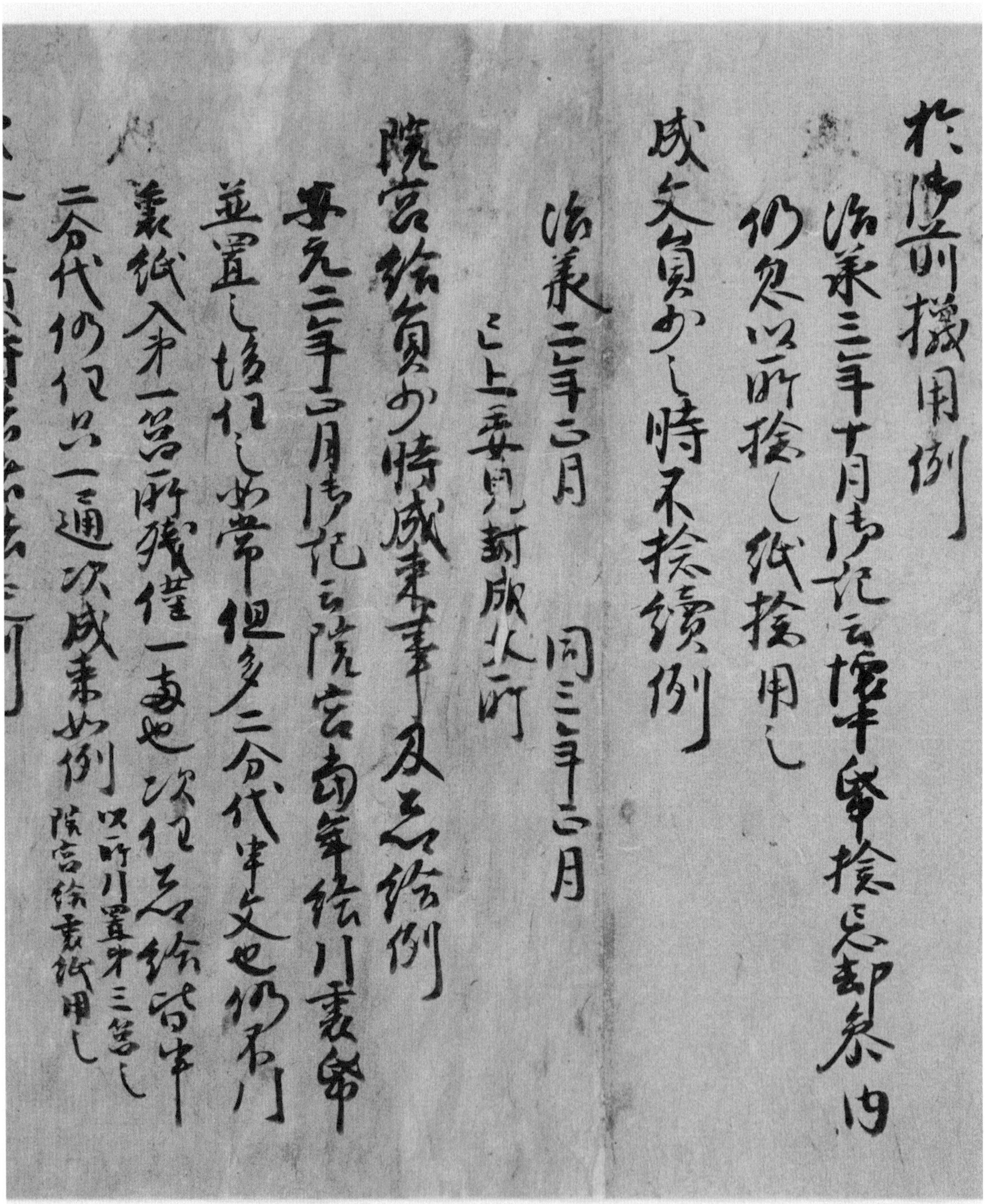

於陣前擬用例

治承三年十月廿日記云擬申筆捻忘却参内

仍忽以所捻之紙擬用之

成文負物之時不捻續例

治承二年正月　同三年正月

已上要見封成文所

院宮給負物之時成文筆及名給例

安元二年正月廿日記云院宮申文給引裹紙

並置之擬但之如常但多二合代卑文也仍引

裹紙入第一筥所殘僅一通也次但名給皆卑

二合代仍但只一通次成文如例

以所引置第三筥之

院宮給裹紙用之

○台記

○玉葉

紙捻ニ檀紙ヲ用ヒズ

○玉葉

○法性寺殿記

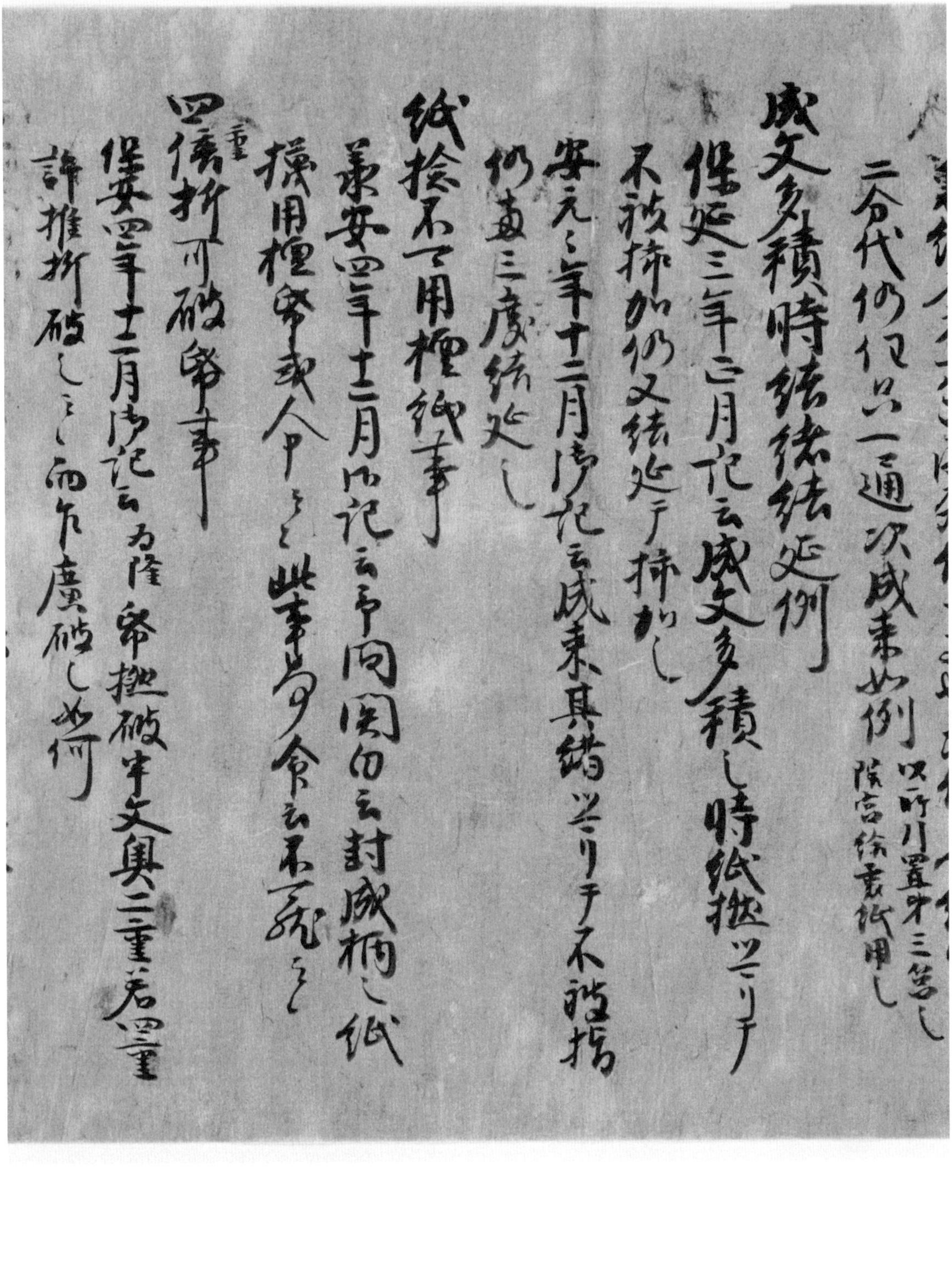

二合代例只一通次成来如例 以下行間置才三箇し 除目信書紙用し
成文多積時続続続続延例
保延三年正月記云成文多積し時紙撚ヲモリテ
不被挿加例又続延テ挿加し
安元々年十二月除記云成来其錯ヲモリテ不被指
仍数三度続延し
紙捻不可用檀紙事
兼安四年十二月除記云向関白云封成柄し紙
撚用檀紙或人申之此事尤可令云不可然之々
四儀折可破紙事 重
保安四年十二月除記云 右隆 紙撚破半文其二重若四重
許推折破之之而今度破之如何

○台記

○玉葉

公卿当年給ヲ任ズ

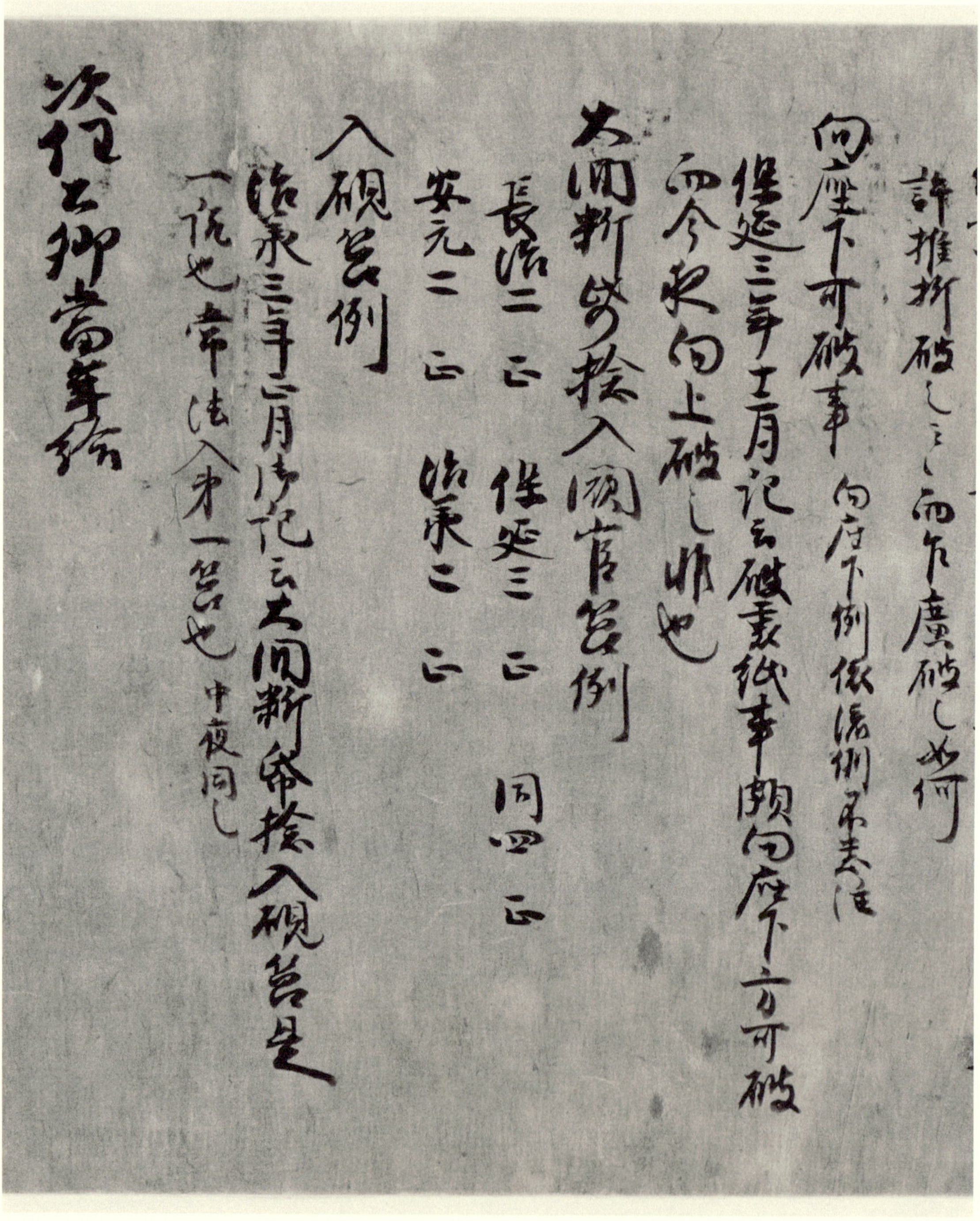
許推斯破之ニ而乍廣破之如何
向座下可破事　向座下例依居例不来注
保延三年十二月記云破裹紙事須向座下方可破
而今依向上破之非也
大間料紙捨入硯筥例
長治二　云　保延三　云　同四　云
安元二　云　治承二　云
入硯筥例
治承三年正月廿日記云大間料紙捨入硯筥是
一説也常法入才一筥也　中夜同之
次任公卿当年給

（件ノ束ヲ取ル以下申文ヲ抜クノ後更ニ見ズト云々マデ略ス）

○台記

○玉葉

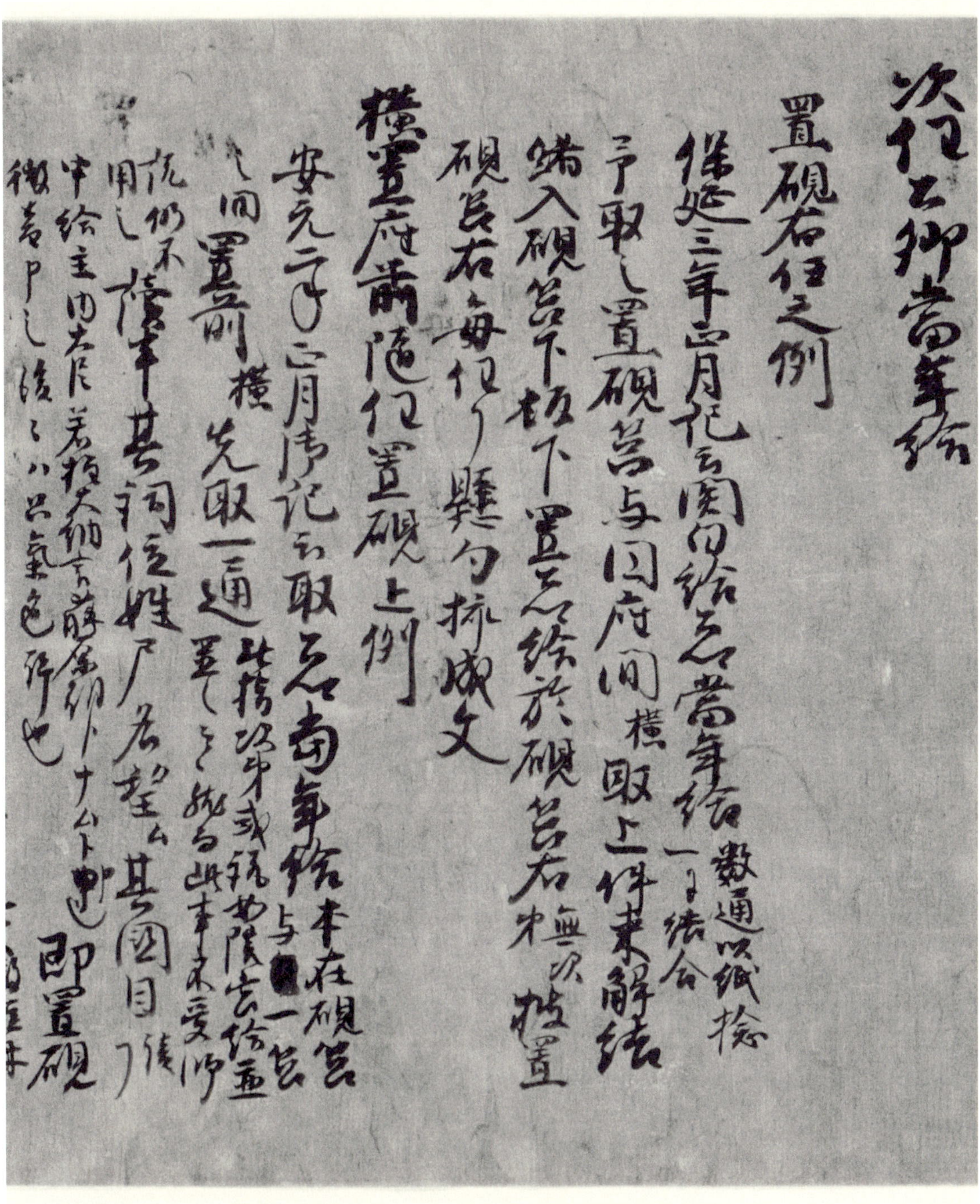

次任大臣当年給

置硯右任之例

保延三年正月記云、関白給名当年給 數通以紙捻一ヶ結合

了取之置硯筥与円座間、横取上件束解結

緒入硯筥下板下、置之給於硯筥右、無次、抜置

硯筥右、毎任懸[illegible]抜成文

横置座前、随任置硯之上例

安元二年正月[illegible]記云、取名簿年給奉在硯筥

[illegible]

○殿暦

大失

○玉葉

大間抄

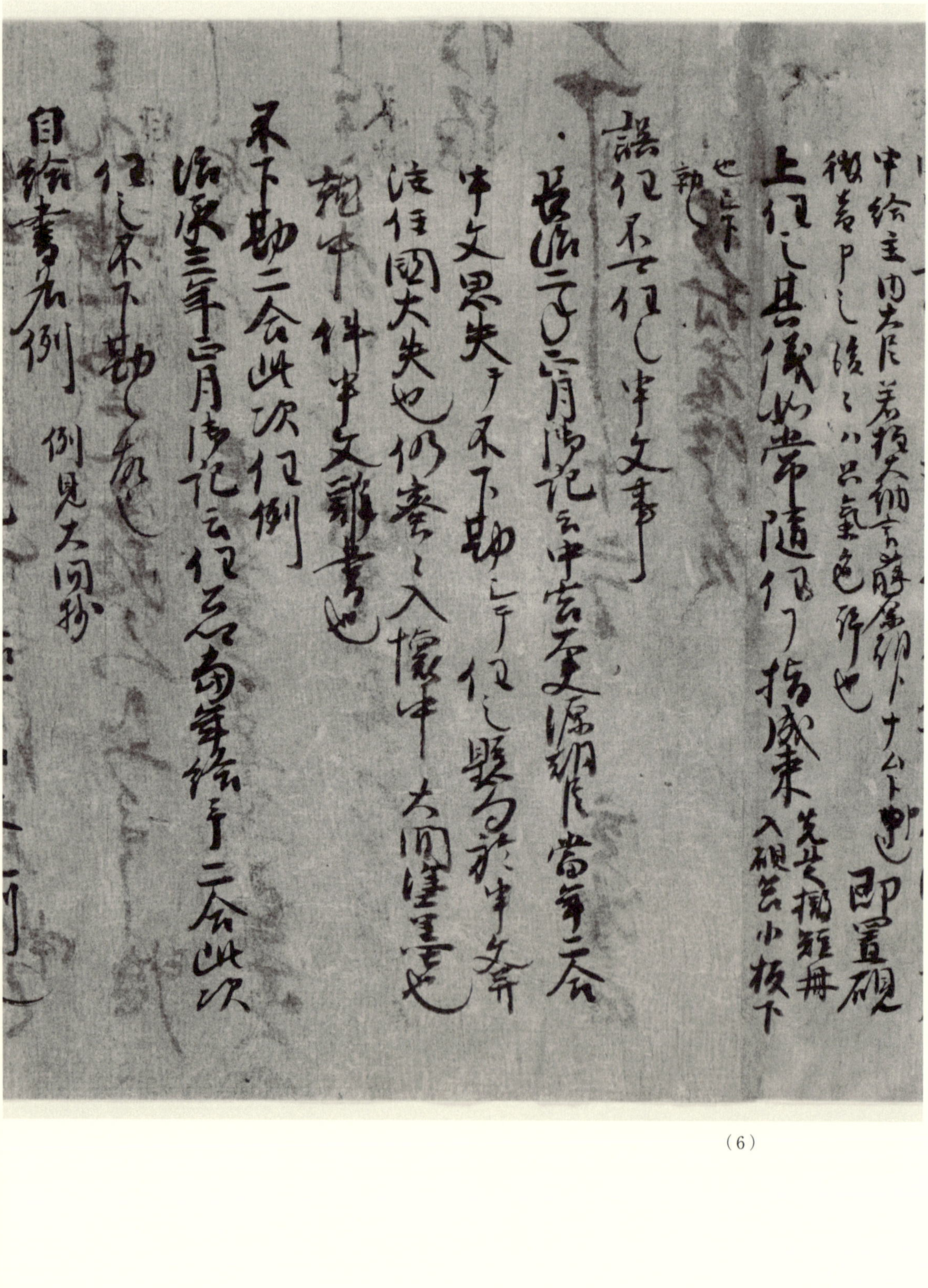

中給主内大臣若授大納言藤原卿ナムト申也　即置硯
微音ト、後ニハ只気色許也
上給之其儀如常随仰ノ指感来　先是揃短冊　入硯筥小板下
請但不下但之申文事
・長治二年正月御記云中宮大夫源朝臣当年二合
申文要失ヲ不下勘之二　但之懸紙於申文并
注任国大失也仍奏之入懐中　大間筥也
紙中　件申文離書也
不下勘二合此次但例
治承三年正月御記云但名簿年給二合此次
但之不下勘之畢
目録書名例　例見大間抄

○玉葉

○台記

○法性寺殿記

自給書名例　例見大間抄
治承四年正月御記云自給書名是先例也
尋常ニハ書官也
不蒙巡給宣旨之親王不請掾事
仁平二年正月記云有覚法親王姸子内親王三
合半文并親王蒙巡給宣旨尋外記申云
蒙之也仍不任之親王不蒙巡給宣旨者不
能請掾
初献半文儀雑任例
保安元年正月御記云今度二合宮初預巡給
而件請文書掾甚猥雑仍初度不加雑任
但馬掾播近一暲流并後七条院ゝ初預巡給

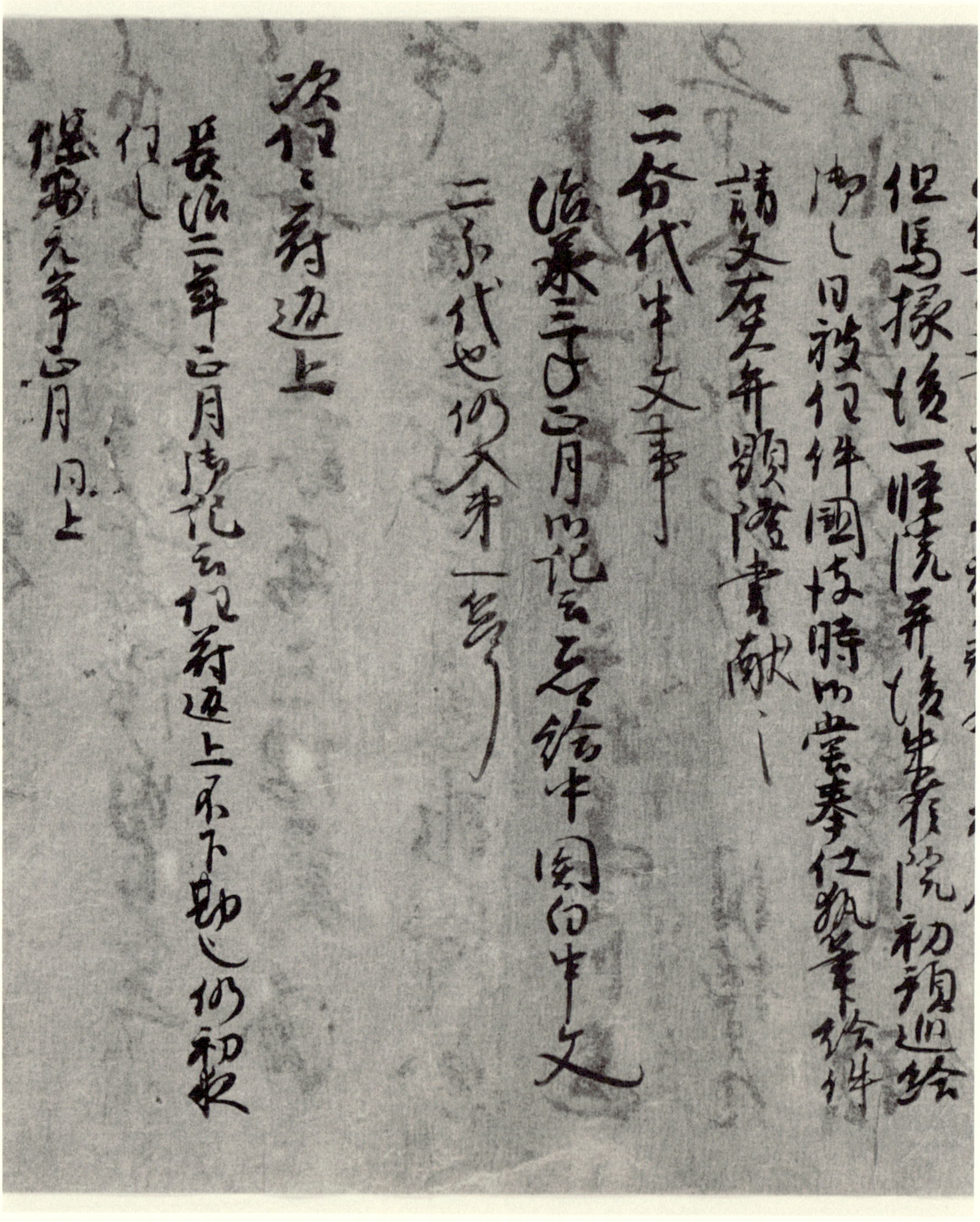

但馬掾終一臈院并後宮給院初預過給
御之日被任件國彼時以堂奉仕執筆給料
請文在先年顯隆書献之
二合代中文事
治承三年正月以院宮給中関白中文
二合代也件人半一合之
任符返上
長治二年正月除目任符返上不下勘之例初叙
但之
保安元年正月　同上

○玉葉

任符返上ヲ任ズ
（件ノ束ヲ取ル以下後日尋ネ取ルマデ略ス）
○殿暦

○法性寺殿記

上召使ヲ任ズ（申文ヲ取ル以下成束ヲ指スマデ略ス）

○台記

○台記

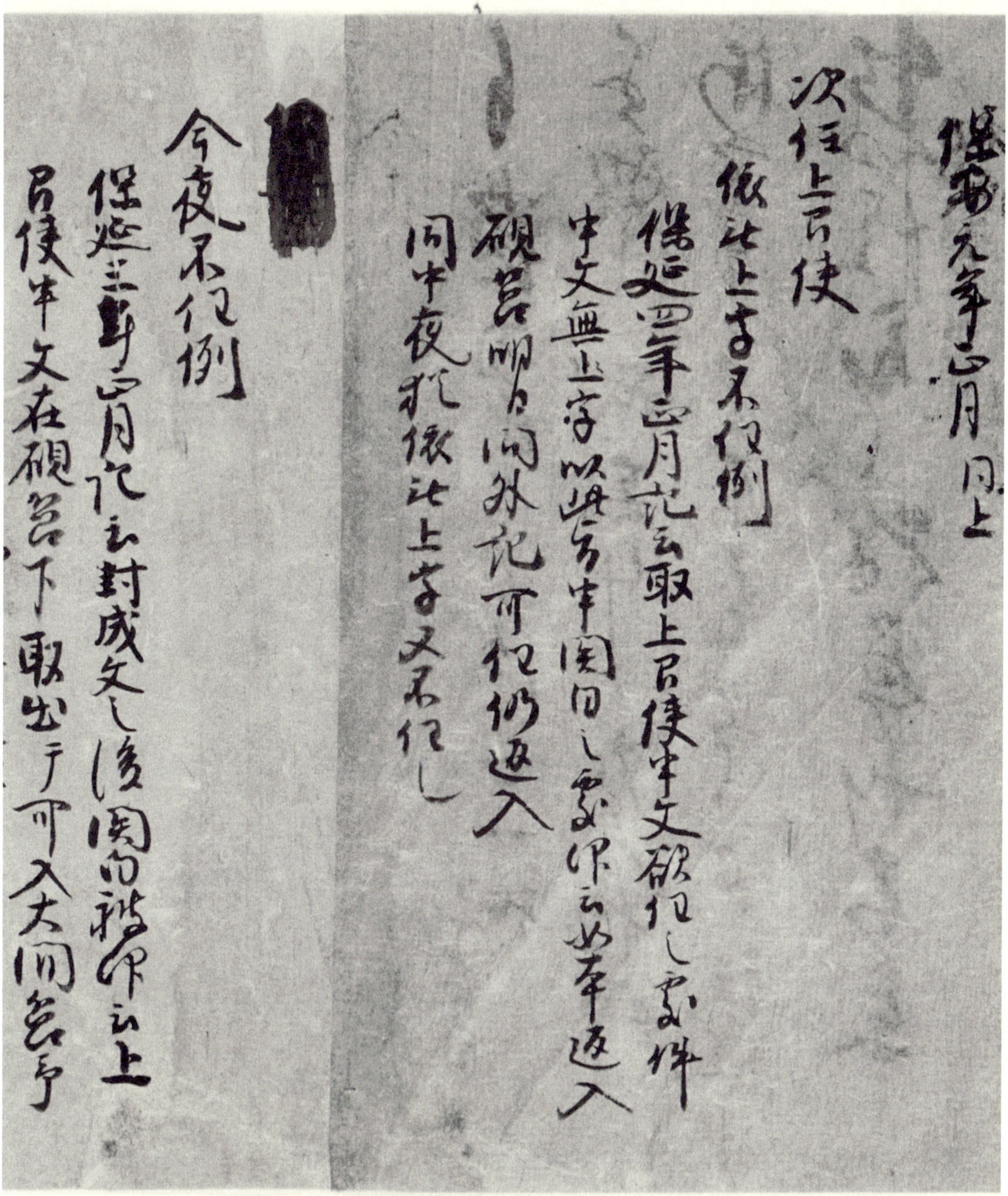

（7）

○玉葉

○玉葉

○玉葉

便ニヨリ諸道諸院年挙ヲ任ズ

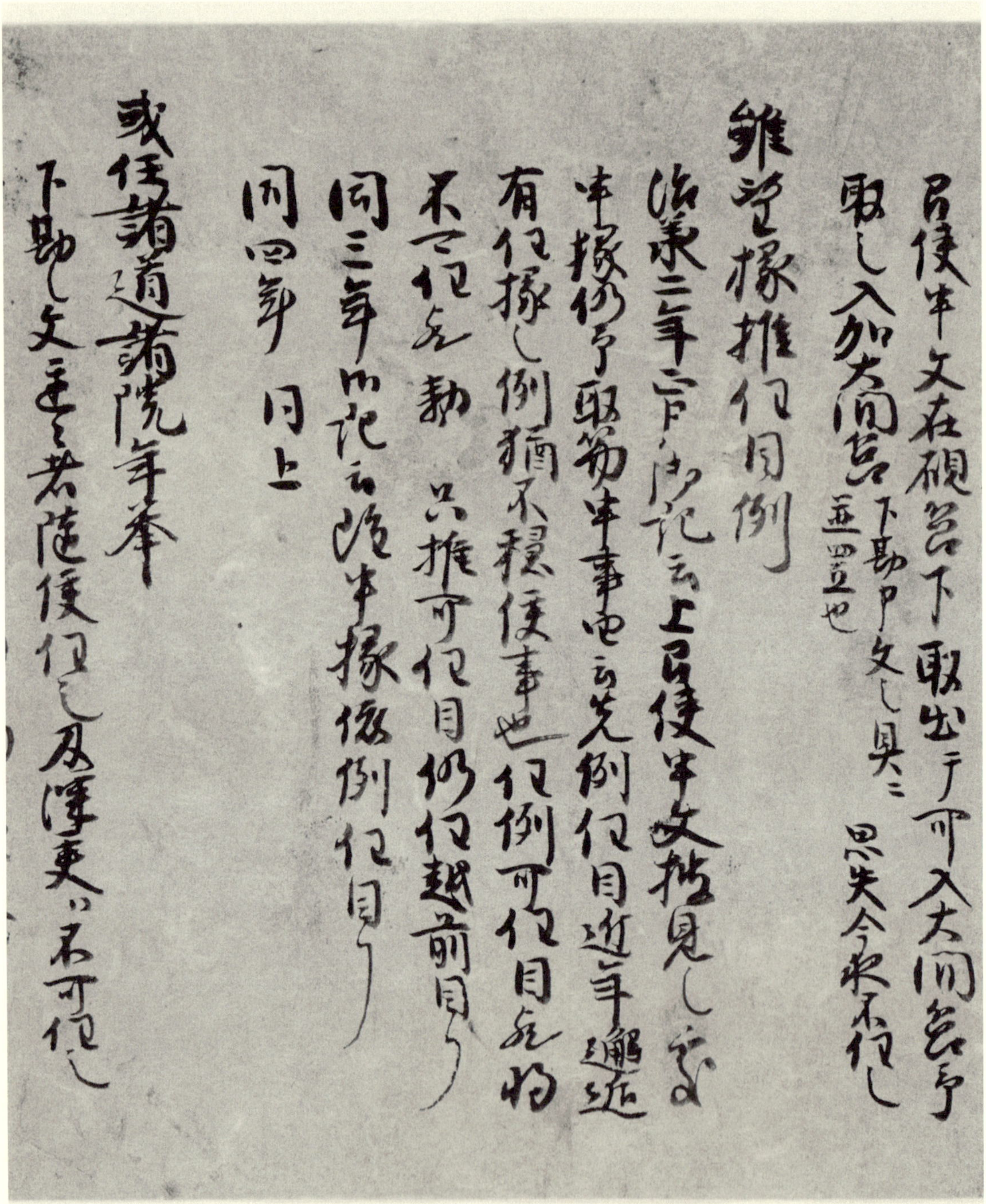

召使申文在硯筥下取出テ可入大間筥
取し入加大間筥 下勘了文し具ニ 尻失今求不任し
雑色撮推任同例
治承二年宣下御記云上召使申文被見し處
申撮例ヲ取筋申事也云先例任目近年邂逅
有任撮し例猶不穏便事也 任例可任目之由
不已任之勤 只推可任目例任越前目了
同三年御記云沙申撮徳例任目了
同四年 同上
或任諸道諸院年挙
下勘し文ニ在ニ若随便任し 及撰吏ハ不可任し

○法性寺殿記

○台記

○玉葉

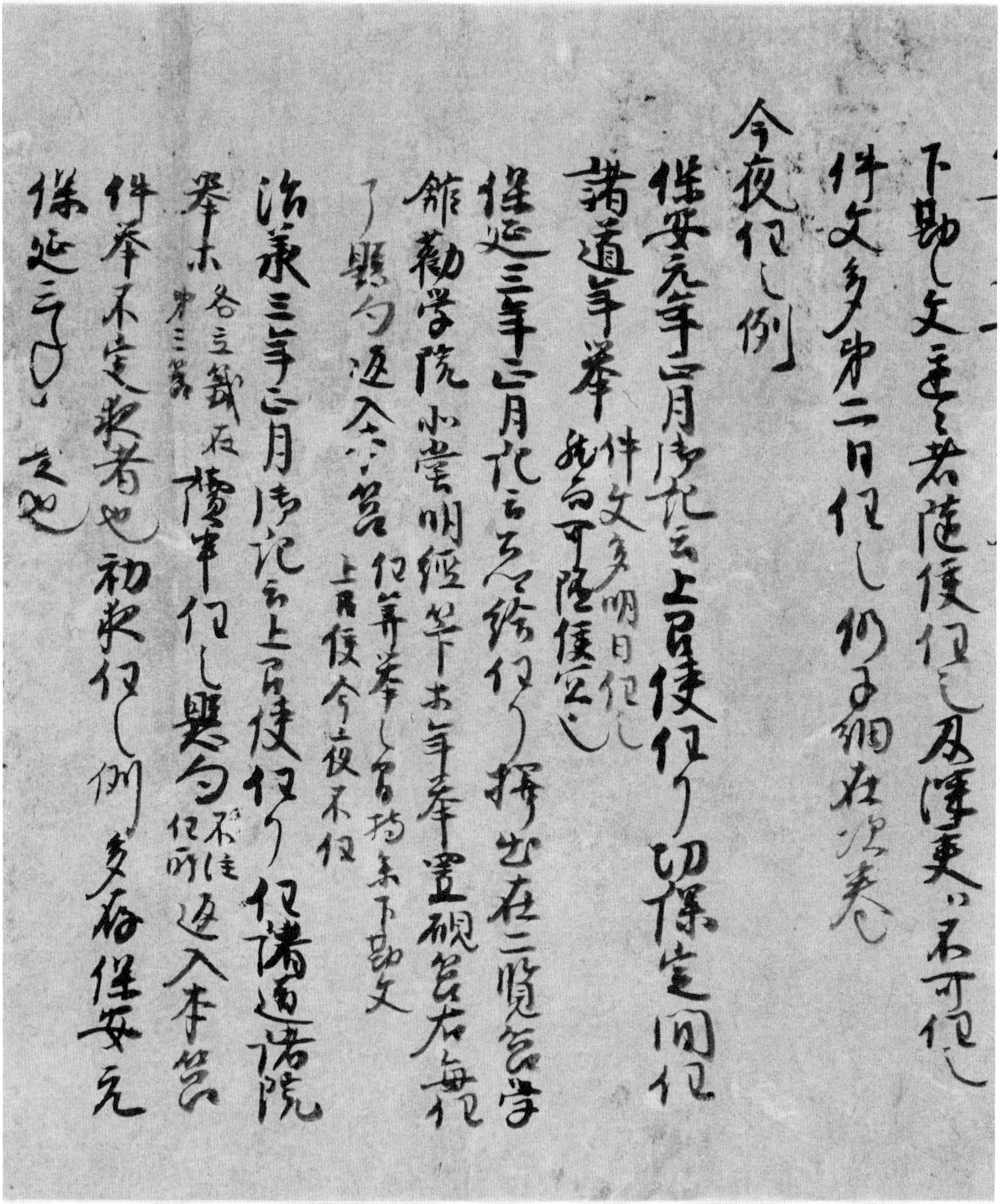

下勘之文、差〻若随便任之、及深更ハ不可任之

件文多ノ第二日任之、例子細在次巻

今夜任之例

保安元年正月廿日記云、上召使任了、切堺定同任

諸道挙　件文多明日任之、然而可随便宜云々

保延三年正月廿日記云、給任了、挿出在二覧筥学

館勧学院小学明経挙、本年挙置硯筥右、毎任

了懸勾、返入今筥、任算挙之間持来下勘文　上召使今夜不任

治承三年正月廿日記云、上召使任了、任諸道諸院

挙本　各三箇在　第三箇　懐中、任之懸勾、不注　任所返入本筥

件挙不定取者也、初取任之例多存、保安元

保延三了〻之定也

○玉葉

参議下勘文ヲ持参ス

（大臣筆ヲ置ク以下直ニ成文筥ニ入ルマデ略ス）

○殿暦

○法性寺殿記

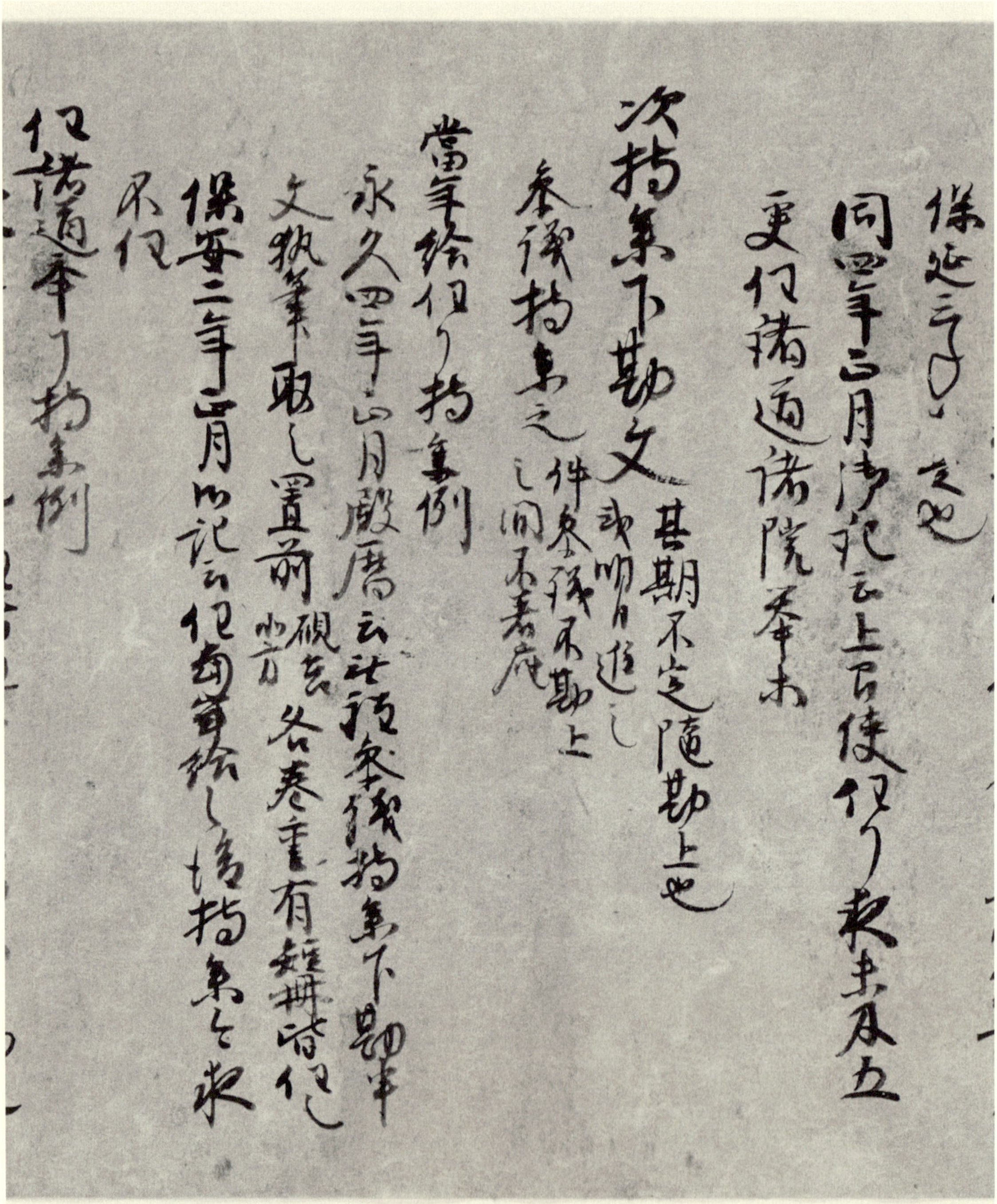

○法性寺殿記

○台記

○台記

○法性寺殿記

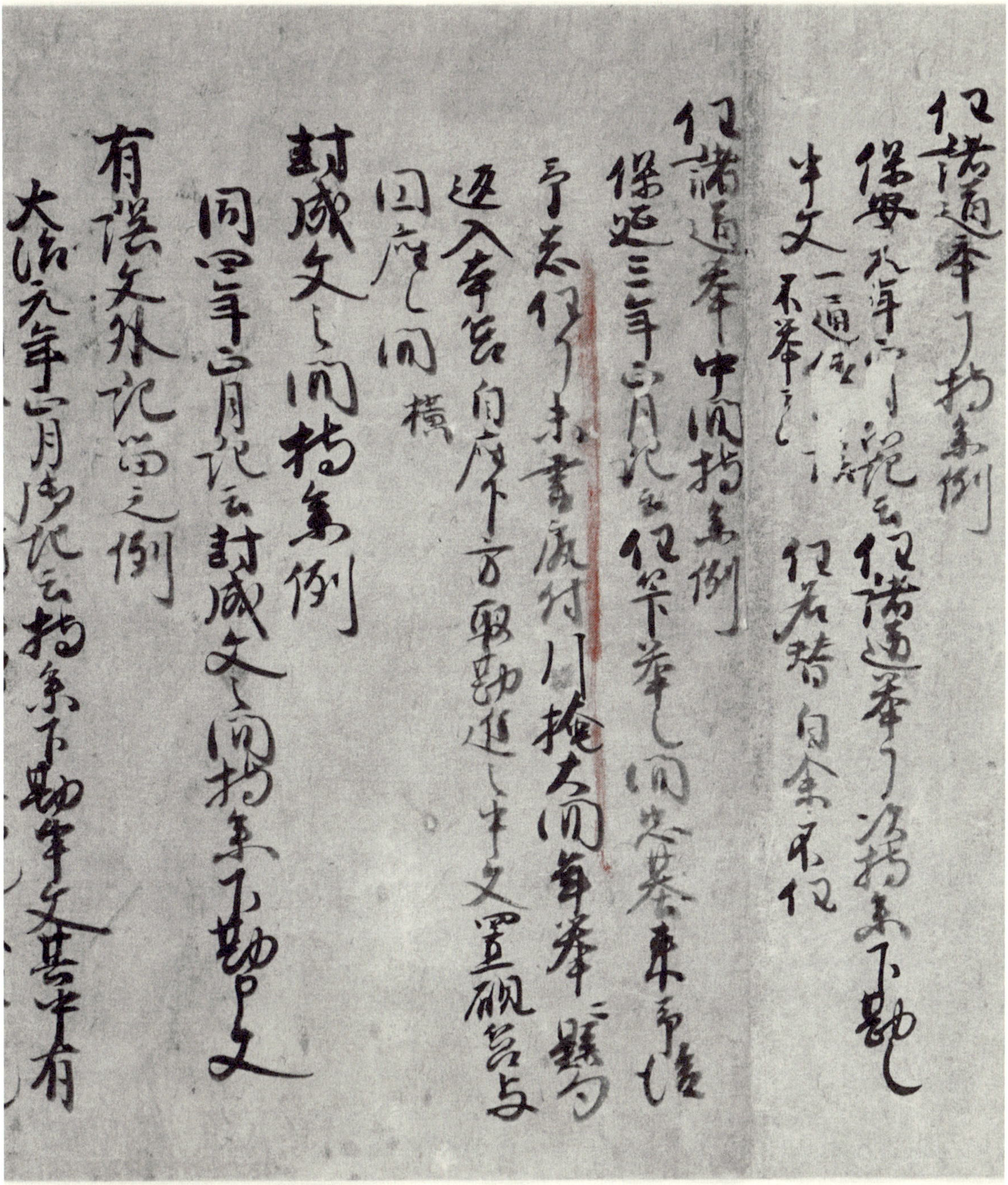

任諸道挙ノ拘集例
保安元年正月記云任諸道挙ノ沿拘集下勘之
申文一通〈〻〉不挙之　任若替自余不任
任諸道挙中間拘集例
保延三年正月記云任諸道挙之間先基束帯恪
予参任了未書成付川挿大間筥挙二通
延入筥蓋自座下方取勘進之申文置硯蓋与
同座〻同　横
封戚文之同拘集例
同四年正月記云封戚文之同拘集下勘文
有陽文外記留之例
大治元年正月御記云拘集下勘年文其中有

（8）

○台記

○玉葉

勘進文ヲ任ズ
（任ズベキノ束ヲ取ル以下取放チテ成束ヲ指スマデ略ス）

○玉葉

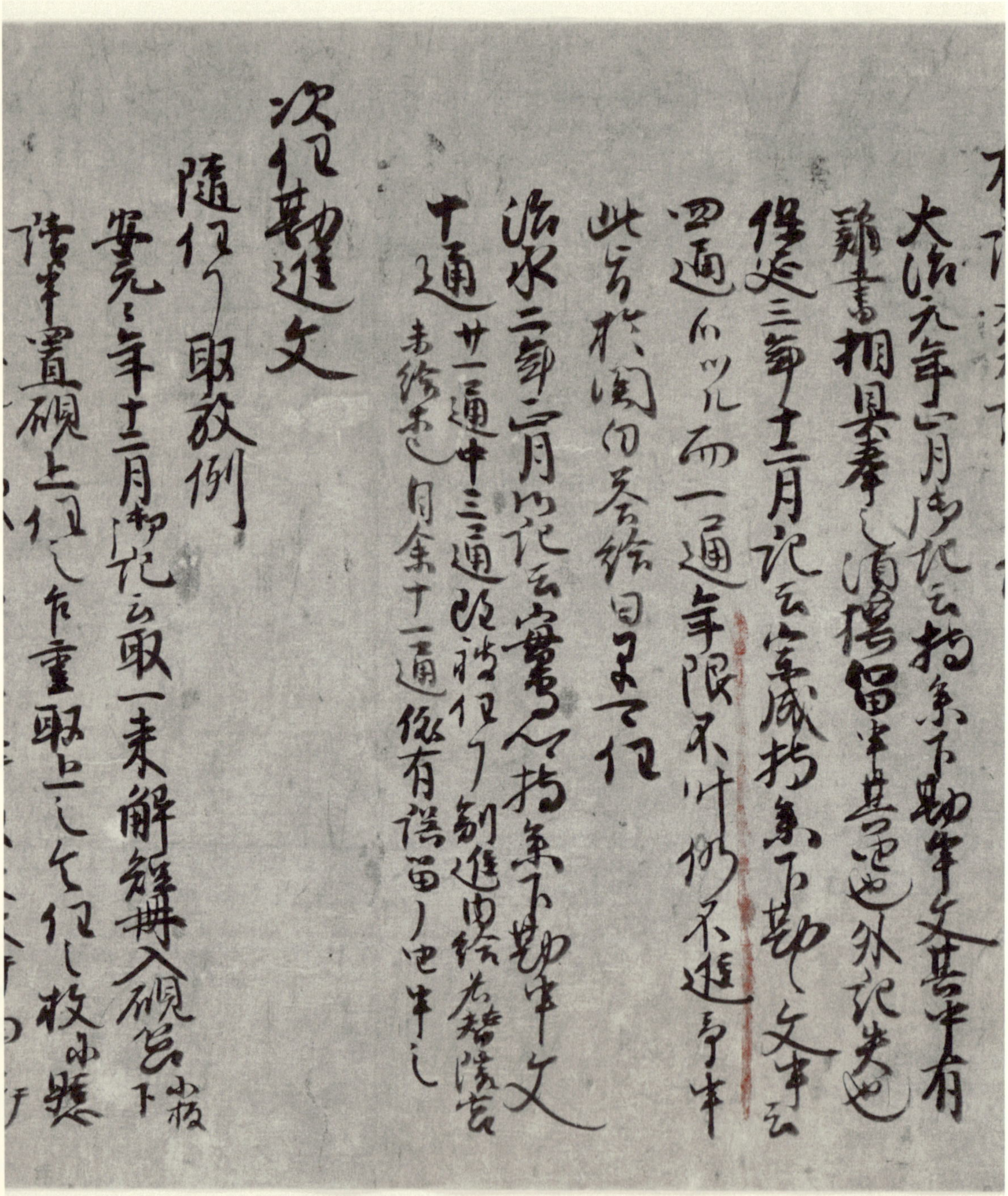

○玉葉　○玉葉　○玉葉　○台記　○玉葉

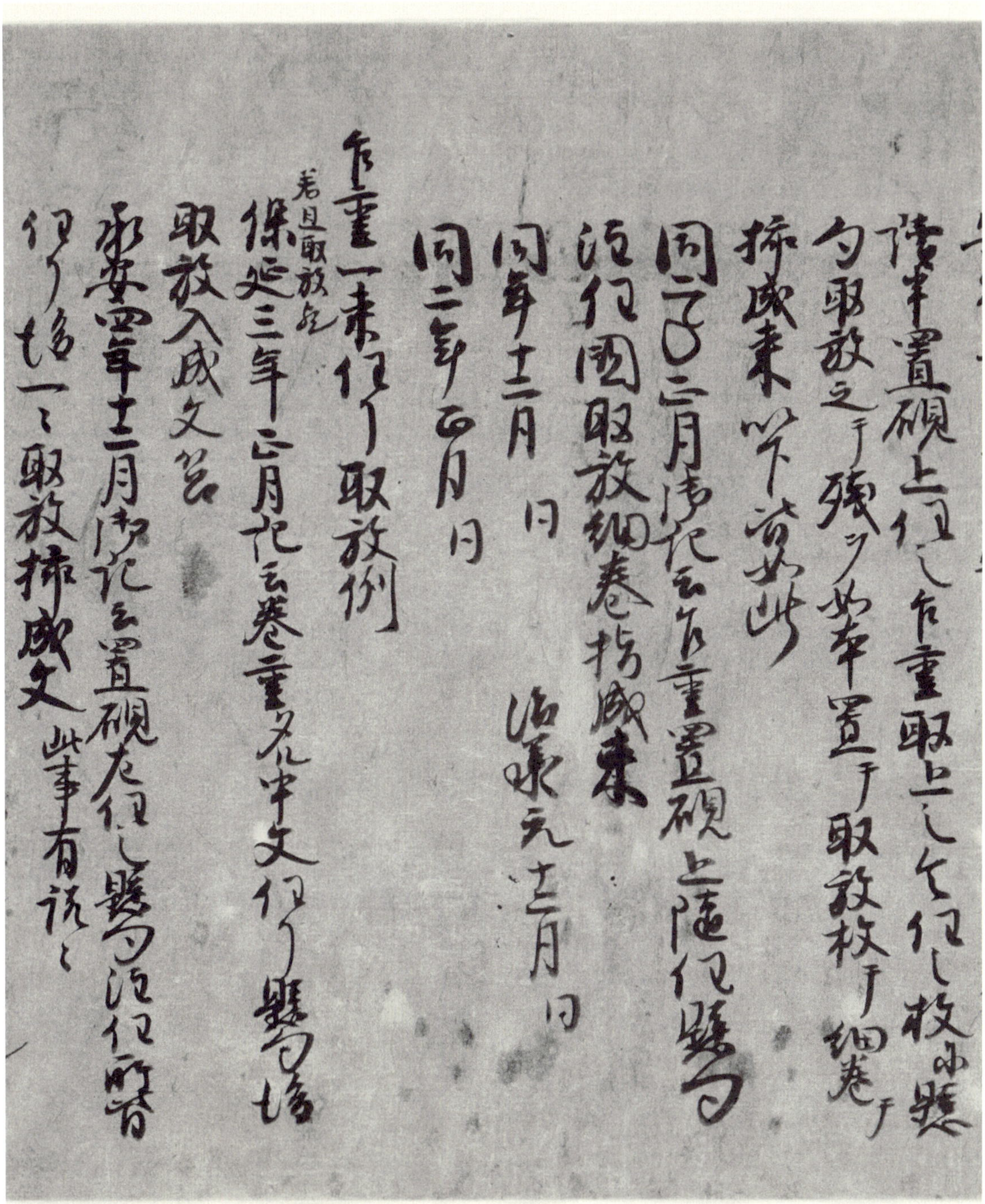

松殿説

○玉葉

（成残申文以下更任マデ略ス）

○殿暦

○台記

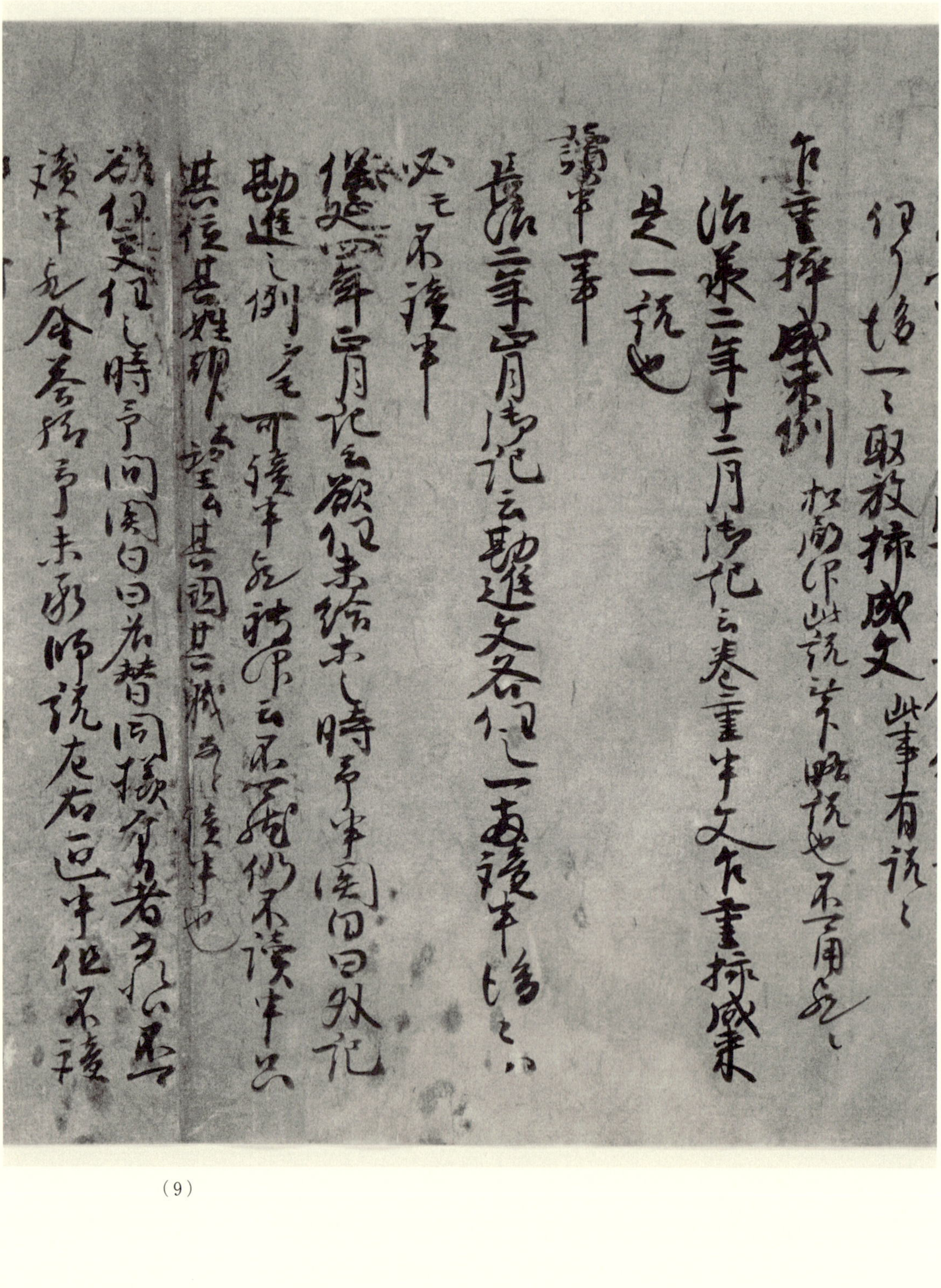

（9）

○玉葉　○玉葉　○玉葉　○玉葉　○玉葉

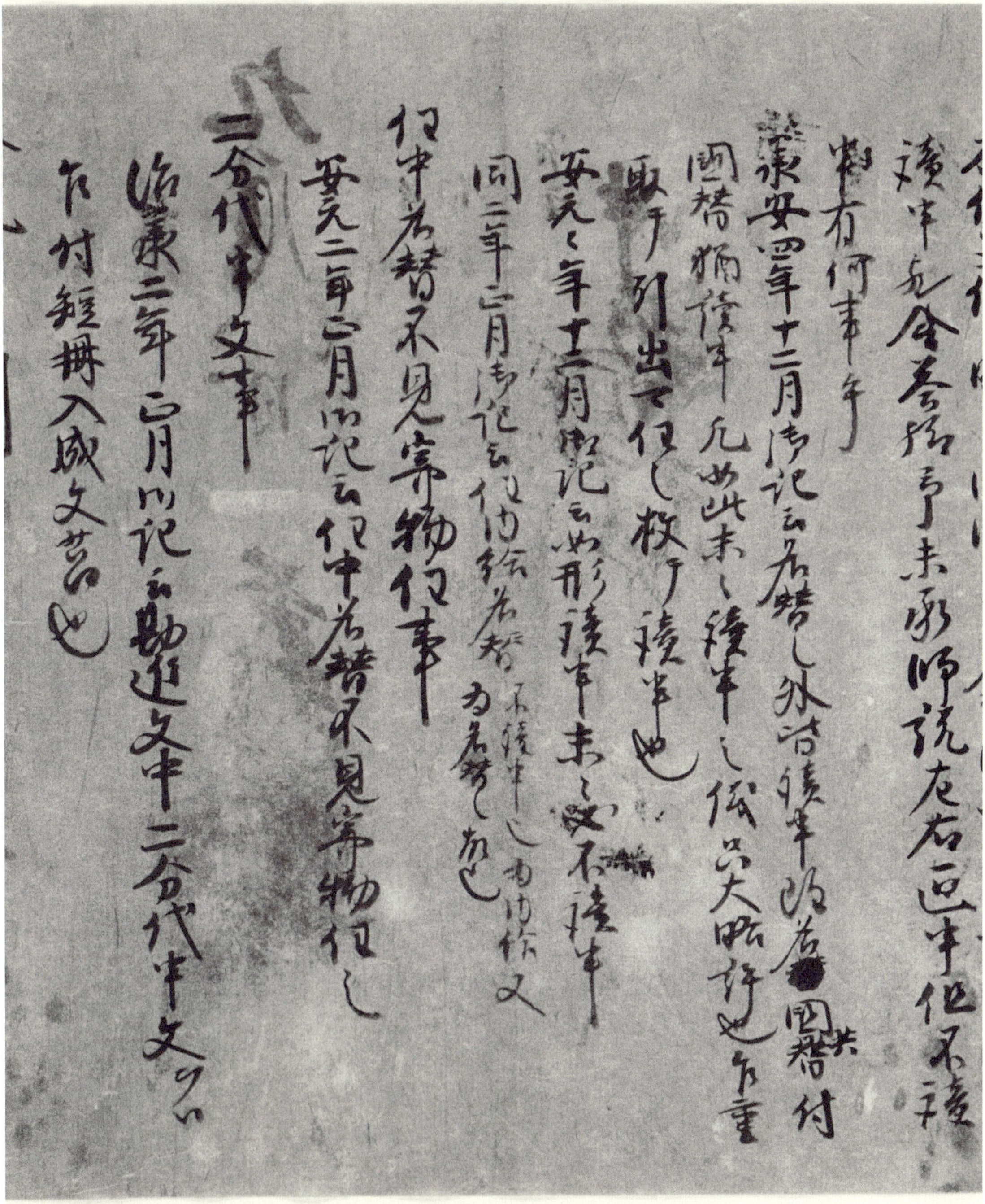

議中弁令参議了未承師説左右近中将不議
歟有何事乎
承安四年十二月御記云右替之外皆議中将右国替付
国替猶議中凡如此事之議中之儀只大略許也而童
取テ引出テ但シ被テ議中也
安元々年十二月御記云如形議中事之不議中
同二年正月御記云但内給右替　不議中之内給文　為右替之由也
但中右替不見寄物但事
安元二年正月御記云但中右替不見寄物但し
二合代中文事
治承二年正月御記云勘進文中二合代中文如此
下付短冊入成文云々也

○法性寺殿記

○台記

○殿暦

○法性寺殿記

○台記

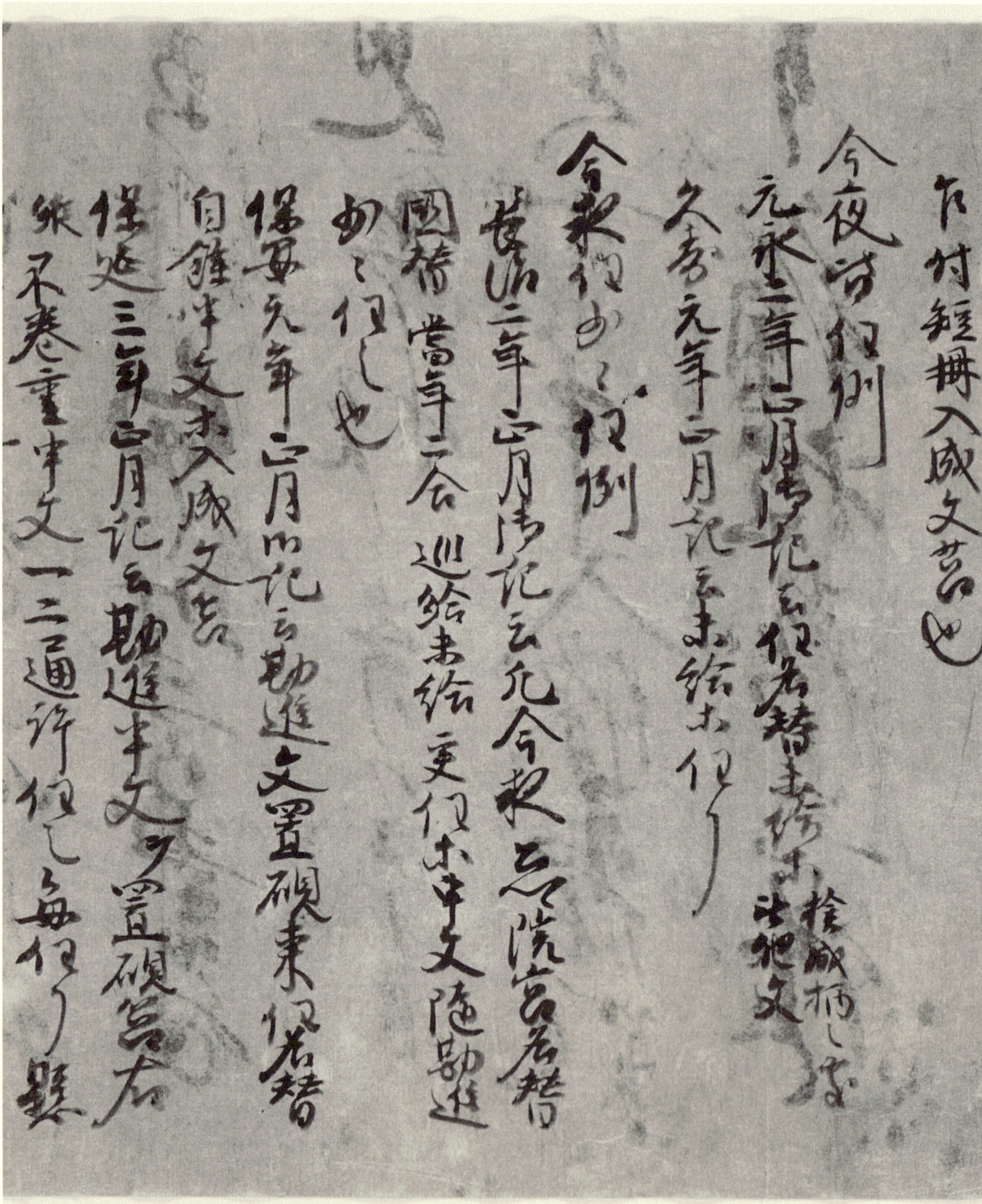

○法性寺殿記

○台記

○玉葉

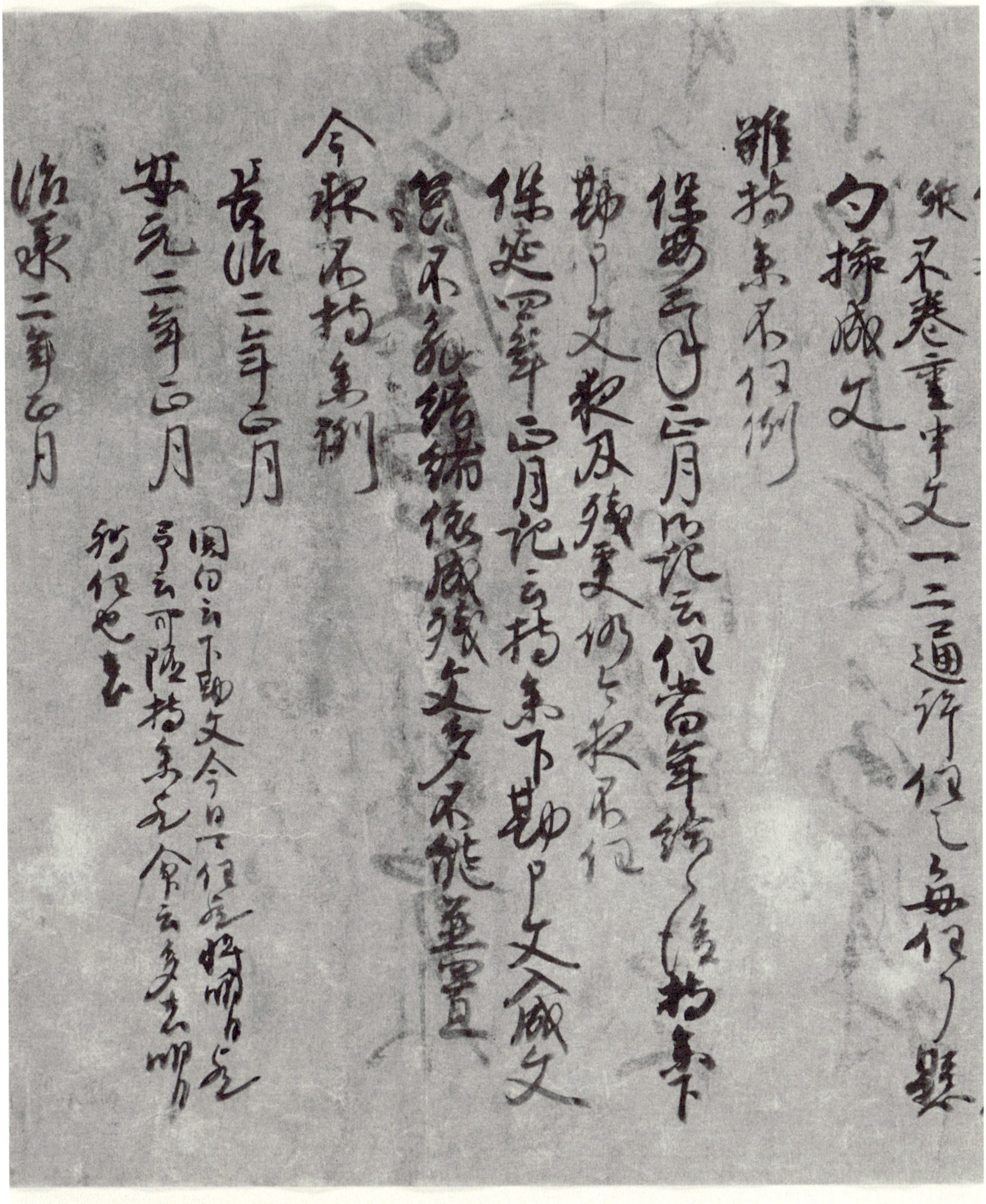
紙不巻重申文一二通許但已無任ノ懸
勾勘成文
雖勘集不任例
保安三年正月記云但當年給ゝ勘集下
勘申文数及残更加ゝ勘不任
保延四年正月記云勘集下其申文入成文
官不氣給綿依成残文多ノ不能並置
今撰不勘集例
長治二年正月
安元二年正月
関白云下勘文今日一但無明ヶ之事云可隨勘集也余云多無明ヶ
治承二年正月
秘但也云

○台記

○玉葉

大間ヲ巻キ封ヲ加フ

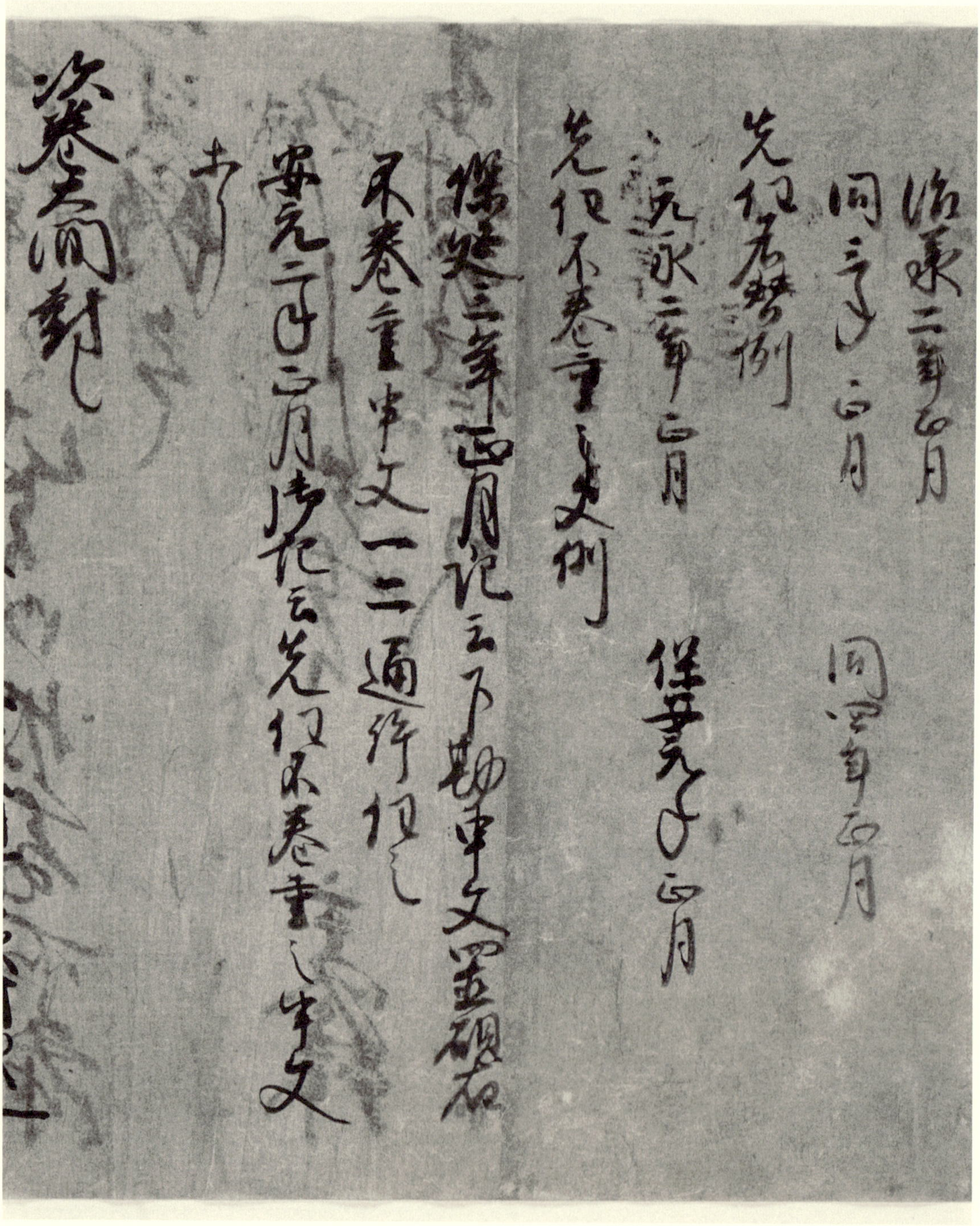

(10)

（夜漸深ノ間以下人間ヲ取リ成文ノ筥ニ入ルマデ略ス）

花園左府所用ノ説

松殿説

○殿暦

○法性寺殿記

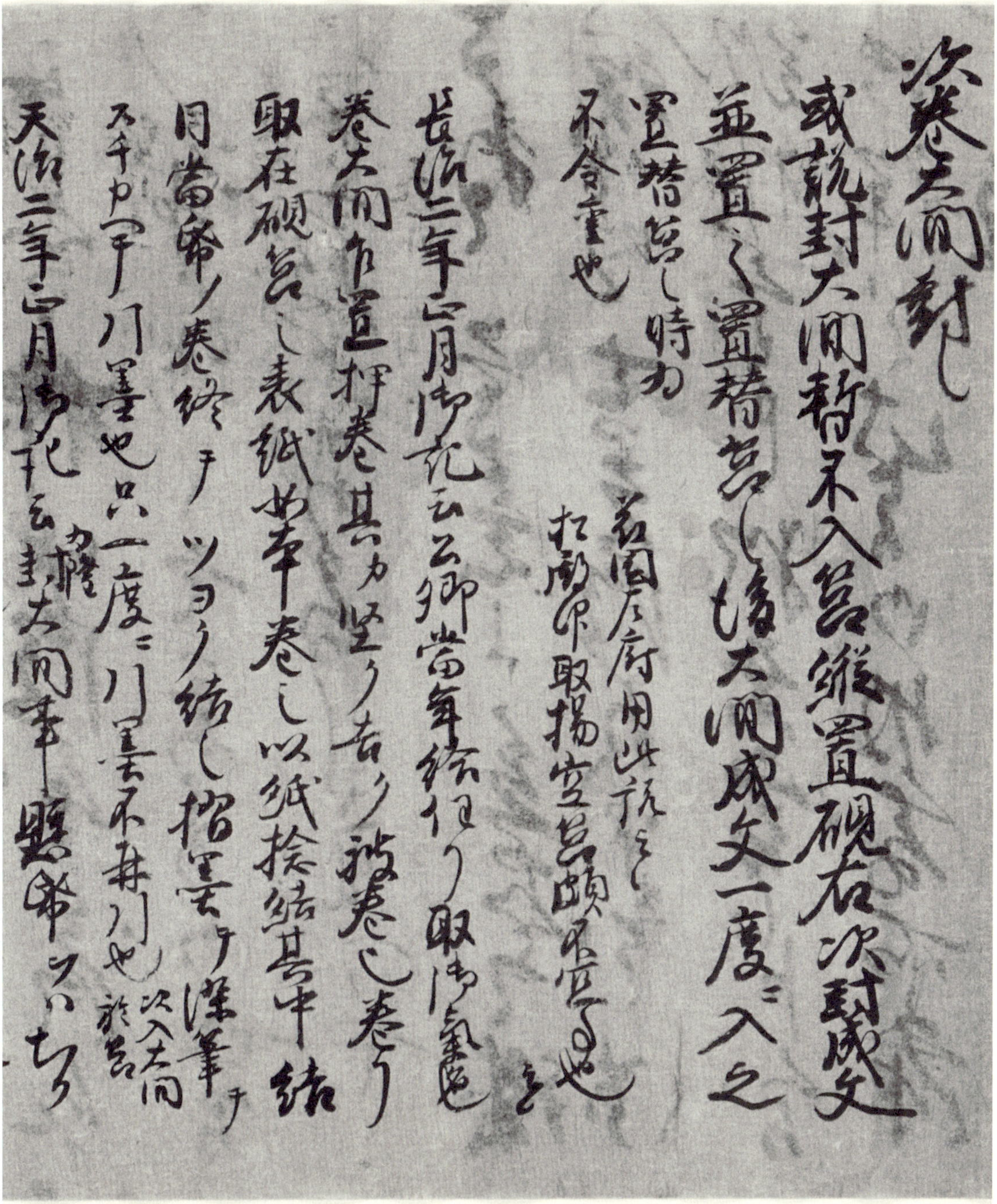

○台記

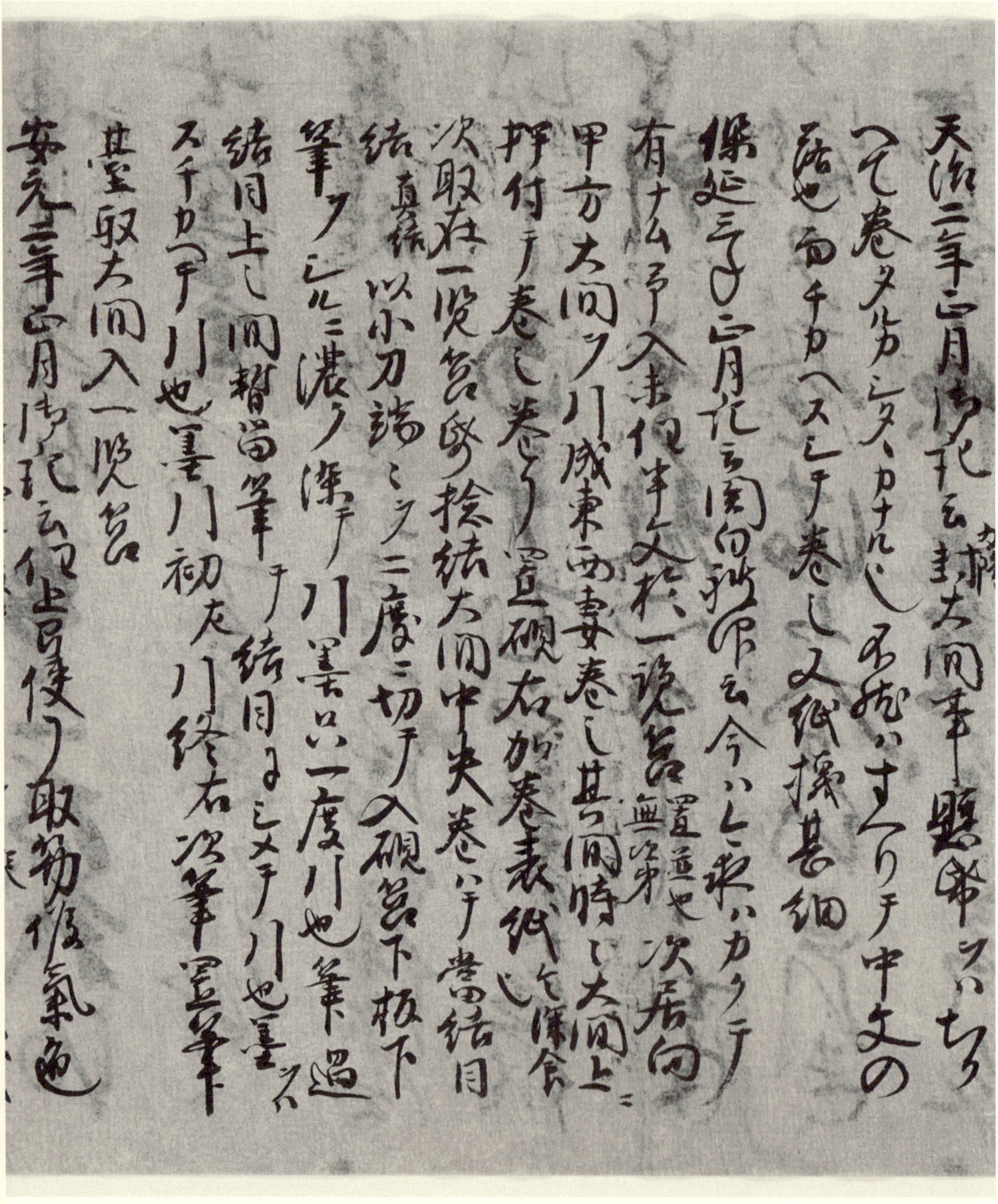

天治二年正月御記云、封大間事、懸紙ニハ如ク
〔乙〕巻タル方ニ又カナルニ云々、下紙ハ巻テ中文ノ
端也、而チカヘスシテ巻、又紙捻甚細
保延三年正月記云、関白被示云、今ハ乞紙ハカタクテ
有ナム、乃入ル、但半文於一覧筥 置直也 無次第 次居向
押付テ巻、巻テ置硯右、加巻表紙ニ 与紙撚合
甲方大間ノ川成東西妻巻、其間時ニ大間上ニ
次取在一覧筥紙捻結大間中央巻ハテ當結目
結 真結 以小刀端ミシス二度ニ切テ入硯筥下板下
筆ノ汁ニ濃ク染テ川 墨以一度川也 筆過
結目上ニ川 相当筆テ結目ヨミシメテ川也 墨ノスベ
スキカヘテ川也 墨川初左 川終右 次筆置下筆
其墨取大間入一覧筥
安元三年正月御記云、但上卿使ノ取物、依氣色

○玉葉

礼紙端ヲ奥トス

○玉葉

○玉葉

巻ク時ニ誤リヲ直ス

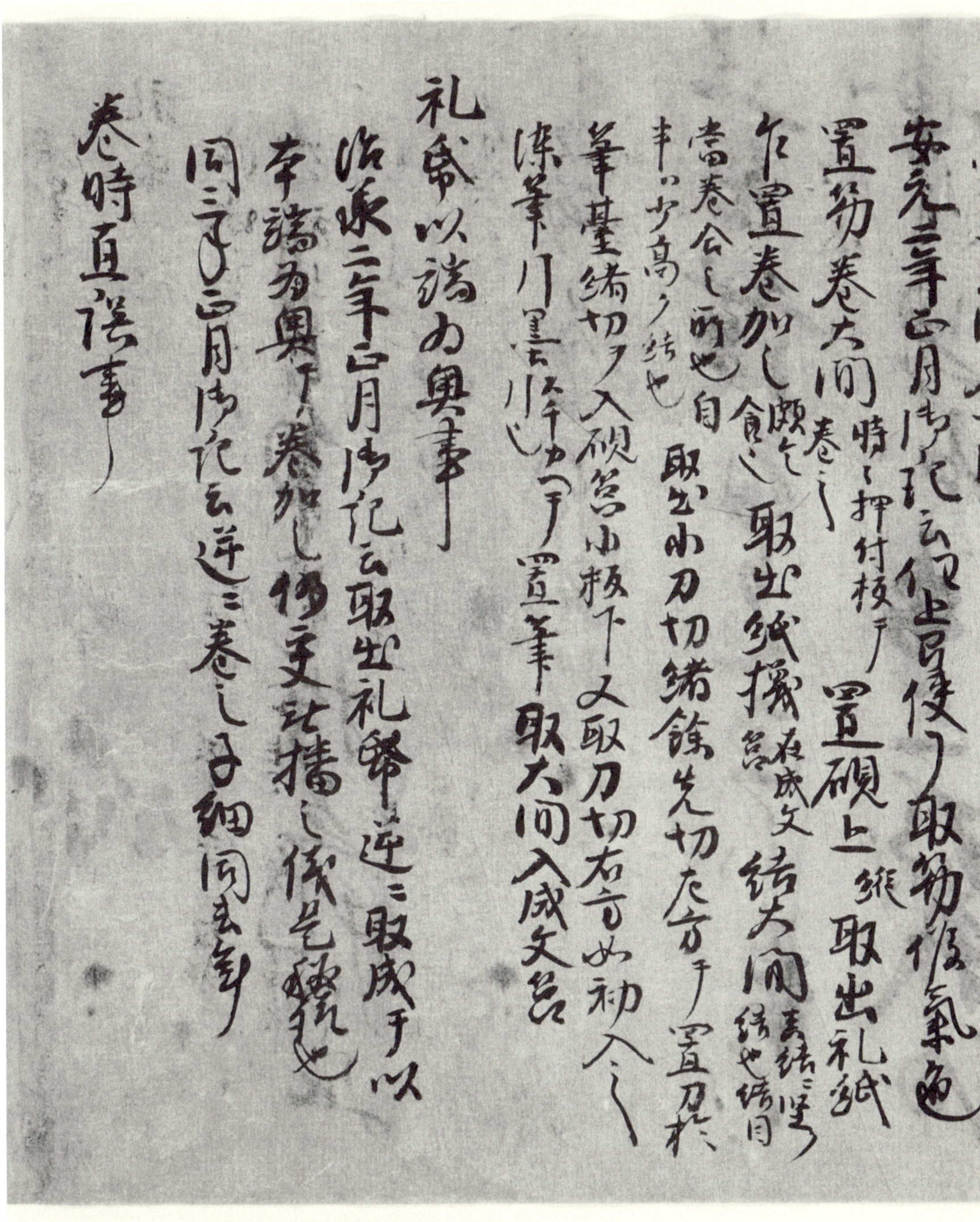
安元二年正月御記云、仰上召使ノ取笏依氣色也
置笏巻大間 時々押付板テ 置硯上 紙 取出礼紙
乍置巻加之 巻之 硯ニ食之 取出紙擬 筥 在成文 結大間 表結ニ堅ク 結也 結目
當巻合之所也 自 取出小刀切緒餘 先切左方テ置刀於、
串ハ少高ク結也
筆臺緒切ヲ入硯筥小板下 又取刀切右方如初入之
染筆ハ墨ハ不付テ置筆 取大間入成文筥
礼紙以端為奥事
治承二年正月御記云、取出礼紙逆ニ取成テ以
本端為奥テ、巻加之 件文注播之
同三年正月御記云、逆ニ巻之 子細同去年
巻時直誤事

○玉葉

○玉葉

○玉葉

○玉葉
故実

○玉葉

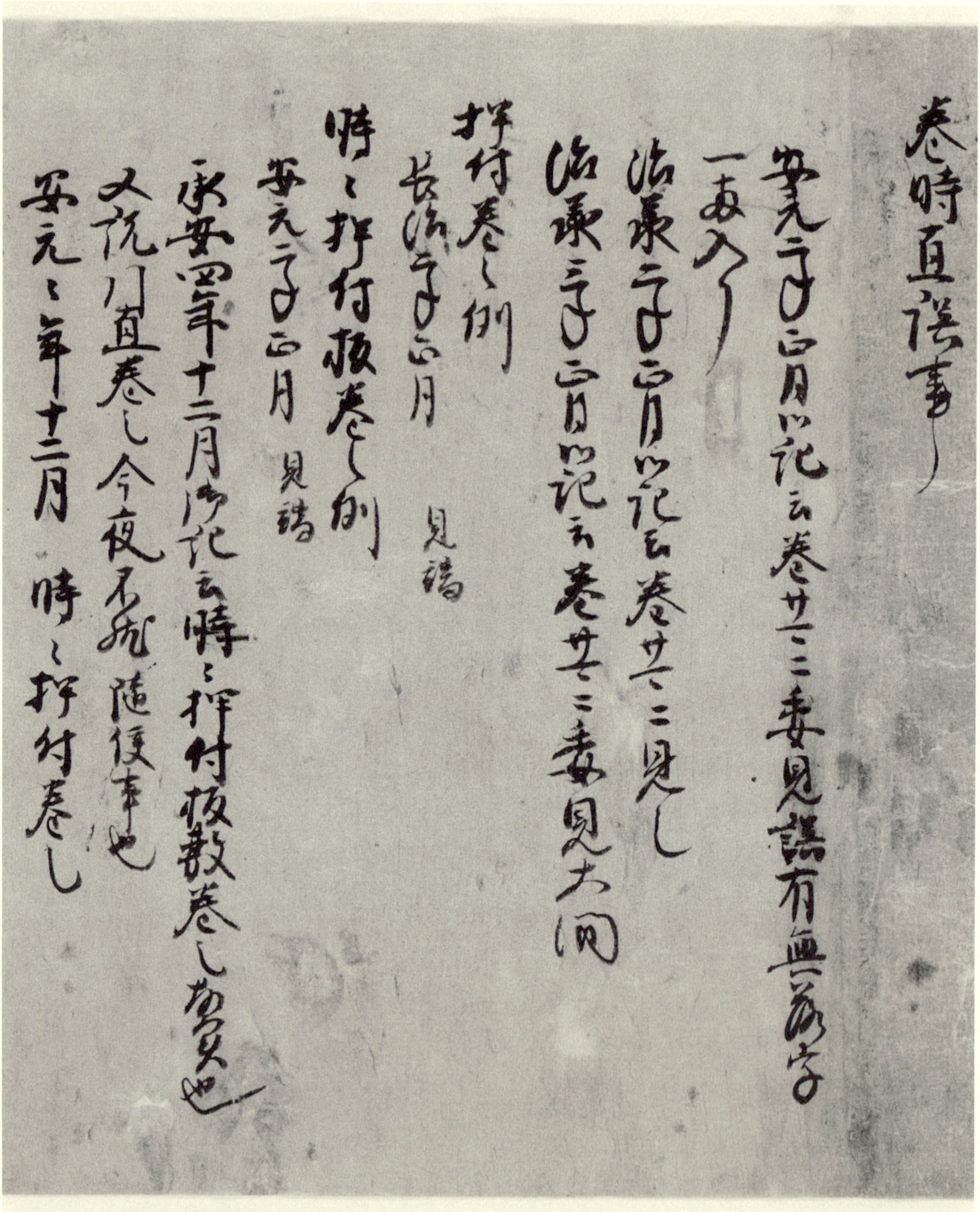

巻時直請事
安元二年正月廿日記云巻廿三委見請有無議字
一事入了
治承二年正月廿日記云巻廿三見了
治承三年正月廿日記云巻廿三委見大間
拝付巻之例
長治二年正月　見請
時々拝付被巻之例
安元二年正月　見請
承安四年十二月廿日記云時々拝付被教巻之旨見也
又院御直巻之今夜不飛随復事也
安元々年十二月　時々拝付巻之

○台記

○台記

安元々年十二月　時々折付巻之
治承二年十二月　日
東西妻ノ直巻之例
保延三年十二月　見語
不可ノ直例
同年十二月夜記云、予東西妻ニノ成テ欲巻関白殿
仰云、巫飛例予本ノ様ニテ巻之、御覧了之時
東西妻ニノ直テノ巻之
主上入御之間不假気色巻之例
保延三年十二月記云、殿下仰云、可巻大間予申
云、依主上御気色也、可巻乎、殿下仰云、主上
入御之間也、早可巻例巻之
切課定間旦巻大間例

○法性寺殿記

○台記

今案

松殿説

成柄ヲ調ヘ封ヲ加フ

（大間筥ニ入ルノ後以下大間ノ筥ニ加ヘ入ルマデ略ス）

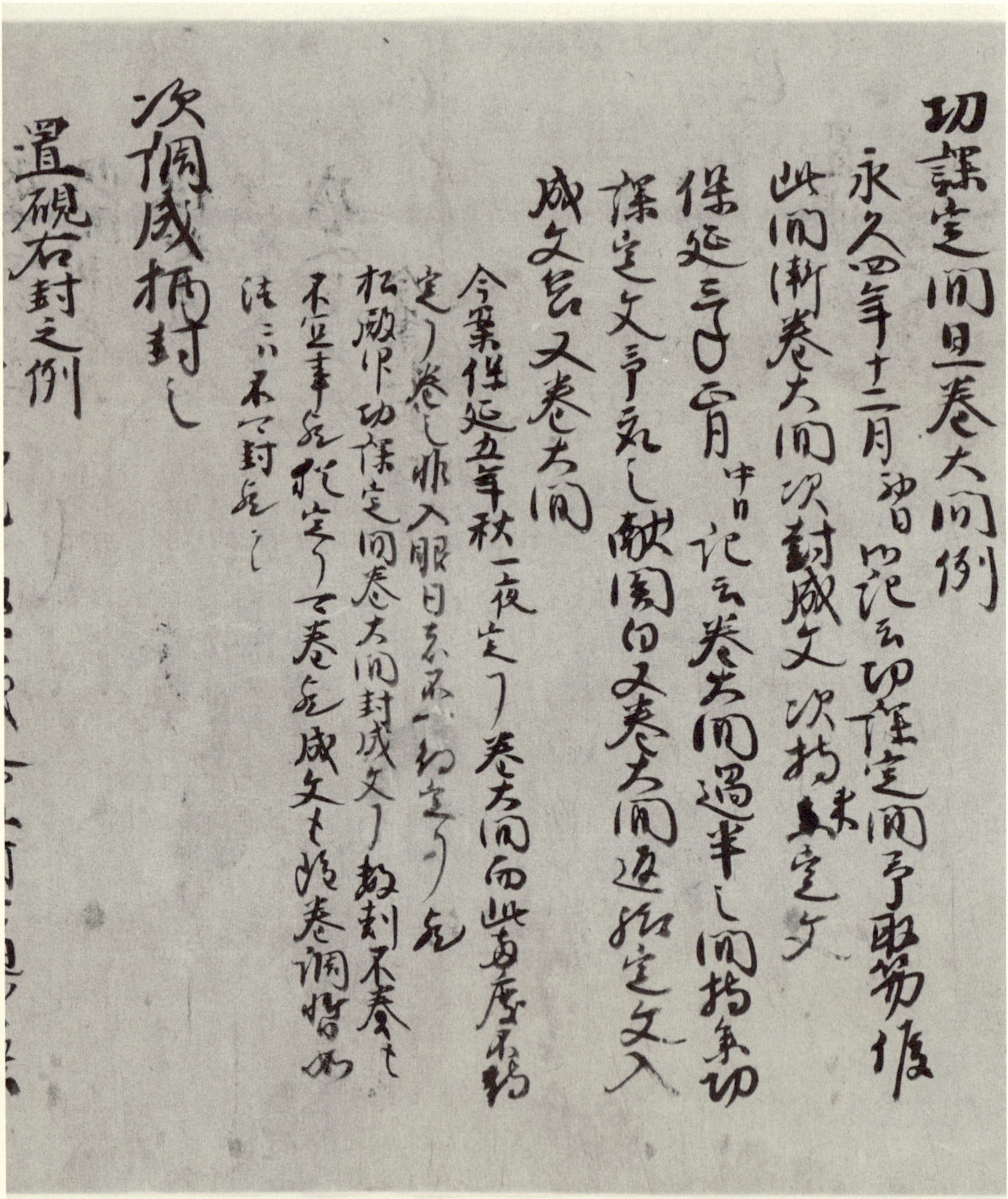
功課定間且巻大間例

永久四年十二月廿日 記云 功課定間 [illegible]

此間漸巻大間 次封成文 次持來定文

保延三年正月廿日 記云 巻大間過半之間持來功

課定文 [illegible]

成文已 又巻大間

今案 保延五年秋一夜定了 [illegible]

次調成柄封之

置硯石封之例

○殿暦

○法性寺殿記

○台記

○玉葉

花園流所用ノ説

○法性寺殿記

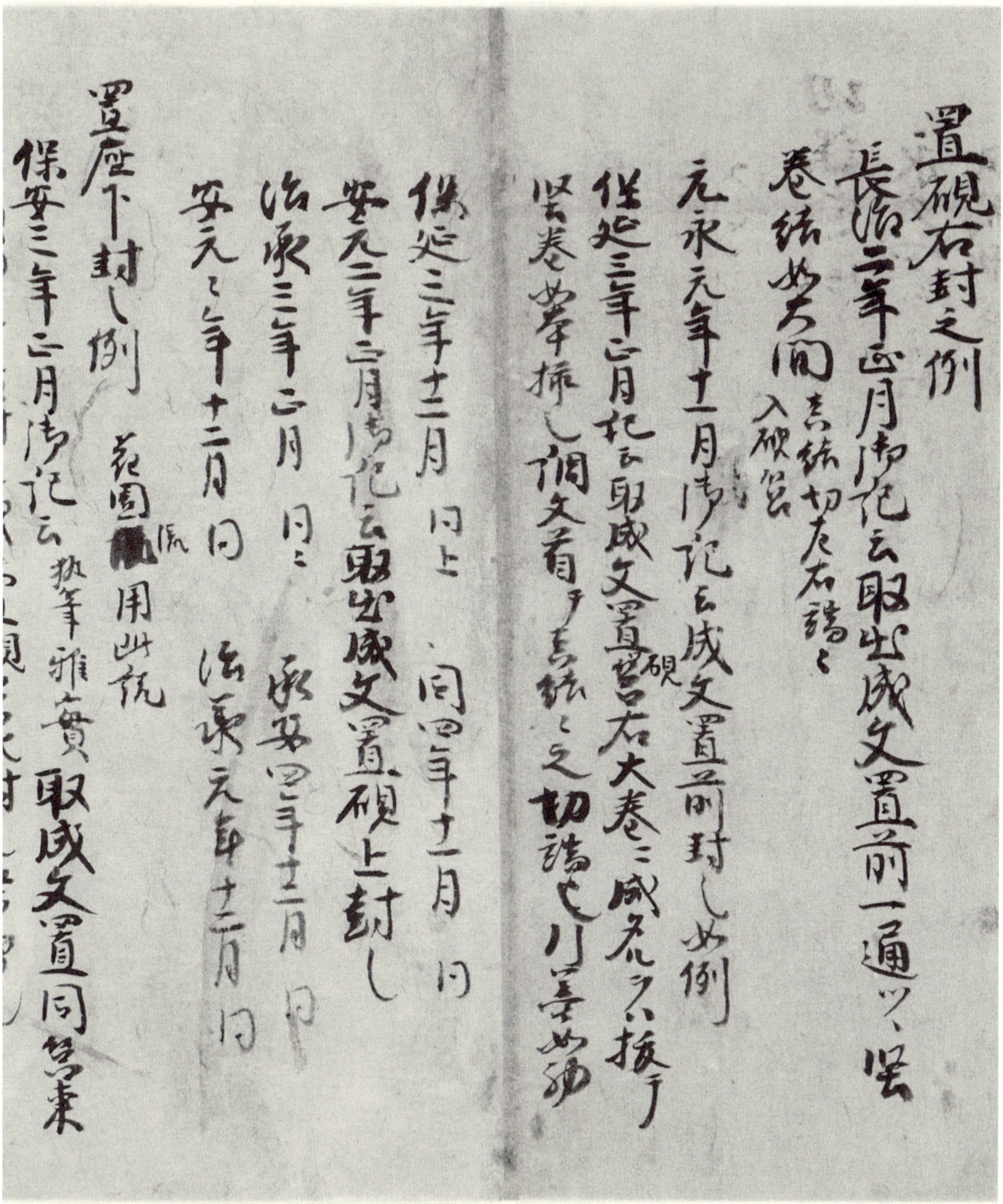

置硯右封之例
長治二年正月御記云取出成文置前一通ツヽ堅
巻結如本間 表結切左右端々入硯筥
元永元年十一月御記云成文置前封之如例
保延三年正月記云取成文置硯右大巻ニ成名ヲハ抜テ
堅巻如本捻之間文首ヲ表結々之切端也リ其如本
保延三年十二月　同上　同四年十一月　同
安元二年正月御記云取出成文置硯上封之
治承三年正月　同々　承安四年十二月　同
安元々年十二月　同　治承元年十二月　同
置座下封之例　花園流用此説
保安三年正月御記云　執筆雅実　取成文置同筥束

(12)

○法性寺殿記

○玉葉

○玉葉

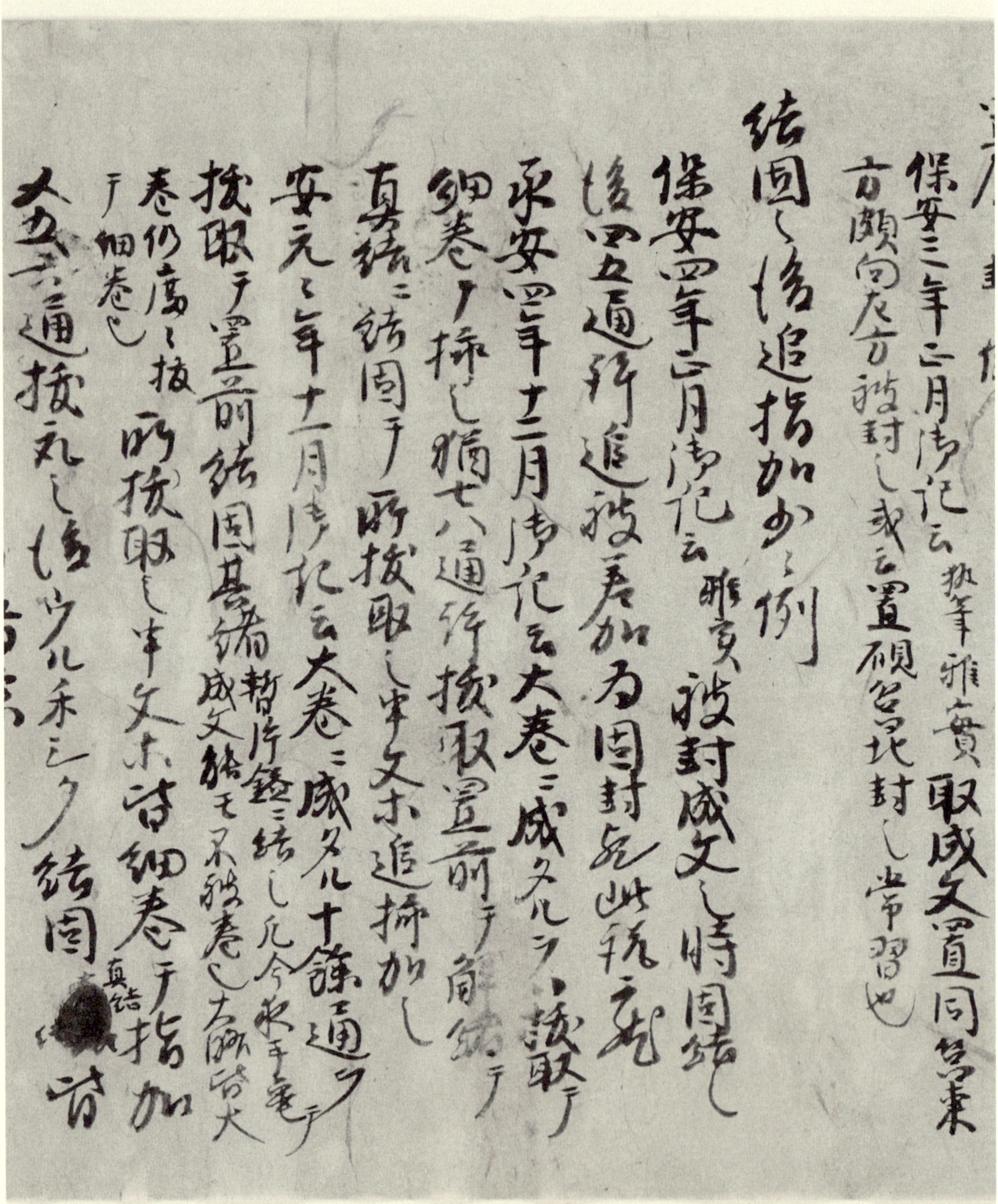

保安三年正月御記云　執筆雅實取成文置同筥乗
方顔向左方被封之、或云置硯筥蓋封之、常習也
結固之後追指加之例
保安四年正月御記云　雅實被封成文之時固結之
後四五通許追被差加、為固封然此説
承安四年十二月御記云、大巻ニ成タルヲ、披取テ
細巻ヲ挿之、猶七八通許披取置前ニ、前結テ
真結ニ結固テ、所披取之申文等追挿加之
安元々年十二月御記云、大巻ニ成タル十餘通ヲ
披取テ置前、結固甚鑑、暫修鏡ニ結之、凡今初年毫テ成文結モ不被巻之、太略皆大
巻仍廣々披　テ細巻之　所披取之申文等皆細巻テ指加
大五六通披取之、後少ノ余ニ之ク結固　真結　皆

○玉葉

成文ハ堅ク巻ク

○殿暦

○法性寺殿記

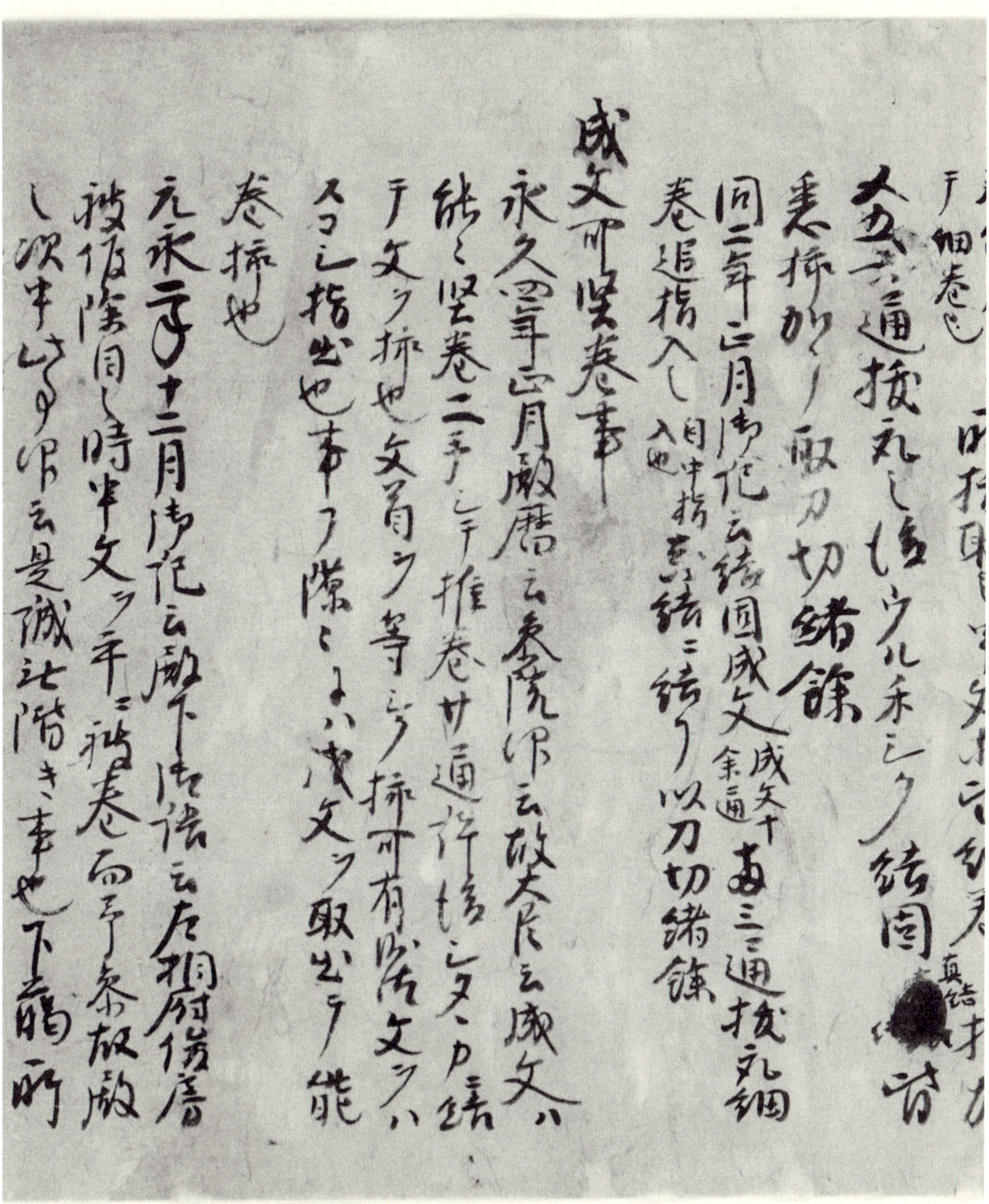

○台記

○玉葉

○玉葉

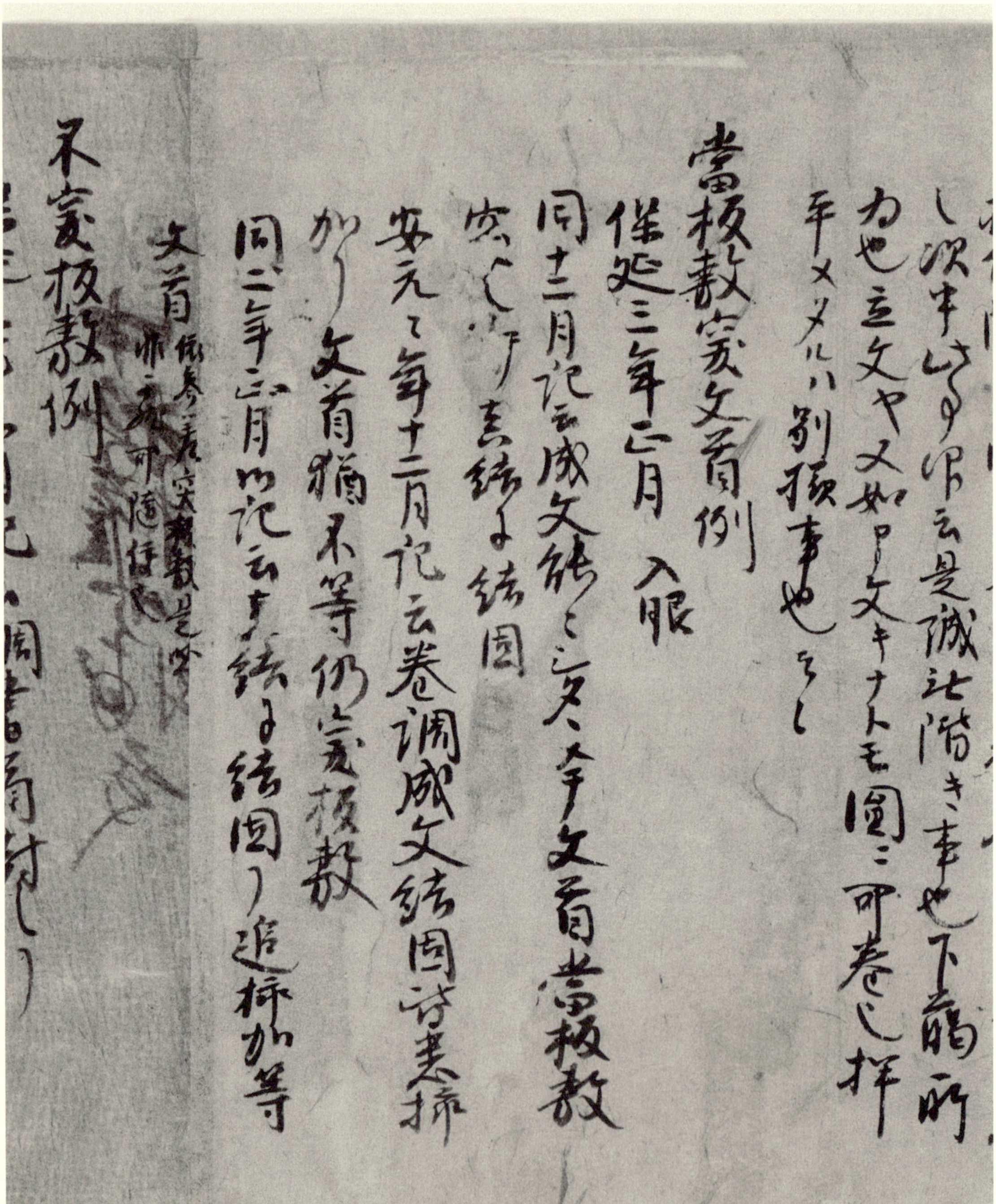

(13)

不寘板敷例

○台記
保延三年正月記云、調書筥封之、

○玉葉
承安四年十二月御記云、文筥調之、令取殖而参着、
仍不寘之、或寘板敷也、

袖書中文不顕見事

○玉葉
承安四年十二月御記云、成文細巻挿之、袖書中文顕不乞見之、

成文員少之時以紙捻一筋封例

○玉葉
治承二年正月御記云、成文五通、仍以不繞之、帋捻結之也、

○玉葉
同四年正月御記云、以紙捻一筋封之、成文員少
時成文多也、而長部續二筋、仍封時以一筋

闕官帳ヲ次筥ニ移シ入ル

（法性寺殿次第及ビ松殿説略ス）

○台記

○法性寺殿記

○法性寺殿記

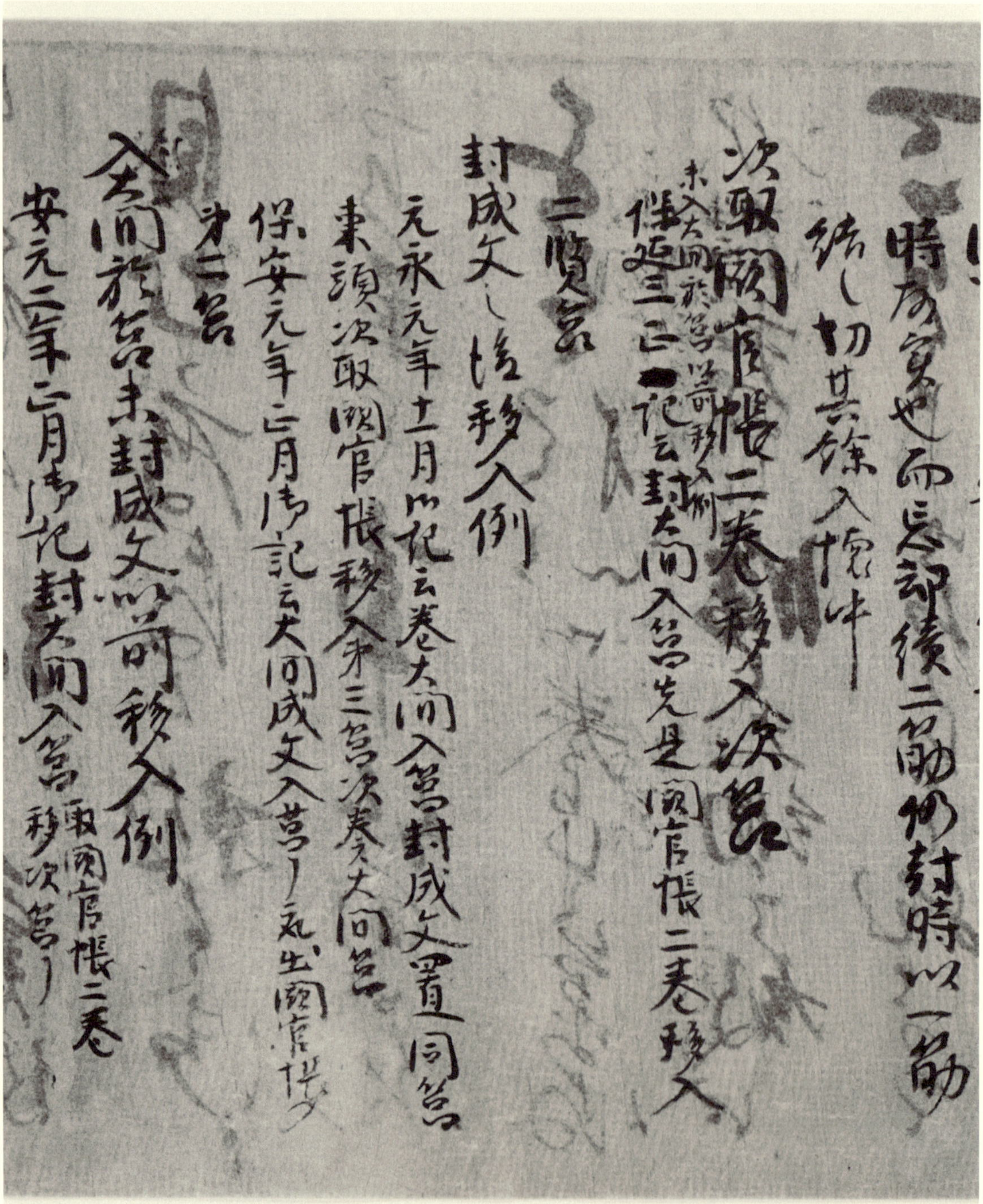

時成宣也而兵部続二筋切封時以一筋
結之切其餘入懐中
次取闕官帳二巻移入次筥
未入大間於筥以前移入例
保延三正一記云封大間入筥先是闕官帳二巻移入
二覧筥
封成文之後移入例
元永元年十二月卅日記云巻大間入筥封成文置同筥
東頭次取闕官帳移入第三筥次奏大間筥
保安元年正月廿八日記云大間成文入筥了[illegible]生闕官帳
第二筥
入大間於筥未封成文以前移入例
安元二年正月廿八日記封大間入筥取闕官帳二巻移次筥了

○玉葉　○殿暦　○殿暦　○法性寺殿記　○法性寺殿記　○台記

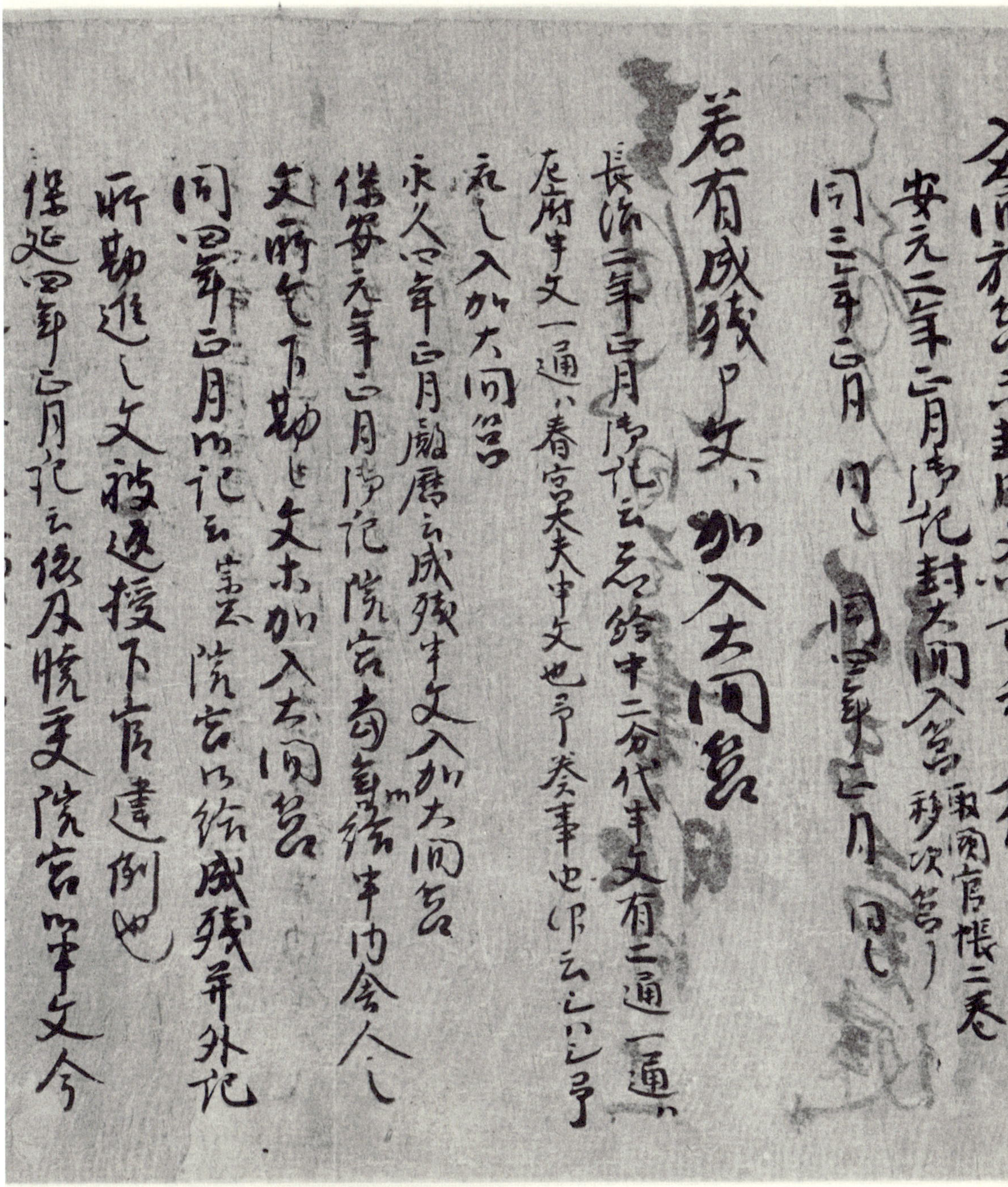

○玉葉

○玉葉

○玉葉

○法性寺殿記

○殿暦

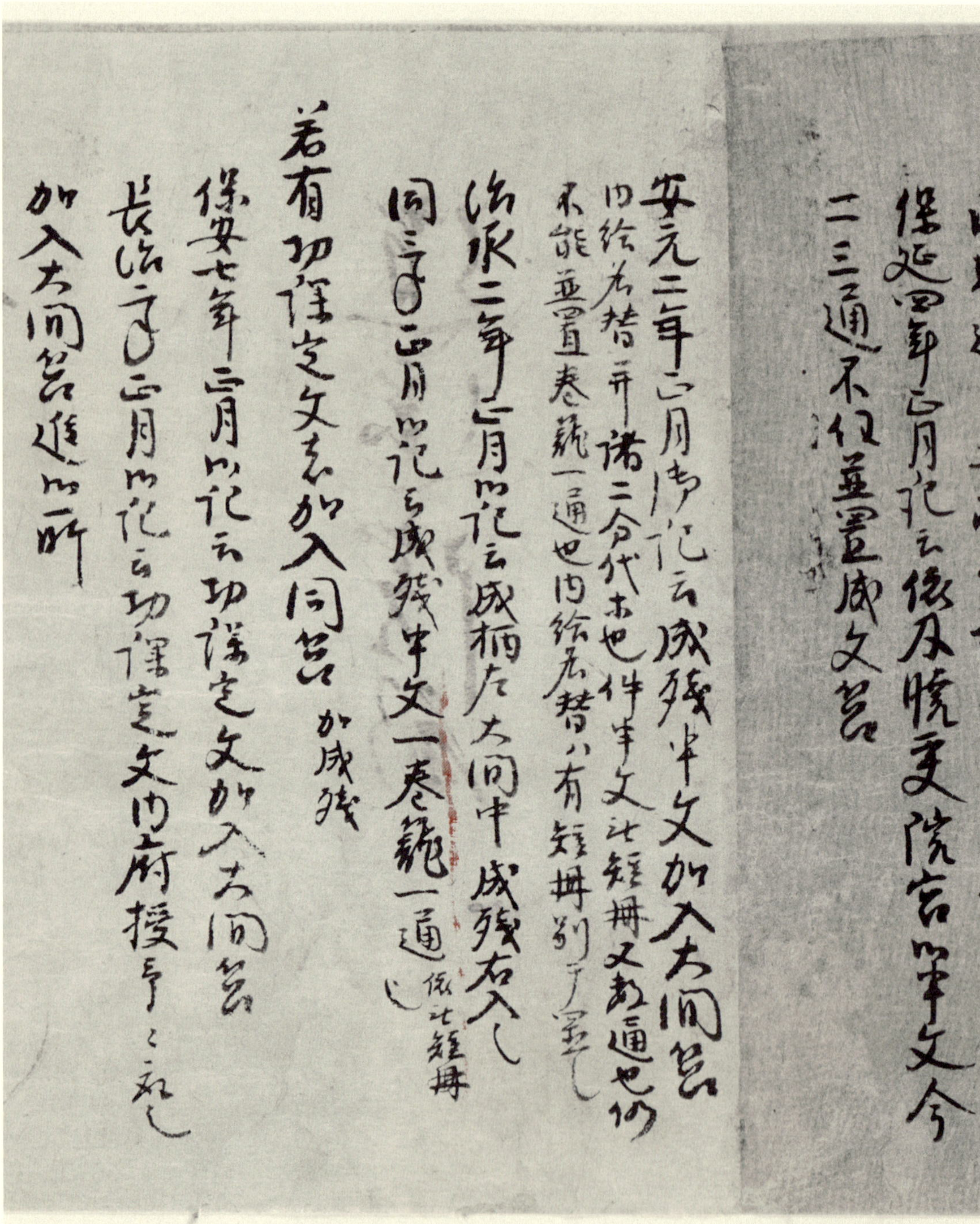

保延四年正月記云、依及暁更院宮御給文今
二三通不任並置成文畢
安元二年正月御記云、成残中文加入大間畢
内給名替并諸二合代未也、件中文以短冊又数通也、如
不能並置奏聞一通也、内給名替ハ有短冊別ニ置之
治承二年正月四記云、成柄左大間中、成残右入之
同三年正月四記云、成残中文一巻読一通之　依以短冊
若有功課定文者加入同畢　加成残
保安元年二月四記云、功課定文加入大間畢
長治二年正月四記云、功課定文内府授予之云々
加入大間畢、進四所

闕官寄物ヲ硯筥ニ返シ入ル（或ハ大間筥ニ入ル以下或ハ成文ヲ封ズル後マデ略ス）

○法性寺殿記

○法性寺殿記

○台記

加入大間筥返之所

次闕官寄物如本巻返入硯筥中摂之

寄物入成文筥例

元永二年正月法記云但闕官寄物入成文筥奉之

中夜同し

返入硯筥例

保安二年正月法記云今取寄物如本入硯筥

安元二年正月

治承元年正月　入眼例在次

治承三年正月

未巻大間以前巻返例

保延四年正月入眼記云仍要領改巻返寄物

○玉葉　○玉葉　○台記　○玉葉

保延四年正月入眼記云、仰参議取巻返寄物
承安四年十二月廿日記云、五位以上相了、手取寄物
前右府細巻返之
治承三年正月廿日記云、半夜、依便之間寄物巻返了

欲封成文之時巻返例
保延三年十二月記云、取成文置硯上、次取寄物自
硯筥取出、固巻指成巻了、次封成文
安元々年十二月廿一日記云、取成巻、将件是結固之
取寄物 右硯筥 巻返、押成巻、次所抜置之
中文等細巻指之、封之

封成文之後巻返例

(15)

○玉葉

○玉葉

○玉葉

大間筥ヲ奏ス
（大間成文ヲ筥ニ入レ了ヌ以下小板敷ヨリ退下スマデ略ス）
○法性寺殿記

○台記

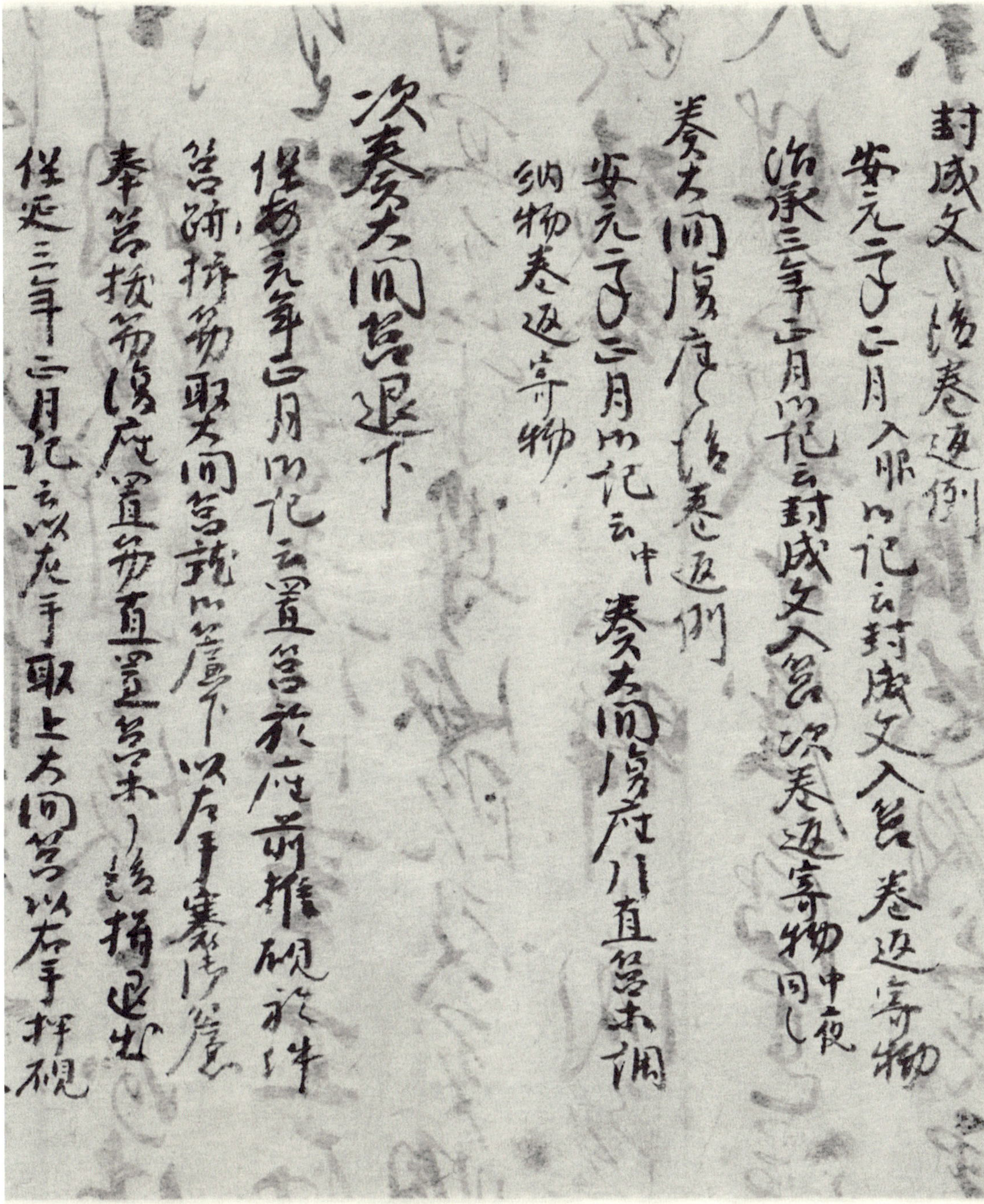
封成文ノ後巻返例
安元二年正月入眼日記云封成文入筥 巻返寄物
治承三年正月日記云封成文入筥次巻返寄物 中夜同し
奏大間後庭ノ後巻返例
安元二年正月日記云中 奏大間後庭ハ直筥未調
納物巻返寄物
次奏大間筥退下
保安元年正月日記云置筥於庭前推硯於[illegible]
筥跡、挿笏取大間筥蓋以笏置下以左手[illegible]
奉筥抜笏後庭置笏直置筥未了後揖退出
保延三年正月記云以左手取上大間筥以右手推硯

○玉葉

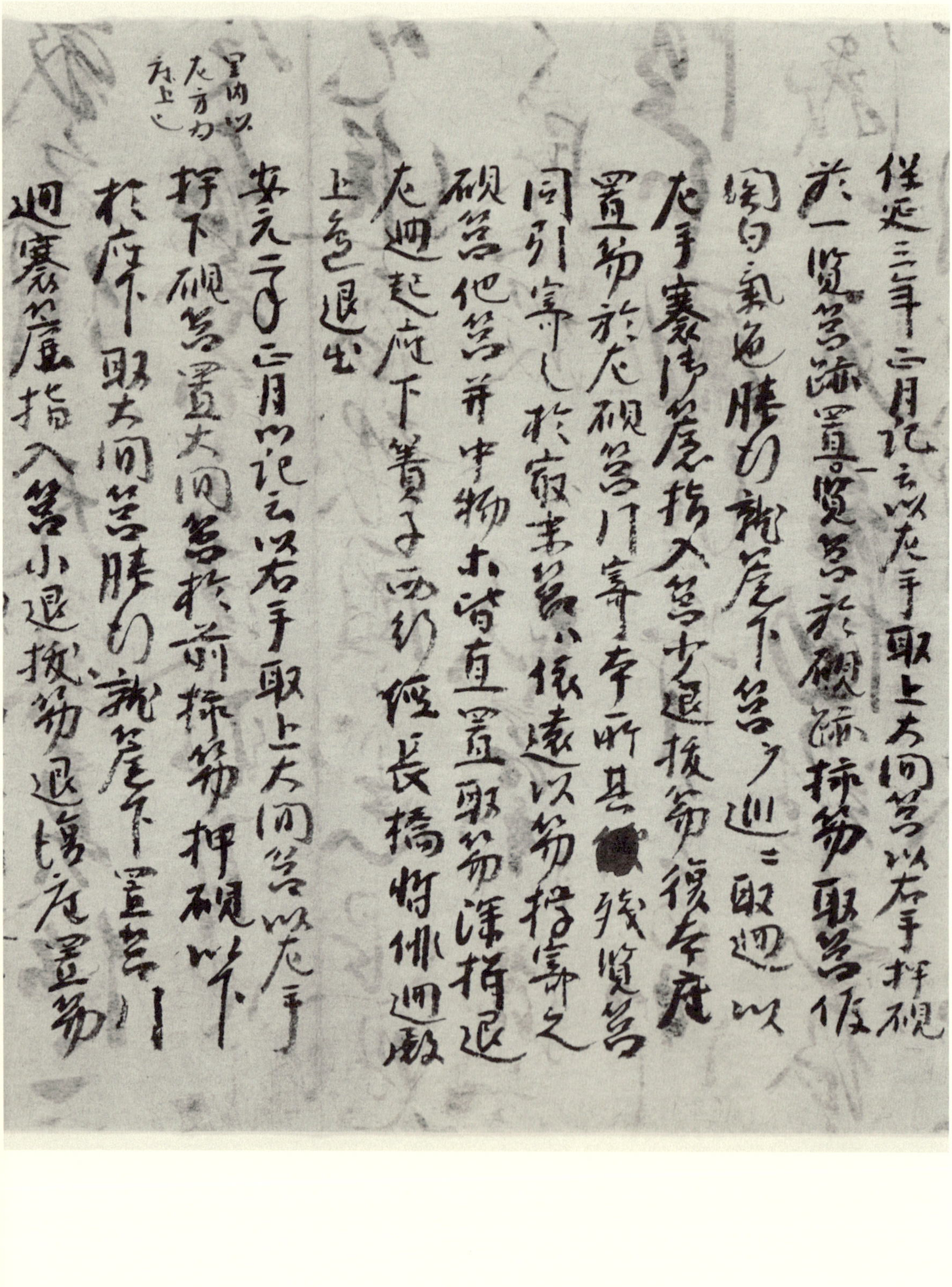
保延三年二月記云以左手取上大間筥以右手拝硯
於一覧筥除置之覧筥於硯除拝笏取筥依
関白氣色膝行龍尾下筥少迴ヽ取迴以
左手褰裾居尾指入筥少退拔笏復本座
置笏於左硯筥门寄奉所其[illegible]残覧筥
同引寄之於蔵人頭小依遠退以笏推寄之
硯筥他筥并中物ホ皆直置取笏𢌞揖退
左廻起座下著子西行經長橋將佛迴廊
上西退出

里内以
左方か
在上也

安元二年正月記云以右手取上大間筥以左手
拝下硯筥置大間筥於前拝笏押硯以下
於座下取大間筥膝行龍尾下置筥门
廻褰裾居尾指入筥小退拔笏退帰と座置笏

○台記

○玉葉

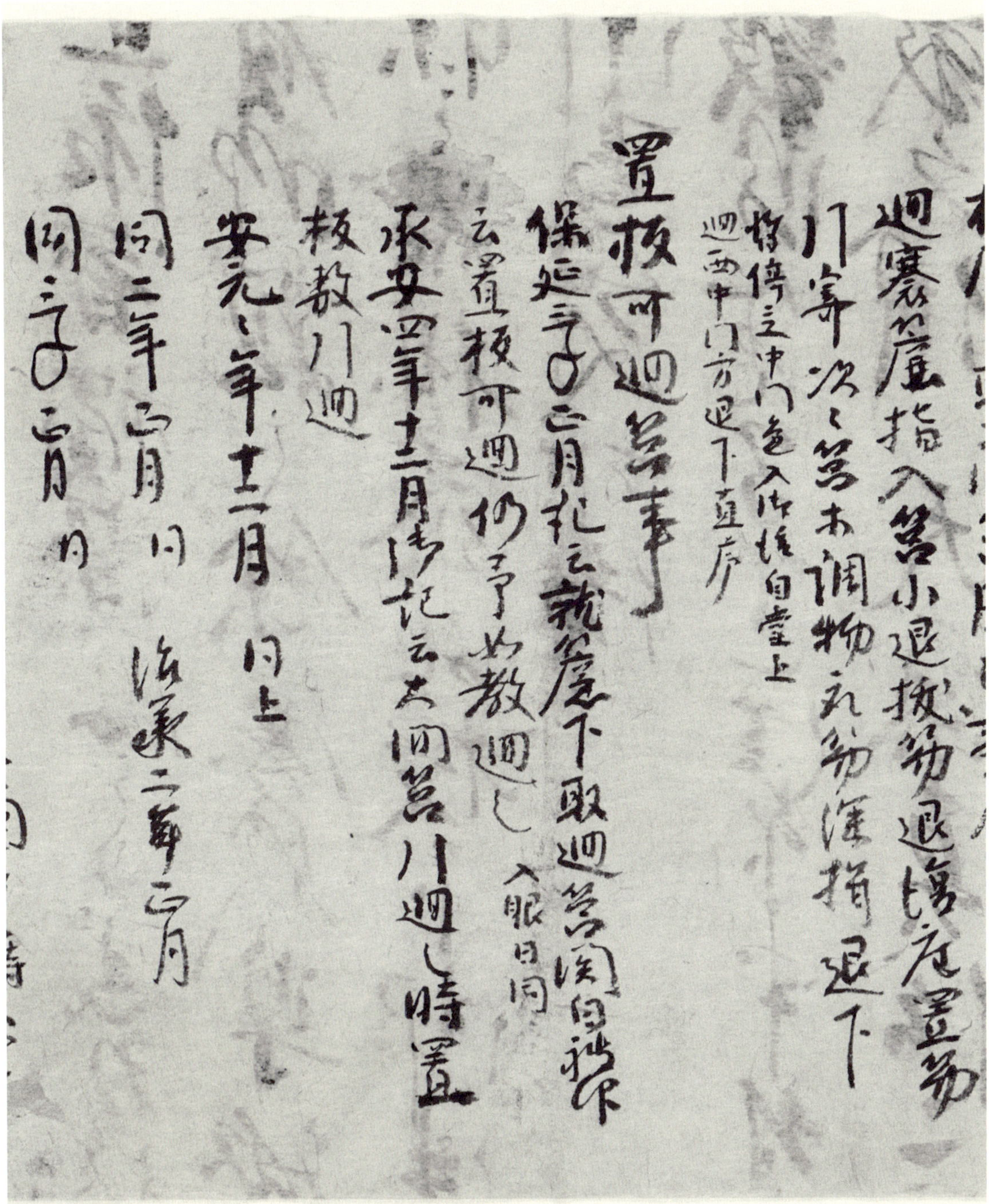

廻寢殿簀指入筥小退拔笏退膝庭置笏
入筥次々筥亦調物丸笏準揖退下
廻西中門方退下
置板可廻筥事
保延三年正月記云就簀下取廻筥閑白執下
云置板可廻仰了如教廻々
入眼日同
承安四年十二月除目記云大間筥入廻々時置
板敷入廻
安元々年十二月
同上
同二年正月
同
治承二年正月
同三年正月
同

関白退出

○法性寺殿記

○玉葉

参議筥文ヲ撤ス

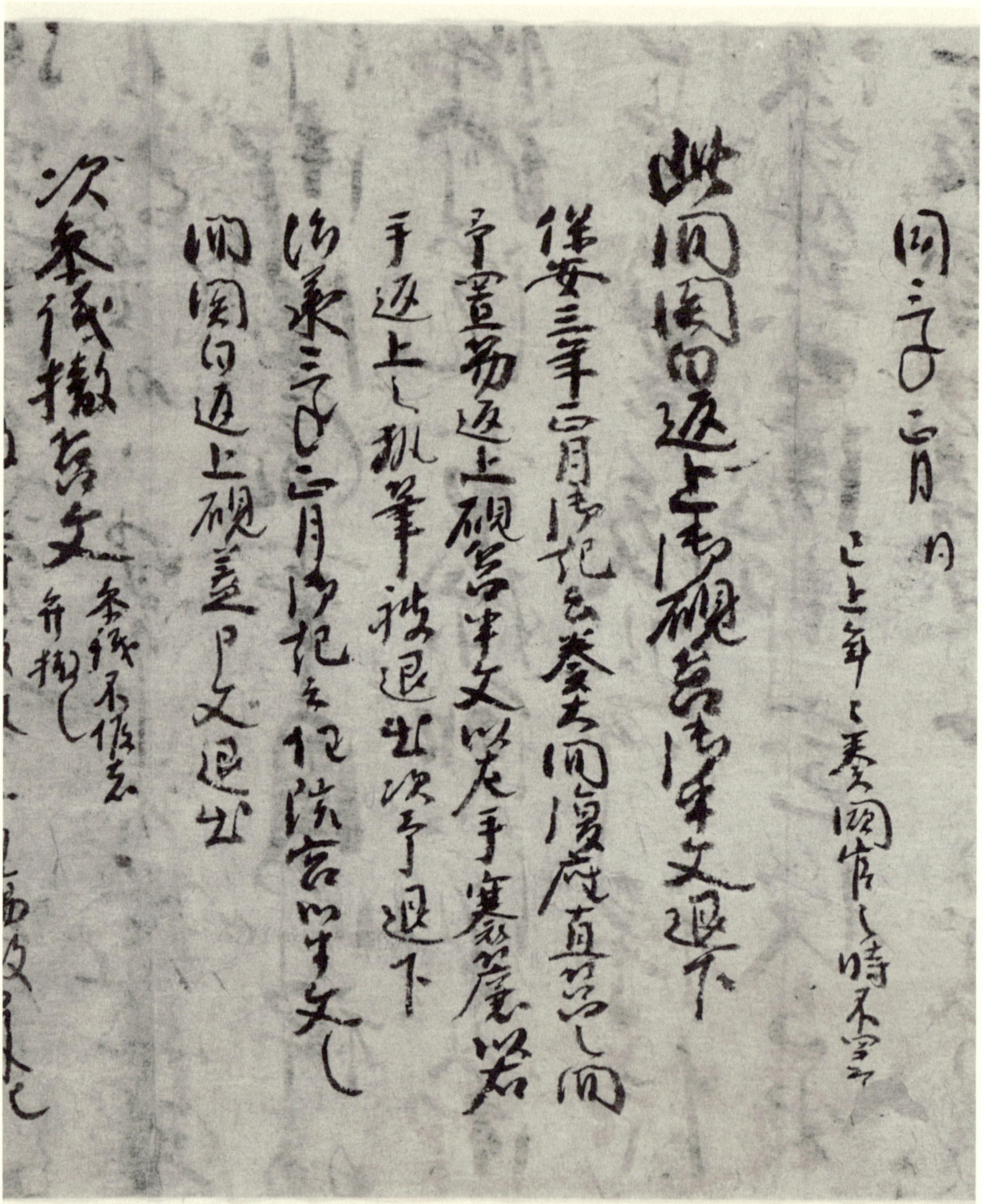

（以上、春除目抄初日下〔第二〕）

書写識語

春除目抄初日上〔第一〕

雨儀（四五頁ヨリ続ク）

○法性寺殿記

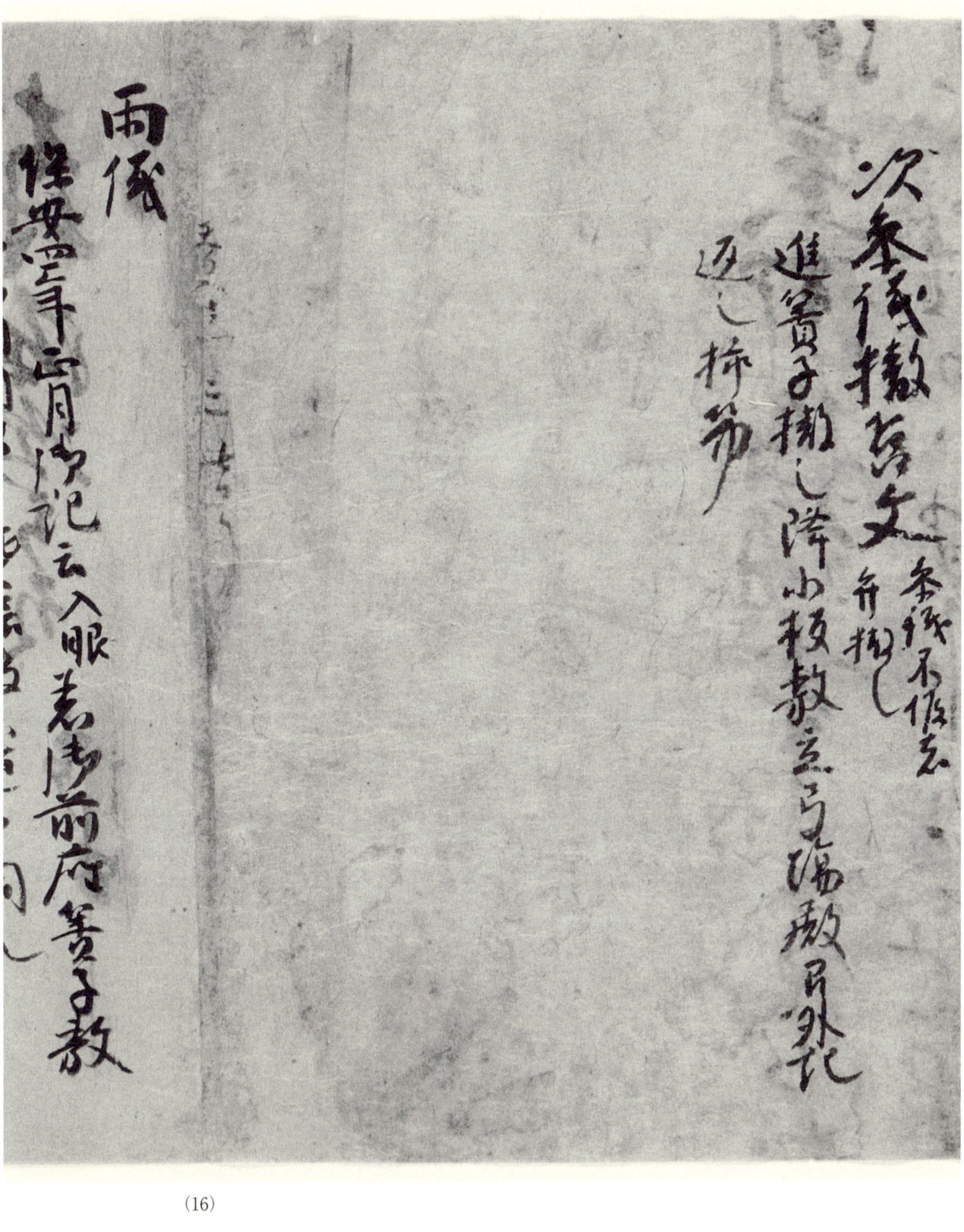

(16)

納言四人筥文ヲ
置キ着座ス

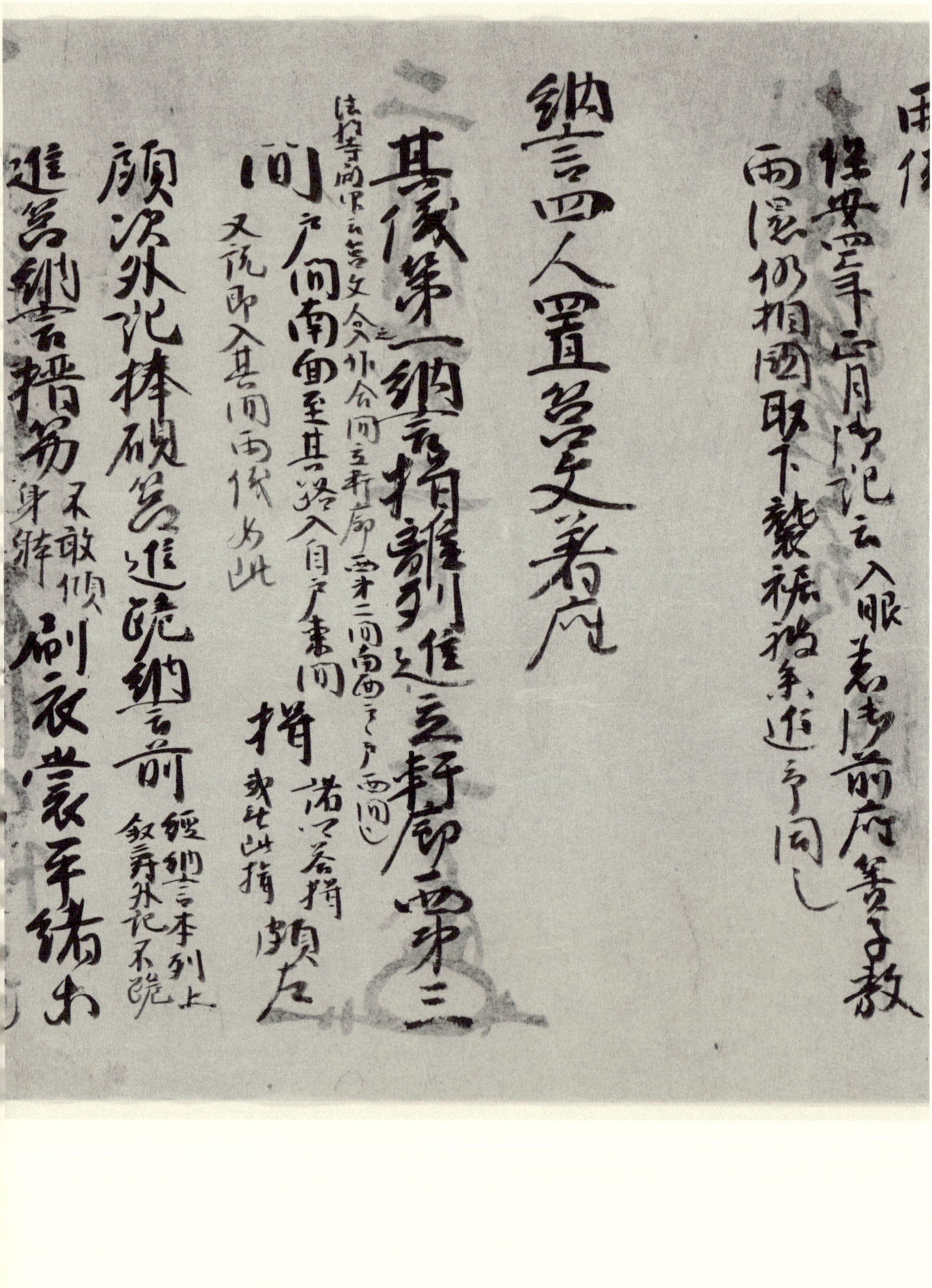

進筥継書搢笏 不敢傾身躰 副衣裳平緒於
取筥 以左右手取筥左右下際也 以諸袖取合之也 件筥當劔柄上頂抱之 先見大間有無 若不入
者合入之後
可取之 外記復本列 経本路也 次継書指
諸卿各指或取笏之後 右廻入自陣座門 若硯入水 者置小
不指仍立各指也
板敷見之可汲棄其水 又外記若不取廻硯者同置
小板敷可取直之 以硯下為我方也 方法 件間於有秘説
取硯笏人必置小板敷
笏自右青瑣門 取笏先 置右膝
見物異有此最秘説也
笏也
経年中行事障子西 登自孫廂
毒 先右足 到西 副御簾北行 左諸袖摩 御簾之頂也 到御

毎（先右足到西）到御簾北邊（左端柱摩御簾之程也）到御

前跪（先突左膝次突右膝 [redacted] 左右平頭跪ノ膝乃也）[redacted] 膝乃

三度（先進右膝次進左膝次又進右　膝次以左膝平頭云々ノ兵入也）置笏ノ

廻（以下為四度方）置第一圓座ノ前（去四尺西立云寸許也）

膝退（先退左膝又膝如退是方　為下重風用意也）三度作膝向

乾披笏向西起（正笏立之時膝如向　坤而立也先起左膝）左廻經本

路降長押（為先左足）踏鳴板（第一板也為令知次人也）東行

經簀子着納言座（小上西面　緑端）

嘉保二年江記云右丞門皆云取笏文退還了乃不蹴下襲半有法

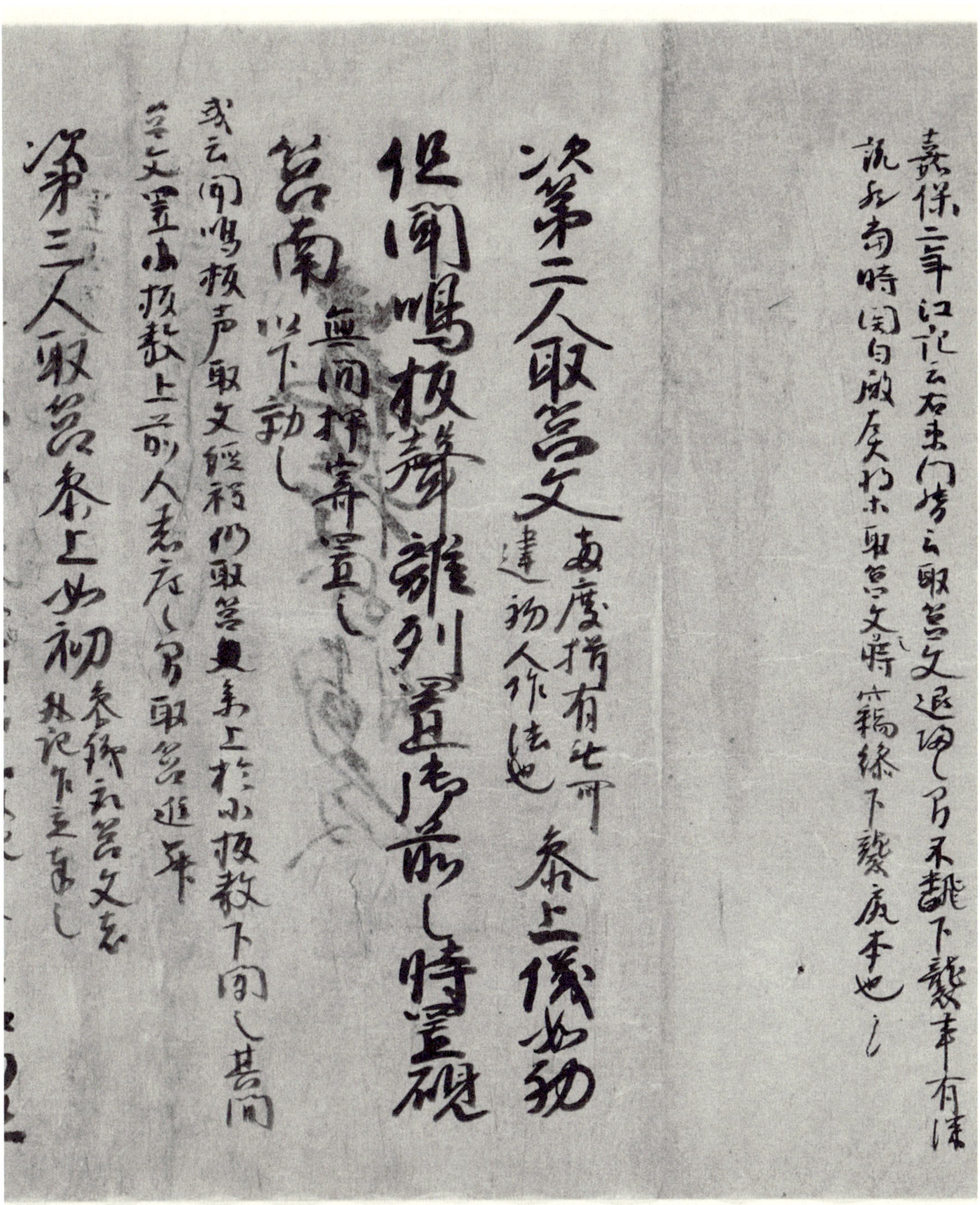

嘉保二年江記云右衛門督云取筥文退帰之間不引下襲裾有法
説云而時関白殿仰云取筥文時之纔縁下襲裾本也云々

次第二人取筥文〈安慶猶有此間違物人作法也〉参上儀如初
但聞鳴板聲雖列立床前之時置硯
筥南〈無間猶置之〉以下効之
或云聞鳴板声取文経称仍取筥更参上於小板敷下聞之甚間
筥文置小板敷上前人起座之間取筥進座

第三人取筥参上如初〈参議取筥文者 外記下立案之〉

(17)

筥文ヲ取ラザル公卿着座ス

○法性寺殿記

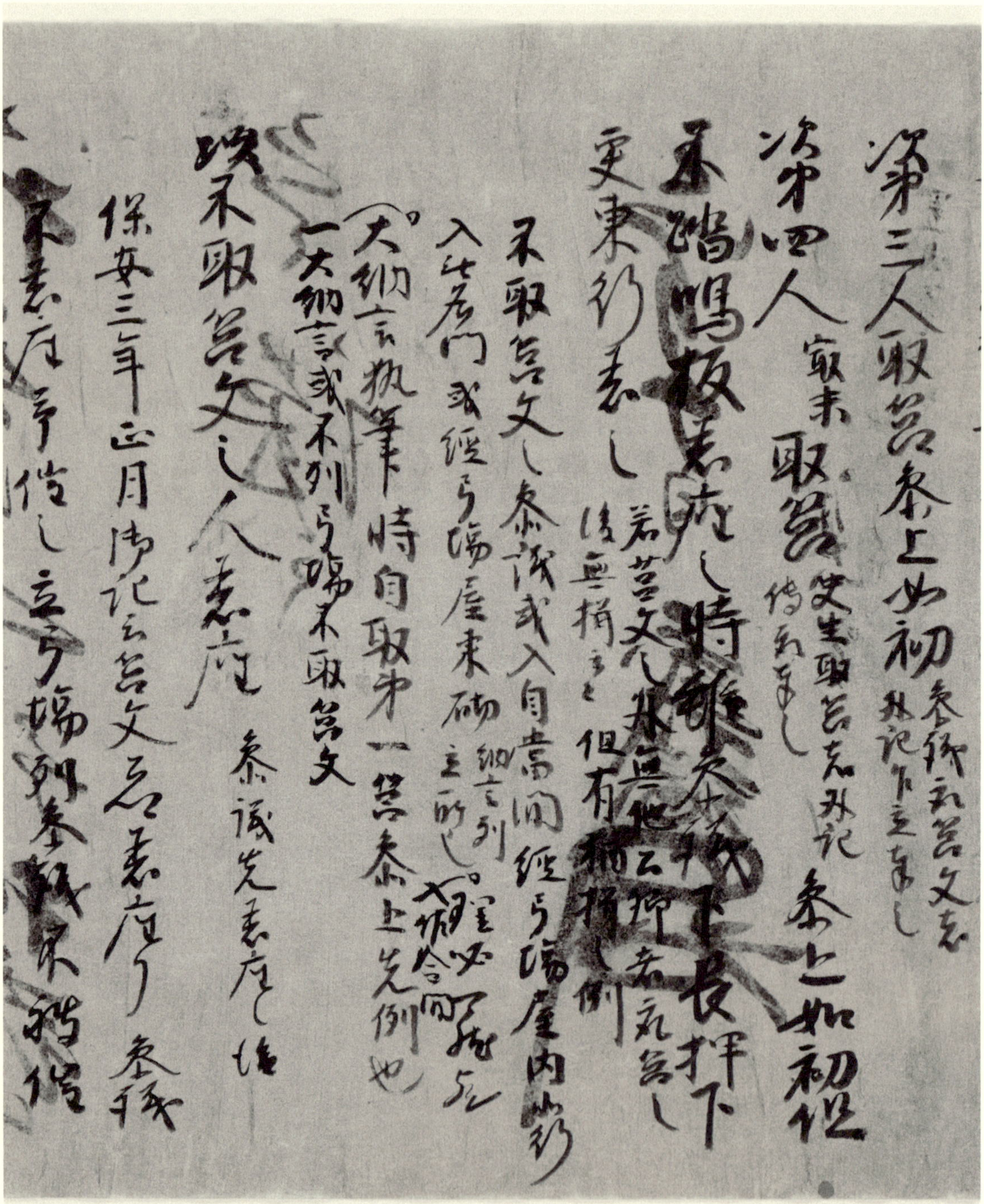

〇玉葉

（以上、初日上（第一）雨儀）

春除目抄
初日中（第二）
（関白簾下ノ円座ニ着ス以下台記保延三年正月記マデ略ス）

左大臣円座ニ着ス
（関白天気ヲ候フ以下笏ヲ正シ候フマデ略ス）

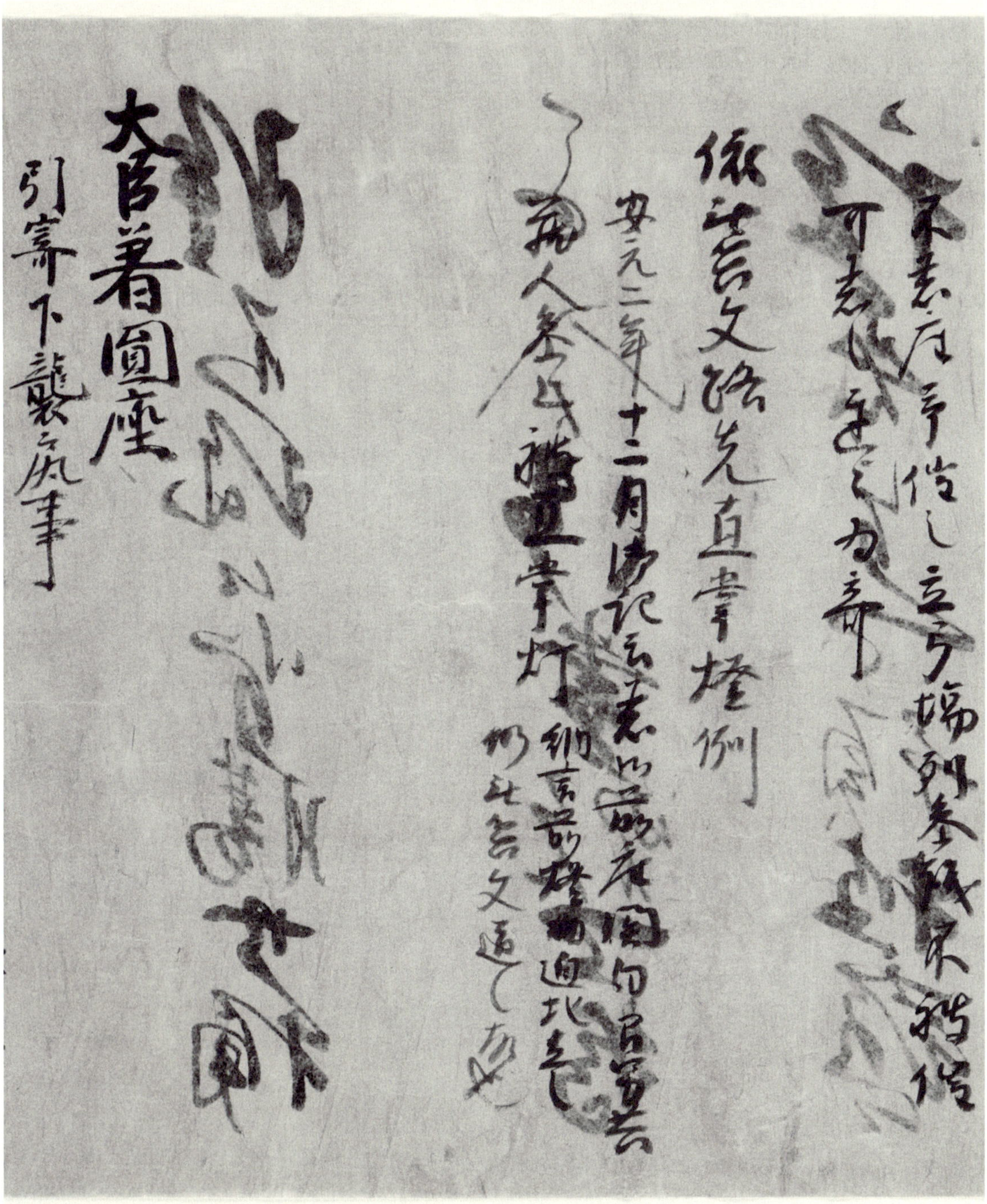

下襲ノ尻ヲ引寄ス事ノ諸説

松殿説（九条家本ナシ）

宇治左府所用ノ説

花園左府所用ノ説

松殿説正説タリ

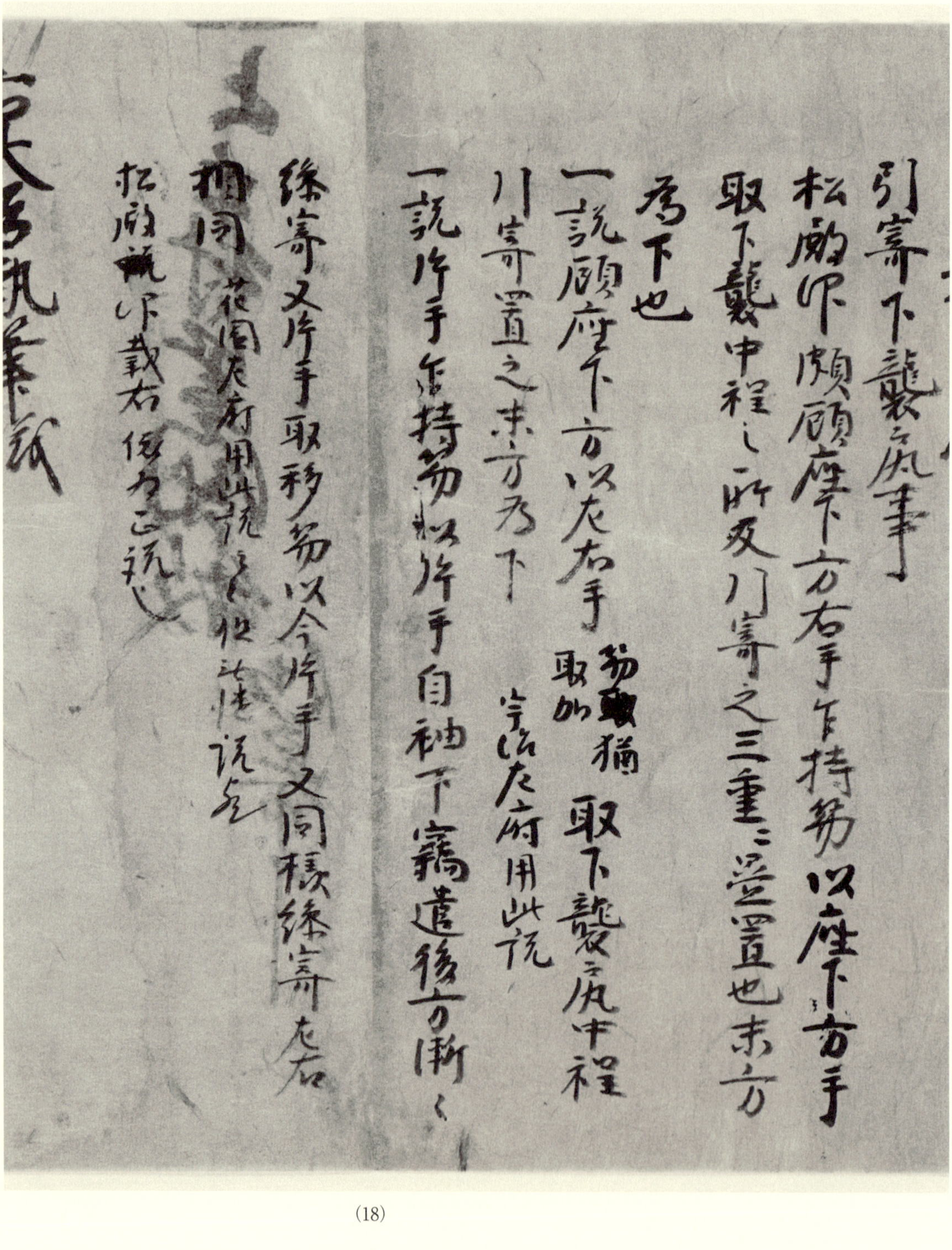
引寄下襲之尻事
松殿御説頗顧座下方右手乍持笏以座下方手
取下襲中程ゝ所及ゝ寄之三重ニ曳置也末方
為下也
一説顧座下方以左右手　笏[illegible]取加猶　取下襲之尻中程
引寄置之末方為下　宇治左府用此説
一説片手乍持笏以片手自袖下竊遣後方漸々
緣寄又片手取移笏以今片手又同様緣寄左右
相同　花園左府用此説[illegible]此[illegible]説也
松殿説[illegible]右　[illegible]正説也

(18)

（右大臣ヲ召スコト内大臣ヲ召スコト略ス）

右大臣執筆儀

松殿説

○玉葉

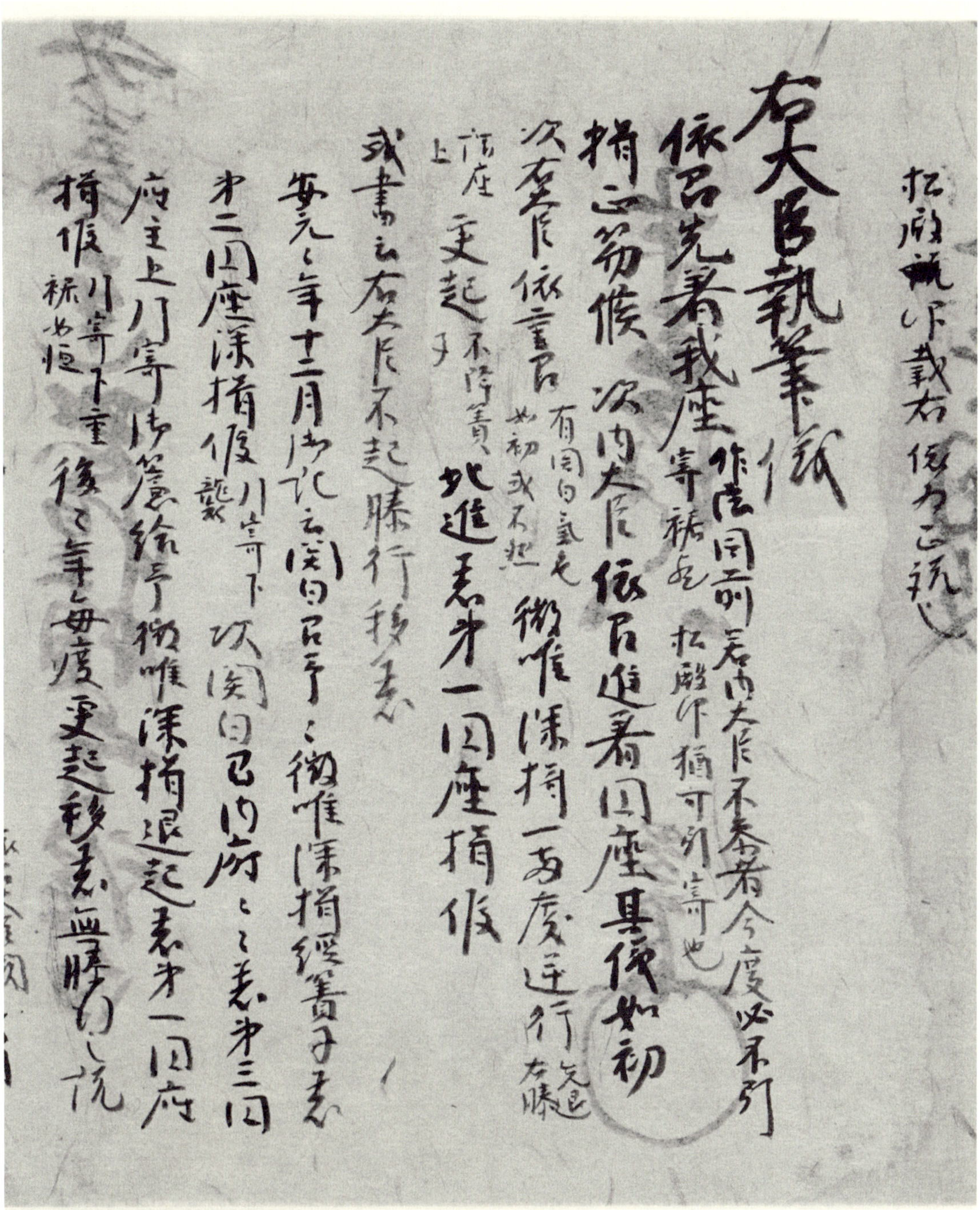

○台記

内大臣執筆儀

○殿暦

内覧大臣執筆儀

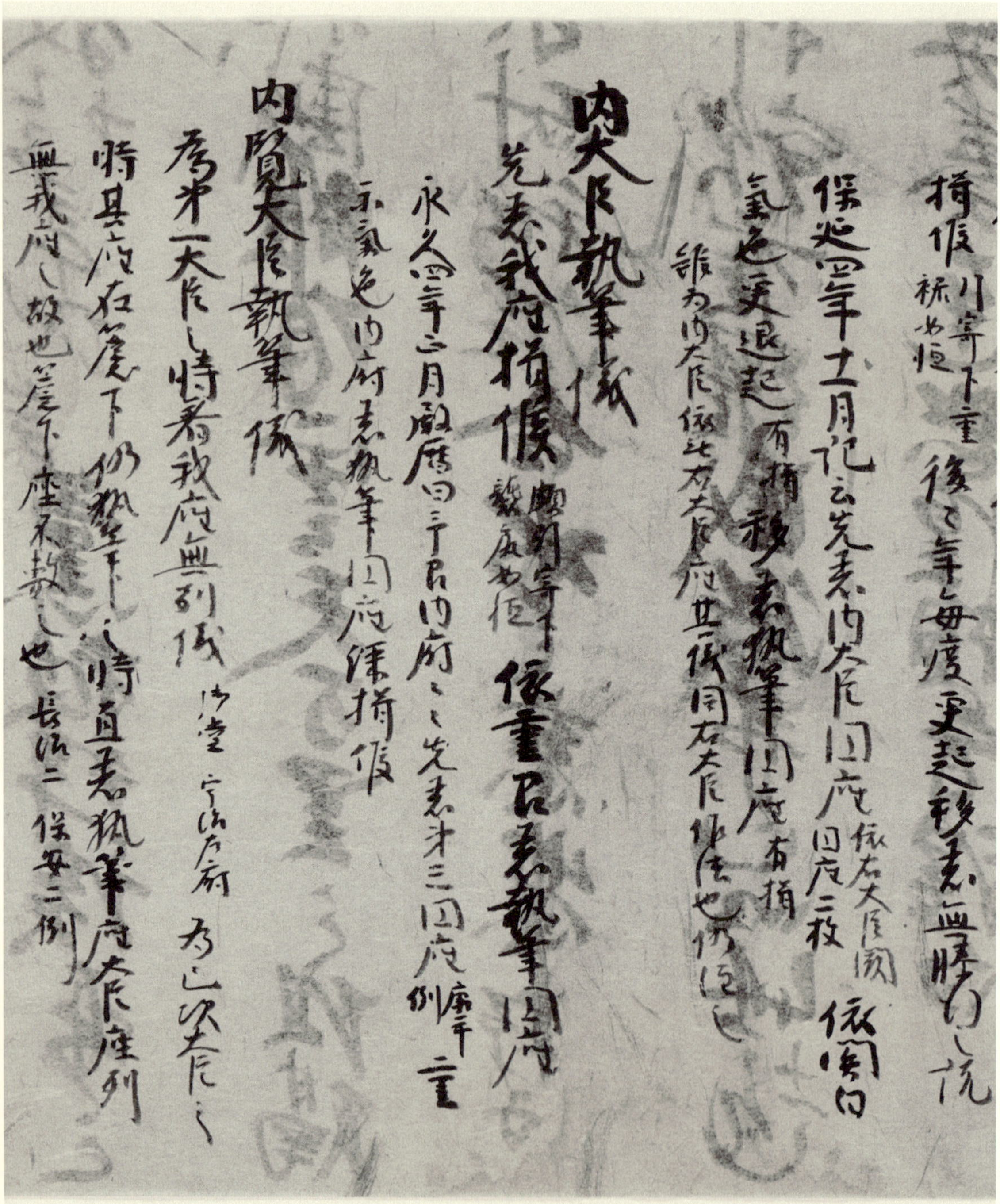

揖仮 川寄下重 称如恒 後々年々毎度更起移着無膝行之説

保延四年十月記云先着内大臣円座 依右大臣闕 円座二枚 依関白

気色更退起 有揖 移着執筆円座 有揖

雖為内大臣依其右大臣座其儀同右大臣作法也例恒之

内大臣執筆儀

先着我座揖仮 如川寄下 称座如恒 依重臣着執筆円座

永久四年正月殿暦曰三日内府々々先着才三円座例 康平 重

示気色内府着執筆円座深揖仮

内覧大臣執筆儀

着才一大臣々々時着我座無別儀 御堂 宇治左府 為一次大臣々々

時其座在簾下仍執筆々々時直着執筆座大臣座列

無我座々故也簾下座不敷之也 長保二 保安二例

〇殿暦

〇法性寺殿記

納言執筆儀

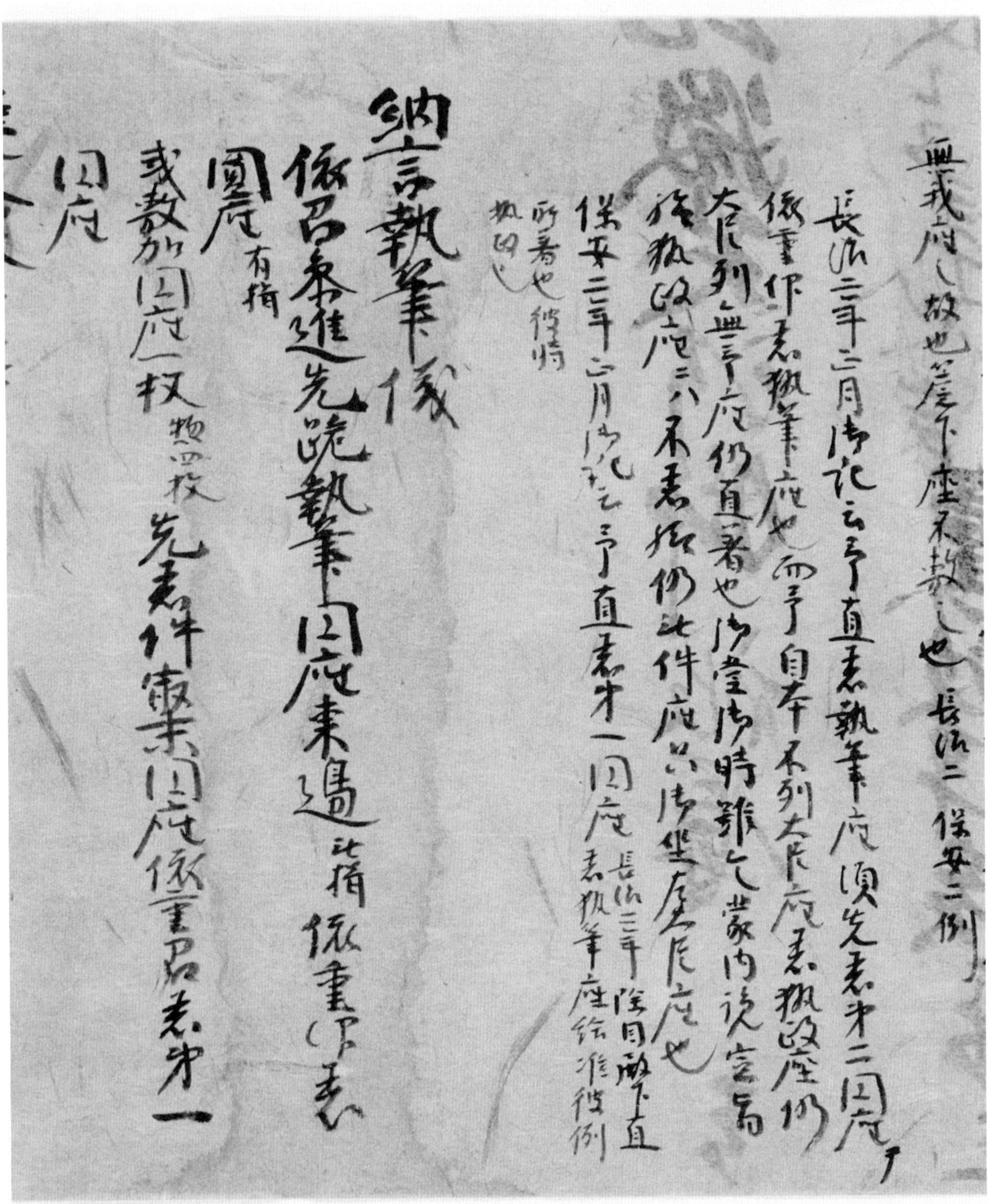
無我座之故也着下座不敷之也　長治二　保安二例
長治二年正月御記云予直着執筆座須先着第二円座
依重仰着執筆座也而予自本不列大臣座着執政座例
大臣列無言座仍直以着也御堂御時雖亡蒙内説
称執政座二人不着據仍此件座只御坐座大臣座也
所着也
保安二年正月御記云予直着第一円座　長治二年除目啓下直着執筆座給准後例
納言執筆儀
依召参進先跪執筆円座未遇　依重仰着
円座
我敷加円座之枚　物四枚　先着件敷案円座依重召着第一
円座

遅参ノ大臣ノ事

○殿暦

闕官帳ヲ奏ス
（仰ニ依リ小揖以下闕官帳ヲ奏スマデ略ス）
○台記

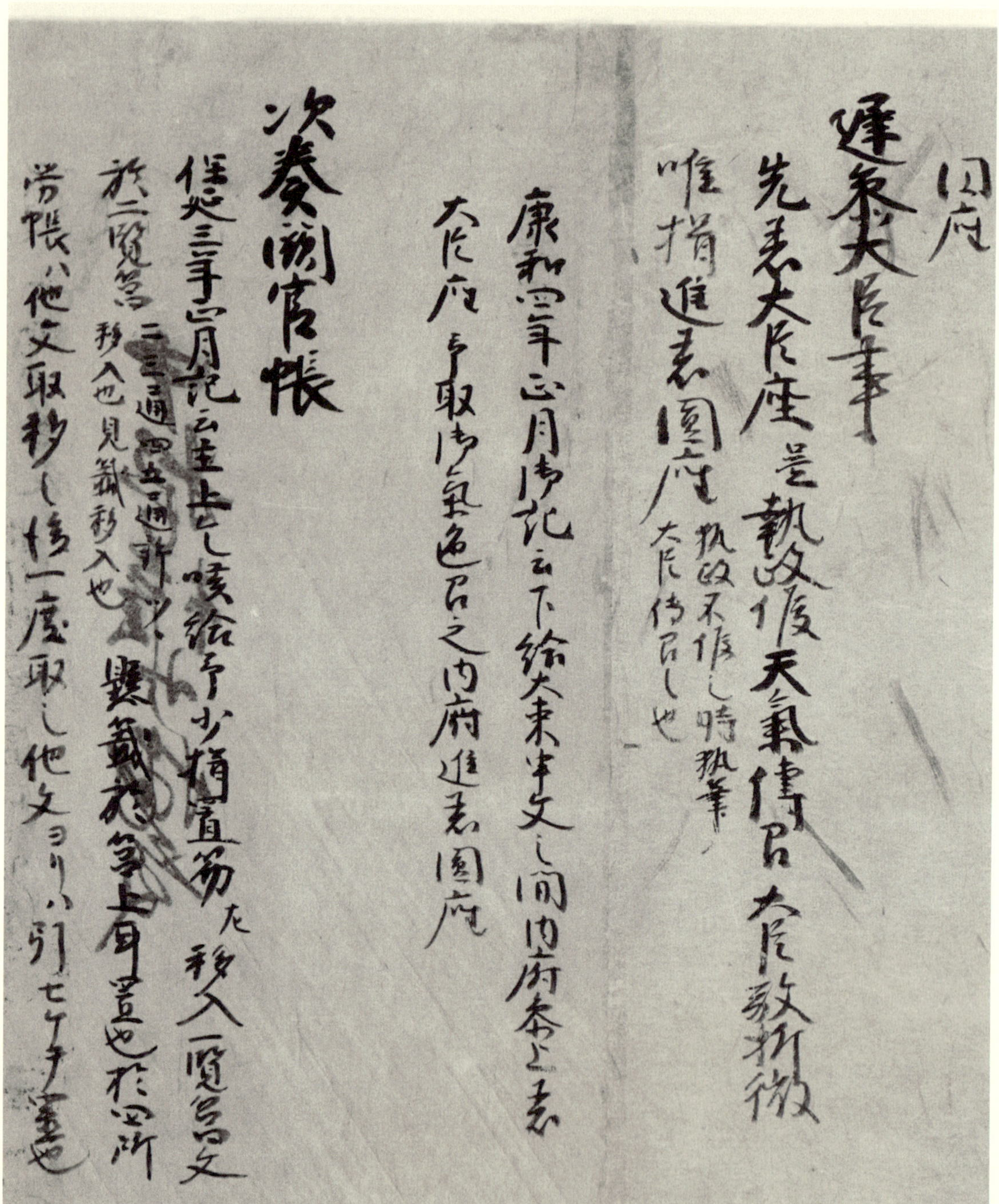

笏帳ハ他文取移し條一度取し他文ヨリハ引セケ手ニ置也
次取見國合帳一巻ヅヽ見也返入以左手取上一覧笏以右手押硯
笏於一覧笏跡置一笏又一ヽ見之如初次以左手押笏
次硯笏猶押右左非作法一笏置三冊し時猶硯笏近覚時猶硯昔ノ押也次以左
右手取笏後関白氣色勝行就御座下進ニ取硯文
笏以左手寒御簾指入笏退不三度拔笏磬折
依御覧ノ以笏令押張御簾抓手足拂笏勝
行就御簾下以左手寒御簾入出笏巡ニ取巡メ
復座置笏拔笏置左以左手取上笏以右手引寄
硯於本所置笏於本所一度ニ取四所笏帳移ノ一覧
笏懸戴於上耳次并置無内ヶ校大進他文未探移
入ニ筆依

○法性寺殿記

○法性寺殿記

○法性寺殿記

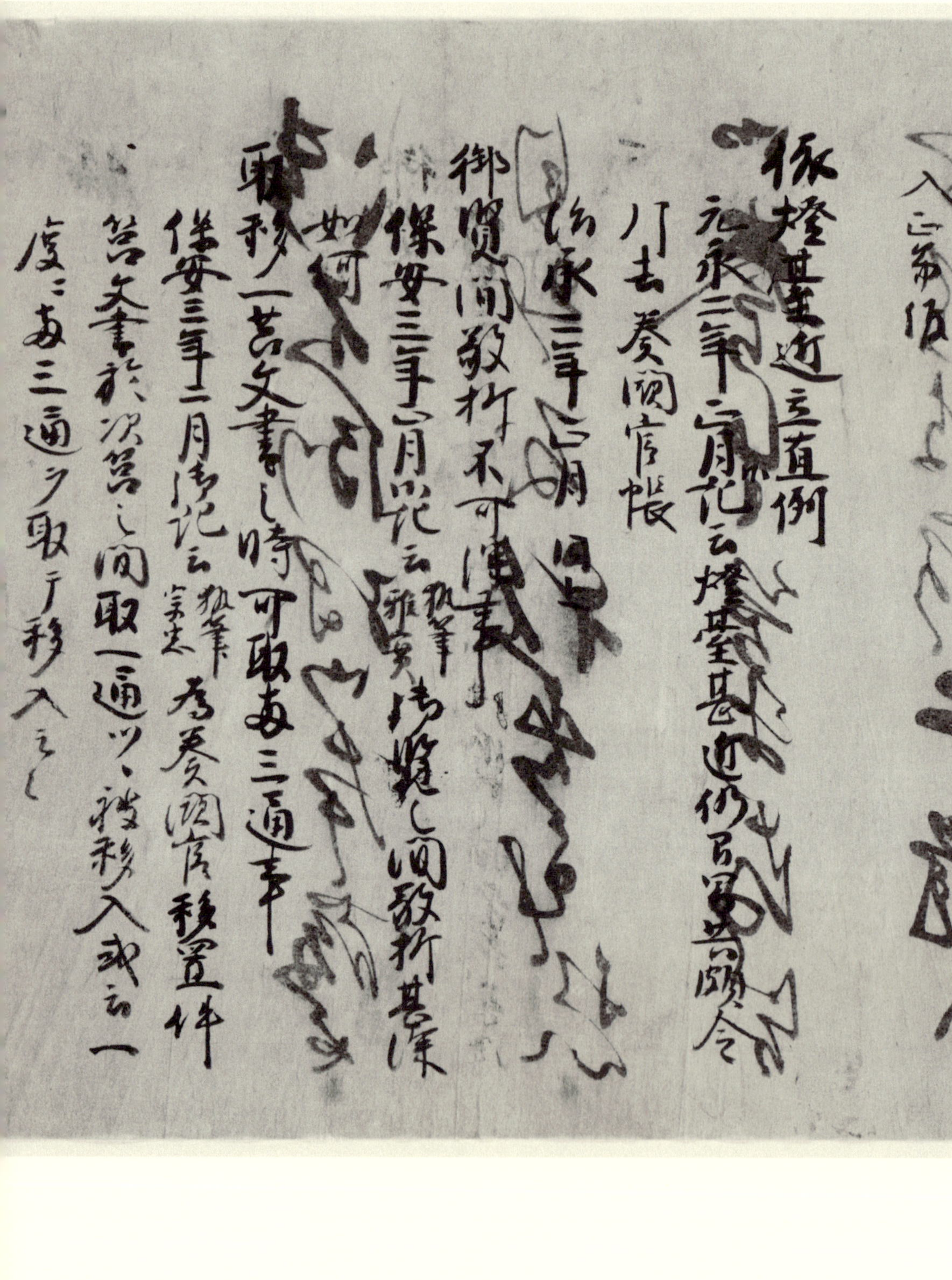

○法性寺殿記

○殿暦

非常説

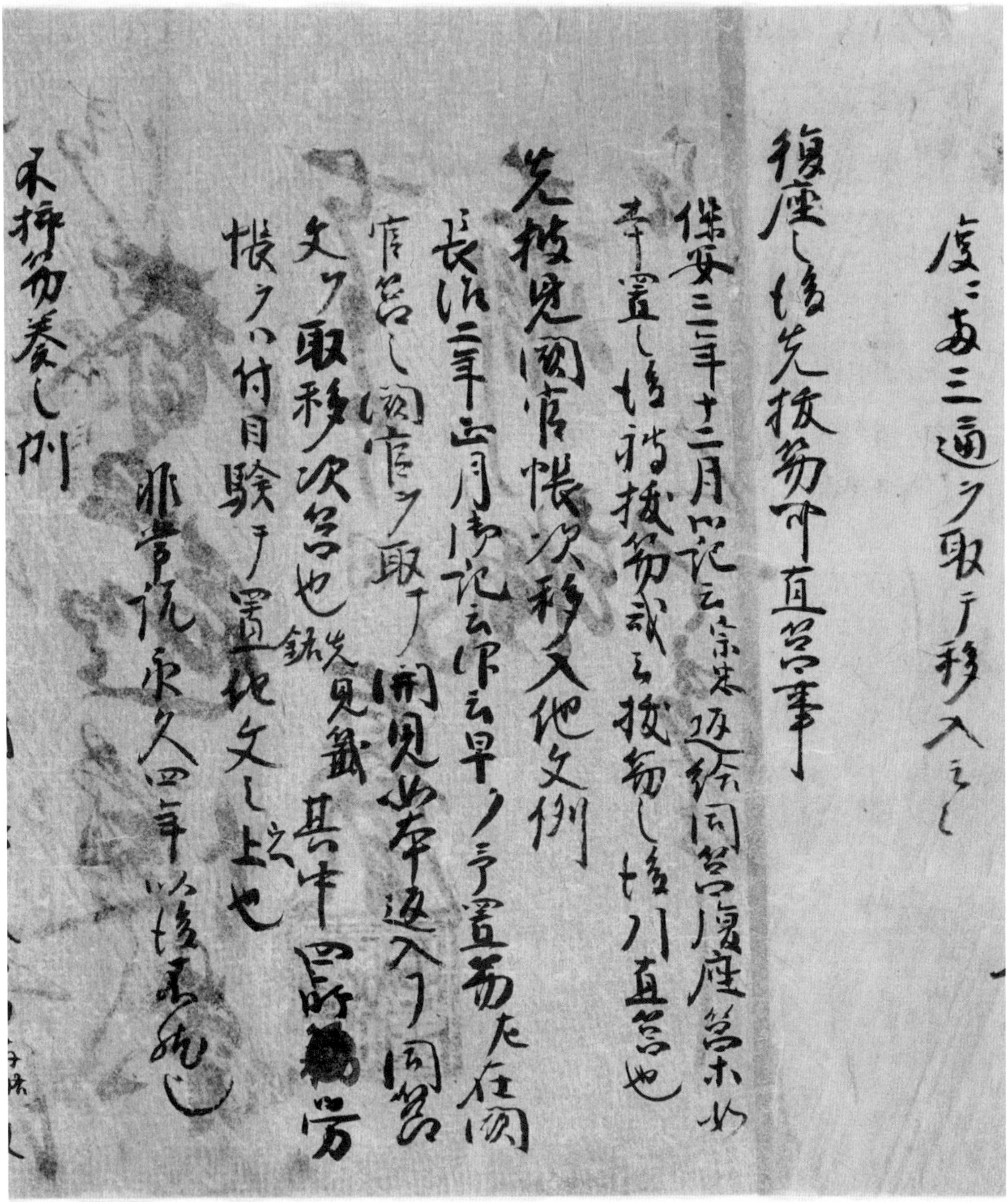

(20)

○台記

○玉葉

花園左府説

○法性寺殿記

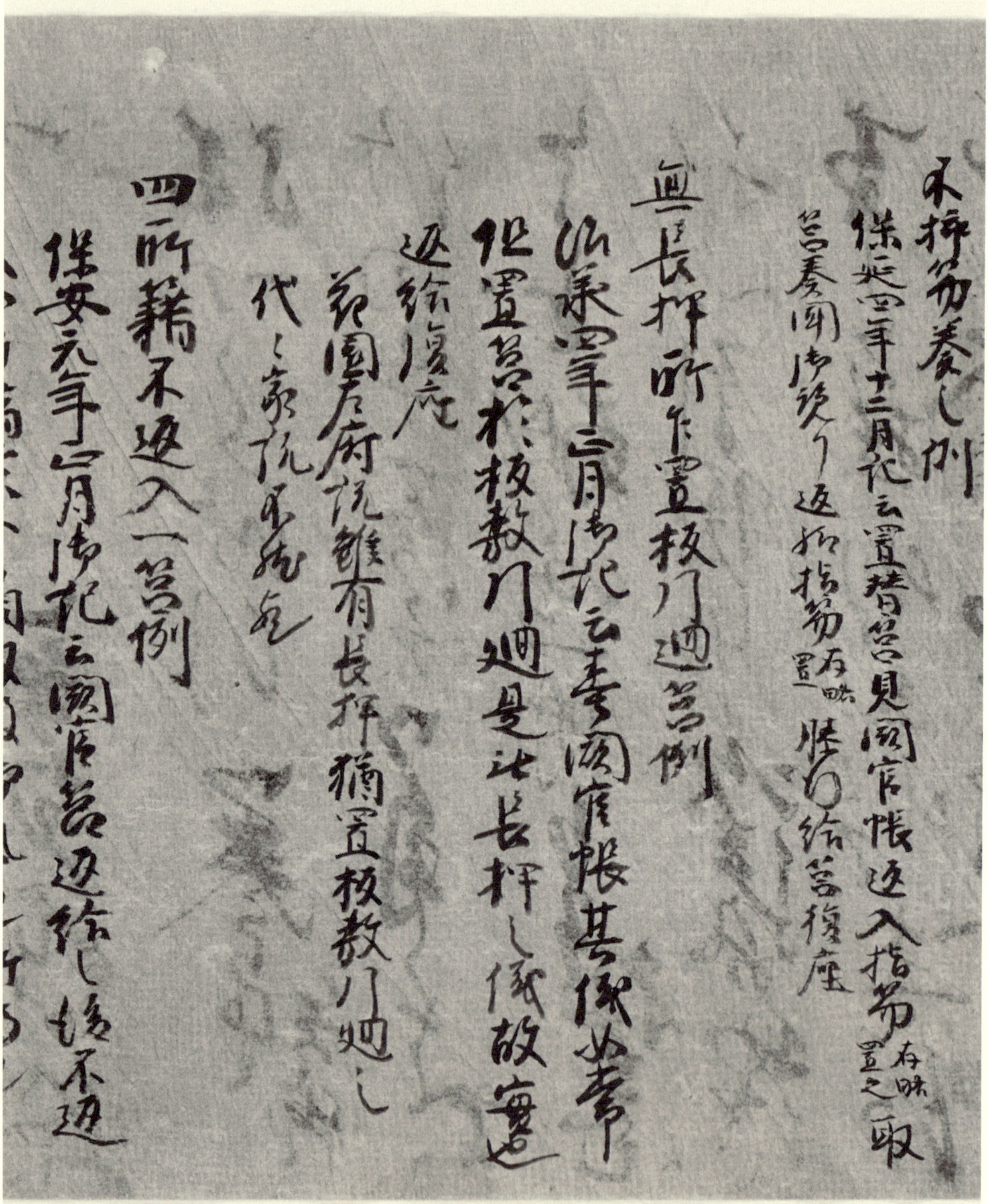
不撤筥案之例
保延四年十二月記云置替筥見闕官帳返入指筥存略置之取
筥奏闕御硯ノ返抑指筥存略置膝行給筥復座
無長押所置板ノ廻筥例
永承四年正月御記云奏闕官帳甚候如常
但置筥於板敷ノ廻是非長押之儀故實也
返給復座
花園左府説雖有長押猶置板敷ノ廻之
代々家説不然也
四所籍不返入一筥例
保安元年正月御記云闕官筥返給之後自不返

（関白不候儀以下硯筥猶ホ座ノ下ニ推ス也マデ略ス）

大間ヲ縿ル（仰ニ依リ小揖以下左右ノ折目ヲ押シ付ス也マデ略ス）源雅実花園大臣一授ケル説

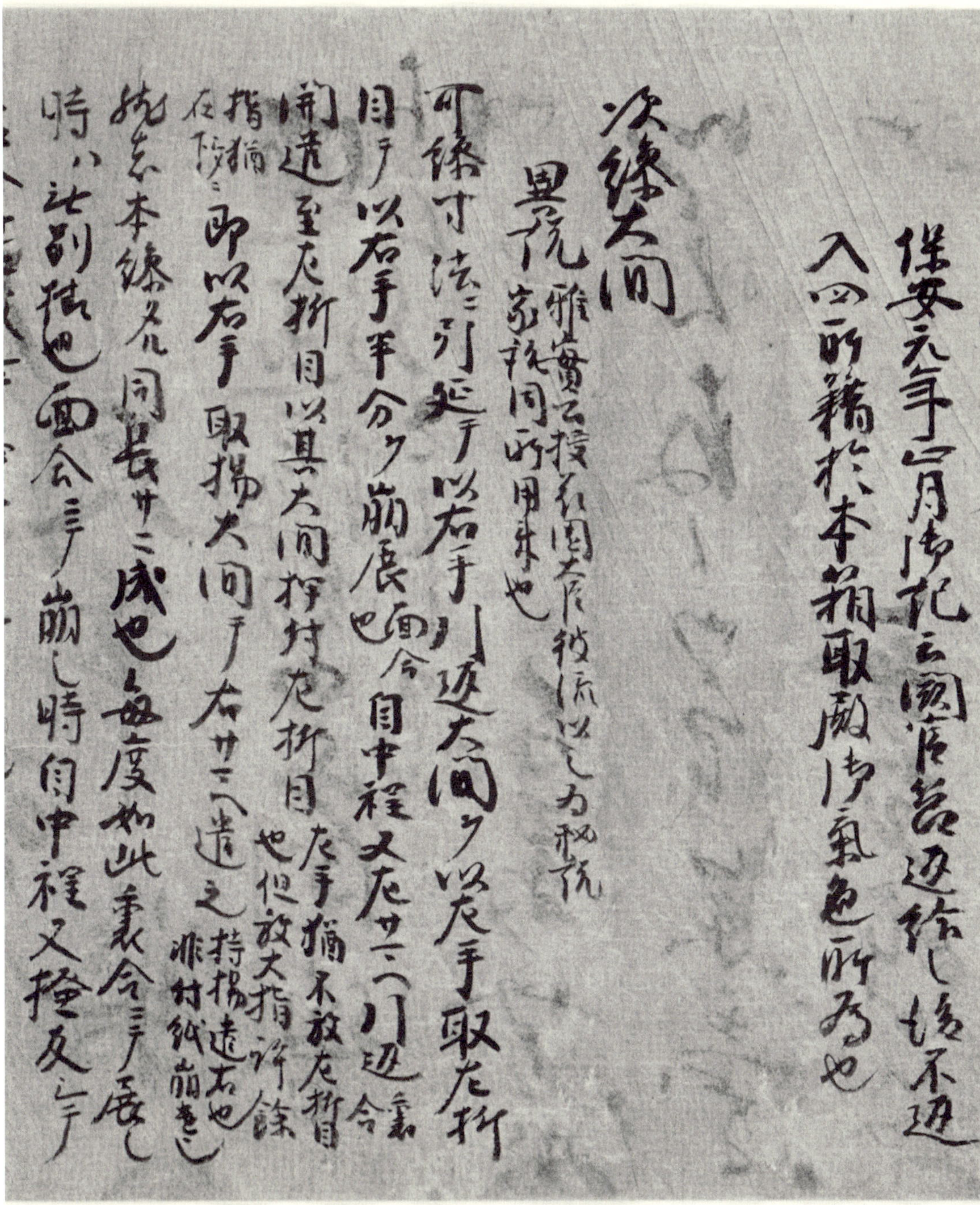

知足院殿藤原宗忠ニ授ケル説

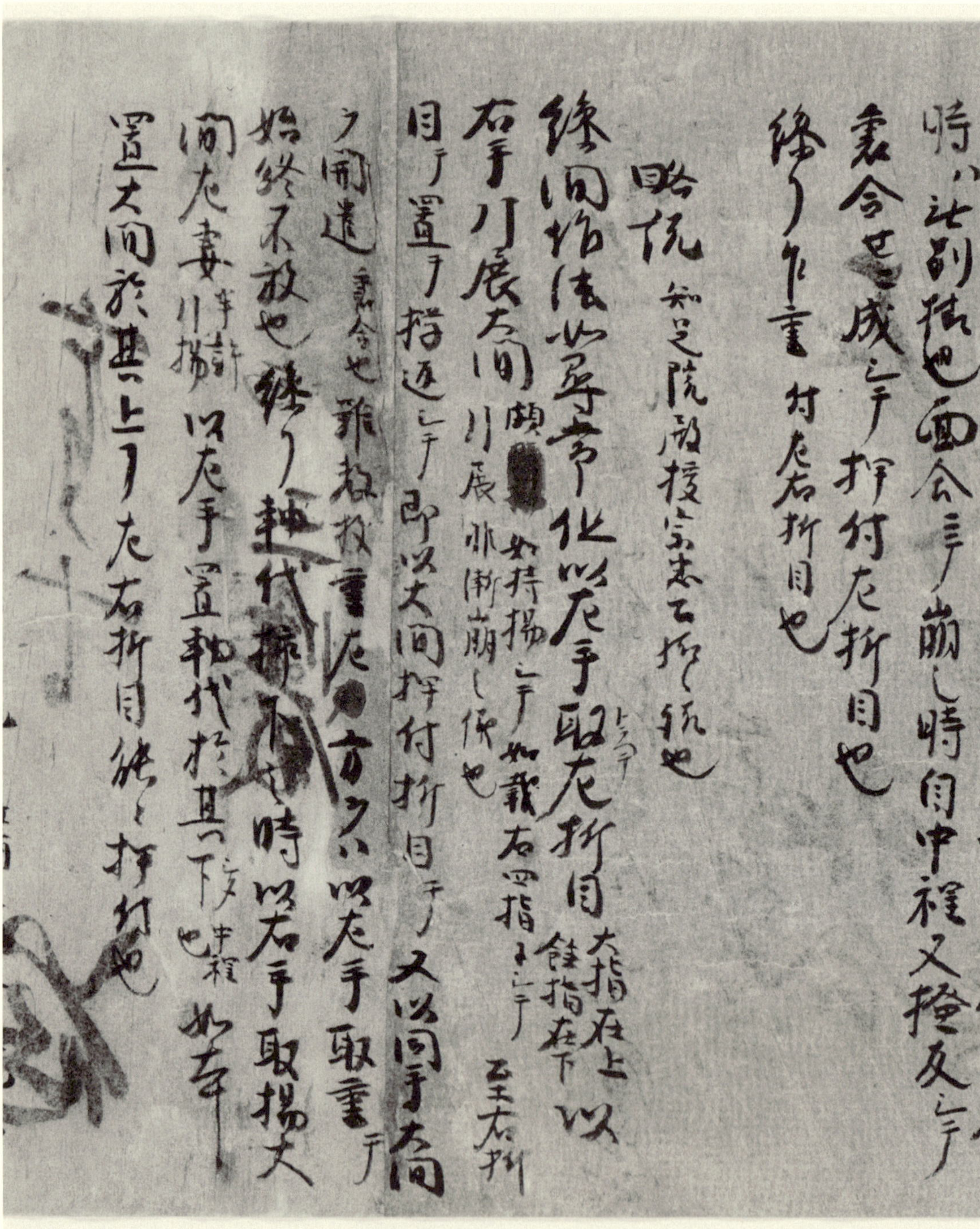

(21)

○殿暦

本書

○法性寺殿記

○台記

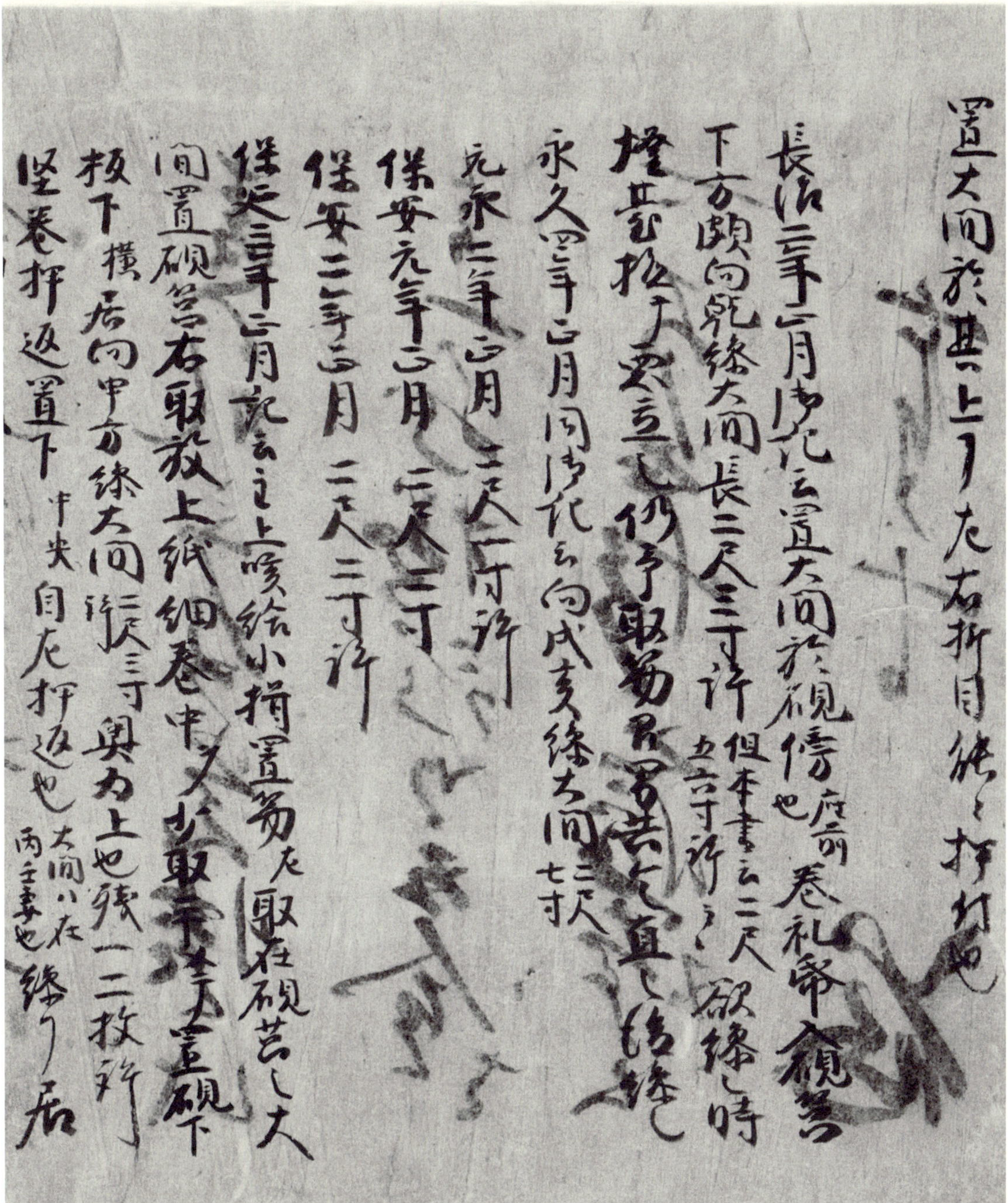

置大間於其上了左右折目能々押付也

長治二年正月御記云置大間於硯傍也 居前 巻礼紙令硯筥

下方頭向乾緣大間長二尺八三寸許 但本書云二尺八五六寸許々 欲緣之時

燈臺押了無立之例々取笏置笏筥之直之結緒

永久四年正月同御記云向戌亥緣大間 二尺八七寸

元永二年正月　二尺八一寸許

保安元年正月　二尺八二寸

保安二年正月　二尺八三寸許

保安三年正月記云主上召給小揖置笏左取硯筥之大

間置硯筥右取敍上紙細巻中ノ抄取寄之置硯下

披下横居向中方緣大間 二尺八三寸許 奥方上也殘一二枚許

堅巻押返置下 中央 自左押返也 大間ハ在丙壬妻也 緣ノ居

（玉葉安元二年正月御記ヨリ、治承四年正月御記マデ略ス）

藤原経宗所用ノ説

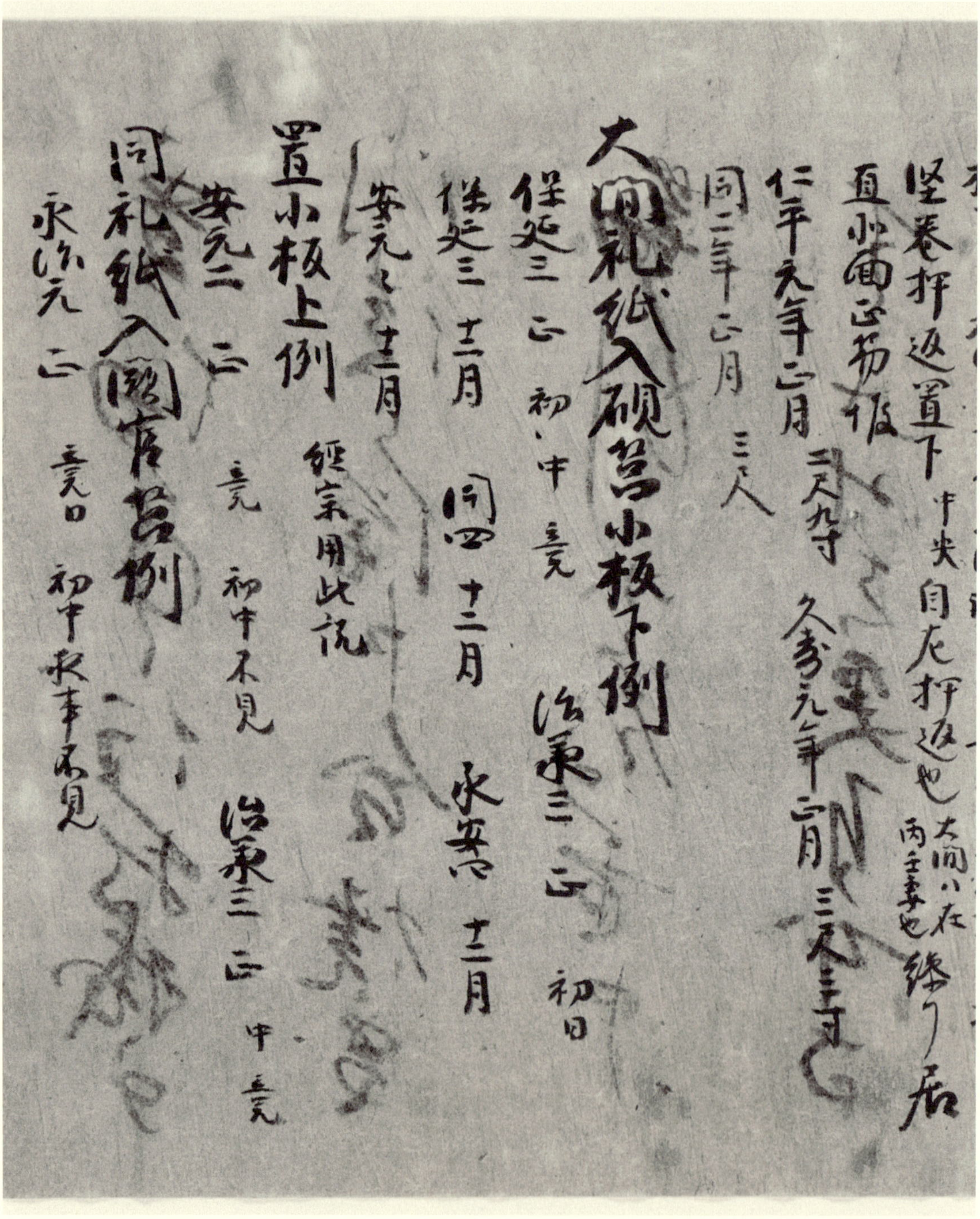

（大間終リ了ヌ以下院宮御申文ヲ召スコトマデ略ス）

内竪ノ残ヲ任ズ

（参議退出ノ後笏ヲ置キ労帳ヲ取ル以下労帳ヲ第二覧筥ヲ返入スマデ略ス）

家例多ク天暦籍ヲ任ズ

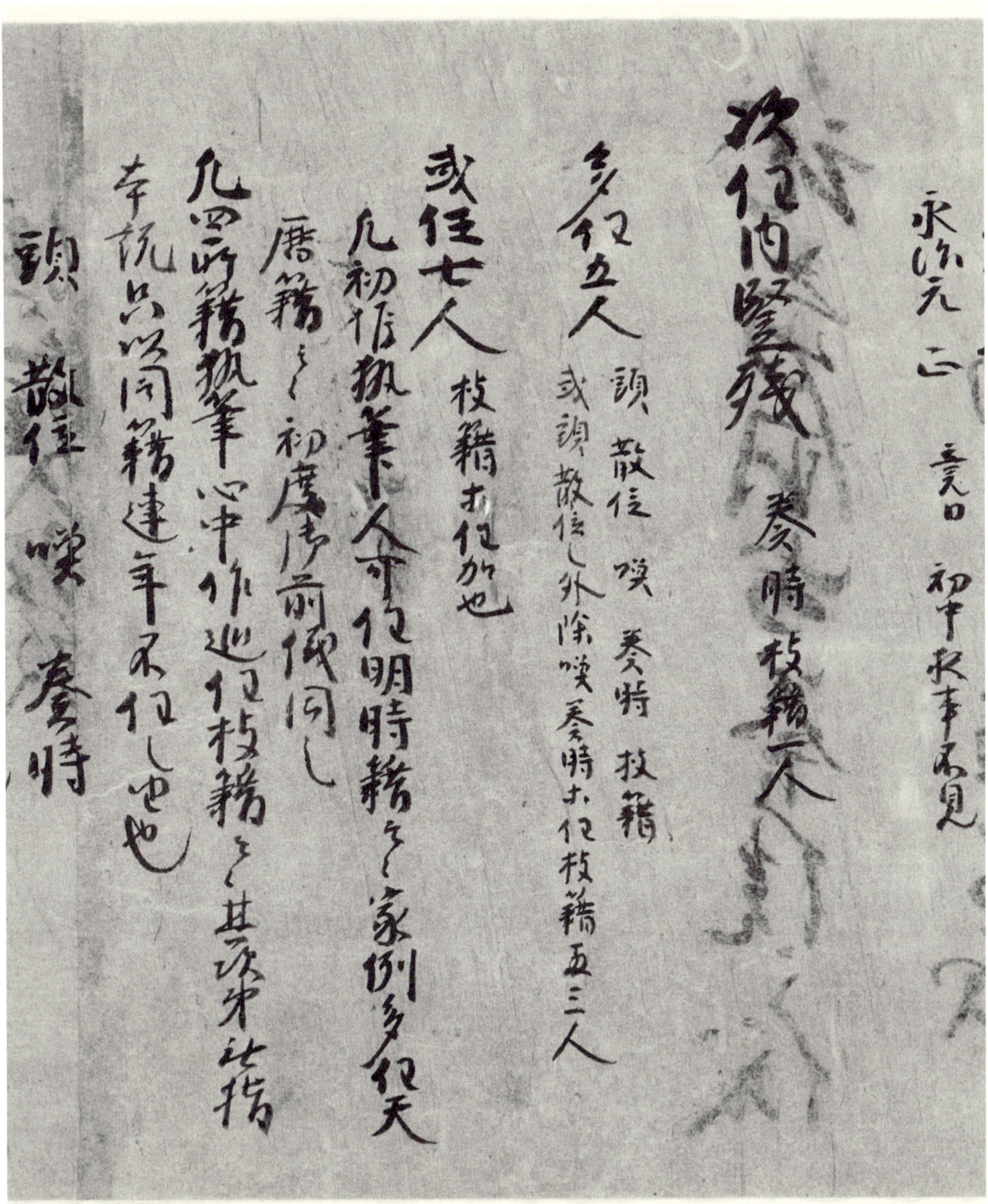

(22)

内豎所大籍

天延二年正月四日宣旨

天暦三年正月五日宣旨

天延二年十二月十八日宣旨

天元四年正月八日宣旨

内豎所小籍

天暦元年十二月宣旨
安和三年正月四日宣旨

天暦三年正月二十四日（宣旨）

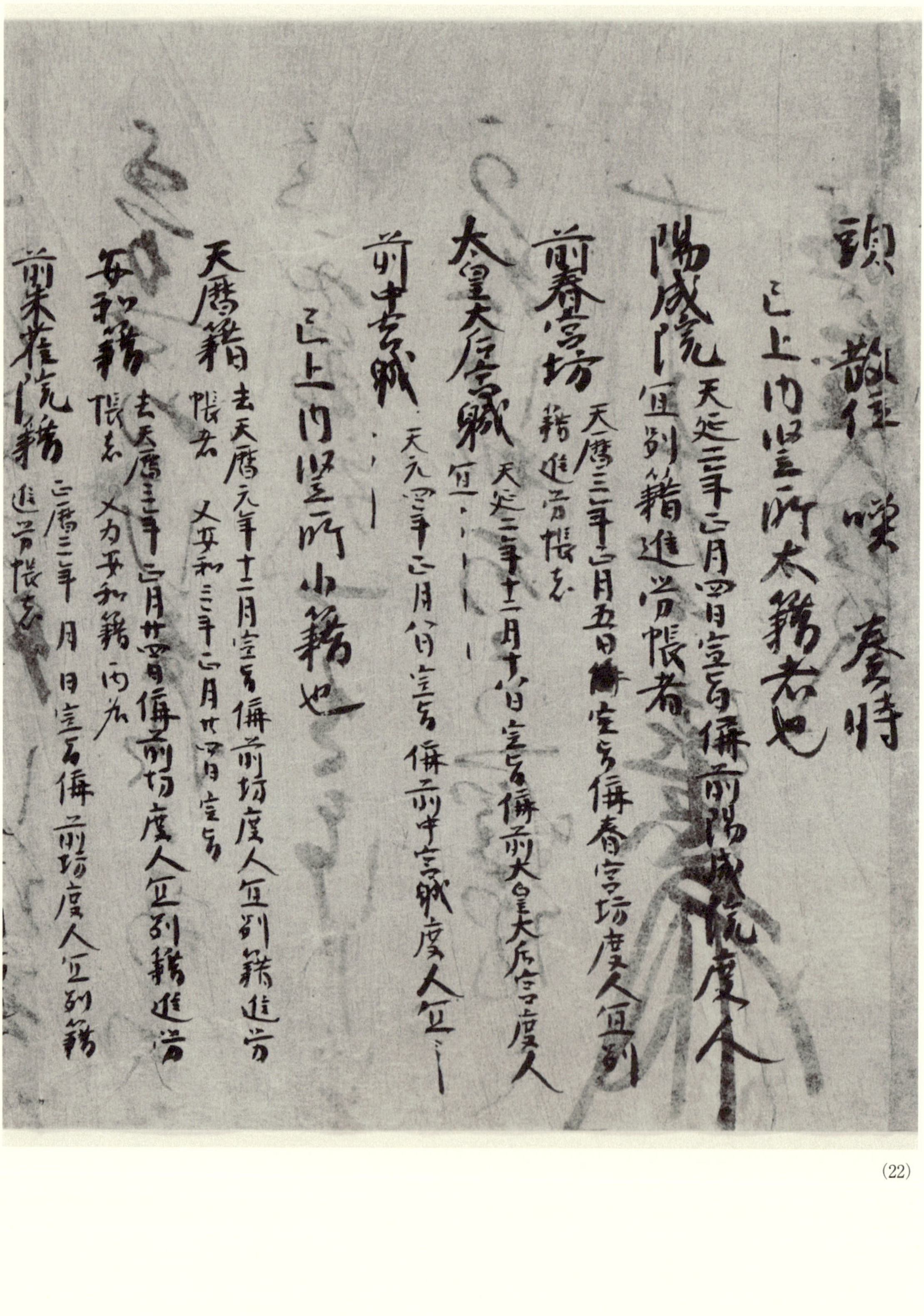
頭散位喚奏時
已上内竪所大籍者也
陽成院　天延二年正月四日宣旨偁前陽成院度人
宜別籍進当帳者
前春宮坊　天暦三年正月五日偁宣旨偁春宮坊度人宜別
籍進当帳者
太皇太后宮職　天延二年十二月十八日宣旨偁前太皇太后宮度人
宜ーーーー
前中宮職　天元四年正月八日宣旨偁前中宮職度人宜ーー
ーー
已上内竪所小籍也
天暦籍　去天暦元年十二月宣旨偁前坊度人宜別籍進当
帳者　又安和三年正月廿四日宣旨
安和籍　去天暦三年正月廿四日偁前坊度人宜別籍進当
帳者　又加安和籍而已
前朱雀院籍　天暦三年　月　日宣旨偁前坊度人宜別籍
進当帳者

止暦三年宣旨

某年宣旨

内豎所小籍

校書殿ヲ任ズ

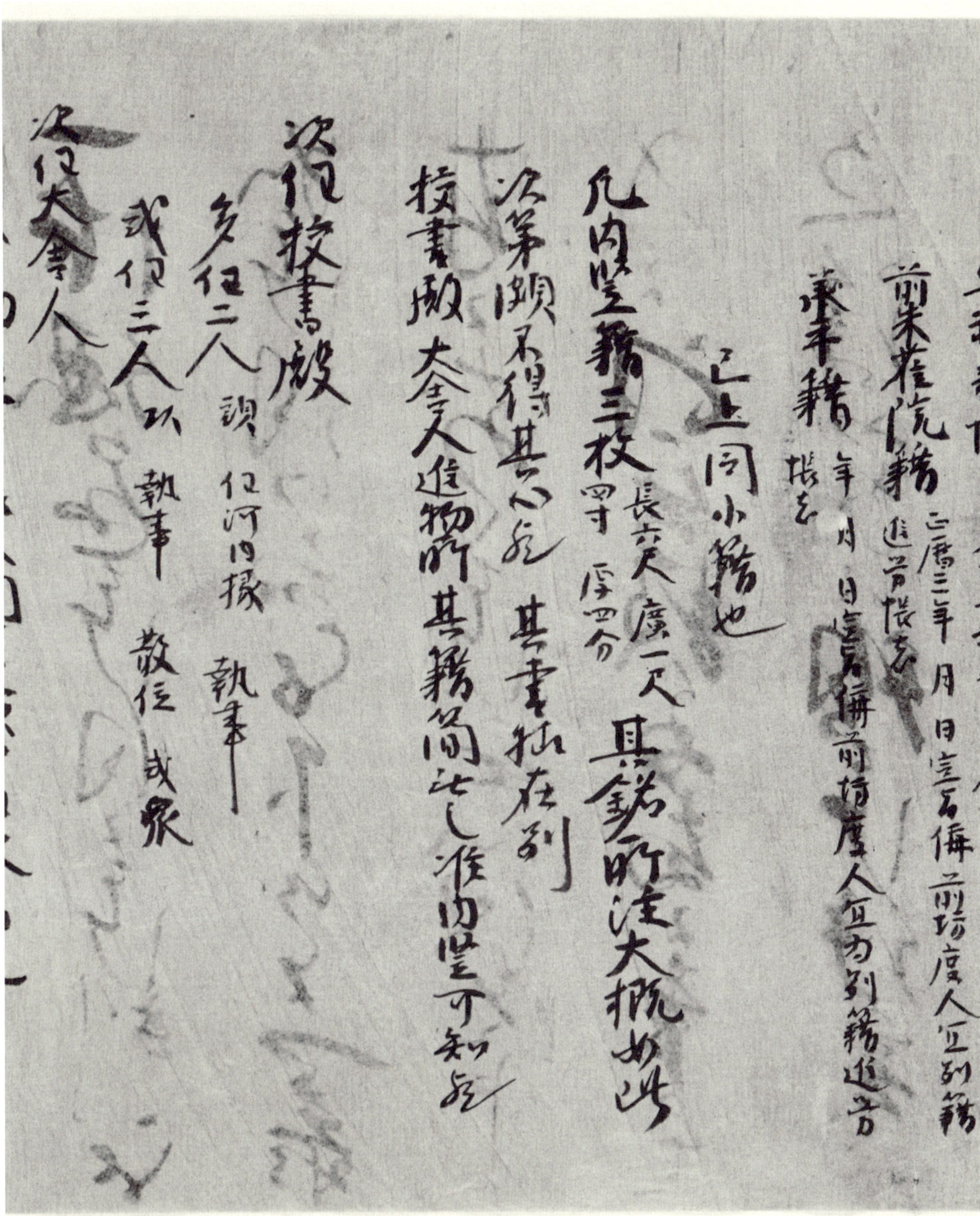
前采女院籍　止暦三年　月　日宣旨偁　前坊度人宜預籍
某年籍　年　月　日宣旨偁　前坊度人宜為預籍進名
已上同小籍也
凡内豎籍三枚　長六尺　廣一尺　厚四分　其銘所注大概如此
次筆硯不得其心也　其書様在別
校書殿大舎人進物所　其籍簡也　准内豎可知也
次任校書殿
多任二人　預　任河内掾　執筆
或任三人　執筆　散位　或衆
次任大舎人

大舎人ヲ任ズ

進物所ヲ任ズ

（今度任人了以下袖書ヲ注スルノ間程ヲ経ルノ故也マデ略ス）

（凡執事膳部以下所々ノ籍ニ載セズマデ略ス）

（四所ヲ任ズル次第以下関白候ハザル儀マデ略ス）

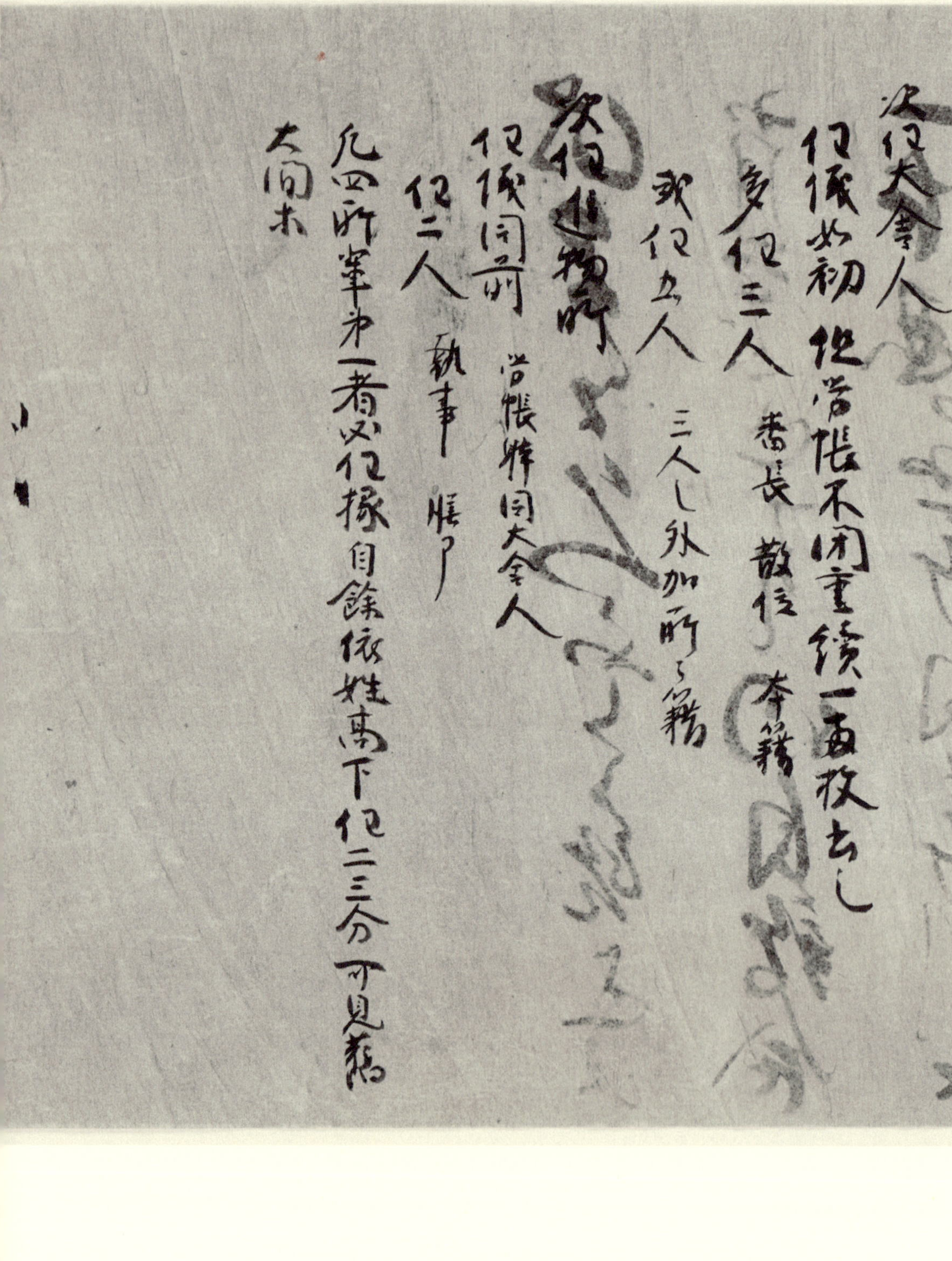
次任大舎人
任儀如初　但當帳不用重讀一兩枚云々
多任三人　番長　散位　本籍
或任五人　三人ハ外加所々籍
次任進物所
任儀同前　當帳雅同大舎人
任二人　執事　膳部
凡四所案第一者必任掾目餘依姓高下任二三分可見籍
大間未

（関白笏ヲ置ク以下次第撰ビ分クマデ略ス）
○法性寺殿記

（関白候ハザルノ時以下大間ヲ右ニ置ク例及ビ台記・玉葉ノ事例ナシ）

院宮当年給
（先ズ御申文等ヲ取ル以下若シ二分代申文マデ略ス）

○法性寺殿記

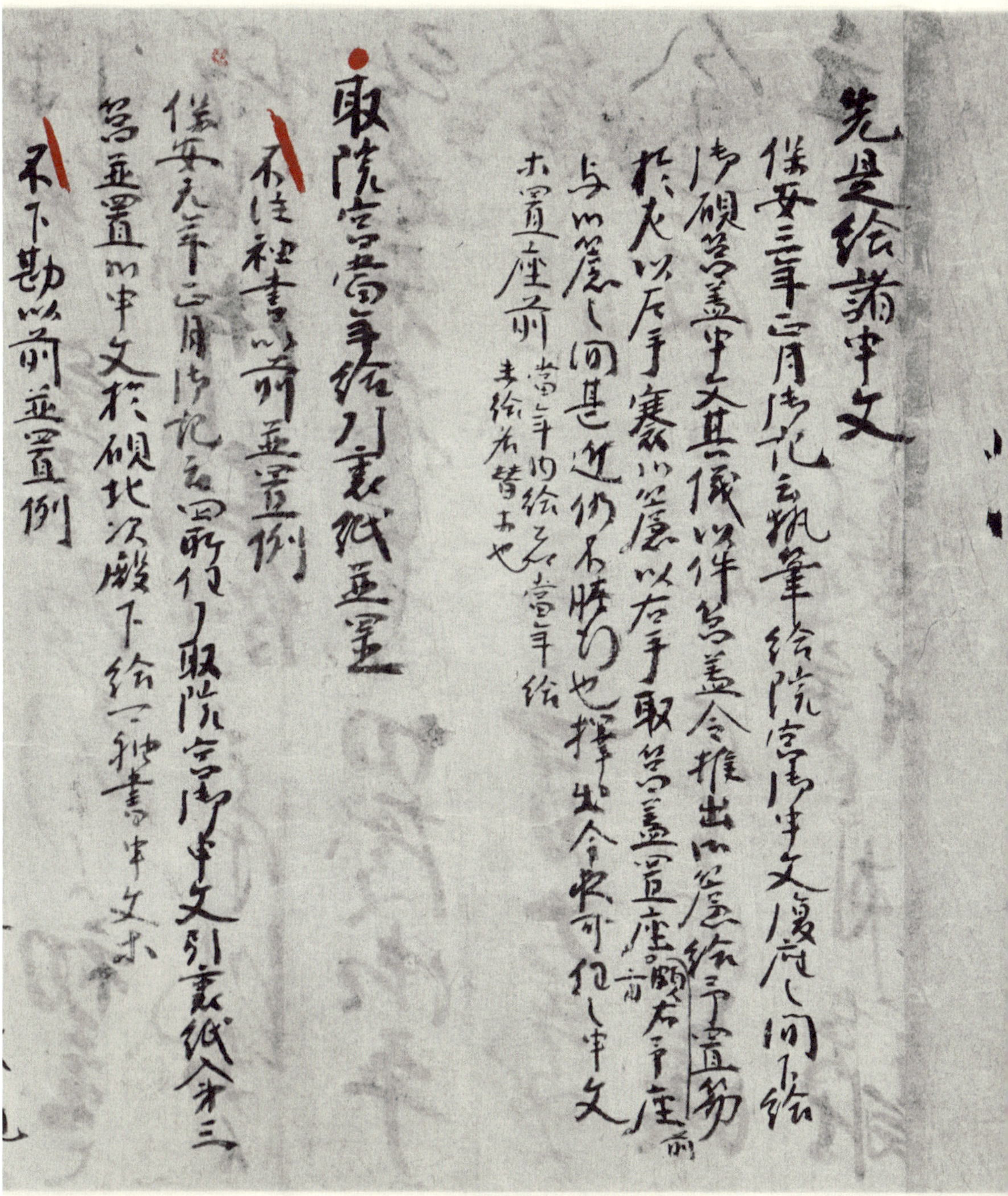

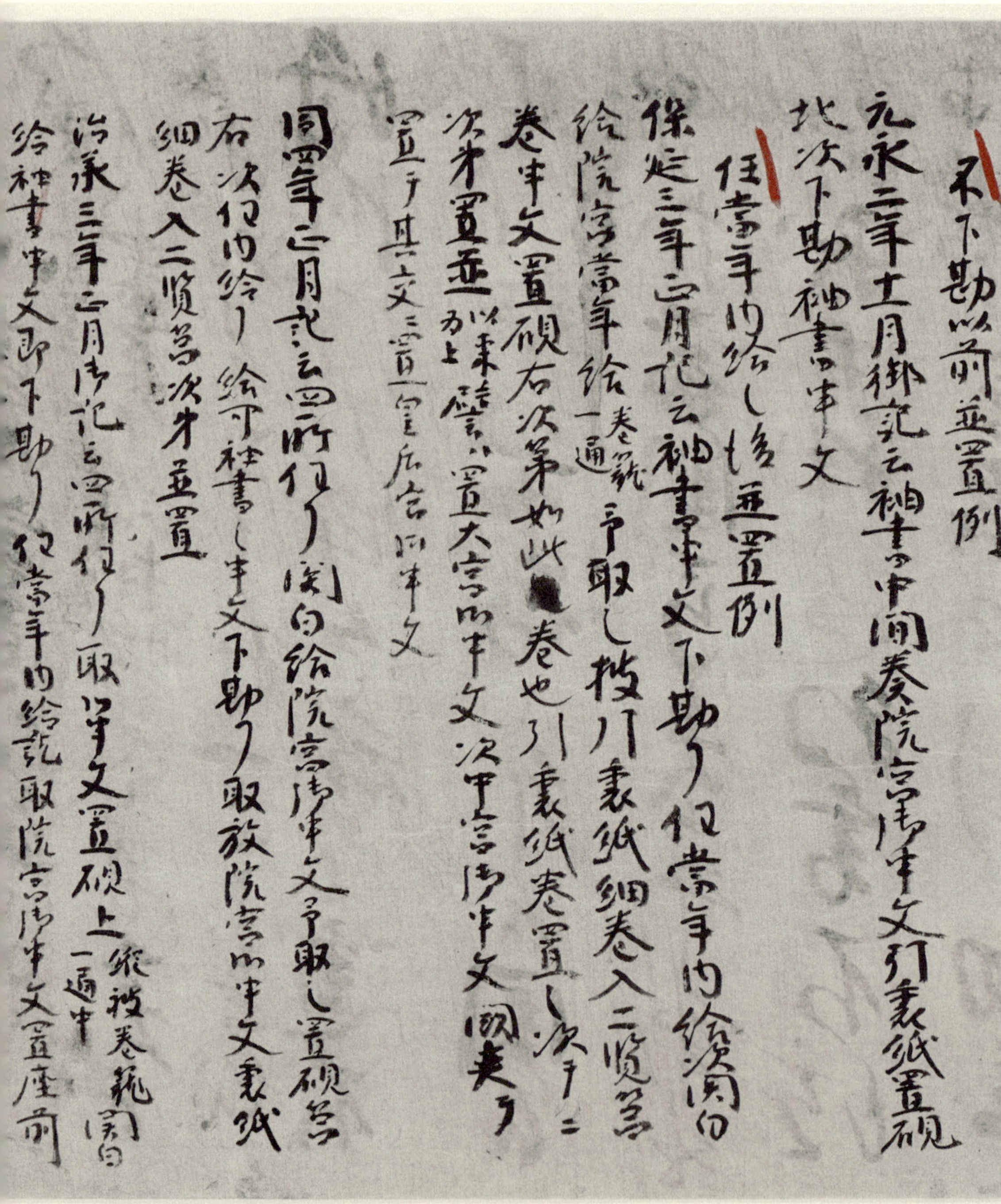
不下勘以前並置例
○法性寺殿記
元永二年正月御記云、袖書申文中間奏院宮御申文引表紙置硯
此次下勘袖書申文
任當年内給之後並置例
○台記
保延三年正月記云、袖書申文下勘了、但當年内給須関白
給院宮當年給〔巻紙一通〕予取之、披引表紙細巻入二覧筥
巻申文置硯右、次第如此巻也、引表紙巻置之、次予ニ
次才置並〔以上加上〕以来諸卿置大宮御申文、次中宮御申文、関白奏了
置了其文三宮一宮院宮御申文
○台記
同四年正月記云、四所御了、関白給院宮御申文予取之置硯筥
右、次任内給了、給可袖書之申文下勘了、取放院宮御申文表紙
細巻入二覧筥次才並置
○玉葉
治承三年正月御記云、四所御了、取申文置硯上〔紙捲巻一通申〕、関白
給袖書申文即下勘了、但當年内給説取院宮御申文置座前

○玉葉

○台記

○台記

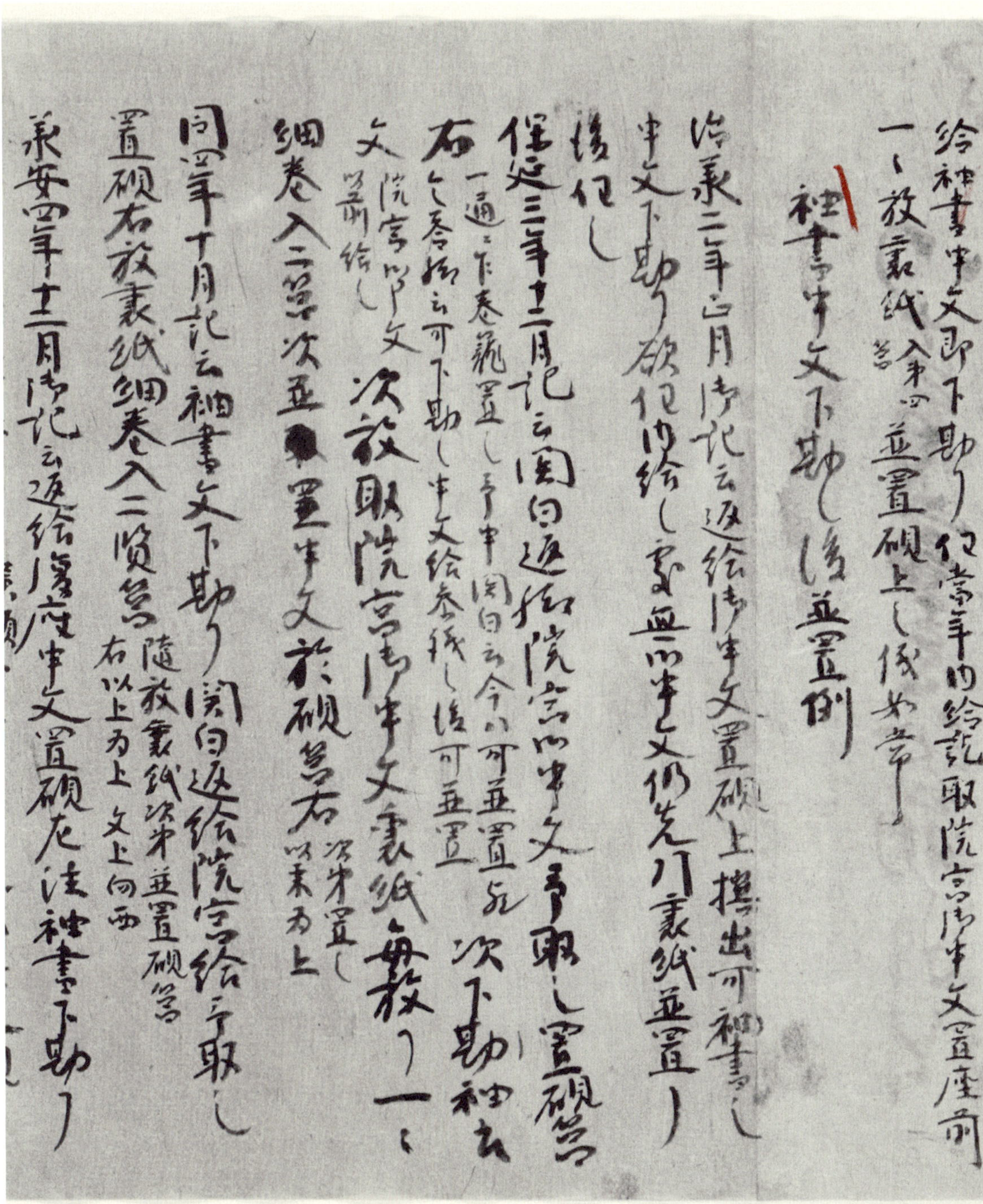

(24)

承安四年十二月御記云返給隠座申文置硯左注裡書下勘了
取院宮御申文（本在硯左）置座（横方置）頗下一〻披裏紙並置硯右
其儀先取一通〻披裏紙細巻中程ヲ取テ文ヲ押入第二
覧為依給所、第西上ニ並置之、假令先取院御申文〻
裏紙置之次置皇嘉門院御申文〻時中ヲ開テ置之其
夾置新院御申文也他以之可准知
安元〻年十二月　以第一為上仍不注　治承二　十二月　同上
或随任〻裏紙　随任〻裏紙、、一所用之院也　先〻之院未知之
参御返給暫置第三箇〻束（横）任四所ノ取院宮御申文（横）
置前先取一通頗披見不〻裏紙巻之置硯右次又見之
並置（北上　其儀同端）
次賜可被書之申文不取内給置院宮給上次注裡書下勘
了ノ任内給次先取院宮給第一申文讀申任ノ題令注
任所ノ叙裏紙（作法同端）置前取御申文細巻入成文筥次

○殿暦

○玉葉

但所ノ叙裏紙〈作法同端〉置前取御申文細巻入成文筥次
取裏紙巻テ入第二覧筥当第三御申文叙裏紙ノ
巻申文入成文筥ノ次取其裏紙為紙[illegible]撚〈子細見奥〉破置
巻破残紙入第二覧筥ノ次撚紙成束
長治二年正月御記云但院宮当年給件御申文自御所
返給之時裏紙ハ留御所裏紙有[illegible]也其ヲ随但叙裏紙
巻テ入閑官筥ノ次ノ筥也
嘉元二年正月御記云不ハ裏紙並置〈是一説 長治例〉先取院御申文
但ノ懸句注但所ハ裏紙置前申文ヲ堅巻入第一覧筥
〈成文筥是也〉取裏紙細巻取申文テ入第三覧筥已下乞但作法皆
同前
治承四年正月〈子細同上仍不注〉
叙爵入第四筥例〈一叙末筥也〉

○玉葉

○玉葉

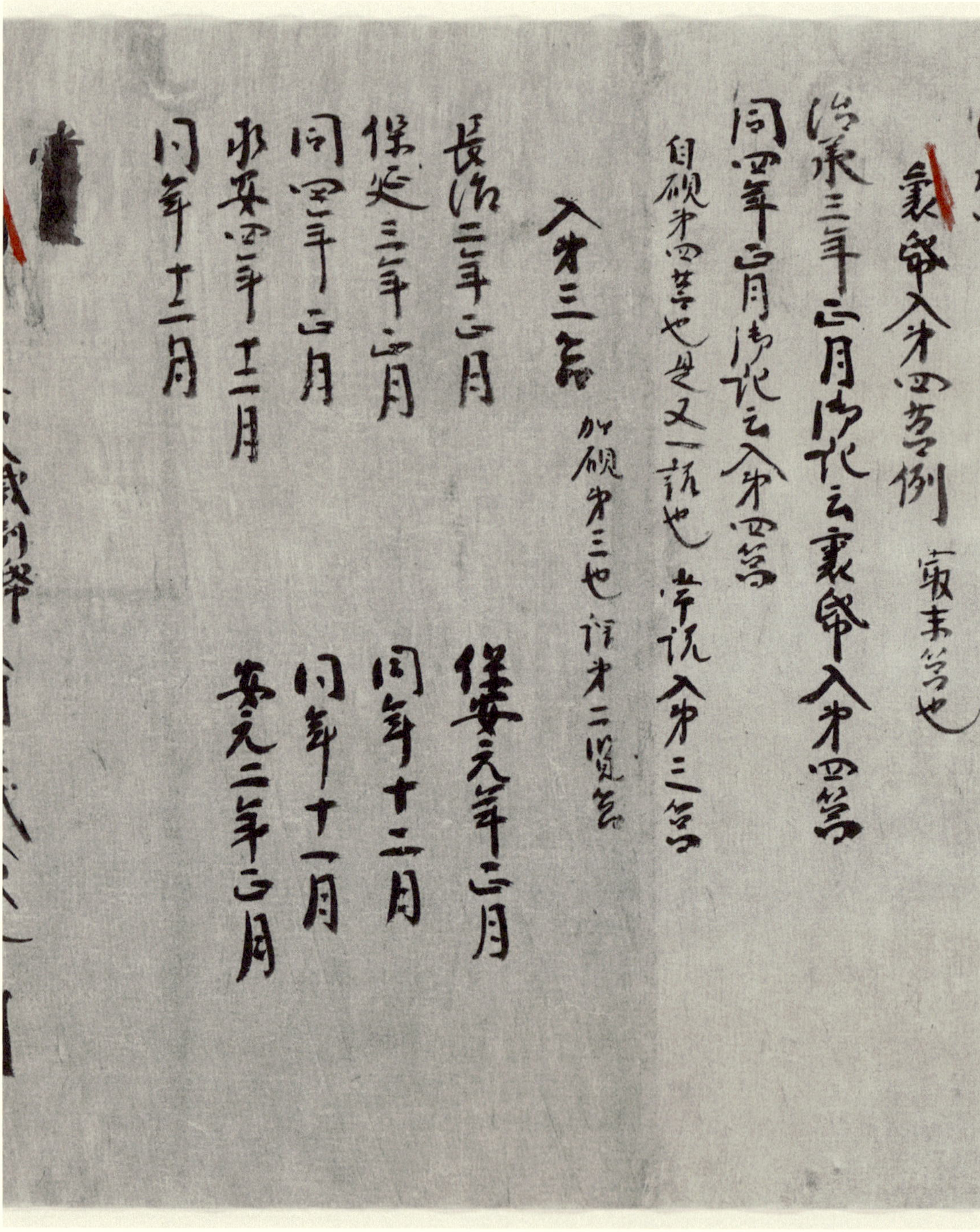

裏書入才四等例　最末等也

治承三年正月御記云裏書入才四等

同四年正月御記云入才四等

自硯才四等也是又一説也　常説入才三等

入才三等　加硯才三也　従才二覧等

長治二年正月

保延三年正月

同四年正月

承安四年十二月

同年十二月

保安元年正月

同年十二月

同年十一月

安元二年正月

○玉葉　○玉葉　○台記

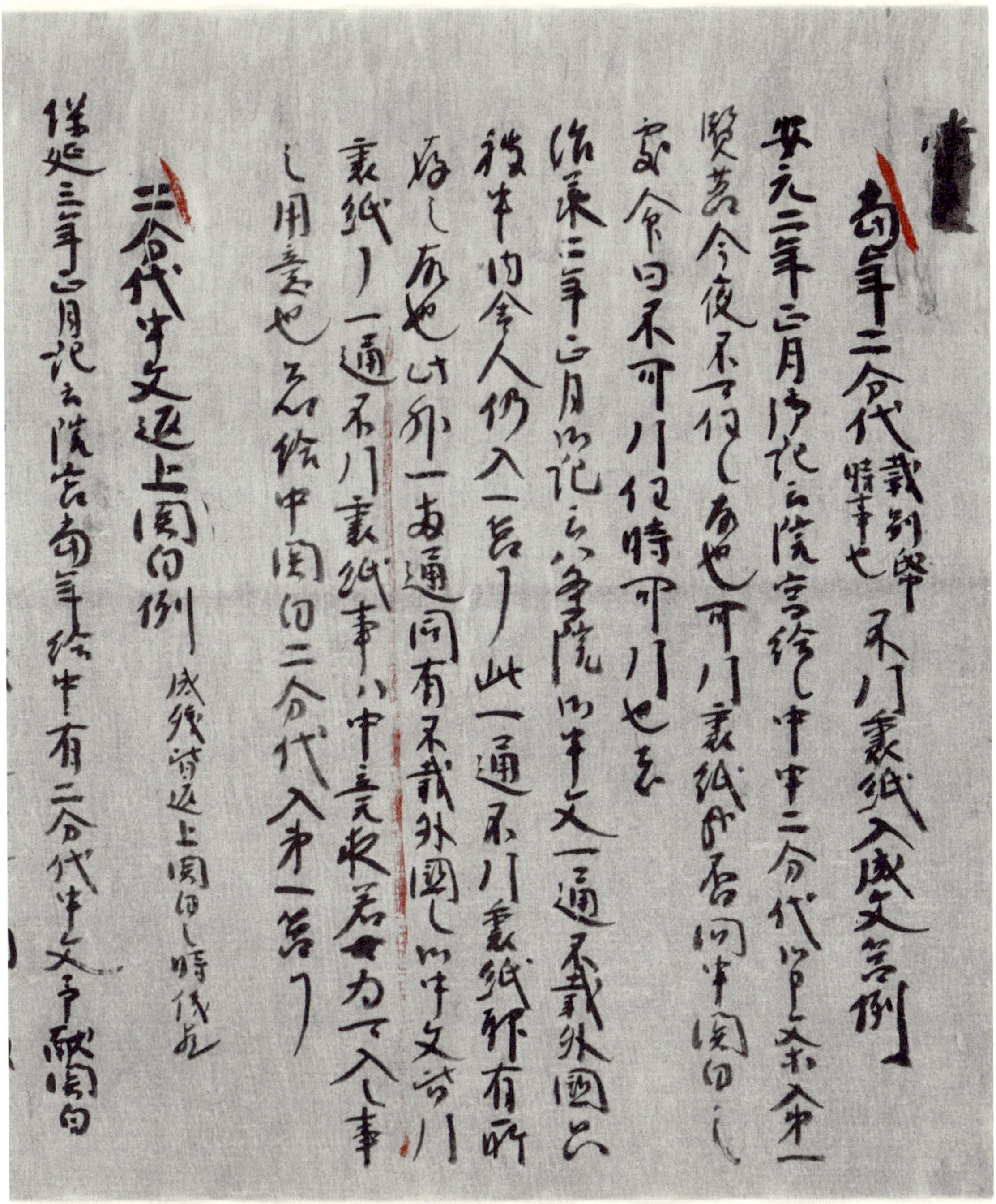

当年二合代〈載到帝 時事也〉不入裹紙入成文等例
安元二年正月御記云、院宮給中二合代皆以束入筆一
覧、蒙令侯不可侯之由也、可入裹紙歟否問中関白之
處、令曰不可入、但時可入也云々
治承二年正月御記云、八条院御申文一通不載外国只
被申内舎人例、入一筥了、此一通不入裹紙、外有所
存之由也、此外一通同有不載外国之御申文等入
裹紙了、一通不入裹紙事ハ中宮亮奉者為入之事
之用意也、又給中関白二合代入筆一筥了
二合代申文返上関白例〈成功背返上関白之時例也〉
保延三年正月記云、院宮当年給中有二合代申文、予献関白

○台記

関白諸申文ヲ執筆ニ給フ
（関白申文ヲ撰ビ取以下先例裏紙ノ所ニ見引スマデ略ス）
○法性寺殿記

（関白候ハザルノ時以下件ノ申文等ヲ撰ビ取ルマデ略ス）

袖書ヲ注ス

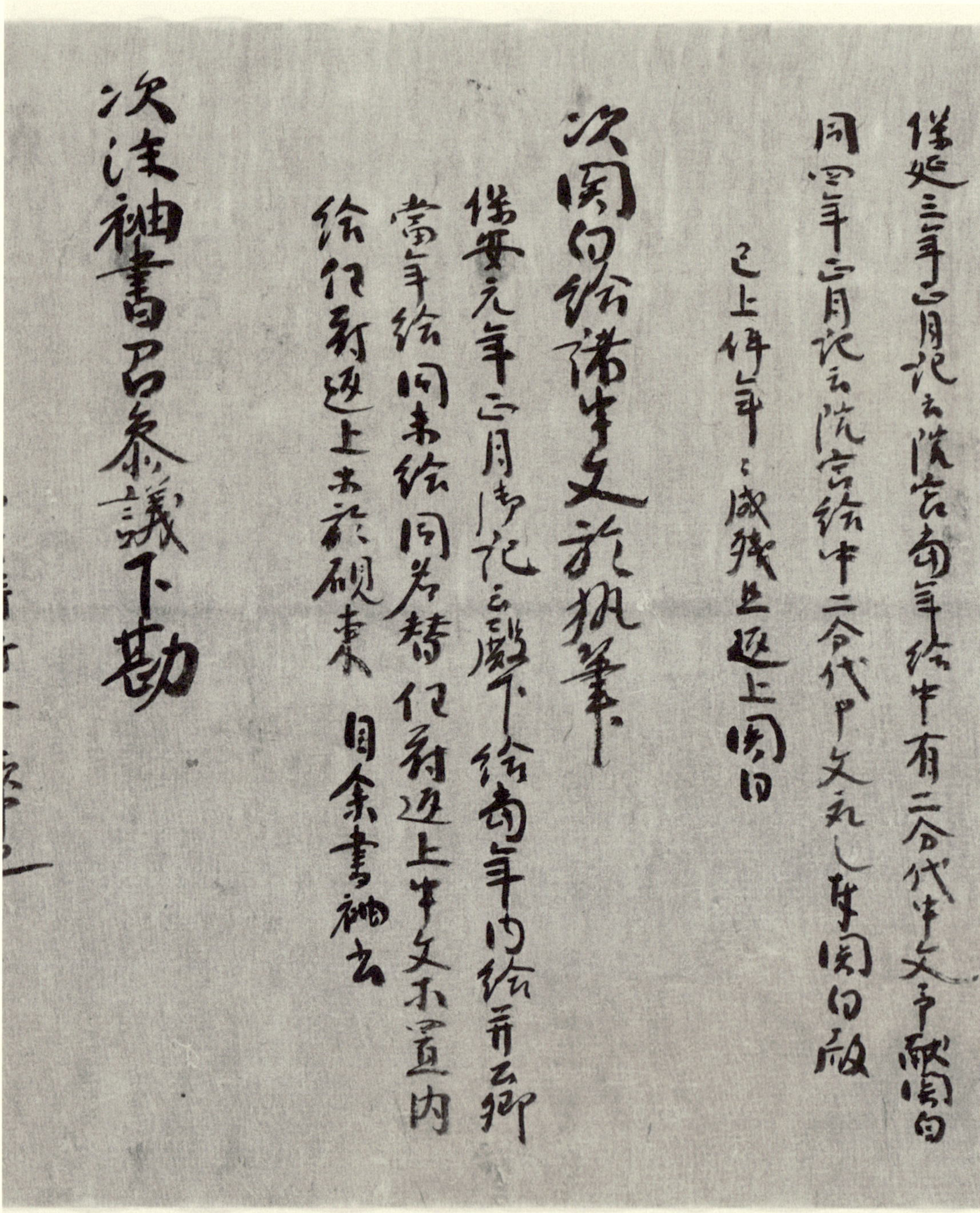

（先一束ヲ取ル以下必ズ公卿当年給ノ束ヲ抜キ見ルベキマデ略ス）

次注袖書召参議下勘

如常時所違之深秘也

最前下勘例

○殿暦

永久四年正月殿記云、四所但ノ院宮公卿未給二合

巡給未補続袖書召参議信通朝臣其詞信通　信通称

唯参進給申文冊巻有錯

○法性寺殿記

元永二年正月御記云、参院宮給以之信通朝下勘

○法性寺殿記

保安元年正月御記云、引裏紙ノ殿下給ノ文末云袖

書召信通以之下勘

欲召左大弁之處障不参状仍召件也

参入宰相只二人仍一身兼役

○台記

保延三年正月記云、但四所ノ関白給申文末下勘

○台記

久寿元年正月記云、召院宮御申文之後下勘

○玉葉

○玉葉

○玉葉

○法性寺殿記

○台記

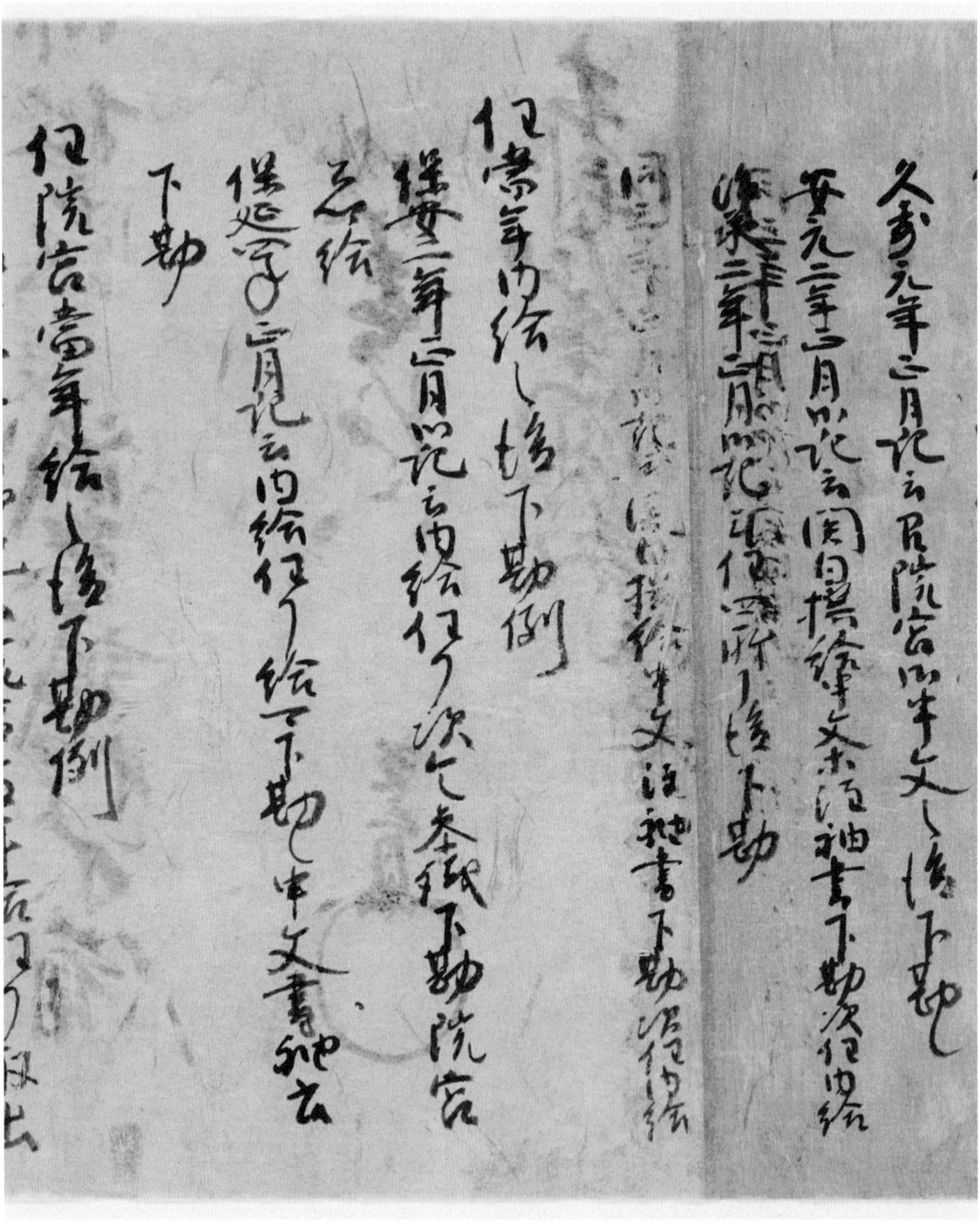

(26)

○殿暦

○法性寺殿記

○玉葉

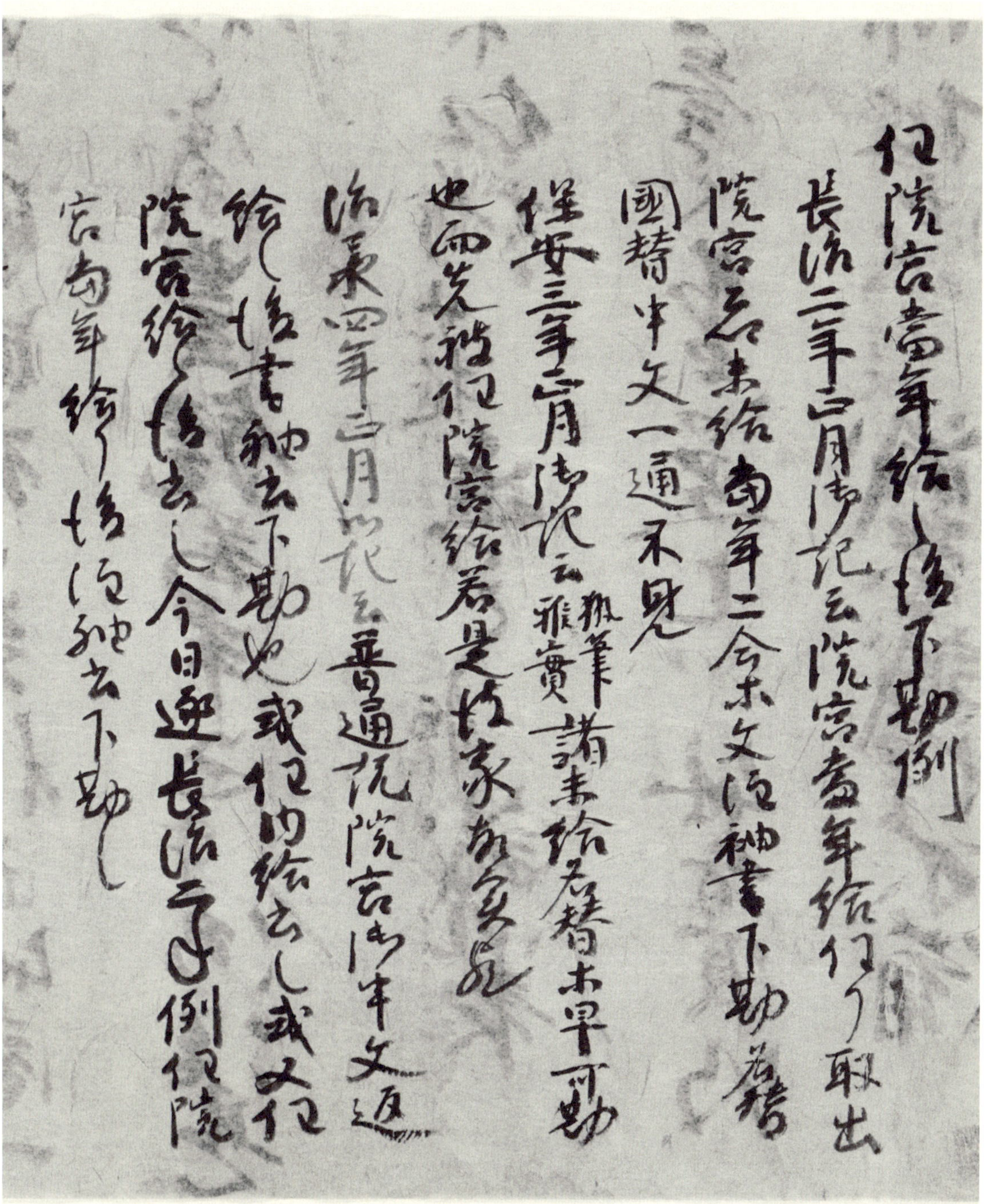
但院宮當年給之條下勘例
長治二年正月御記云院宮當年給任了取出
院宮名未給當年二合未文須納書下勘若替
國替申文一通不見
保安三年正月御記云執筆雅實諸未給若替未早可勘
也而先被任院宮給若是坊家在之
治承四年正月御記云普通院院宮御申文返
給之條書納下勘也或任内給之或又任
院宮給之條書之今日迎長治之例任院
宮當年給之條須納下勘之

親王巡給ハ必ズ下勘ス

○殿暦

○殿暦

○法性寺殿記

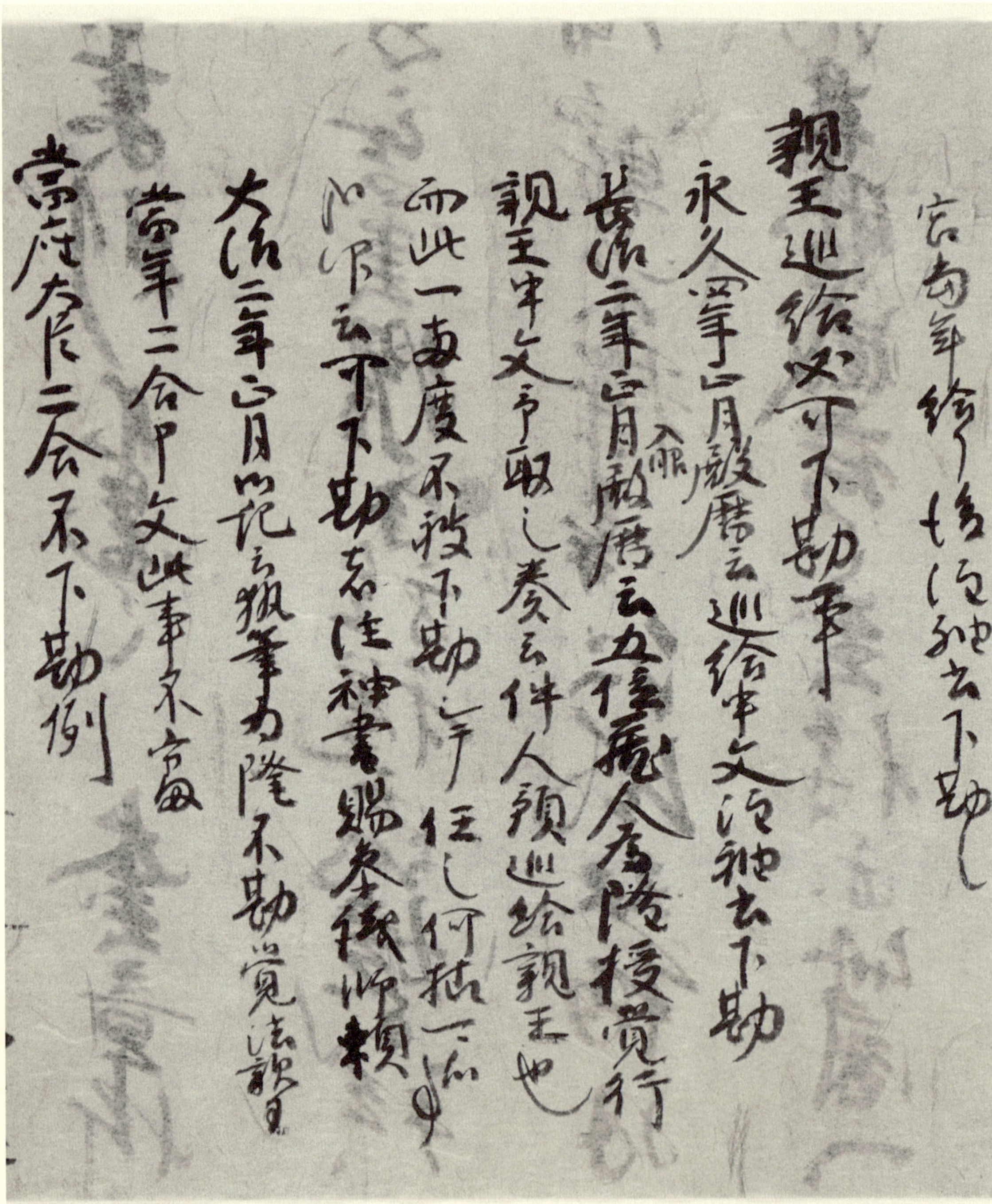
宮当年給ノ任符秘抄云下勘し
親王巡給必可下勘事
永久四年正月殿暦云巡給半文秘抄云下勘
長治二年正月入眼殿暦云五位蔵人為隆授覧行
親王半文予取之奏云件人頗巡給親王也
而此一事度不被下勘之事任し何[illegible]
以下云可下勘者法[illegible]書[illegible]
大治二年正月記云執筆為隆不勘覚法親王
当年二合中文此事不審
当年大臣二合不下勘例

当座大臣二合

○殿暦

○法性寺殿記

自給二合ハ下勘セズ

○殿暦

○玉葉

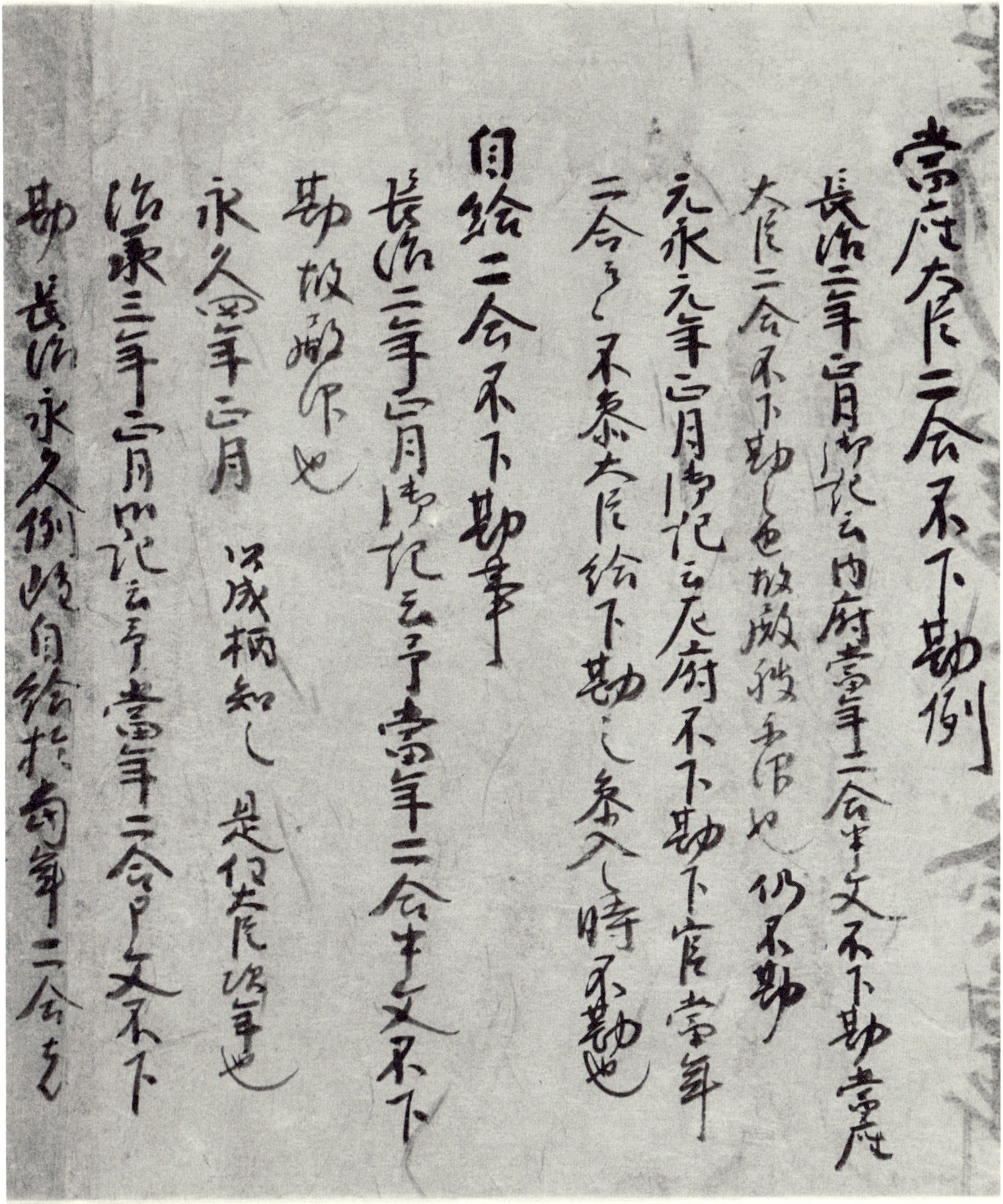
当座大臣二合不下勘例
長治二年正月御記云、内府当年二合未文不下勘、当座
大臣二合不下勘之由、故殿被仰也、仍不勘
元永元年正月御記云、左府不下勘、下官当年
二合之不奏、大臣給下勘之条、入時不勘也
自給二合不下勘事
長治二年正月御記云、予当年二合未文不下
勘、故殿御不下也
永久四年正月
以成柄知之、是依大臣治年也
治承三年正月御記云、予当年二合未文不下
勘、長治永久例也、自給於当年二合之

去年納言ニ任ズル人ノ二合

○玉葉

他家説下勘セズ

家説皆下勘ス

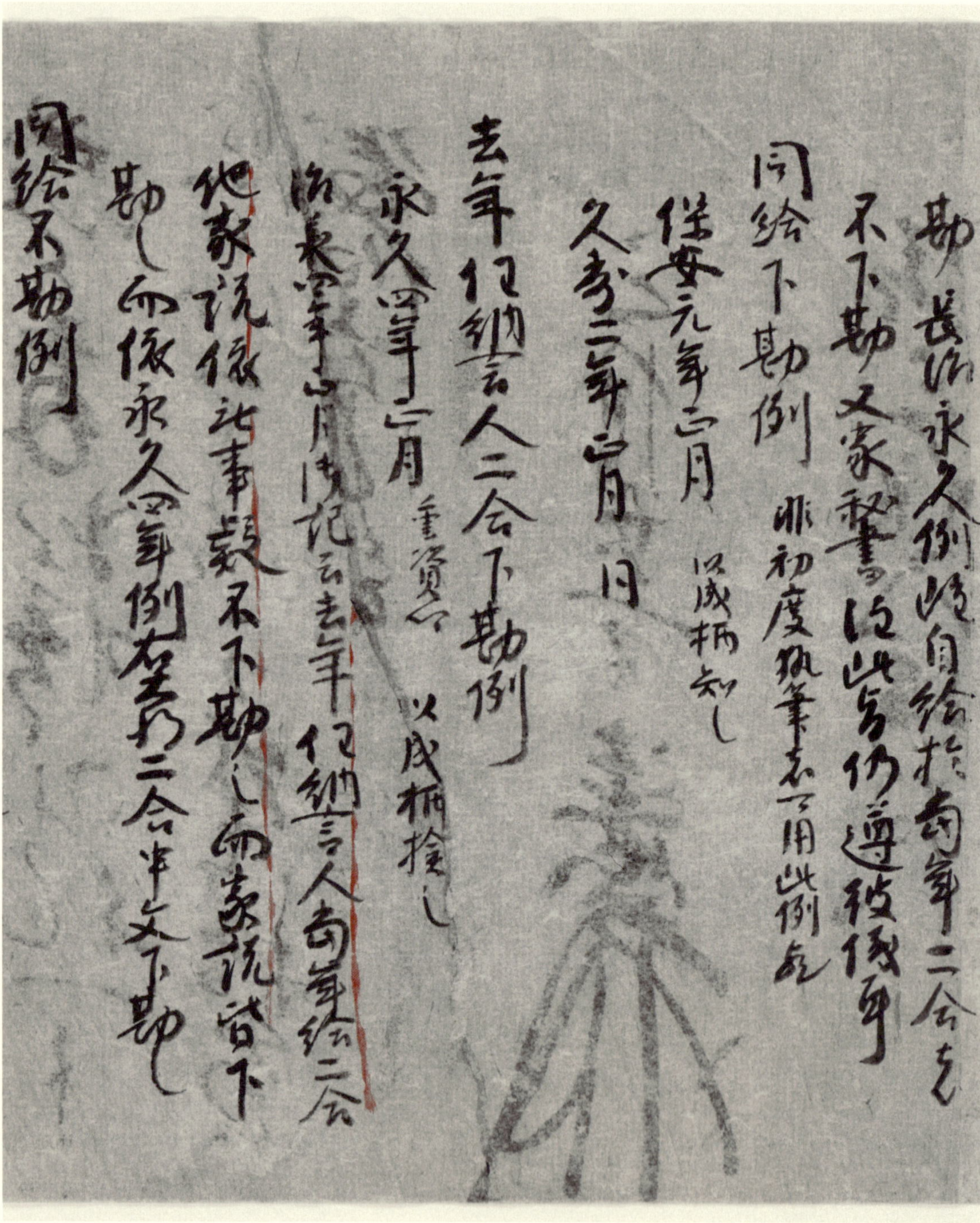

〇法性寺殿記

五節二合

〇殿暦

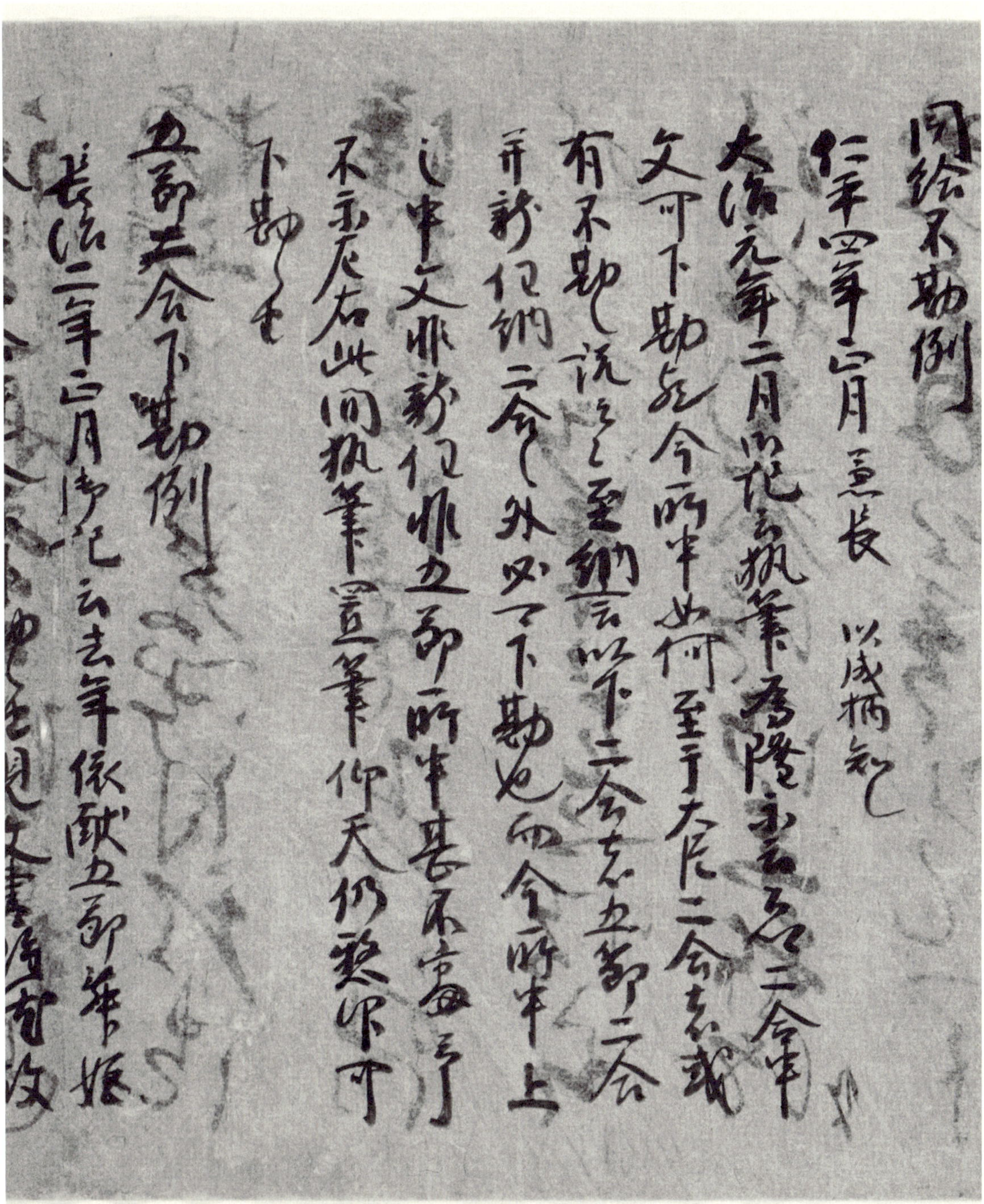

故大殿（藤原師実）

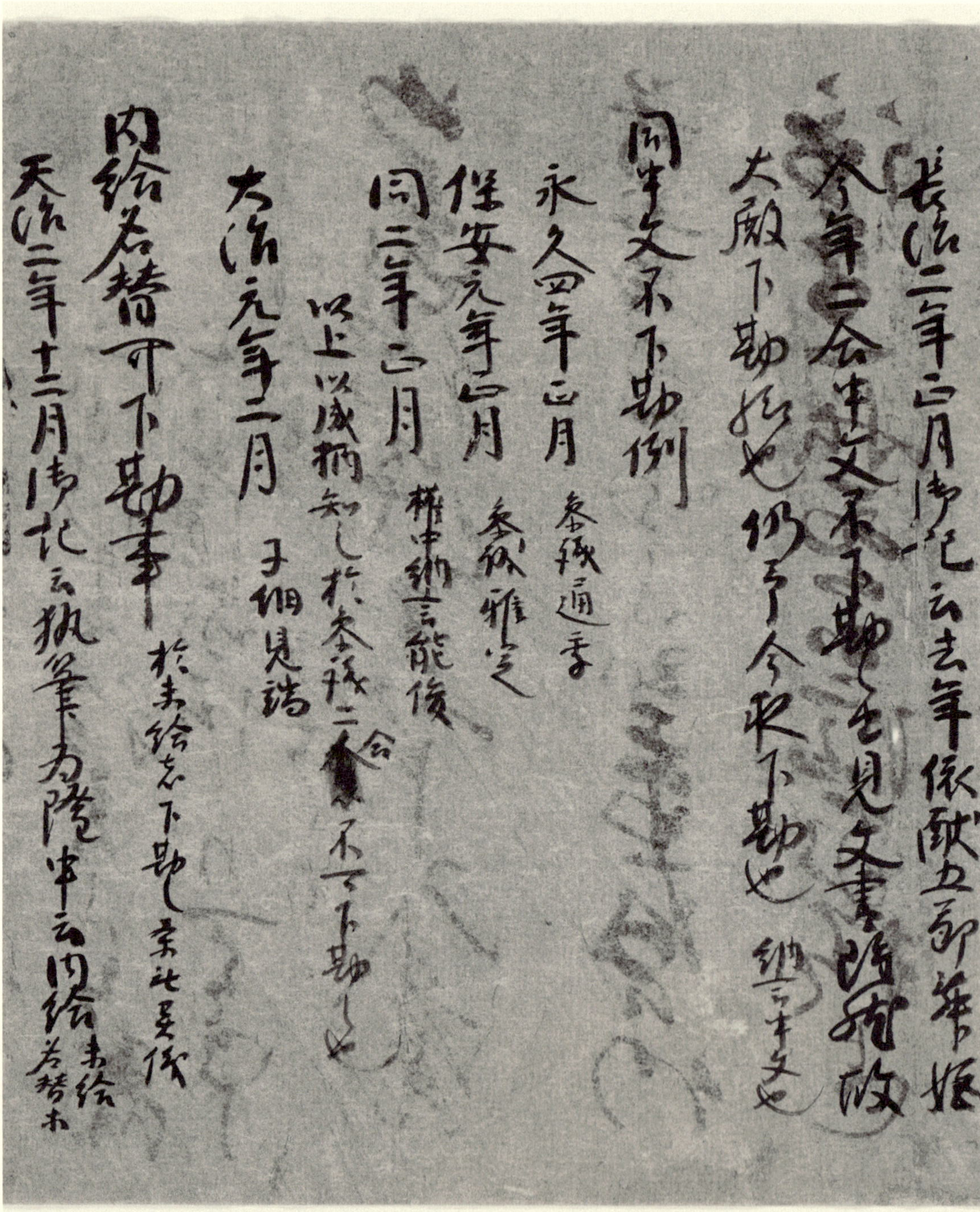
長治二年正月御記云、去年依獻五節舞姬
同申文不下勘例
永久四年正月　参議通季
保安元年正月　参議雅定
同二年正月　権中納言能俊
大治元年二月
内給名替可下勘事
天治二年十二月御記云

○法性寺殿記

○玉葉

○玉葉

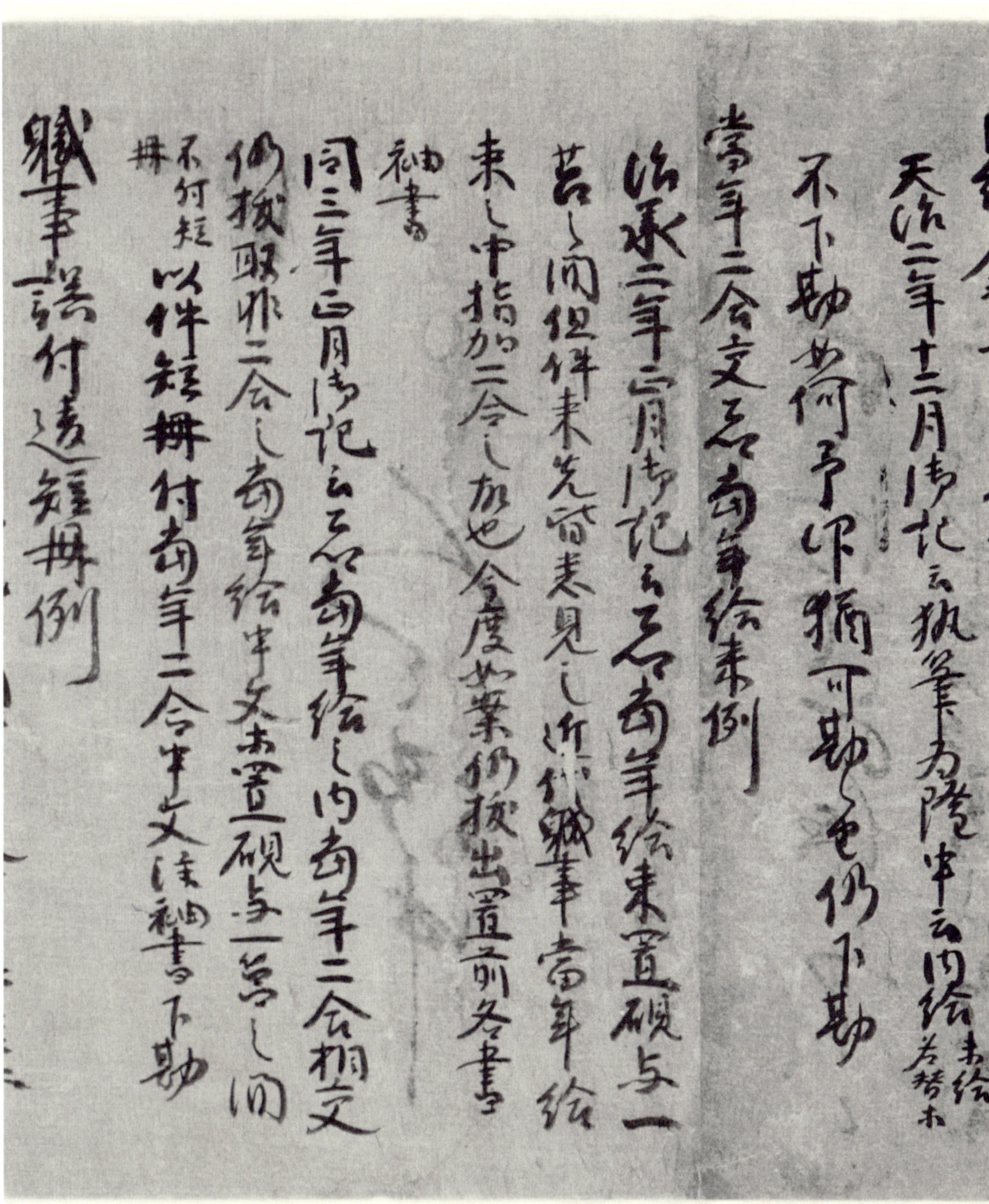
天治二年十二月御記云、執筆為隆中云、内給未給名替未
不下勘、無何予仰撤可勘之由、仍下勘
常年二合文茲、奇年給未例
治承二年正月御記云、茲、奇年給未置硯与一
筥之間、但件未先皆未見之、近代職事、常年給
未之中指加二合之故也、今度如案、仍撤出置前、各書
袖書
同三年正月御記云、茲、奇年給之内、奇年二合相交
仍撤取非二合之奇年給中文、未置硯与一筥之間
不付短冊
以件短冊付奇年二合中文、読袖書、下勘
職事誤付遠短冊例

(28)

○玉葉　○玉葉　○台記　○台記

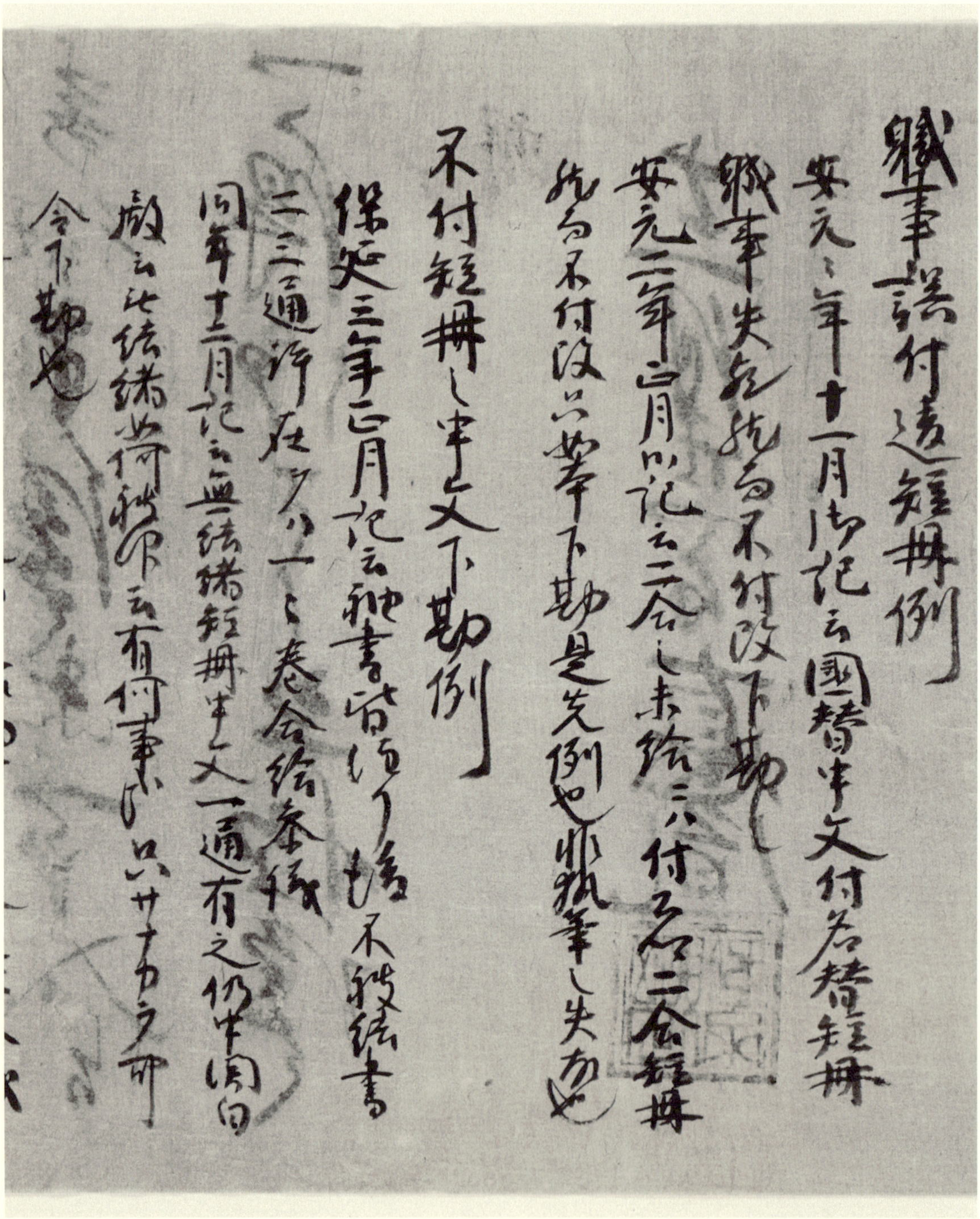

職事誤付違短冊例
安元々年十一月御記云國替申文付名替短冊
職事失錯然而不付改下勘之
安元二年正月八日記云二合之未給只付名二合短冊
然而不付改只筆下勘是先例也非執筆之失也
不付短冊之申文下勘例
保延三年正月記云執筆書皆續之但不被續書
二三通許在之仍一々卷合續參議
同年十二月記云無續緒短冊申文一通有之仍中関白
殿云此續緒無何被下云有何事哉只サナカラ可
令下勘也

○玉葉

○台記

○玉葉

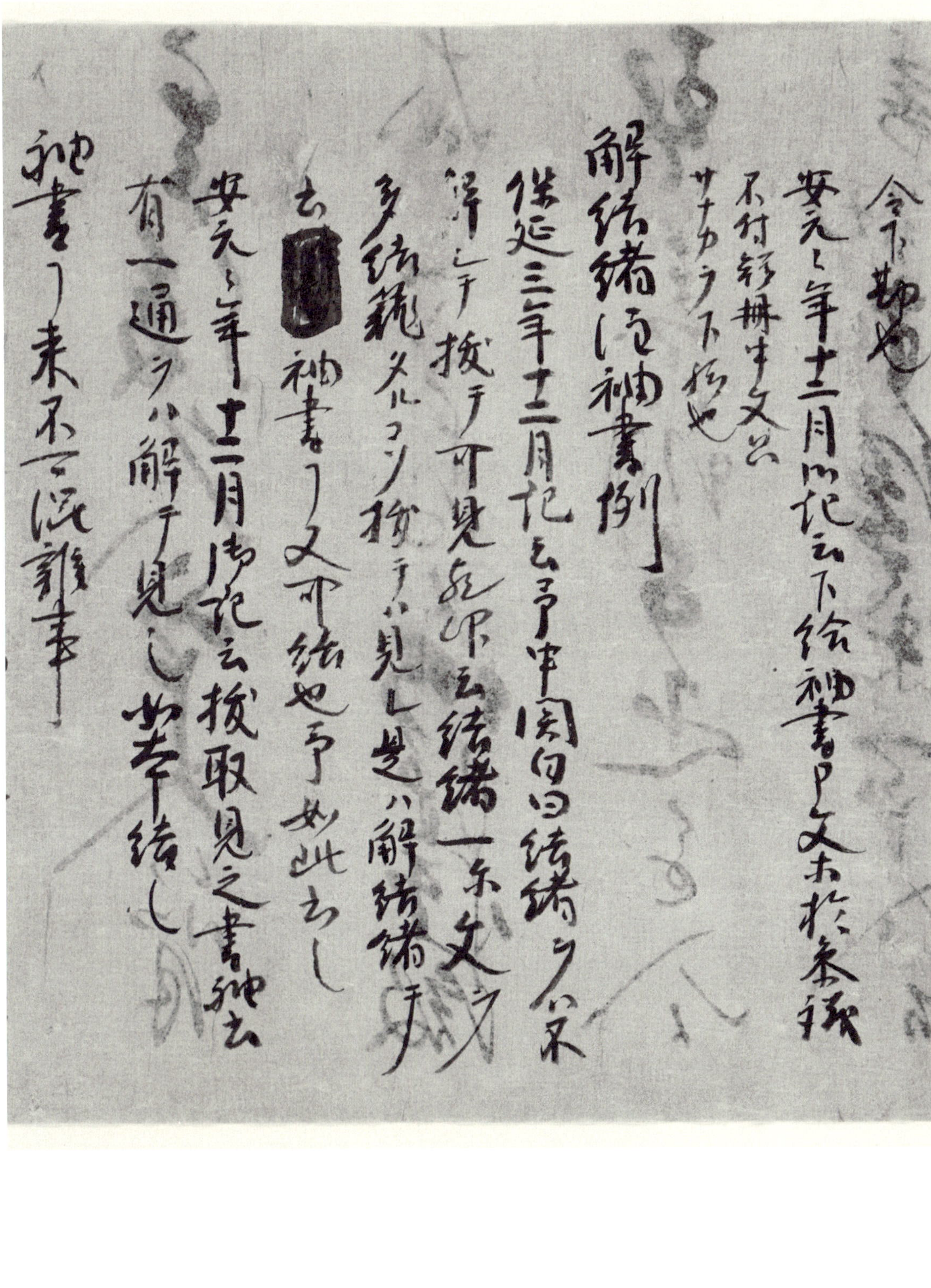
令下勘也
安元々年十二月八日記云下給袖書早文者於奈
不付解冊中文云
サカラス下給也
解結緒ヲ袖書例
保延三年十二月記云予閉目結緒ヲハ不
解シテ披テ可見歟仰云結緒一条文ニ
多結緒タルコソ披テハ見シ是ハ解結緒テ
云[redacted]袖書ノ文可結也予如此云し
安元々年十二月御記云披取見之書袖云
有一通ヲハ解テ見し如本結し
袖書ノ未不可混雑事

○玉葉

○法性寺殿記

○台記

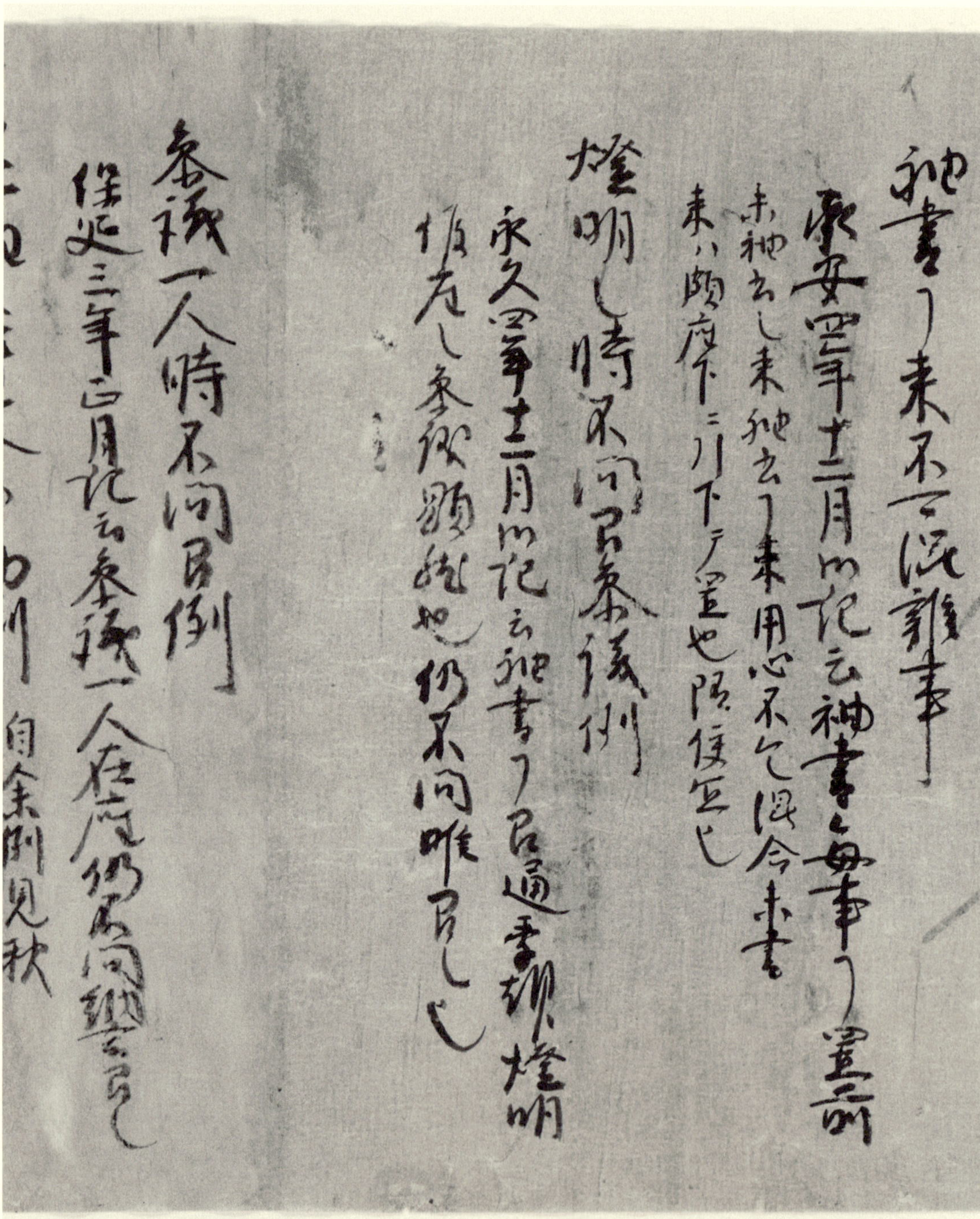
袖書了未下除籍事
承安四年十二月□記云袖書々無事了置所
未袖書之未袖書了未用心不堪令書
未ハ硯右下ニ引下テ置也
燈明之時不問召参議例
永久四年十二月□記云袖書了召通季卿燈明
非左之参議顕能也仍不問唯召之云々
参議一人時不問召例
保延三年正月記云参議一人在座仍不問召云々
自余例見秋

(29)

○玉葉

必ズ文員ヲ仰スベシ

○殿暦

○台記

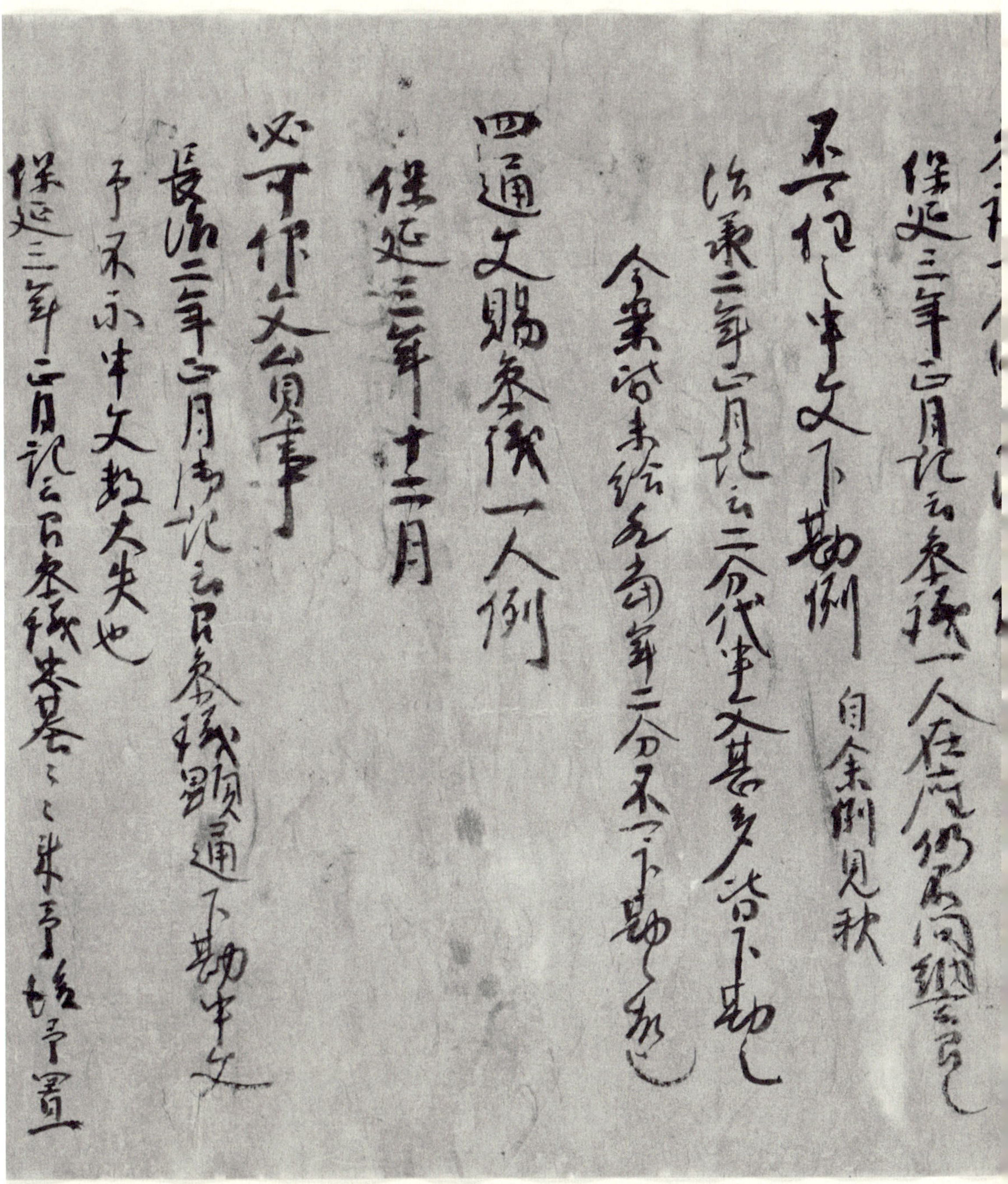

保延三年正月記云参議一人在尾張国闕云々
不但半文下勘例　自余例見秋
治承二年正月記云二分代半文甚多皆下勘了
今案治承給兼寿年二分不下勘歟
四通文賜参議一人例
保延三年十二月
必可仰文員事
長治二年正月御記云召参議賜員通下勘半文
予示不半文数太失也
保延三年正月記云召参議茶基云々此事頗予置

○玉葉

○台記

保延三年正月記云召参議著座〻〻朱書結置
筥於左脇袖書之文ヲ以左手一度乱之自座下
方給之其次ヲ二得云外記ニ下勘日書ハ七通有リ
来座退下
承安四年十二月卅日記云召左大弁實綱給之得日勘
進之文數八通アリ實綱乱之退下

置硯右注袖書例　今案硯右注他文物置之也
保延三年正月記云任四所之後　院宮御申文　関白未返給　関白給可下
勘之申文ヲ取之置硯筥右　緘　次第注袖書　不
解本結緒リ抜注袖書リ又指入也左リ指入書
シハ本ノヨリハ指上也皆ヨリ不被結書二三通
許在ツハ一〻巻合

○法性寺殿記

○台記

○玉葉

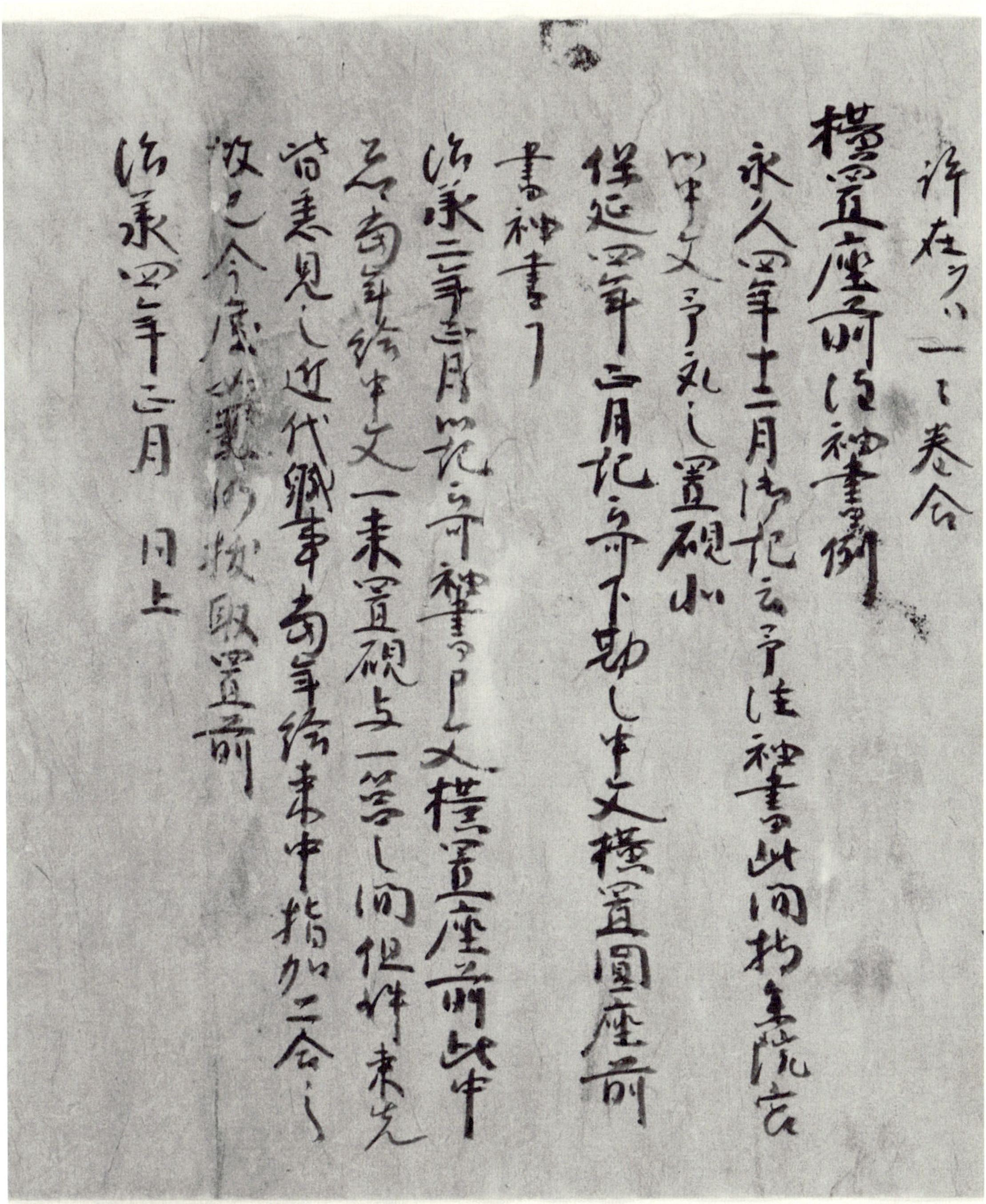

許在ツハ一〃巻合
横置座前所注袖書例
永久四年十二月御記云、予注袖書、此間於集院云
以申文予丸之置硯北
保延四年正月記云、寄下勘之申文横置圓座前
書袖書了
治承二年正月御記云、寄袖書了之文横置座前、此中
之下寄年給申文一束置硯上一筥之間、但件束先
皆悉見之、近代職事寄年給束中指加二合之
故之、今度以此撥取置前
治承四年正月　同上

（簾ヲ放ツ事以下
秋三省奏スコト
マデ略ス）

第三巻

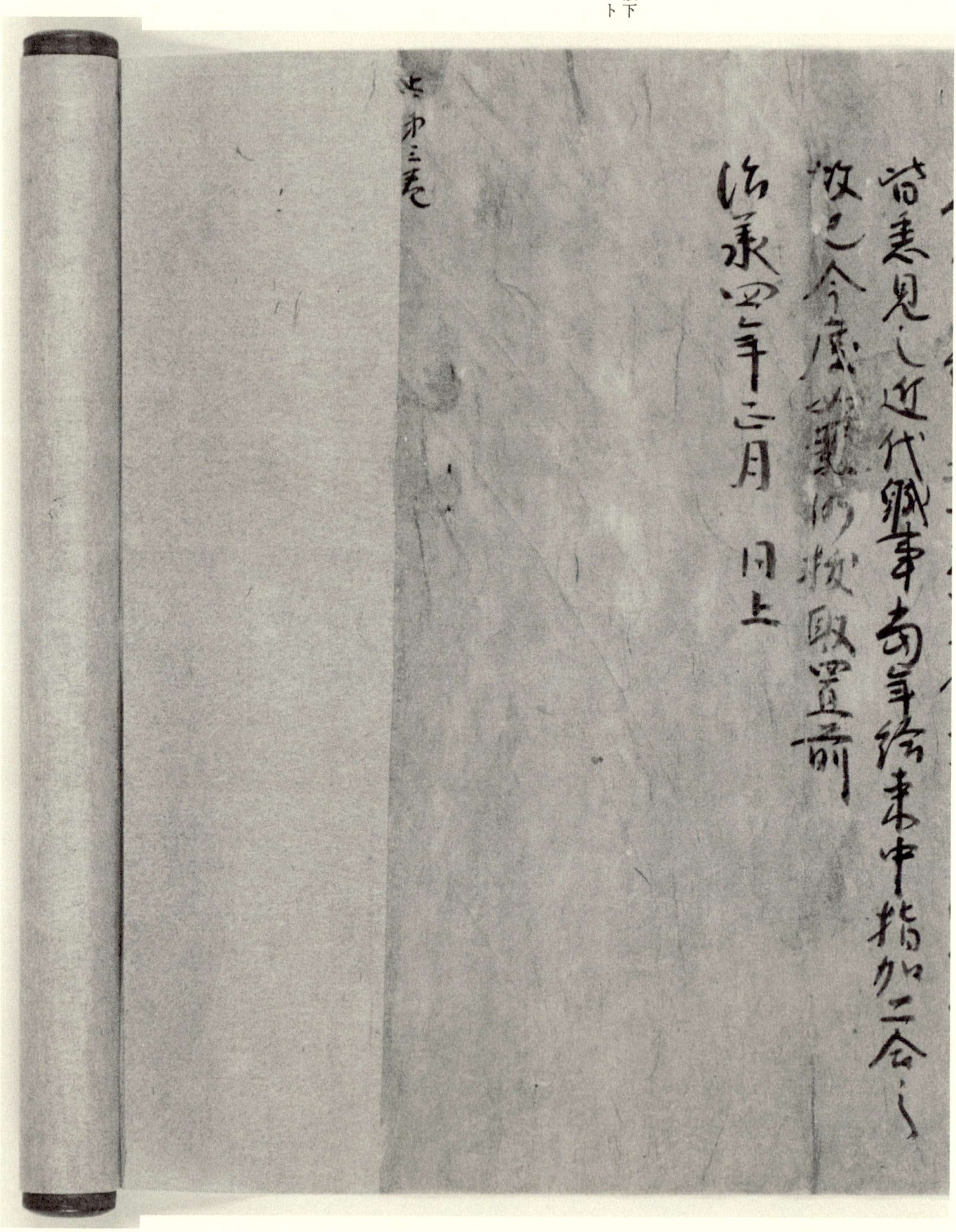

春除目抄　紙背

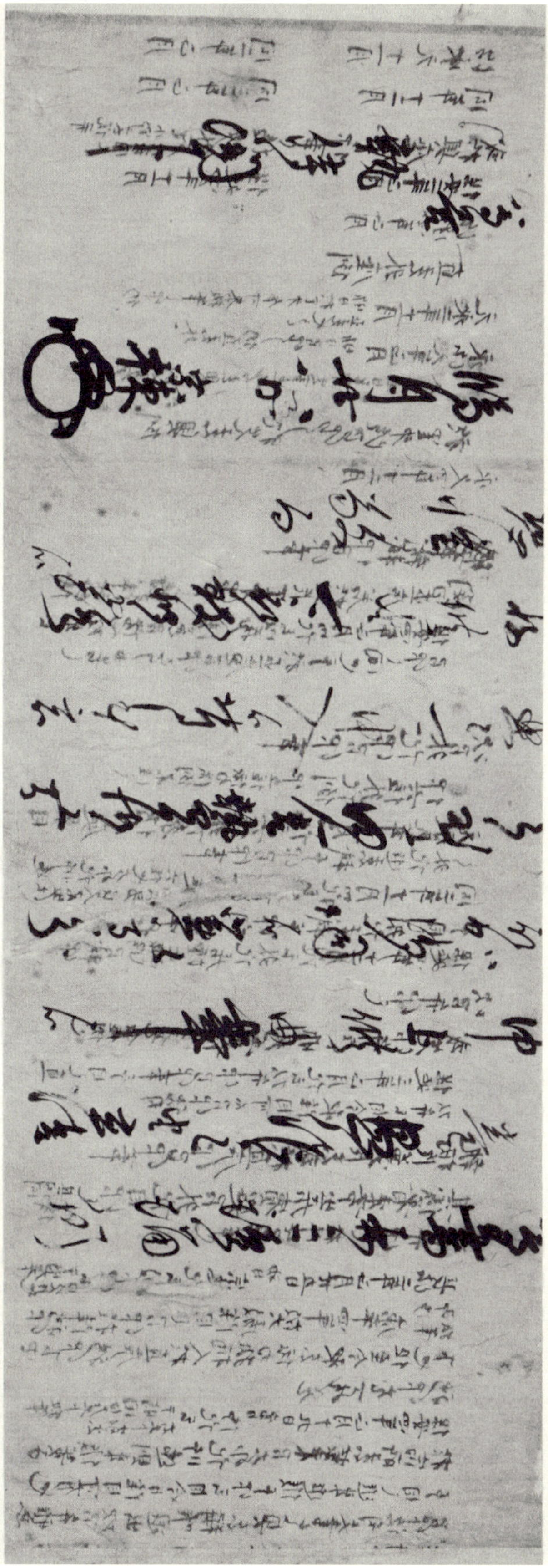

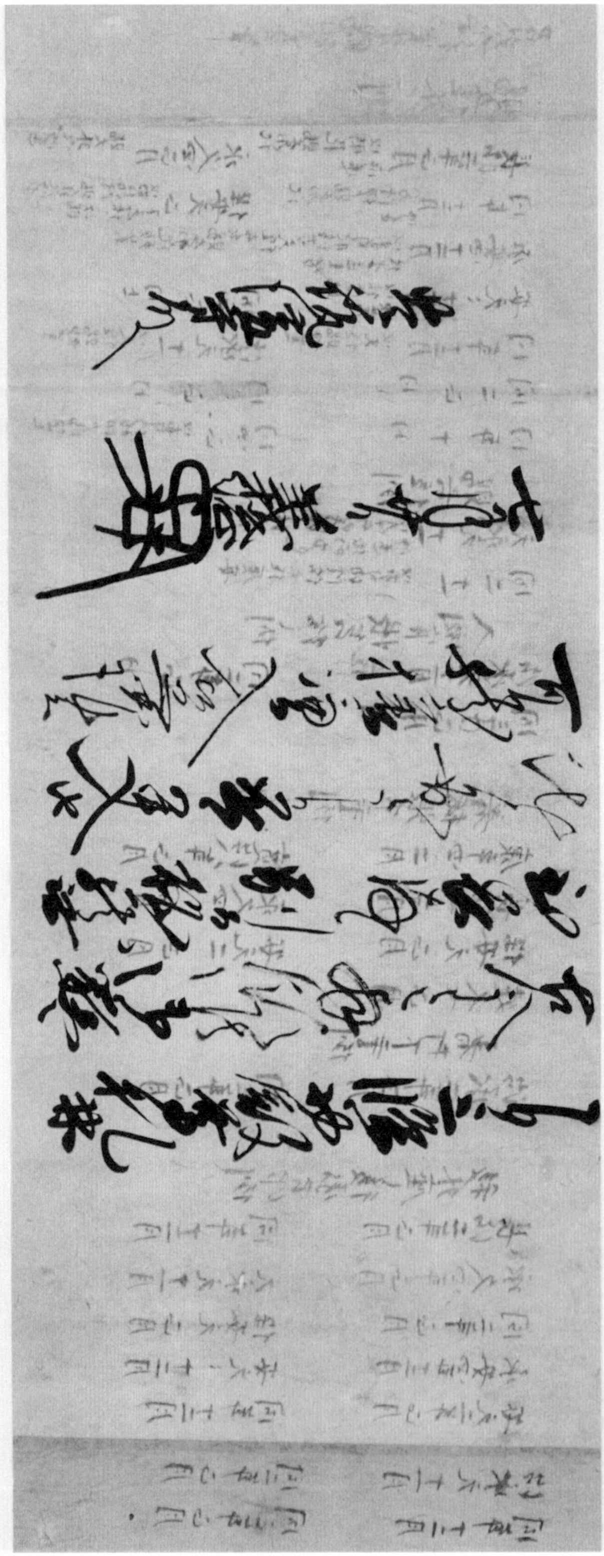

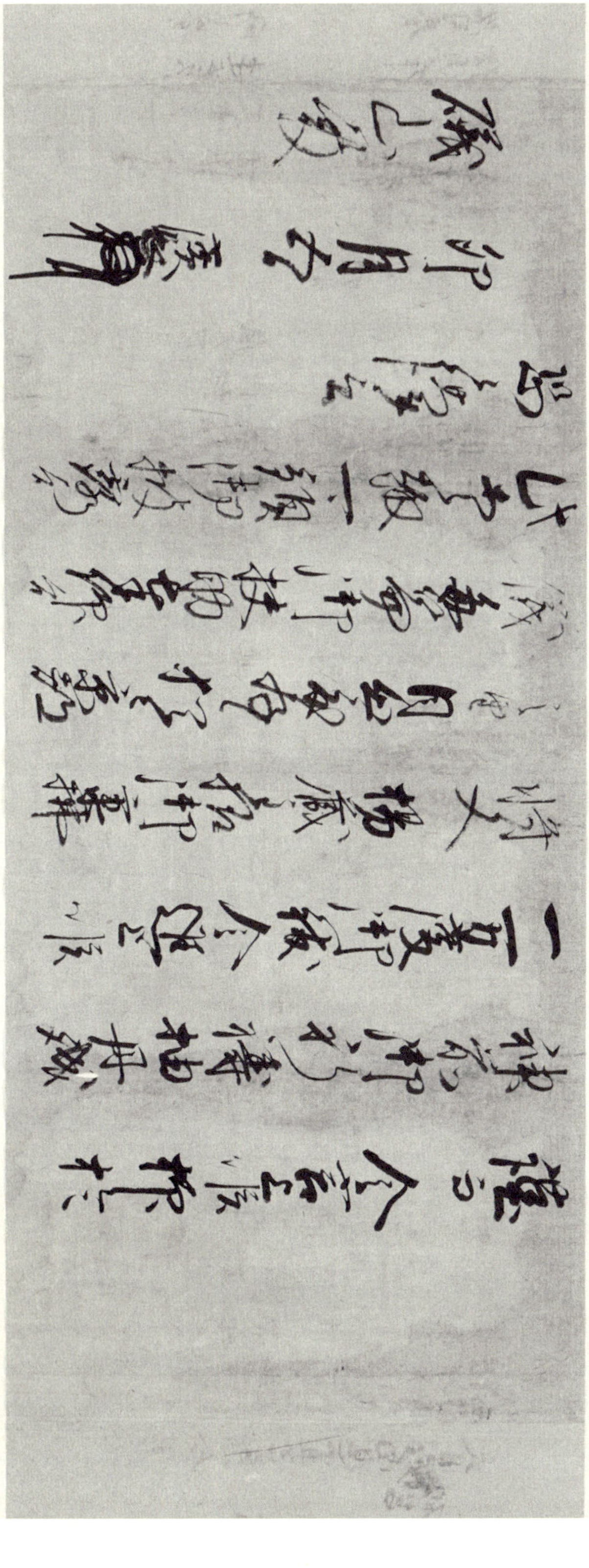

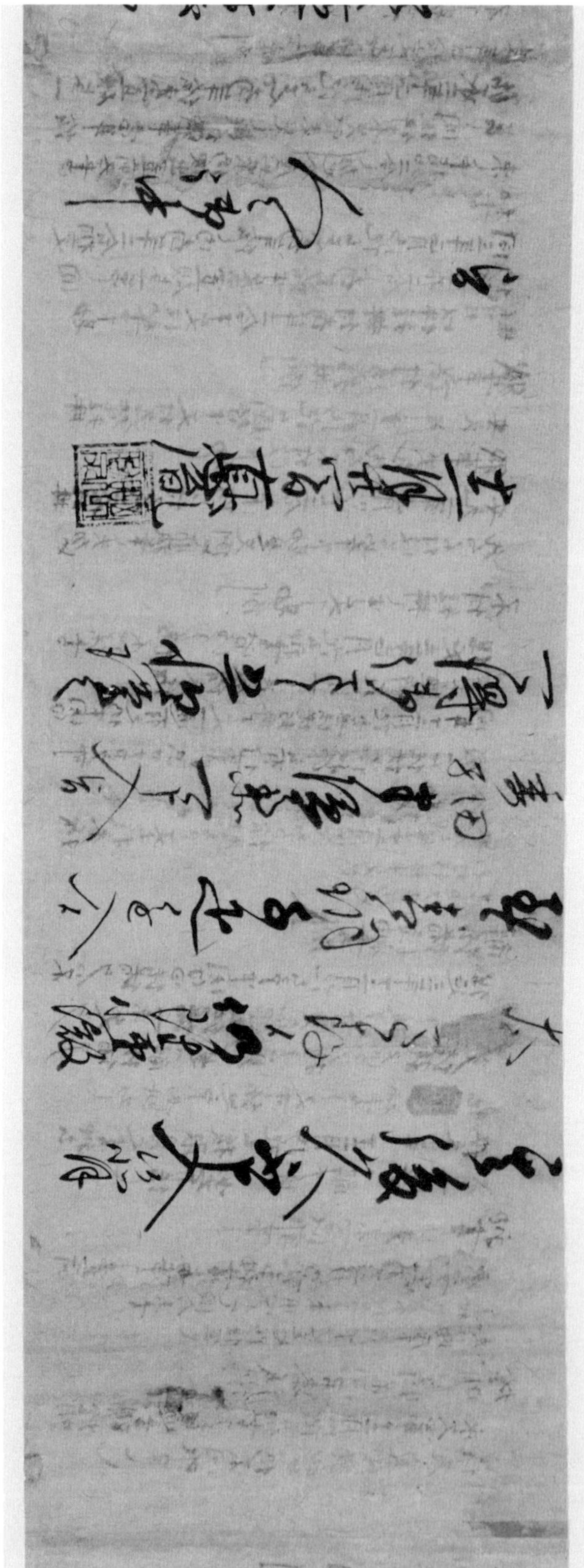

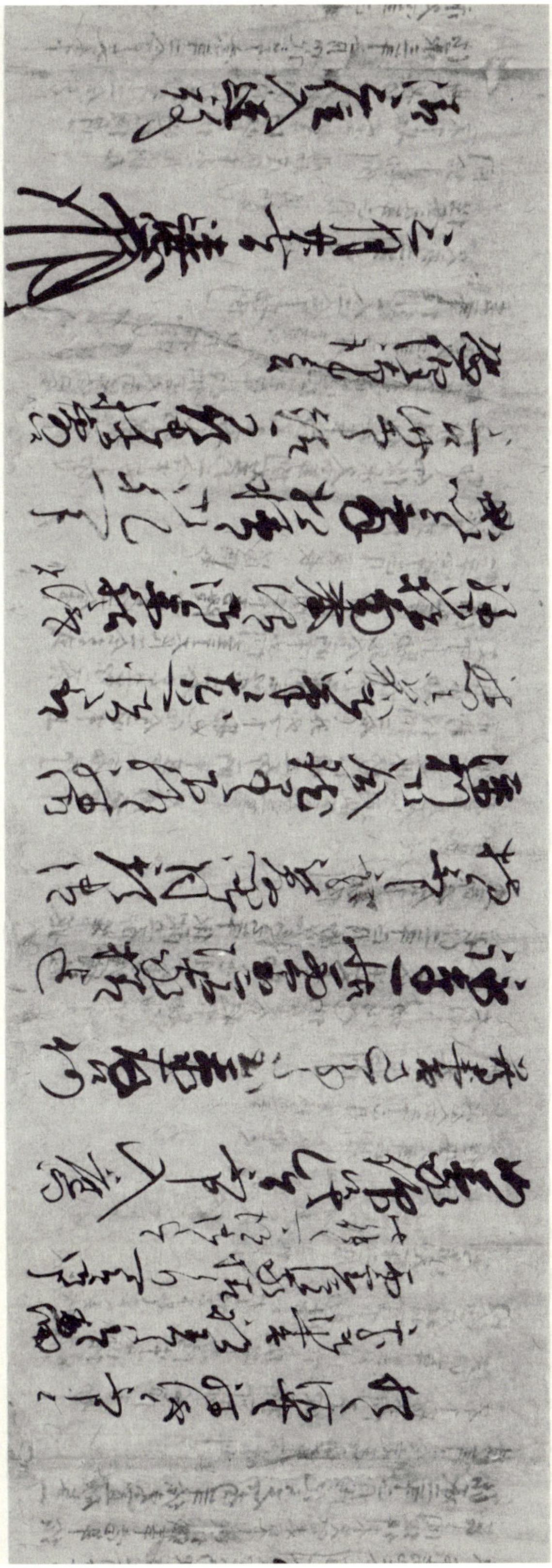

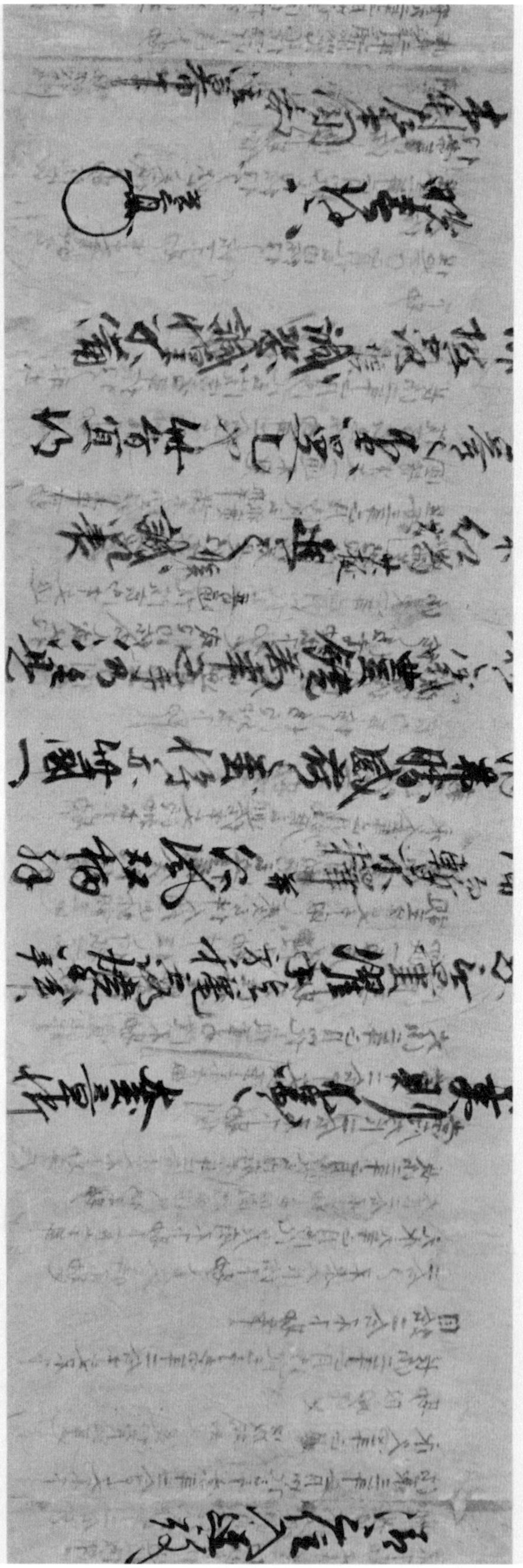

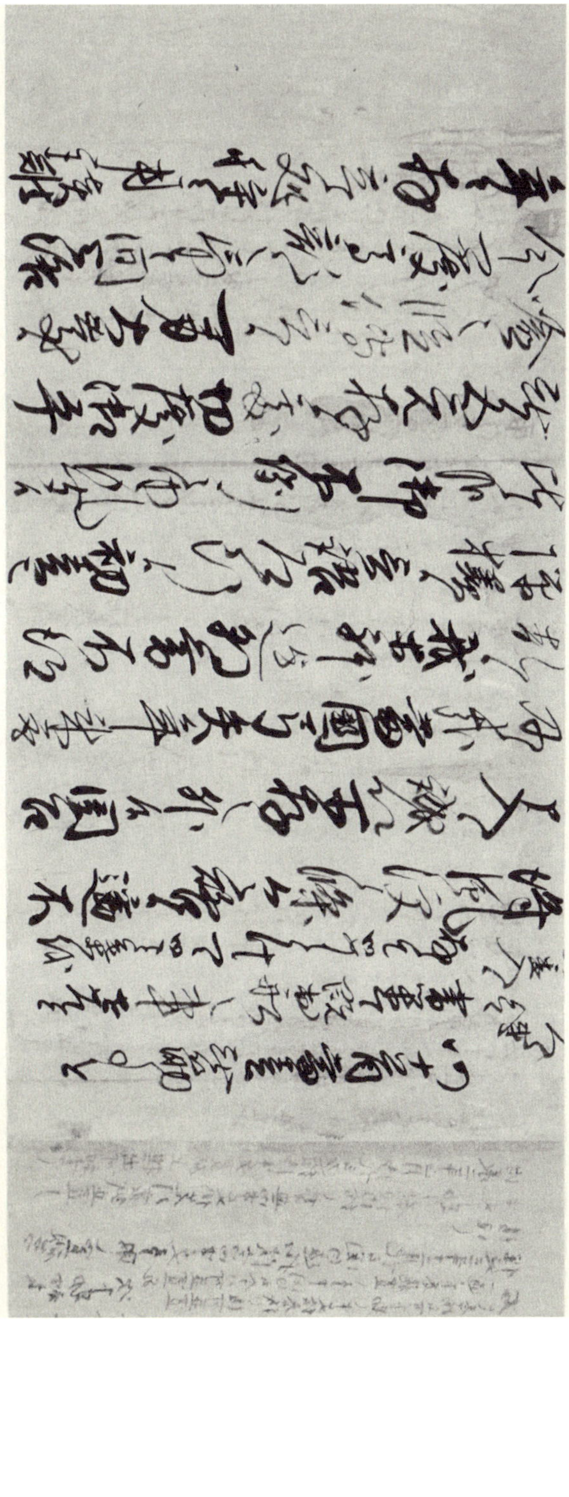

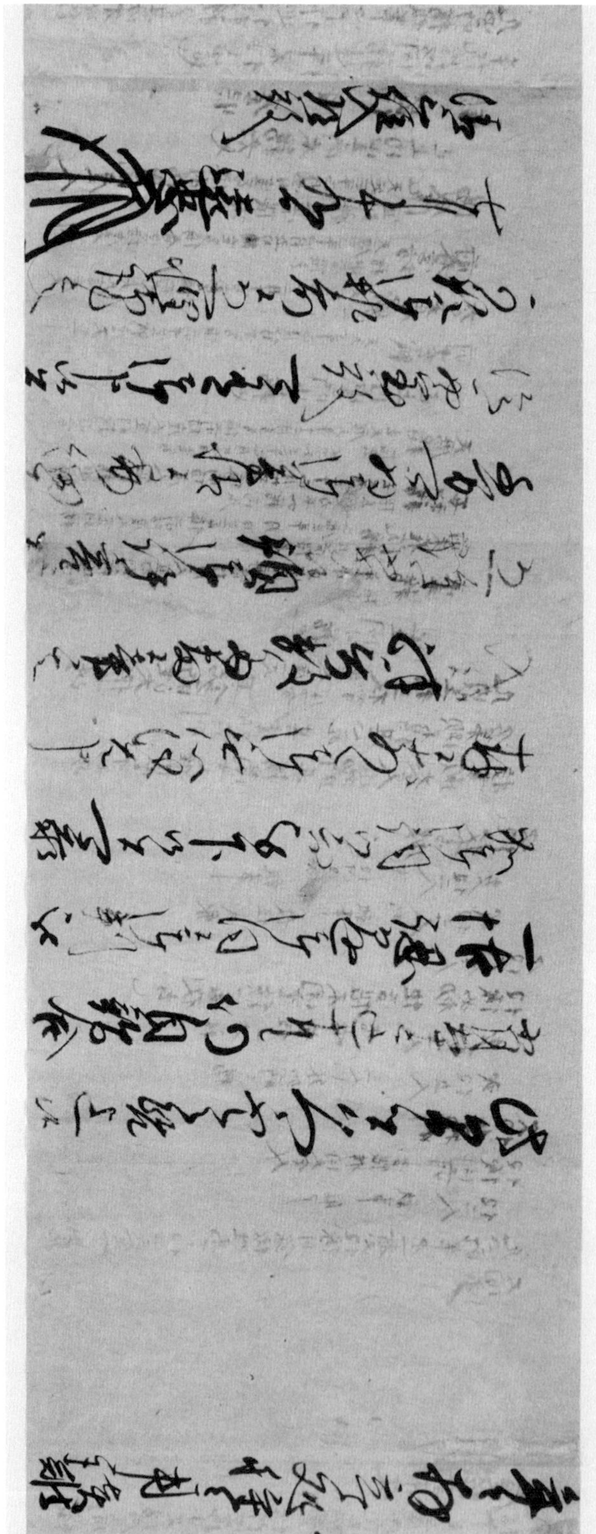

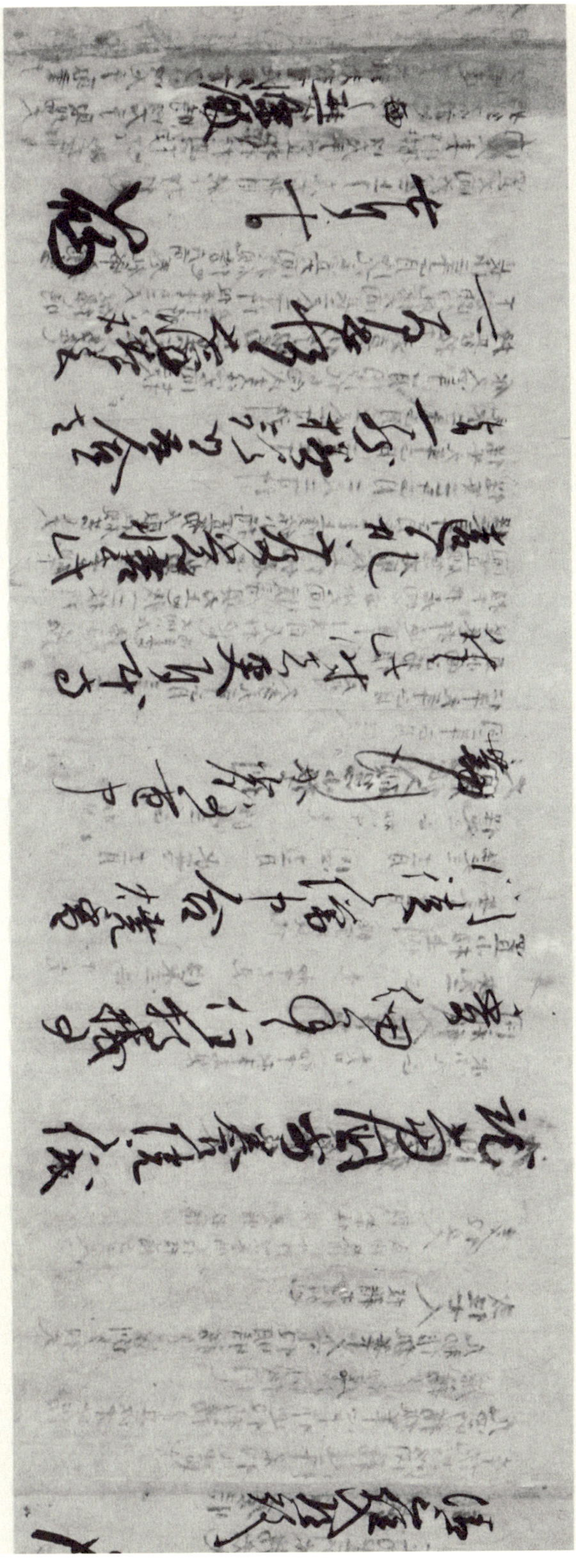

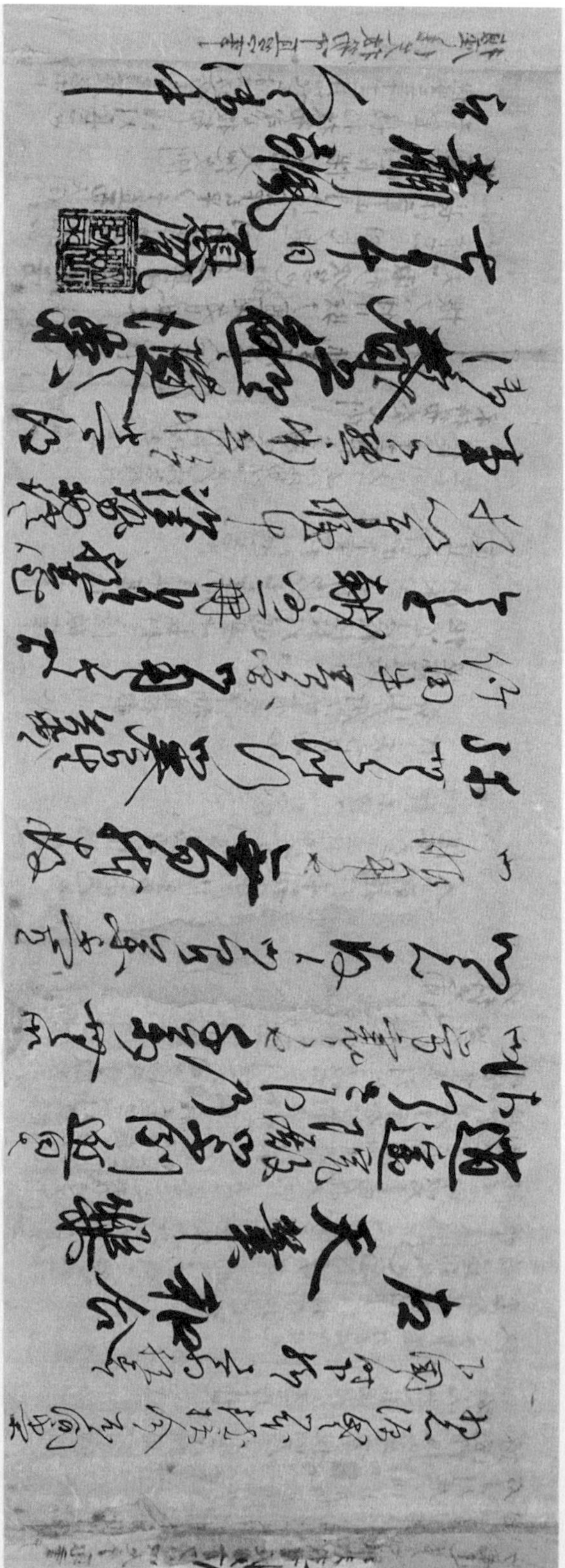

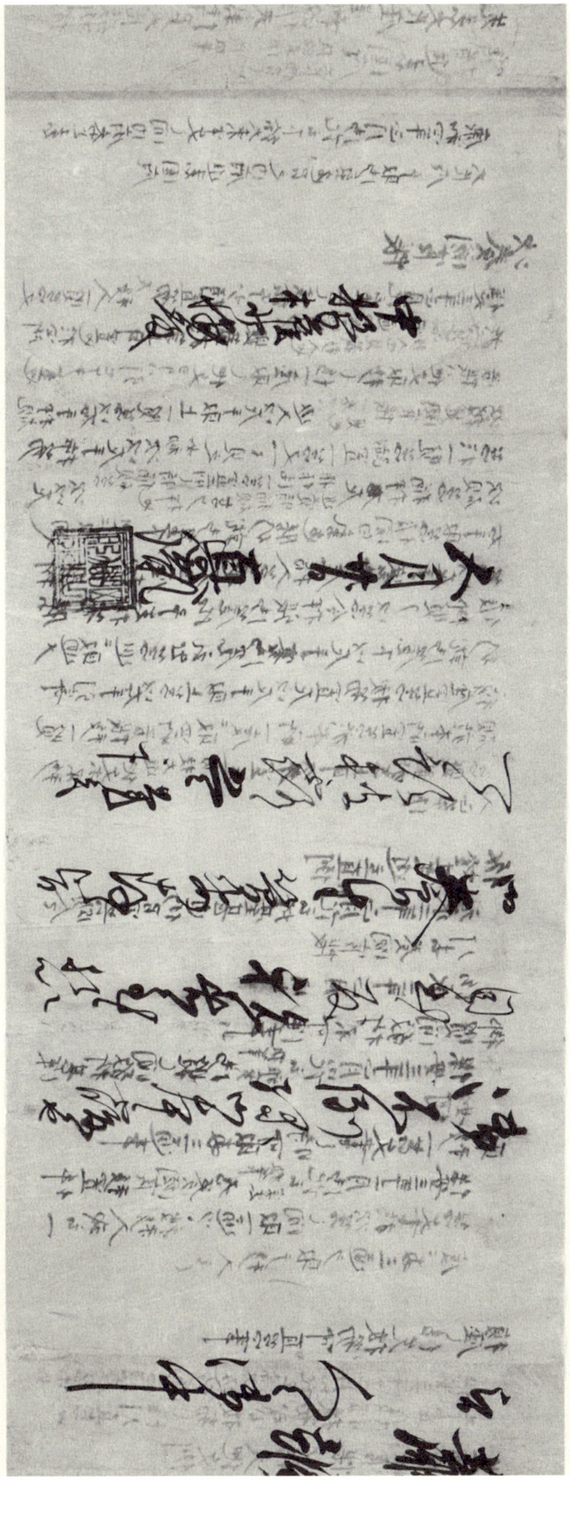

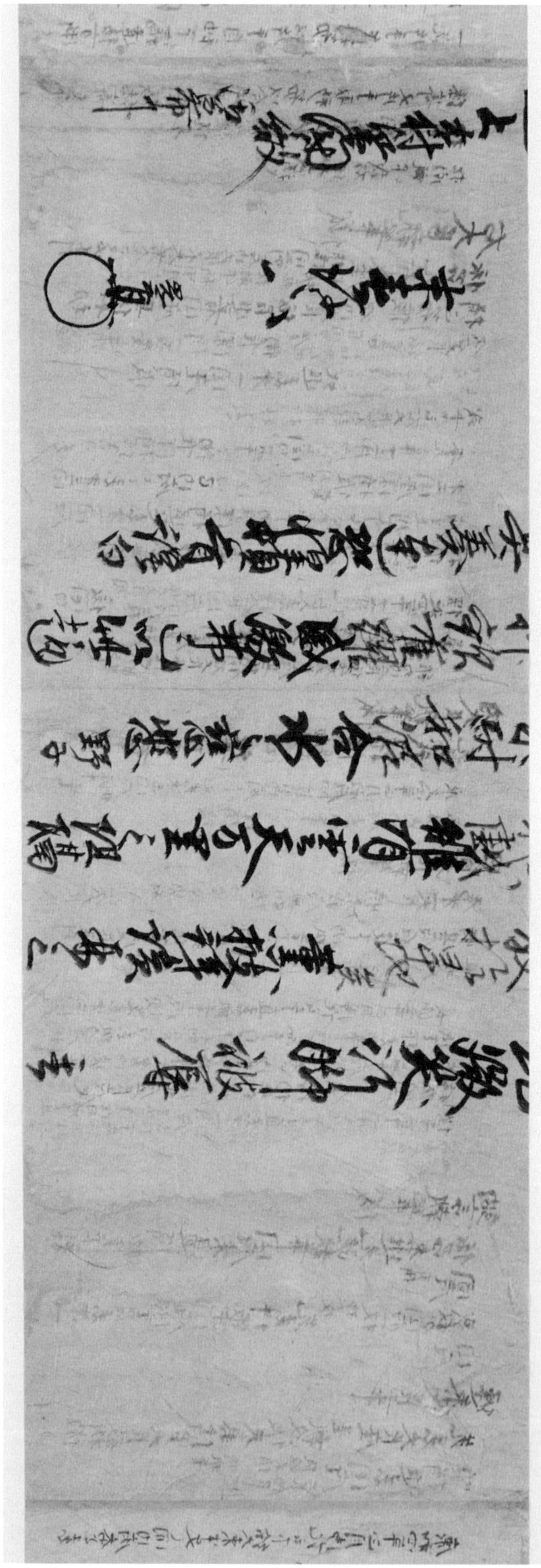

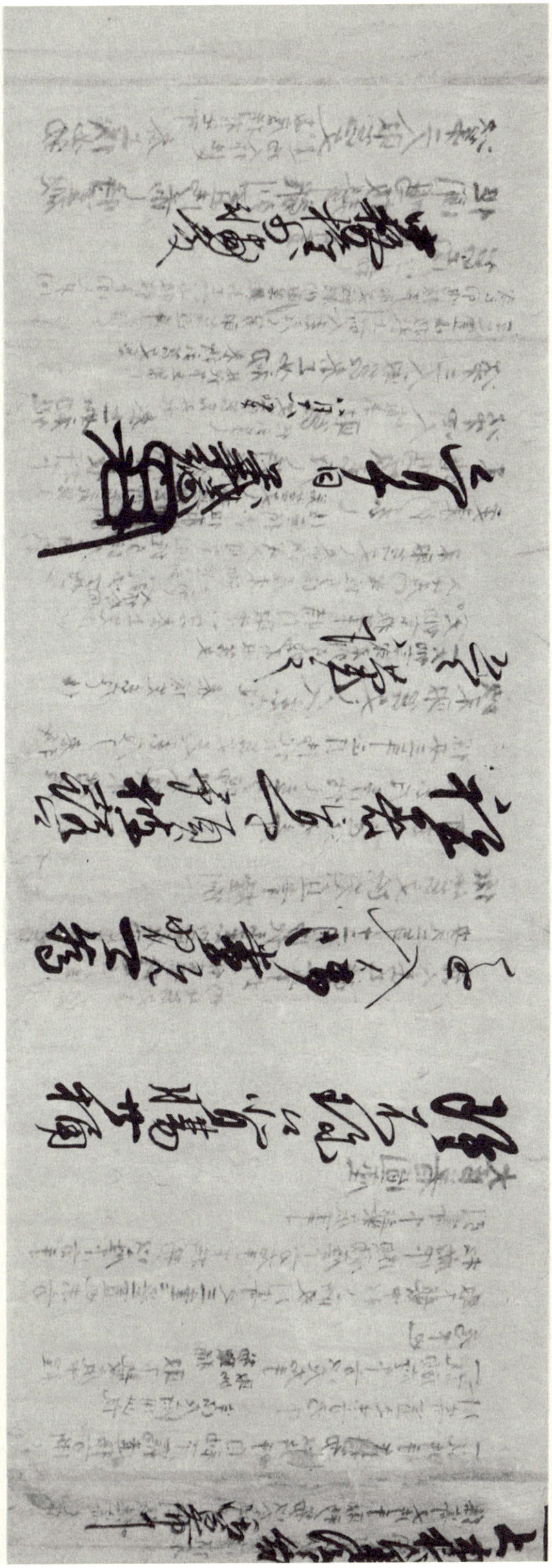

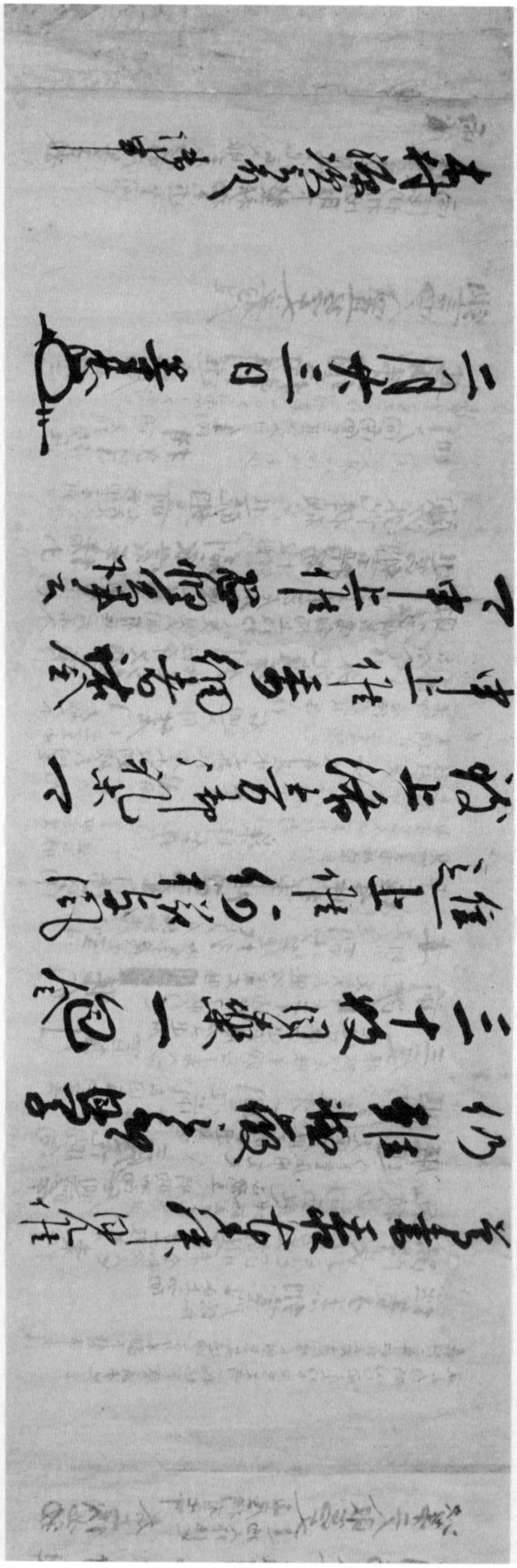

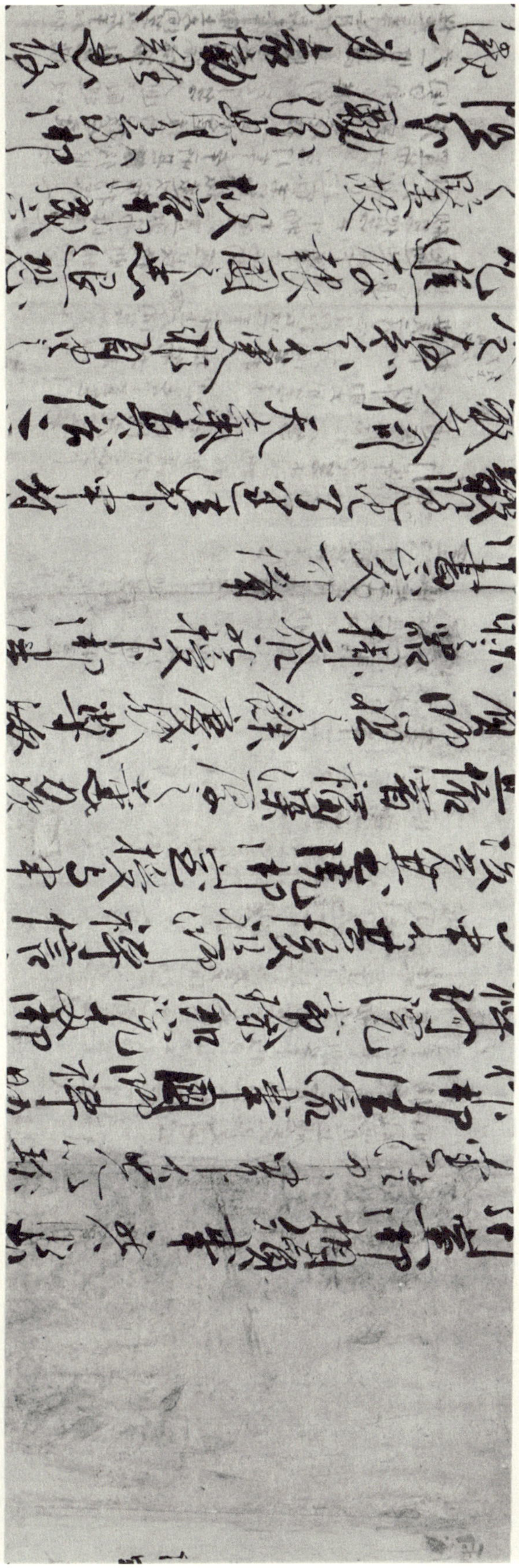

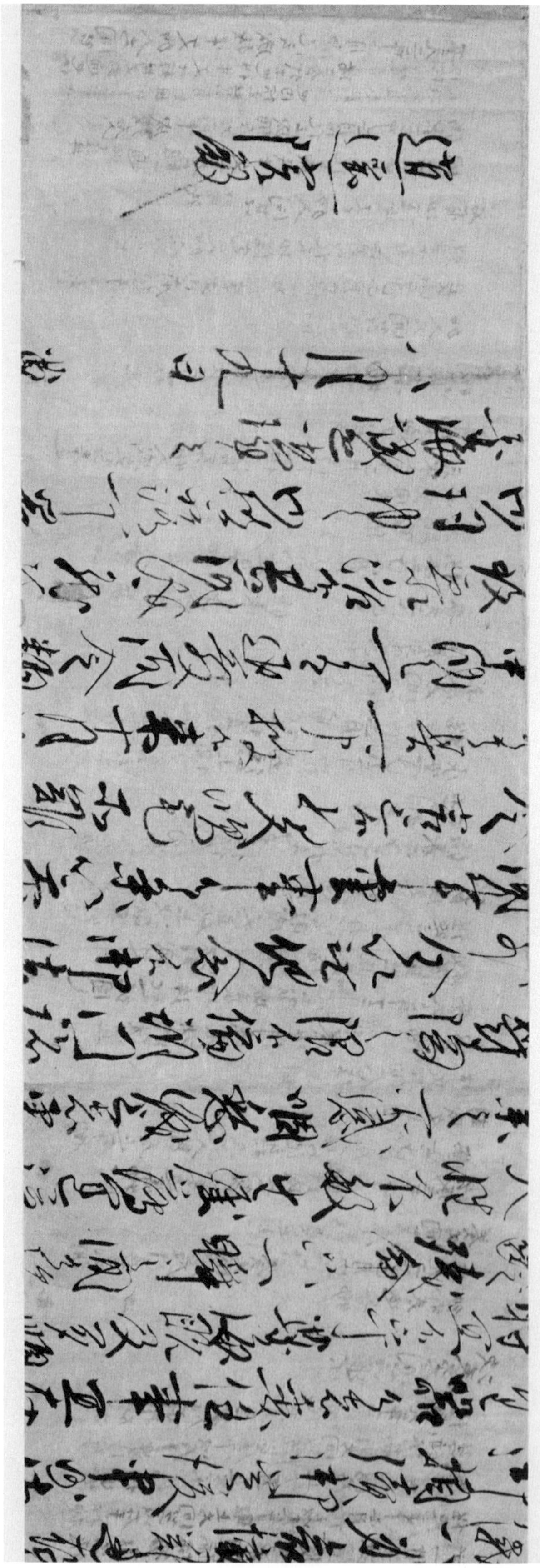

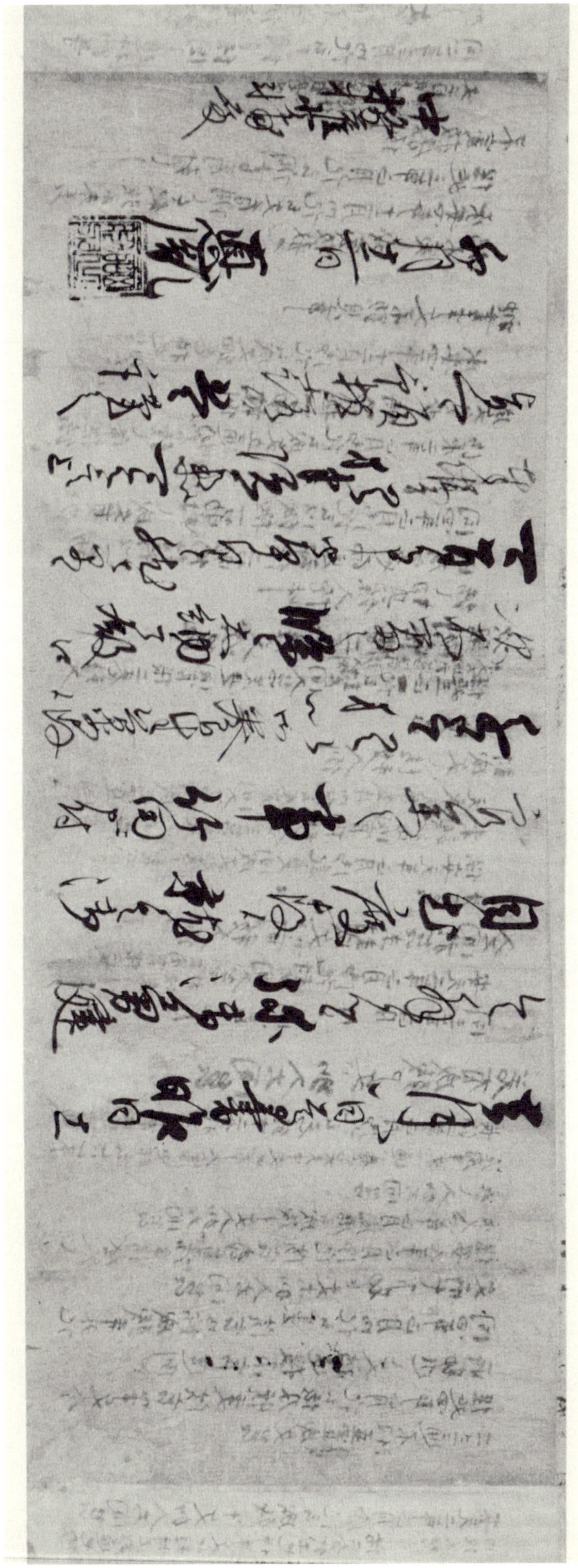

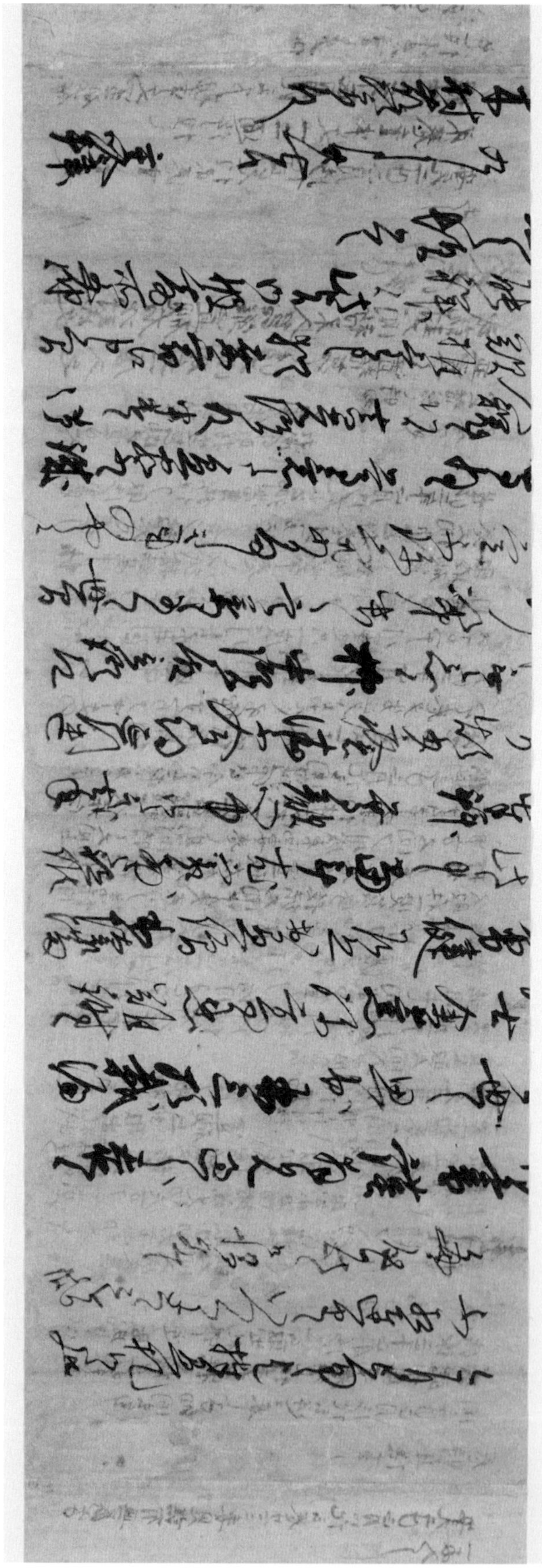

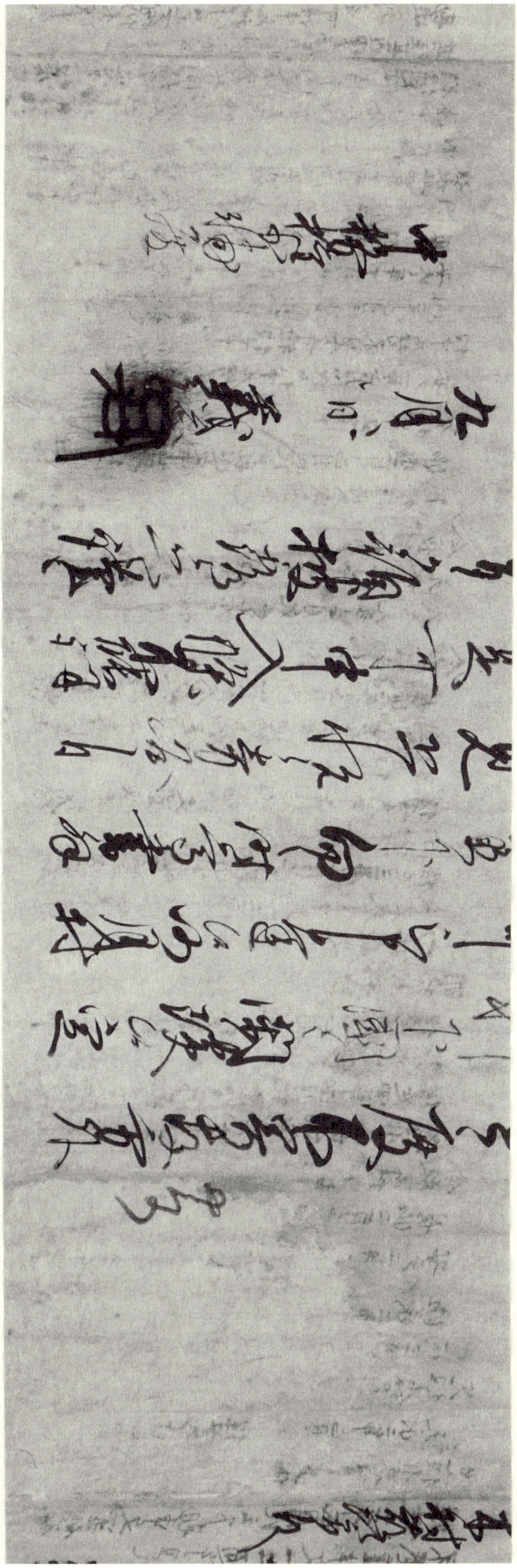

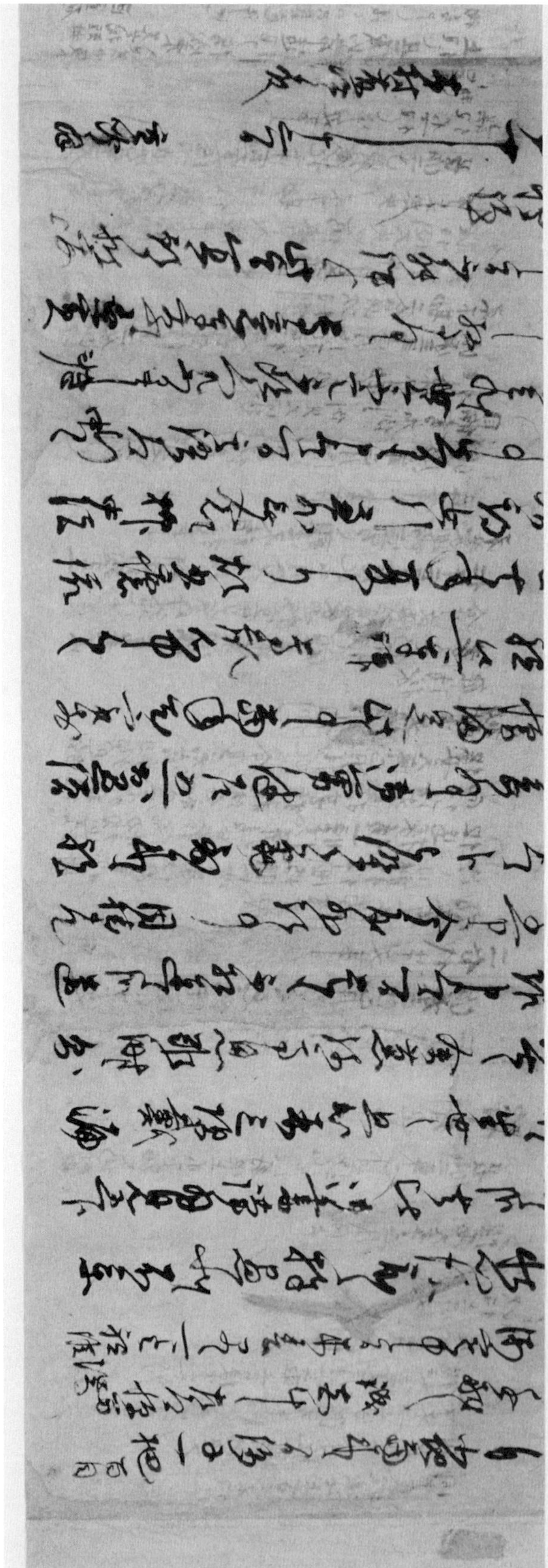

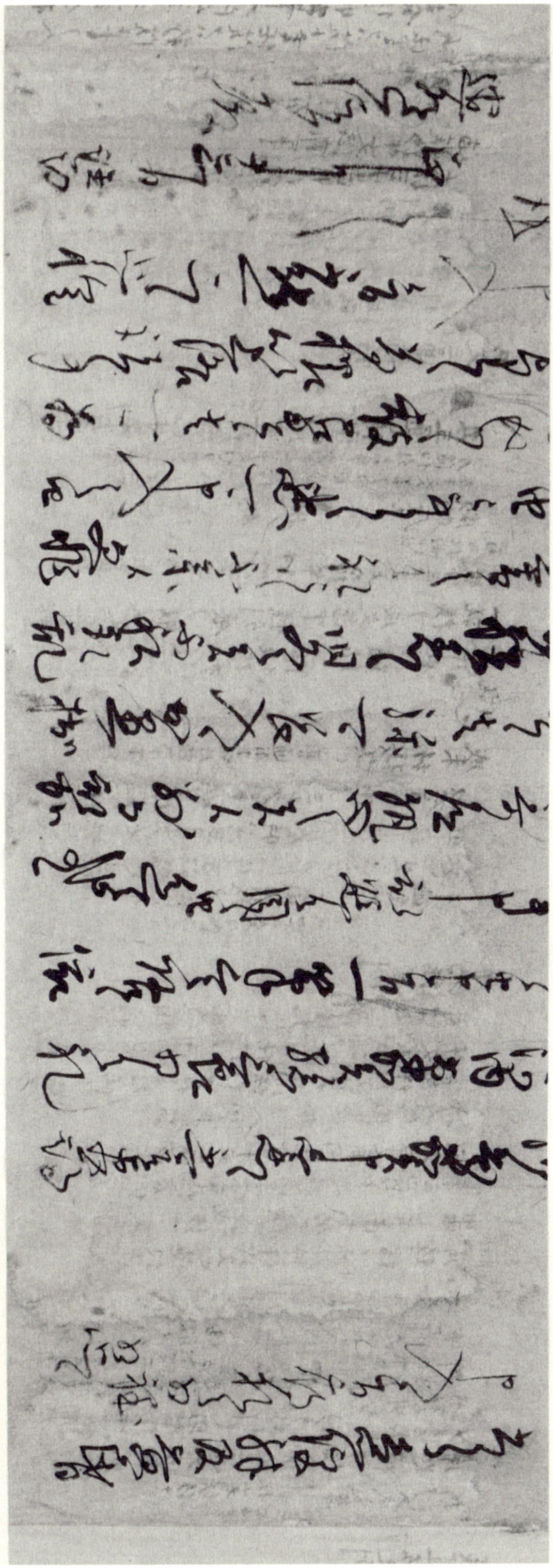

京官除目次第

京官除目次第　表紙見返

京官除目次第
大臣已下参着仗座　一上直着外　次人々着奥
次使官人敷軾
次大臣移着外座後令敷之　於里第有召仰之時　於陣無此事
次職事就軾仰召仰事　其詞曰今日可有除目
次大臣召外記仰之　召仰諸司ゝ
次召弁仰之　其詞同前
次史召外記問文書具否　其詞文書具ハリヤ
次問議所状和束具否於大弁　不候者問状和束司弁　共不候者召他弁
[illegible]日華門

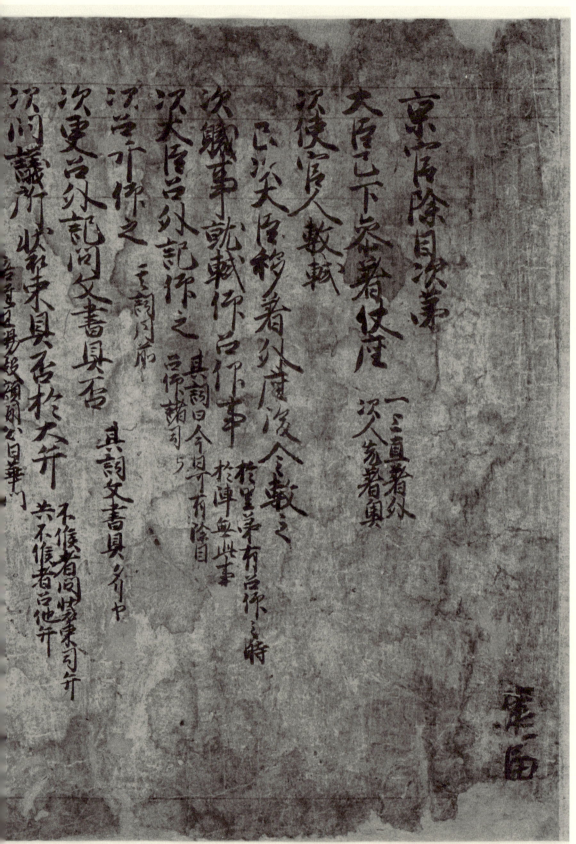

葉室

次史召外記
次内議所状和束具召於大弁 不候者同状召束司弁 共不候者召他弁
次着議所 左路経宣陽殿額間公日華門 雨日弁置内不着議所
勧盃 弁少納言相逢勧之
下着
次蔵人来召 大臣已下被着目之
次召外記仰莒文 召使蒙之々其詞莒文尓候へ 陣儀以下人召之仰云莒文候へ
次外記三人取莒文列立日華門東庭 陣儀列立軒廊 雨儀
次大臣已下列立々場殿 其路経本路并軒廊東第二間 有説々
莒文外記列納云後
次大臣揖着殿々
関白揖在御倚子立所
雨西湯

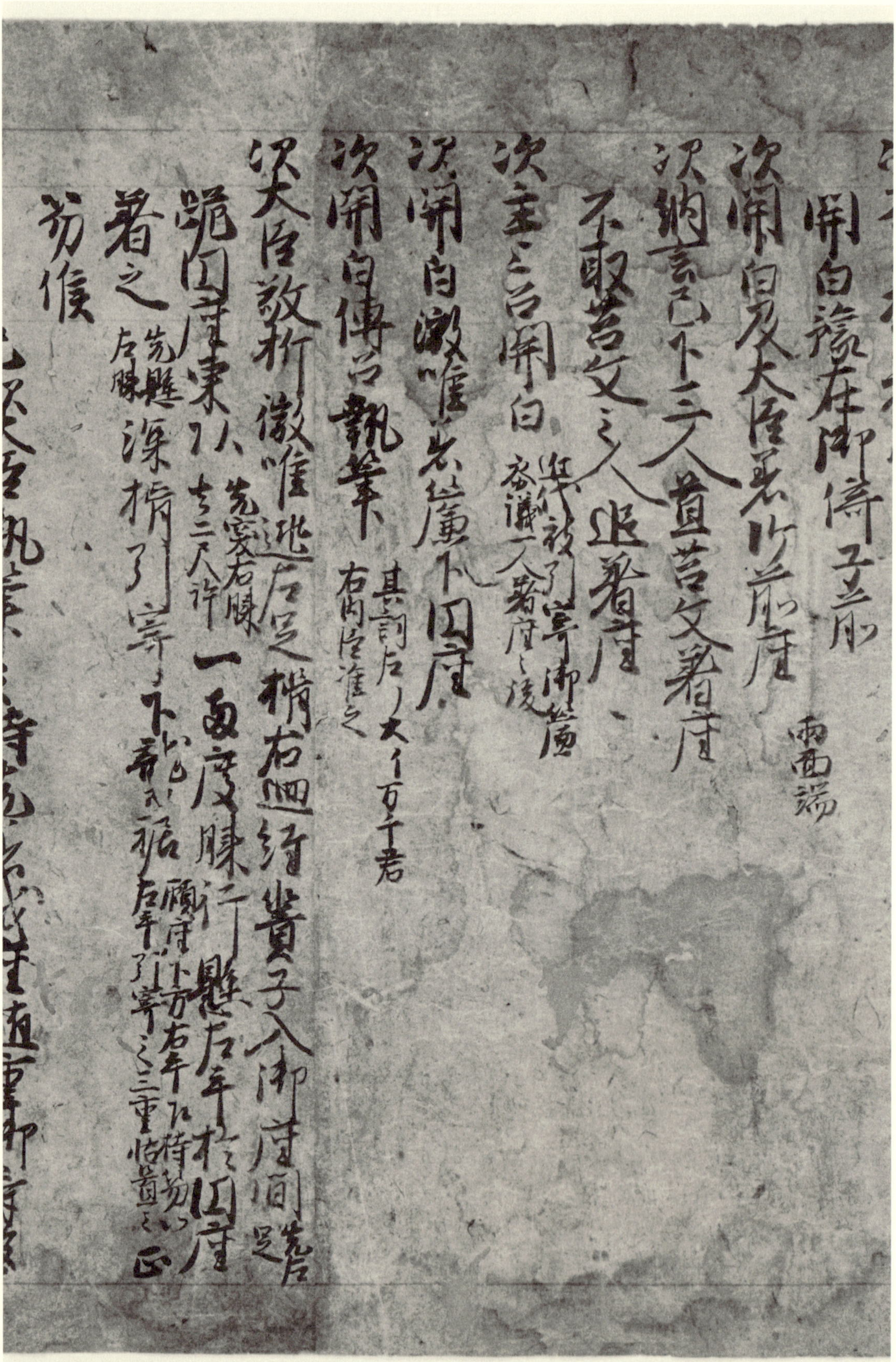
[illegible]
開白豫在御倚子前　[illegible]西端
次開白及大臣着御前座
次納言已下三人置筥文着座
不取筥文之人退着座
次主上召開白　[illegible]寄御簾　参議一人着座之後
次開白微唯着簾下円座
次開白傳召執筆　其詞左ノ大イ万千君　右内臣唯之
次大臣称唯　微唯起右足揖右廻経簀子入御前座間　着足
跪円座東　[illegible]　一寄座膝二寸懸左手於円座
着之　[illegible]深揖了　[illegible]
笏候
[illegible]

（2）

勘候

己次大臣執筆之時先之成文度随重御言文
揖更把著第一四度 勝行者之 以初
次己次大臣依召深第著圓座 進参之人先著疊座 依召参四度
次依仰奏聞居帳 在第二莒

長治二春 先被見閲 下帳之後 稱入文第大次 書注莒非 常説也

主之仰云 早久 大臣等揖首勘駁不取第二莒文書
一度三小目書八九五三通 見識頭書付于稱八第三莒之文 無識
小巻書八九一通
見外題有識之文打懸 於三着奏者 九之 取案 従他文願指之首
識頭书莒端首之
三着奏
清家外記
之 文之故也 奇混合他 聞下快二毛不移入留首錄持被覧調首
入硯莒仍
無奴移他 宰下右以右手取之件莒以右手押硯莒等其跡首聞
莒之儀他
奏ノ九移 権下右之
入第二莒
下莒於之前更願被見返入 〒 指勘 挑之有役 進行是 押硯以下
宰任下奴莒之等色于南向膝行就硯筆下取四莒 文トシ

與…大臣以左手取之任筥之、右手不…筥…下…

筥之儀伝 推筥下方、以左手取之

奏ノ式移 筥下筥於前、更須被見返、テ指笏、挑之有便 押硯以下

入第二筥 於座下取筥之亘手開白膝行、就簾下取四筥 文トシ

於御前、以右手寨御簾、進筥、垂御簾 不寄 小退拔笏

方 退居足頗鞠祈候 不受 座

御覧ノ返給 以筥押ノ置於簾給

大臣小臣揷笏膝行、就簾下、以右手寨簾、取筥如

本取四筥テ、四退復座、置筥、右前抽笏筥居、以右手

取件筥、以右手引寄硯筥、於具跡置、開宮下筥、於本

所他筥置、附八以右手置之 遠八以笏置之 取三箱奏、如本並置第三筥

試不返入懸鐵於筥、以笏先可付 正笏候 見入鐵中 持他也

之文シ加三置テ次第並置也

開白不候者、推硯於座之引寄開宮下筥於前

且推…

関白不候者推硯於座之引寄爾下著於前

但雖不参敷円座著於推座下

次依仰給大間

或説云長二八三寸許　奉仰小揖置笏取之大間置硯右ノ　縦巻取礼紙

或説其用　自端巻之云々

取大間置円座乾方折返腰居縁置之　更自奥細巻入硯筥小板下ニ頭ハ向乾

長二尺八寸許以奥為上有

説　奥二三枚許置テ押下為軸代取笏候

次仰式部史生　麻付日　式部史生　紙国世之

依仰小揖置笏入引於硯筥之墨　須臾相之論紬取筆　染筆下二

染如本置笏　有識　小向座下被之推合当前小板読

取式部請奏　推合候天三寸　一指新参　能見之置硯

申之　以作小状請申之　世別帳

取之者奏事歟　次…

申之　以小狀讀申之　推合候天三丁　指參　能見之着硯　或着座前

右　或ハ被置之世別様　依遅怱之也　取出寄硯見開乃合之入　硯蓋

了　引被大間染筆　左手頤取揚　許事怱之故也　書任人　蓋

筆下　筆於下硯蓋筆墨懸之許置之以下効之　以右手頤取之大間書人之所讀

申　不讀府付　異國字　了　捲大間取着奏小狀懸句　但所不注如本

取之入申三箇取寄物任國宣旨懸筆下硯蓋

寄物　不取之　府付日　兵部史生

次任兵部史生

其儀同前

向座下被着奏之事　式部省之　不然推參

每讀申下有之　後又畧之時　以畧之

次右院宮御申文

次院宮御申文

二省任ノ筥筆取一所奏曰院宮御申文　勅許之後

勅也　件筥同在官参議於三二所納之云　有已次大臣云　侍所之　西一所上参議

一人　営下皆相下有当申下之云　宣旨之　不用諸司言曰之多用之所　参議　参議取大臣後大

臣一所御下曰院宮御申文　前者之後　参議退出

次任民部史生　府付曰　民部史生

具儀同前　任ノ了　橋大間

與間座大横衛重

次勧盃

参議持参院宮御申文

具朝臣之不進之所参議申由　西大臣之　之詞者加封

次覽之

参議持参院宮御申文　具朝臣不進之前参議申由云大臣丞之詞召加對

大臣自座下方取之見文枚置硯右　縦言文二丁

開白　或開白持参之撤退　唯硯以下お座下指笏　或置笏お本座参之取御申

文　多負之時置右端　持之頗横持右手也　膝行就膝下取巡文寡置膝左手

進文小退袖笏候　且ゝ儀

御覽了返給　於御所撤　一通中

大臣指笏　膝行就膝下給文取巡退復座置文書

縦　袖笏置座引寄硯　置笏他笏

袖書申間持参者取之置置硯右　縦　袖云ノ

下勘之後奏聞御申文

又読置御申文於硯右取飛書申文置圓下

裏2（256）　裏3（256）　裏4（256）　裏5（256）

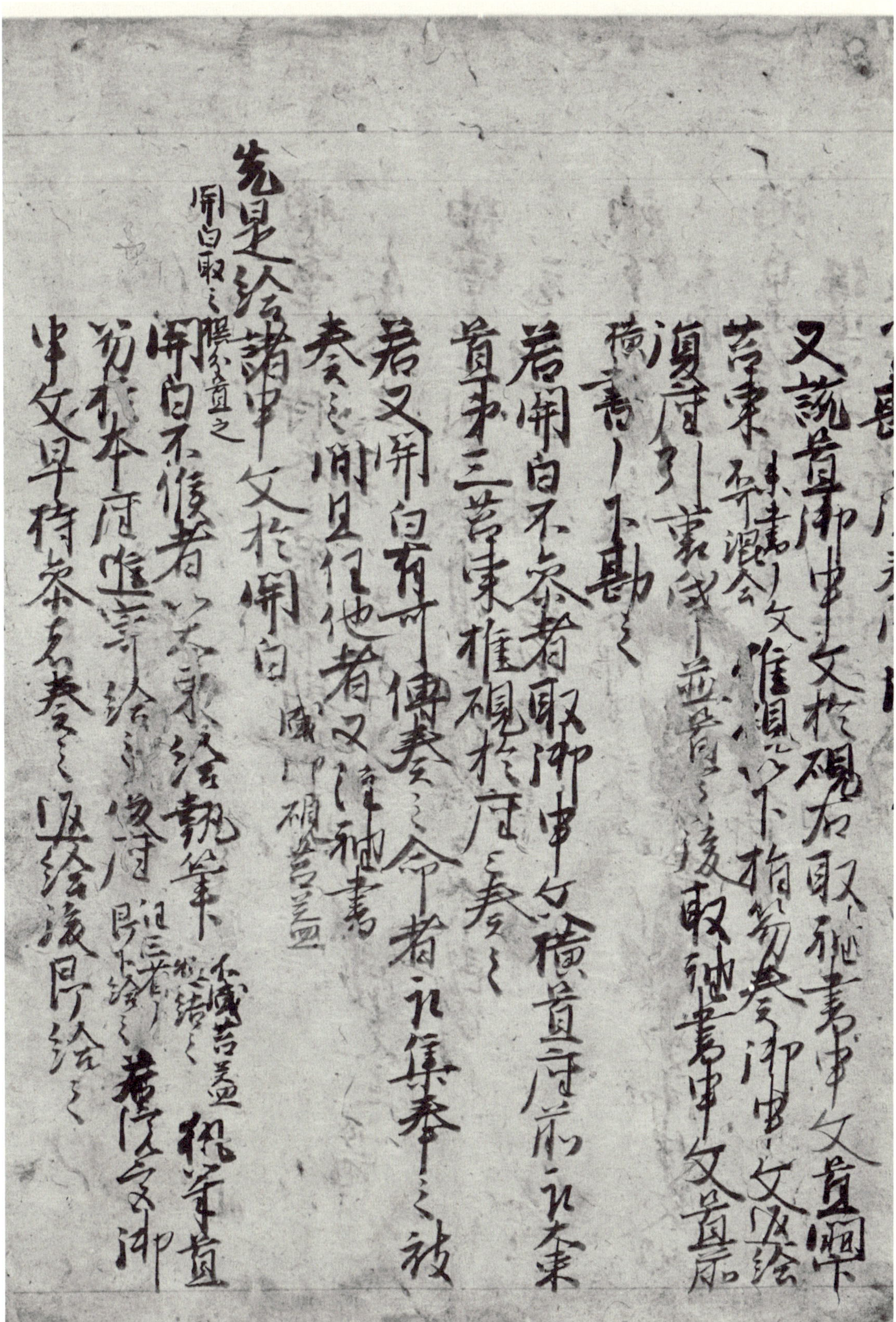

裏6
（255）

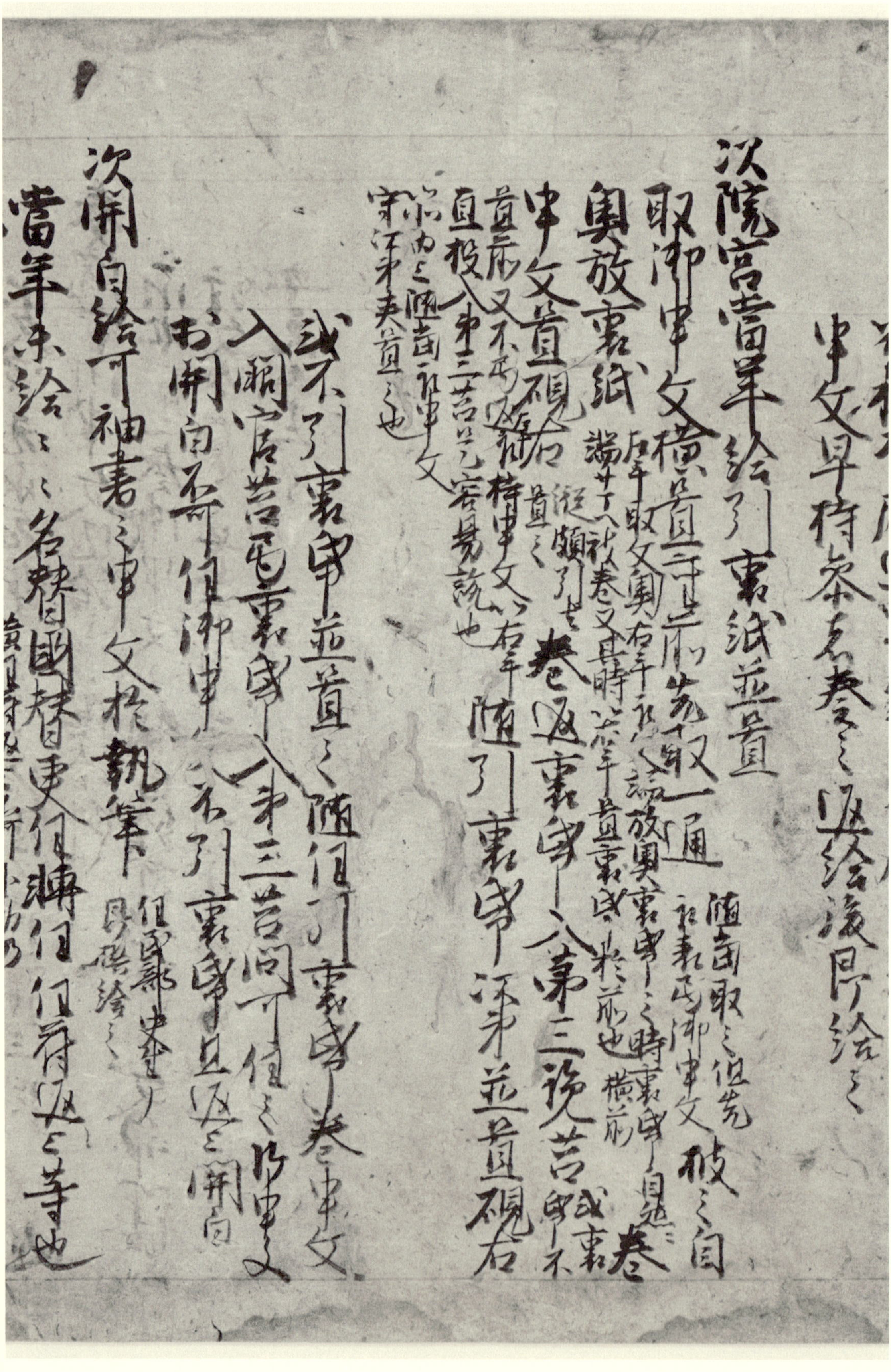

次[illegible]
當年未給々々名替國替更任轉任　任符返ゝ等也
執筆取ゝ置筥尻前　撰付任符返ゝ奇下勘例　未置硯与一筥ゝ間
若開白不備者執筆能紀大束緒自撰之件
申文

次注袖書召上卿議下勘
先取一束　近衛等ゝ並第　不解緒結緒下持一ゝ　枝取披見　解申文於
取任状注袖書　三寸許端一寸餘置前　舉指加書ノ文小指亦稼　[illegible]一二通ゝ
加被記　横置筥尻前　合封置之　書束不混　又取他束書ゝ以[illegible]束置前
也解緒諸見ゝ書　袖書ノ取物召上卿議一人　先問ゝ依度
袖未了以本緒ゝ　否多[illegible]
給申文作可勘進ゝ也　又作文負　[illegible]議取ゝ返
任符返ゝ、以雖當年給　以國[illegible]皆悉下勘ゝ二
公代并内舍人名替以次皆下勘但於京官未給

分代并内舎人名替巡次皆下勘但於京官未給
者別下勘之仍擇公卿直廬与二省之間也
此二分代有奇但申文者不下勘然又開白

袖書様
親王巡給　別巡給
三卿当年未給
七年献五節之人　七年任納言之人後度之奏
自給未二合於下勘之秋冬未給之故也可
勘之
諸未給　内給以下三卿未給
已可勘給不　或名字
名替　国替　名国共替　更任
已之可勘合不　或名字

或内給名替
国替不可下
勘之
甚以荒謬也

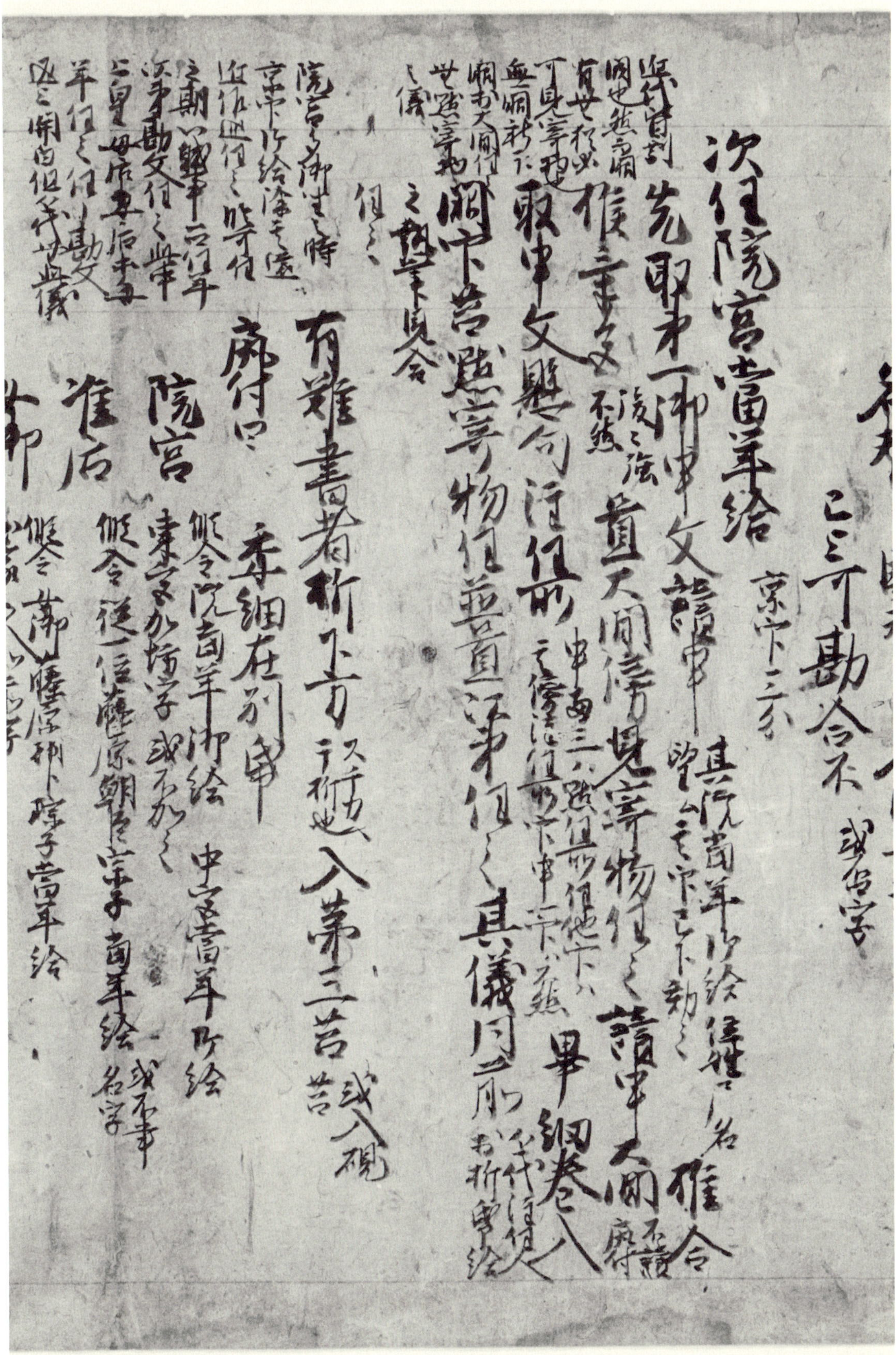
次任院宮當年給　京官下三分
先取第一御申文
取申文懸句注任所
大間下書題寄物仍無直任第任之
有難書者折下書　入第三莒
委細在別
府付口
院宮
准后

…三宮母后皇后…
年給ゝ給ハ勘文
次ニ開白但代始無儀

院…

准后　假令　従一位藤原朝臣某子　當年給　或不書名字

女御　假令　藤原朝臣某子當年給　或某氏ノ加名字

成文三通積時成束

取テ引直ゝ院宮給束成束　若可向後大間者　在第三横ニ三倍ヲ押折テ當右

腰折ゝ向二度破ゝ　三度破ゝ　直前ノ破残束　破方ヘ　奥

或下方

本苫取テ破直ゝ成束テ破目ヲ畳龍テ撚テ入テ一筋

撚續テ二モ續目上ヨリ一結ゝテ捨ノ　於座捨擬ニテ取替之入　次代撚中入束撚奇ゝ入

成文苫横ニ展ハ成文三通背ハ具ゝ行騰緩結ゝ　直ゝ　モ結振　有秘説

次代モ座除　不撚ハ破ノ　入懐中取　替ゝ様雖　或撚ゝ後　取替也

又読了持緩結之入成文苫相入成文三通是容

是読也

開白不復者大間折成束撚此次儲之二倍ニ了折

入成文苫　或硯苫

入成文筥　或硯筥

若無申文者不付之

次任〻符返之

取件束撤短冊　入硯筥下方　取一通　随当所之　披〻見合任符与　讀

申文〻名字　覧見任符下見合下　両重ハ引返テ目一合之、若別ニ会両加ハ披其申文テ　其硯筥也相違者不付之

申〻文　申之　名替不讀　其硯右見寄物任〻讀申之　名替不讀

懸句申文注任所任符懸句　名〻懸句非也　横ニ広懸之　如本下加

或説任符別而ニカク　時於此時　其被見之　任符其筥　讀申之文　不付之取　放其筥条　有頌之

指成束一〻返之

若有雖若申文析下言入外記筥任符返之

開白自絵雖任符入外記筥後日尋記不値

之時任符申文其返之

府符　具注右御絵府符左別筆

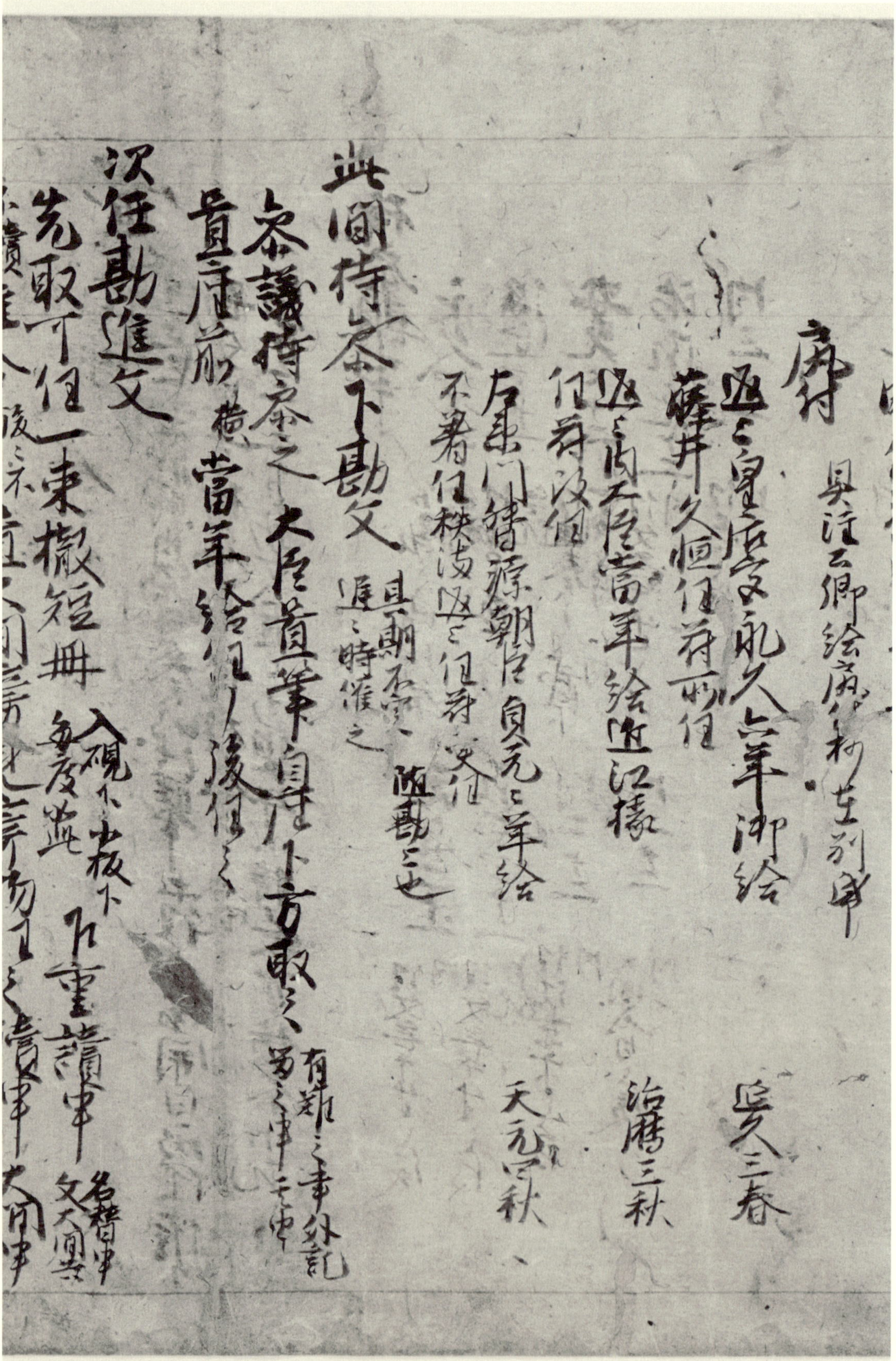

（7）

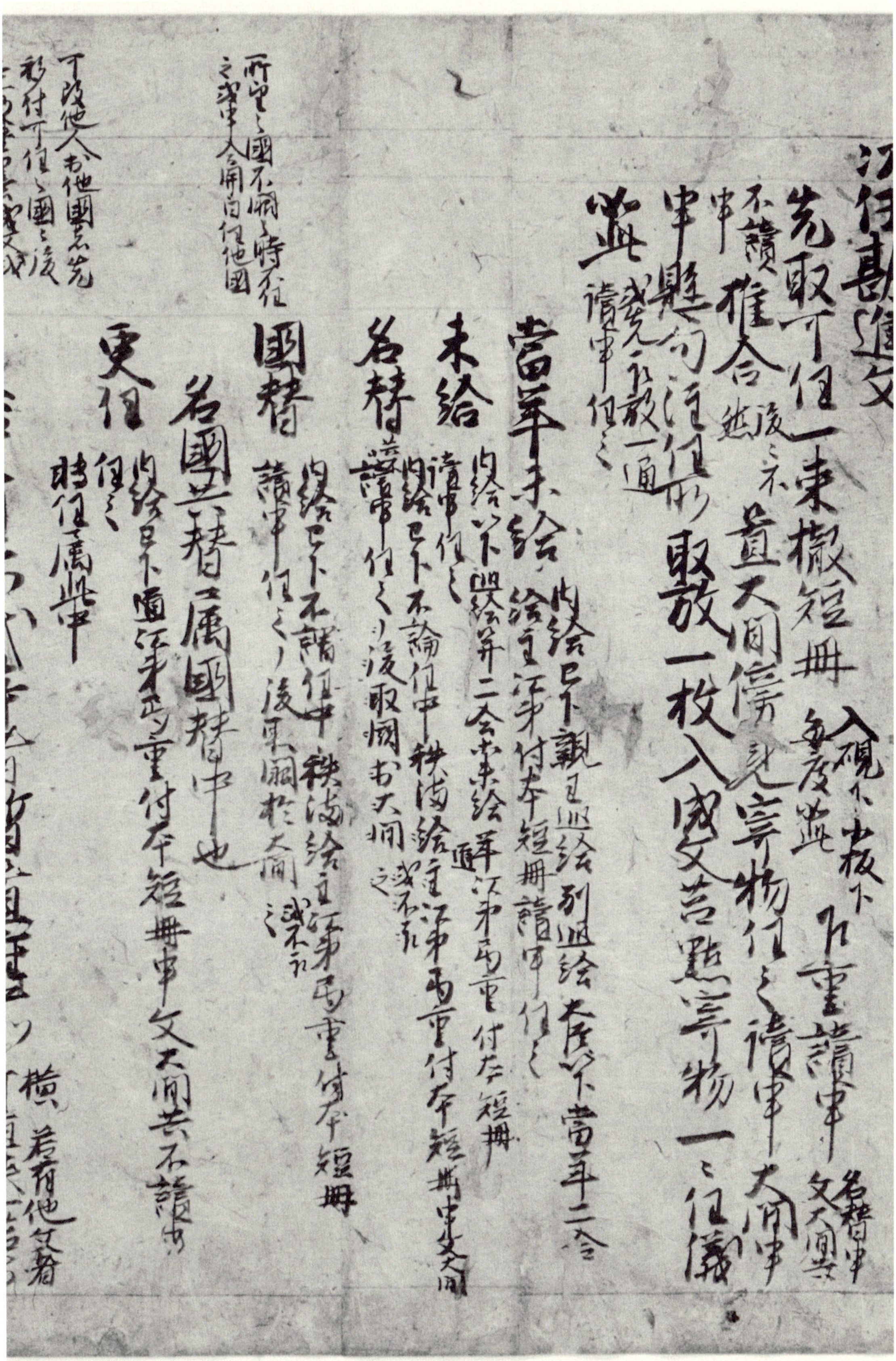

（9）　（8）

於國并預属國預之
内給以下遣任兼任重付本短冊中文大間書不讀也
更任 任之
時任了属挙中
挙中有二分代等者皆貫首座形
横 若有他女者
可貫夫一告与
硯苔之間或入任京官之次可任之
盛安苔
兼付数多在前

可改他人名他國名先
移付可任之國之後
本所塗墨云處又或
注付所之改其字下
七々之 本記
或本所注墨云一充傍
注事之 字左読

次任諸司所之奏三局史生中外國之者
開白横給之大臣取之解短冊入硯苔讀申任之由
文題句注任形摘成束
近代多不申外國仍任京官之次任之
御厨子所
御書所
畫所
内竪所
大舎所
作物所
大舎人所
着等中

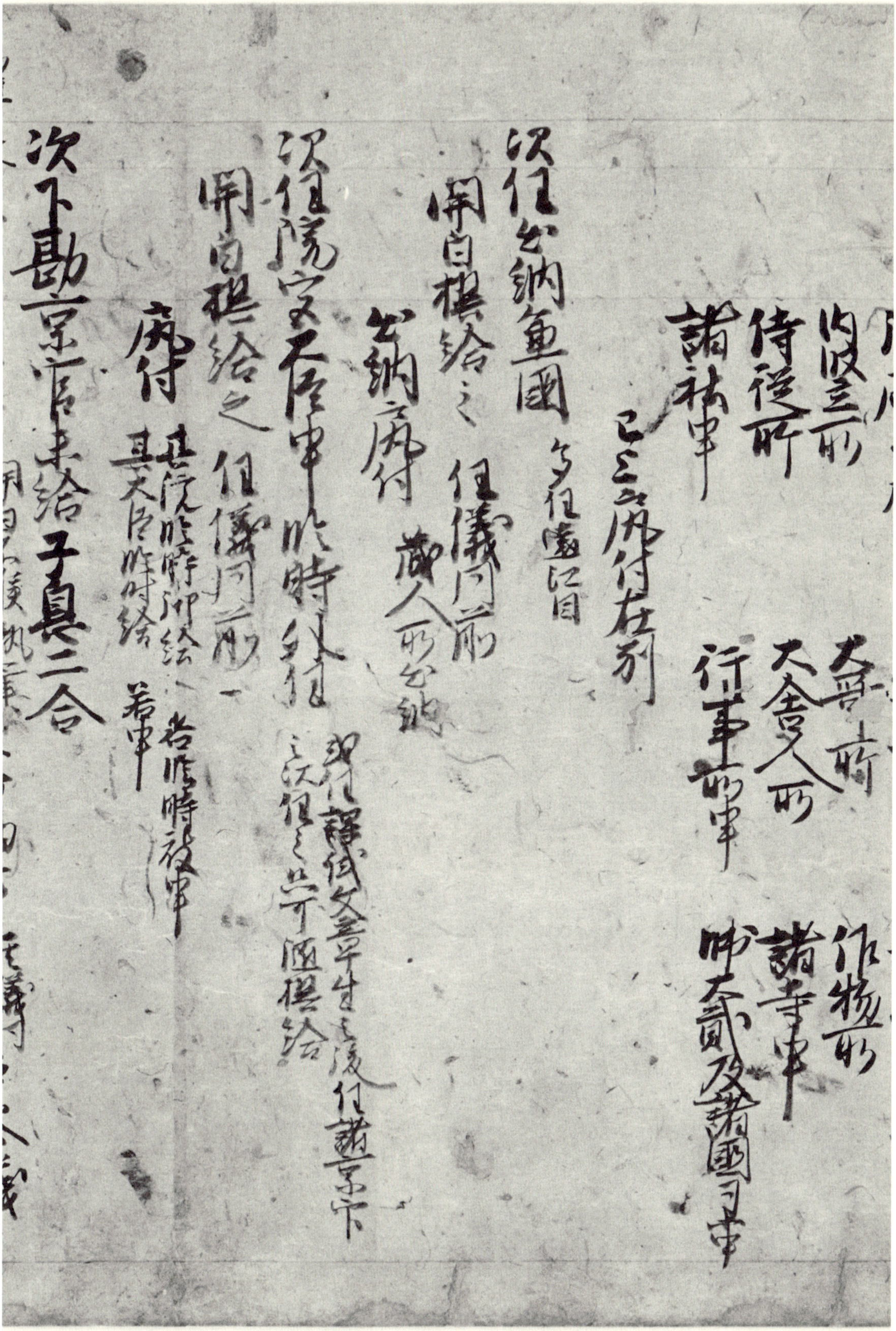

(10)

次下勘京官未給子息二合

勘進申文　進之文共任　并奥申文之

随関白見給　関白不候執筆自見申読之

書袖書　受領内外国　参議之

任于文書下勘之

勘進之時大臣取之横置円座前　横読之　右端　但他京官

之次任之日奇付任者直任之只随当時之便宜任件者

奇付者奇下勘之

院宮京官未給

公卿子息当年一合

当時大臣二合　未年献五品之人　二合　参議二

余于秋時下勘之

円子息二合未給

之之可勘給否

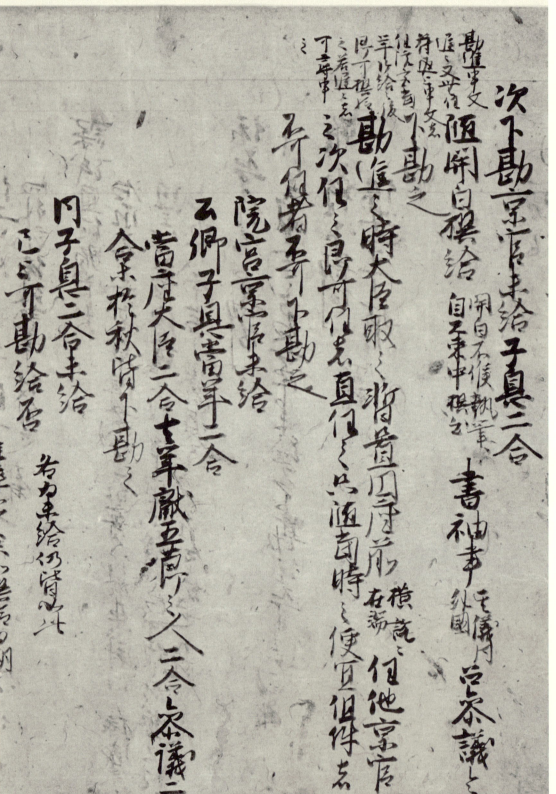

若有未給仍時以此

(250) 裏19　(250) 裏18　(251) 裏17

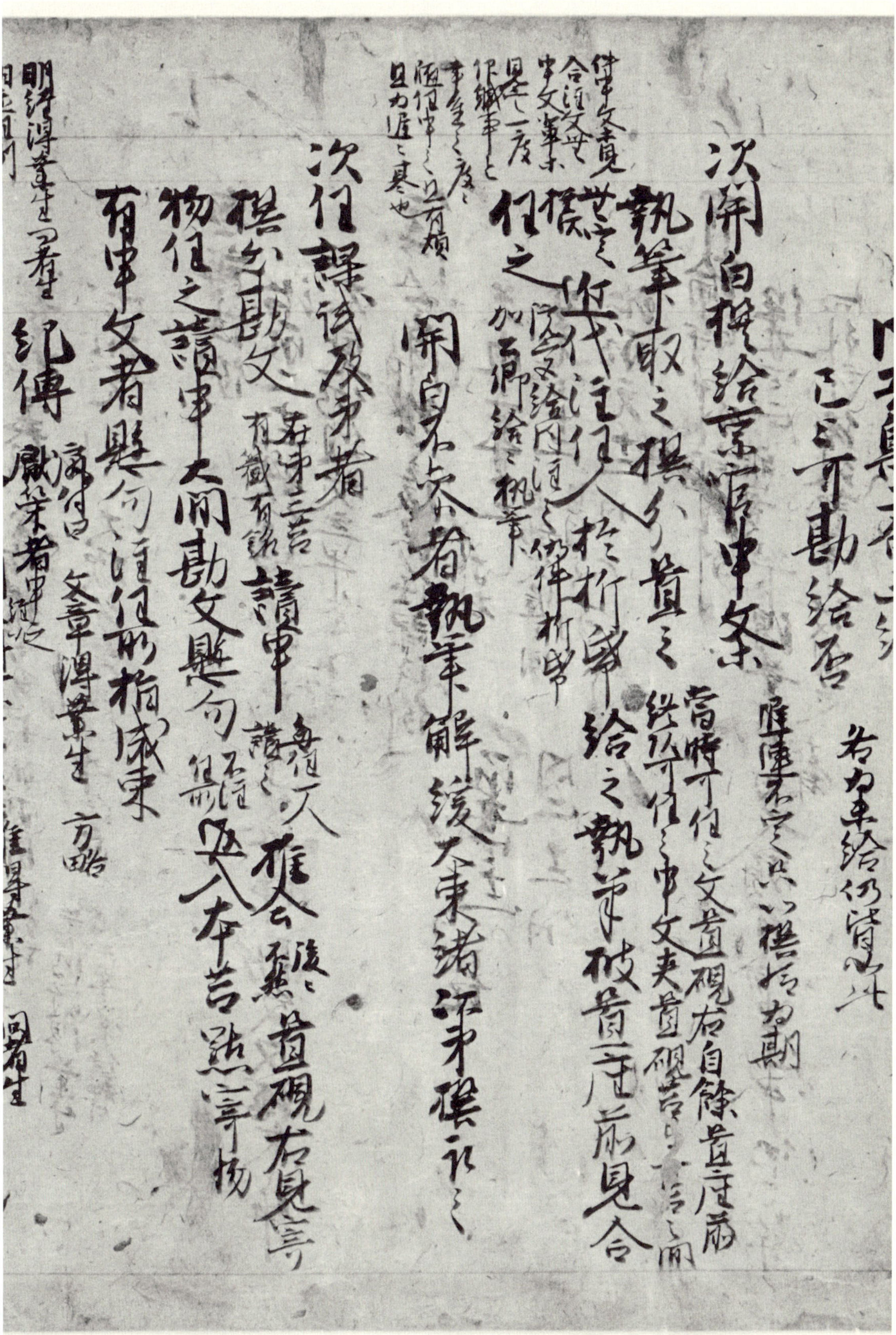

□□文章□□□□

明経得業生同者生
相並任例 天永二 秋
安元二十一 記

紀傳 廣付曰 文章得業生 方略
獻策者中撰之

明経 廣付曰 明法得業生ミ進得業生 同者生
得業生已不候者 明経同者生ミ
得業生已者相並申之時依課試及第任之

明法 廣付曰明法得業生ミ進得業生
課試者中之

明経明法算有
進得業生課
不待年限課試
者也 世相並任儀

算道 廣付曰 算得業生ミ進得業生
課試者中之

已上或如此字 天永二 是本說也
獻策之後補之也 同日課試者可依任日之前後

ミ

任諸司三分

次任當職文章生
取如歷名任之儀同課試
無推余役年各之儀

或先任文章生
次任課試

式部任文章生　次任諸試
廣付　文章生
若有文章生散位任之　秋任之例希有也
此間賜官奉　具闕不定
外記史　式部丞　給執筆々々取々置
史行賜下々　時但以前也　下ニ々奉々　開白撰給々　時下奉之
開白撰出申文　兼外記門等　有已冠下給申文　書學　仕北久字
前々横　撰見々　只見短冊　看被覧　取前目第一紙云々　倚々
仰下可奉申文之由一紙云覆奏　次第見下撰出之申文　有已以大臣奉
事々由申執筆下　就大臣後返々々大臣取之　倚々
不能不知々
開白々々奏覧返給撰文執筆々々取之次第任之　文被入　不相奉
行時但ノ追　奉可見殿句　下横御来
申二合或奉申開白本施依若不依々申文
答儀撰出之者以男共二補舞任々
開白不参者撰出大束中々奉之時参不々時
取之置三下　横置々撰硯於々奏之返給任々

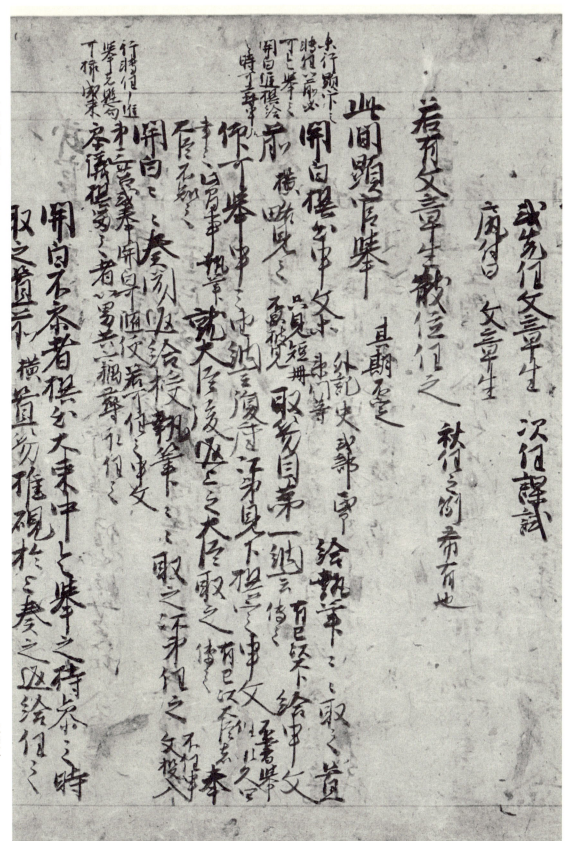

開白不参者撰出大束申々奉之、待参々時
取之置前、横置笏、推硯於々々奏之、返給任之
秋除目奏之

次任新任京官

京下給不請 申文見合 折帯返役 宜行致貴也
開白撰給申文、執筆撰出置之、撤短冊、読申任之
無指汲事口々、返便宜可言任之、致貴也、不任之申文且
返々開白

有寄任々 申文無可 返々開白也
一官有二通已上申文者、任識人第三芸
可任者申文無之者、且奉行職事々書進之

諸道内官挙
所々奏
府奏

諸司奏
諸連奏
諸社諸寺申

府奏　諸社禰宜申
行事所申　院宮内官未給
内竪時御給　子息二合
成功類　諸自解

已請文未弁選進之
或新補者補未三年府
不待請文且任例常任之
待来之所懸句注任所掃
寄来政寄也但見人請受
可知之所付之者猶相待
請文且任他我武人給之
改五位以後請文且己未
皆改寄也

如此之類太多、無指所申只一列官一旁任之
武官終以任之、有便有収國文内（如此類也）（備中介）毎任
雖令注解指成業欲任之時強不見寄状依
有任人注文也、於寄状任時々可打點請申事
後々略之恒例也、此差有遷下之者大間

取詞

麻付曰　大略自大間成文折出一折之間乃万一也不能悉載之

連奏　寄奏
兼申一人付之條付一人時付之條
别任若及者三人云
寄奏付並也

先付諸道挙例
保安三年　雜
先任諸寺挙例
保安三年　所見

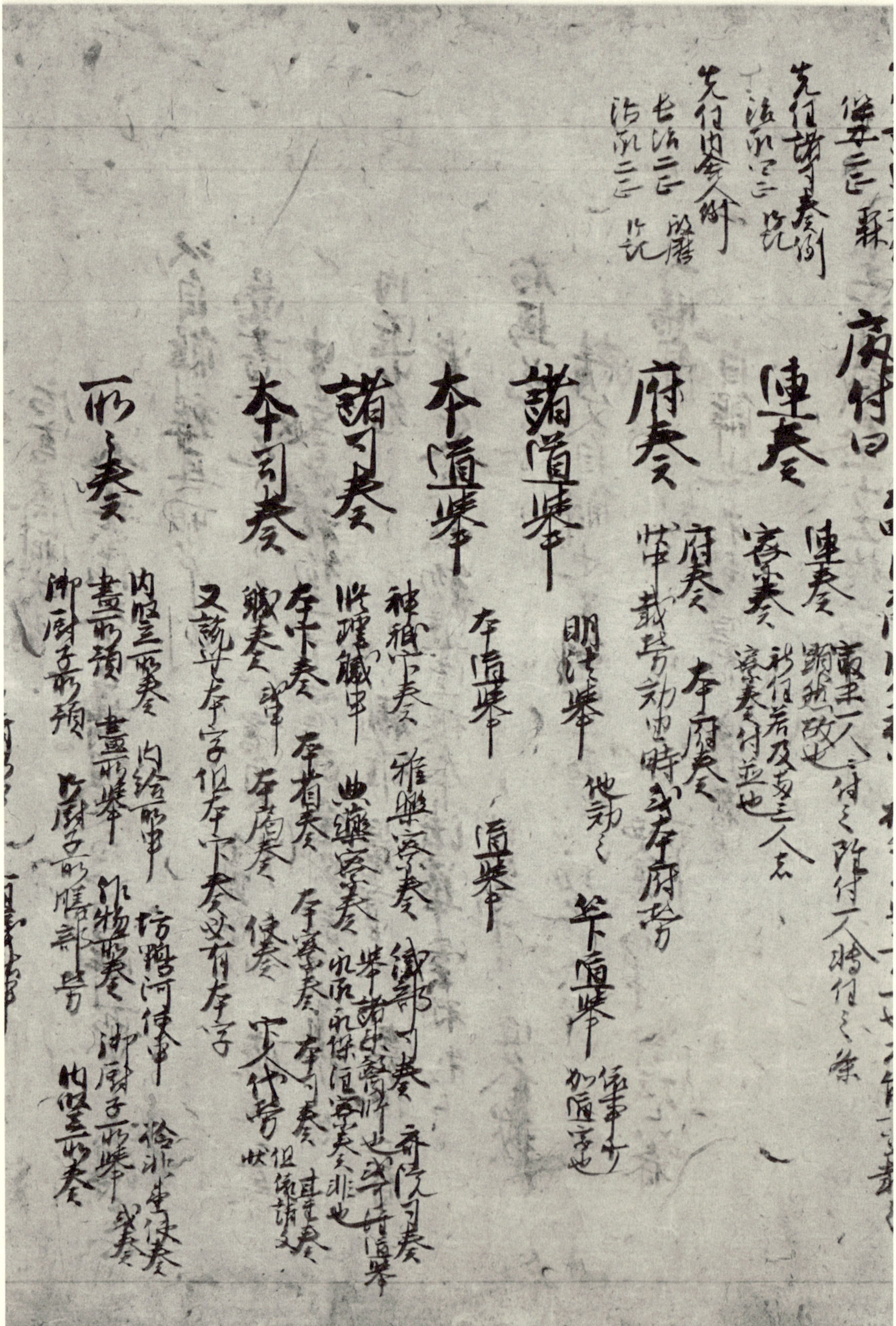

府付曰
連奏
府奏
諸道挙
本道挙
諸司奏
本司奏
所々奏
修理職奏
典薬寮奏
雅楽寮奏
本省奏
検非違使奏

(244)裏33　(244)裏34　(244)裏35

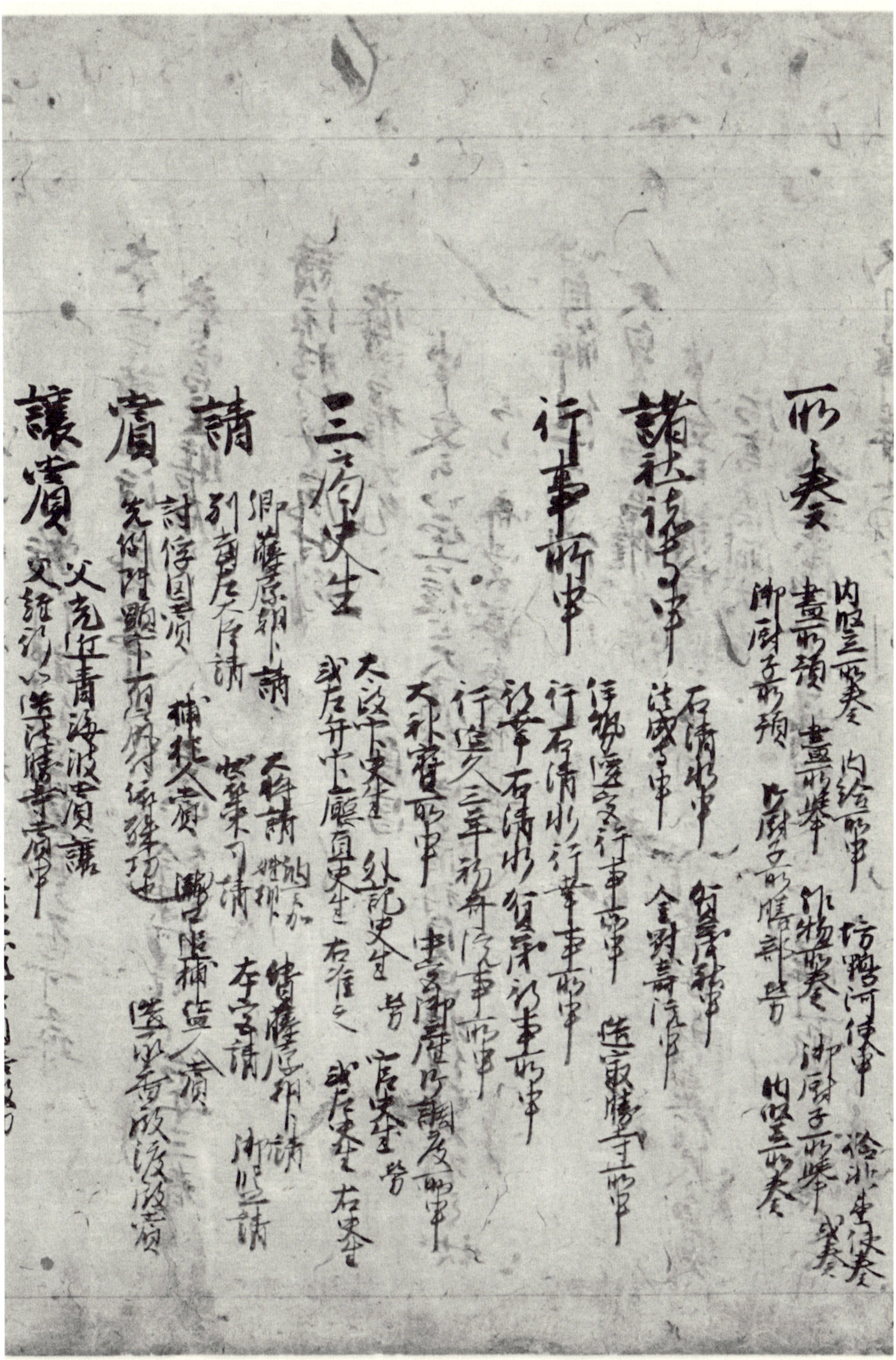

（243）裏37　（243）裏36

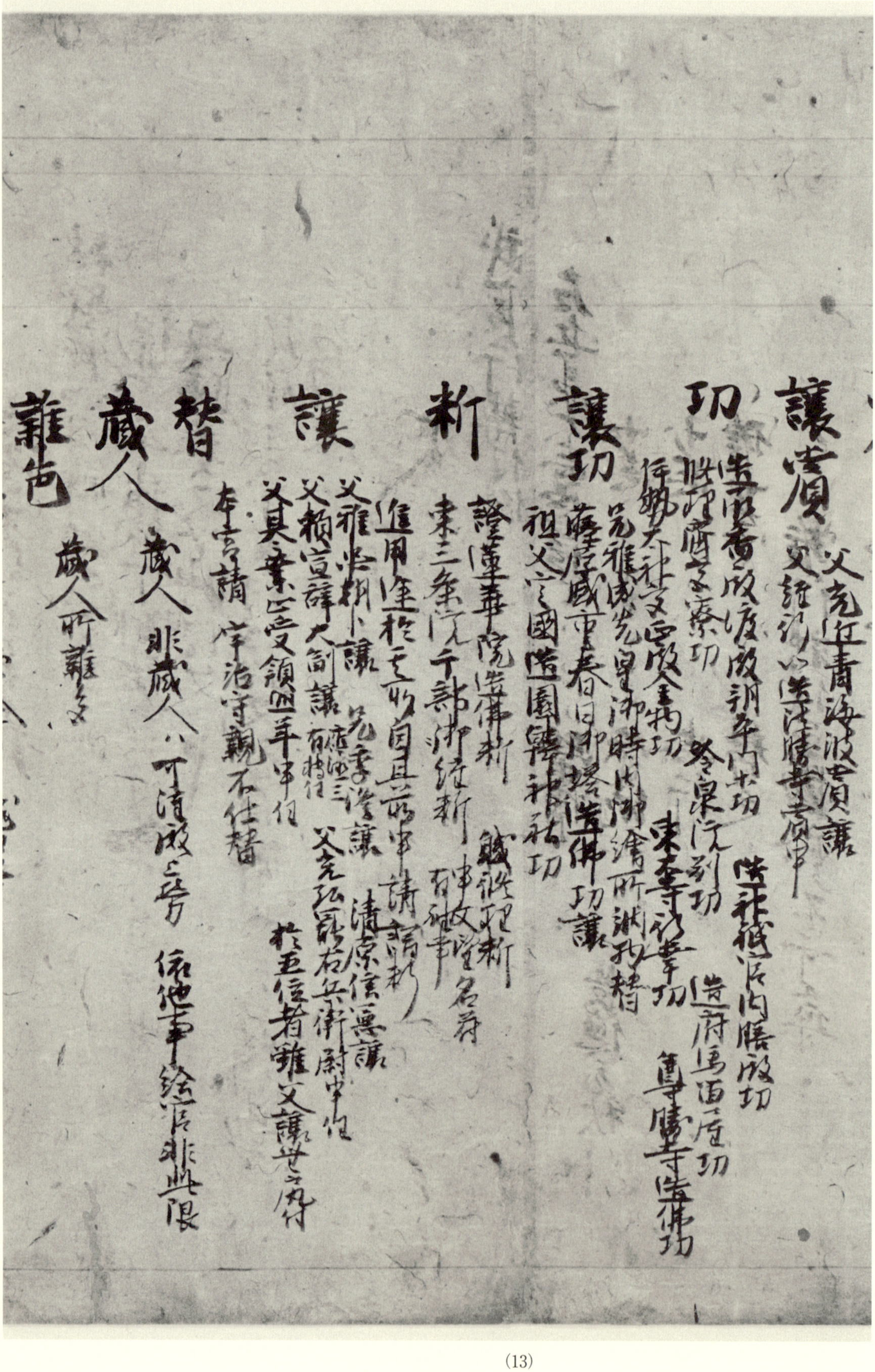

譲賞　父兼任青海波賞譲
父経以造法勝寺賞申

功　造内蔵寮殿渡殿御門等功
修理斎宮寮功
冷泉院修理功
造神祇官内膳殿功
造府馬[illegible]屋功
尊勝寺造仏功
伊勢太神宮役夫工料功
東大寺[illegible]堂功

譲功　先祖[illegible]皇御時内御倉所[illegible]替
藤原盛重春日御塔造仏功譲
祖父之国造園韓神社功

新　證蓮華院造仏新
東三条院千部御経新
職[illegible]新
申文注名簿
有[illegible]申
進用途於[illegible]自身申請新

譲　父雅光朝臣譲
父頼宣辞大舎人譲
先参議譲　[illegible]
父兼弘辞右兵衛尉申任
清原信憲譲
父具業之受領四年申任
於五位者雖父譲[illegible]

替　本官請　宇治守親不仕替

蔵人　蔵人　非蔵人ハ可清成之労　依他事任之時非此限

雑色　蔵人所雑色

蔵人

雜色　蔵人所雜色〻〻

所衆瀧口　蔵人所　瀧口奏

陪従　陪従奏

舞人樂人　高麗舞師　高麗笛師

帯刀　帯刀

宮主　中宮〻主　廿九二

轉任　将任　本府奏　府生　各依請文許可注〻

相博　与補存利見相博　付端官有謂　於五位者無之府付

勸學院別當　勸學院別當

院宮内下未給　府付在別　國下叙サ〻時以蔵人召任年〻不勘文　任〻件申文勘〻〻時皆並所〻〻任京下　〻注付〻

[illegible]

院宮内官未給

尻付在別
関下教ゝゝ時以蔵人召任 年(?)第(?)文
任ゝ件申文勘ゝゝ時皆並所ゝ任之
ゝ注任ゝ

公卿子息二合

尻付在別

遷官者無尻付

大将若給請有尻付 永久二春
人譲ゝ時無之 永保三春
本所請不仕替雖有尻下有
尻付 康平七 治暦三
承保二例

雑ゝ例

内膳典膳正従ゝ高橋朝臣ゝ
ゝゝ 氏峯 長保元秋

鎮守府軍曹従七位上
ゝゝ 左近番長 昌泰三秋

囚獄大夫
ゝゝ 刑部史生 天元五秋
ゝゝ 乳母子 寛弘元春

中務少丞
ゝゝ 御厨師 天暦八春

囚獄大夫、、、乳母子　寛弘元春

中務少丞、、、御剣師　天暦八春

典薬少丞、、、東三条院藏人　長保元秋

主計少属正六位上、、、後院藏人　長保五秋

大膳少属、、、前坊帯刀長　安和二秋

右衛門少尉正六位上、、、諸国徳院功　康和二春

左衛門尉、、、天文得業生　應徳二春

陰陽権博士正六位上、、、本宮請　康平七春

中宮少属、、、重　東宮請　承徳二春

皇后宮少属、、、紀寫其不仕替

音博士正六位上、、、父廣宗申給　長保元春

武任瀧口所衆　春任之　右労帳次春　但秋任間有例

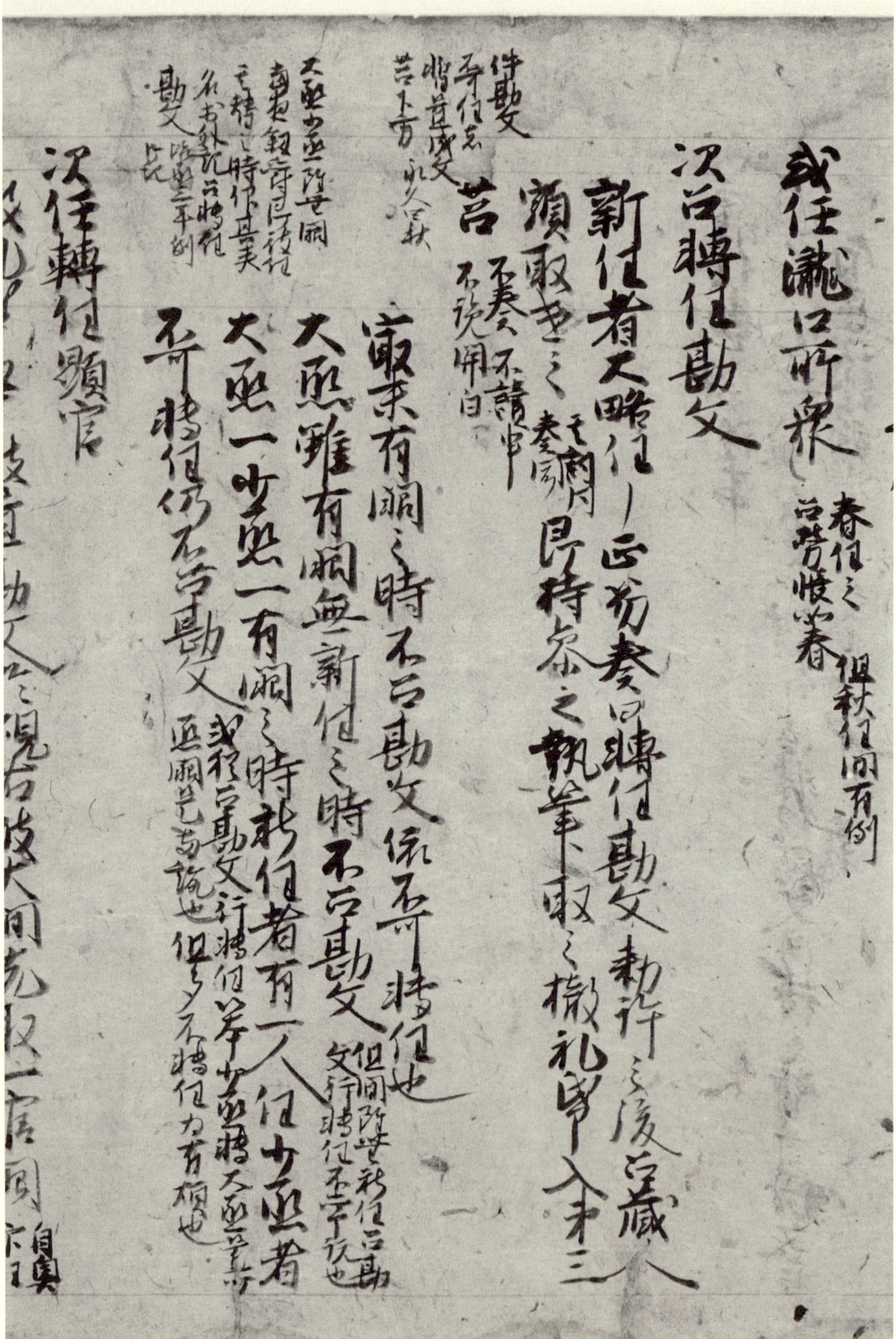
或任瀧口所衆 春任之 召労帳之春 但秋任例有例

次召轉任勘文

新任者大略任ノ正労奏、同轉任勘文、勅許之後召蔵人

頭取之 奏聞 召持参之、執筆取之、撤礼紙入筥

筥 不奏之 不請申 不読用白

寂末有闕之時、不召勘文、依不奇轉任也 但闕所並新任召勘文、行轉任不可在也

大臣雖有闕、無新任之時、不召勘文

大臣一少臣一有闕之時、新任者有一人、任少臣者

不奇轉任、仍不召勘文

次任轉任顯官

次任轉任顯官
撤礼紙半枚着勘文於硯右披大間先取一官闕 自奧下任
之先民部東宗外記也 亦門手代不轉任 任轉任者勘文懸句 寮東宗不載人之所不懸句 皆貫之
已々不申勘文 取新任申文讀申任之 勘文於在硯右 若有三下可轉任者 讀
之時無此儀 中大間 不讀 轉任 取申文懸句注任所指成束 亦門與代 不載勘文
自奧至端任之儀同前 不行轉任
皆是任 一勘文如成束
一官有二闕以之申文者不任申文撤短冊申文入第三筥
避官必取闕於大間
若當職文三年生藏人所公卿任三下者先任外國
次任三下 若有者可下在 外國直任
同姓者不任外記史 或役雜任之
舉人闕依道々旦任
顯官下例 可成
乱久之 許
共元々

裏43（238）　裏44（238）　裏45（238）

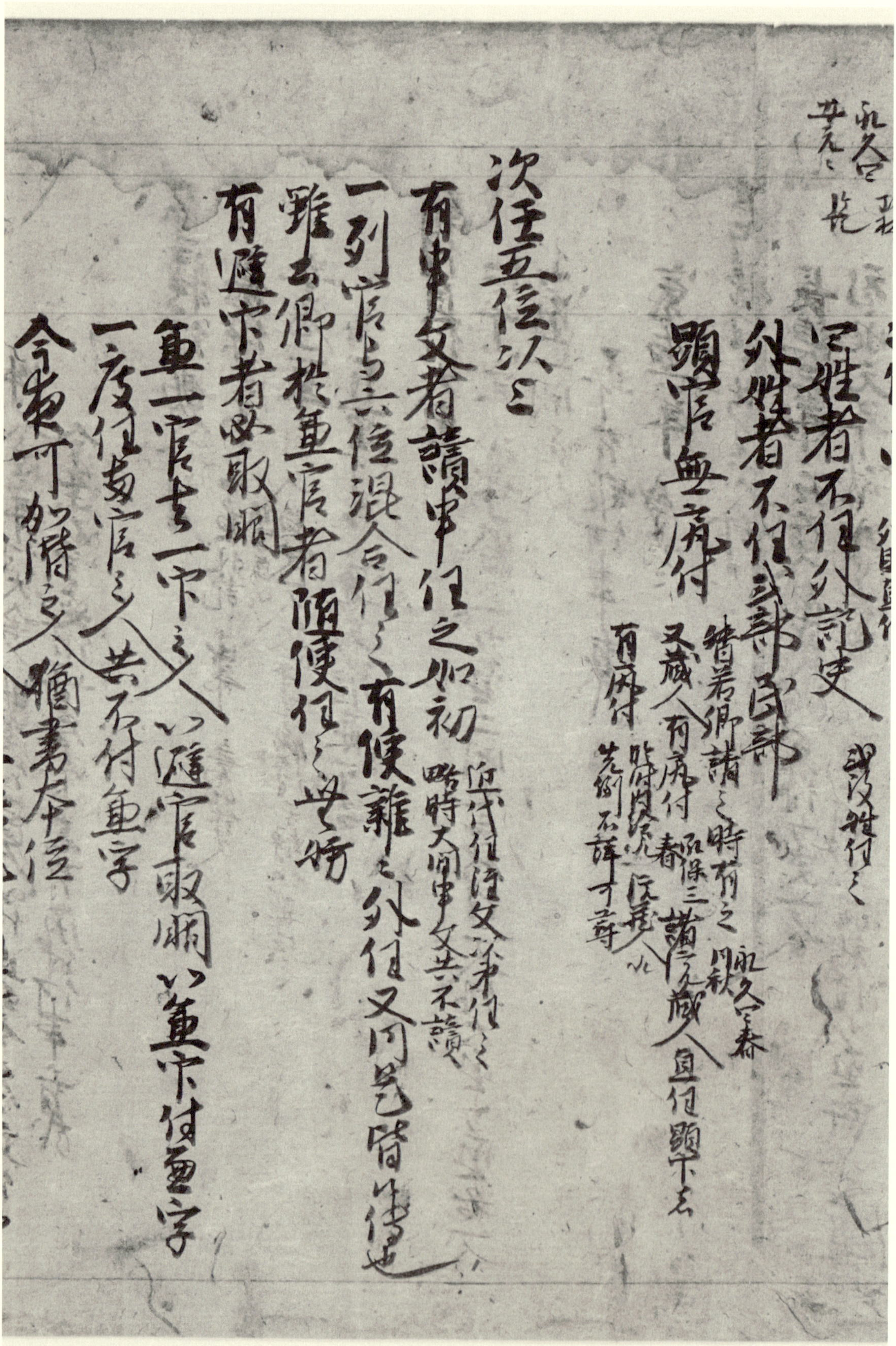

永久□　廿九□　訖

同姓者不任外記史　異姓付之

外姓者不任式部民部

頭官無廟付

皆若卿諸々時有之　又蔵人有廟付　永久□春

有廟付　先例不詳可尋

次任五位以上

有中文者讀申任之如初　近代任文章生付之　略時大間中文共不讀

一列官与六位混合付之　有便離之外任又同也皆付遣

雖大卿於無官者随便任之無妨

有遷官者必取硎

無一官者一下之　以遷官取硎　以無官付無字

一度任為官之人　共不付無字

今案可加讀之　猶書本位

㊲裏48　㊲裏47　㊲裏46

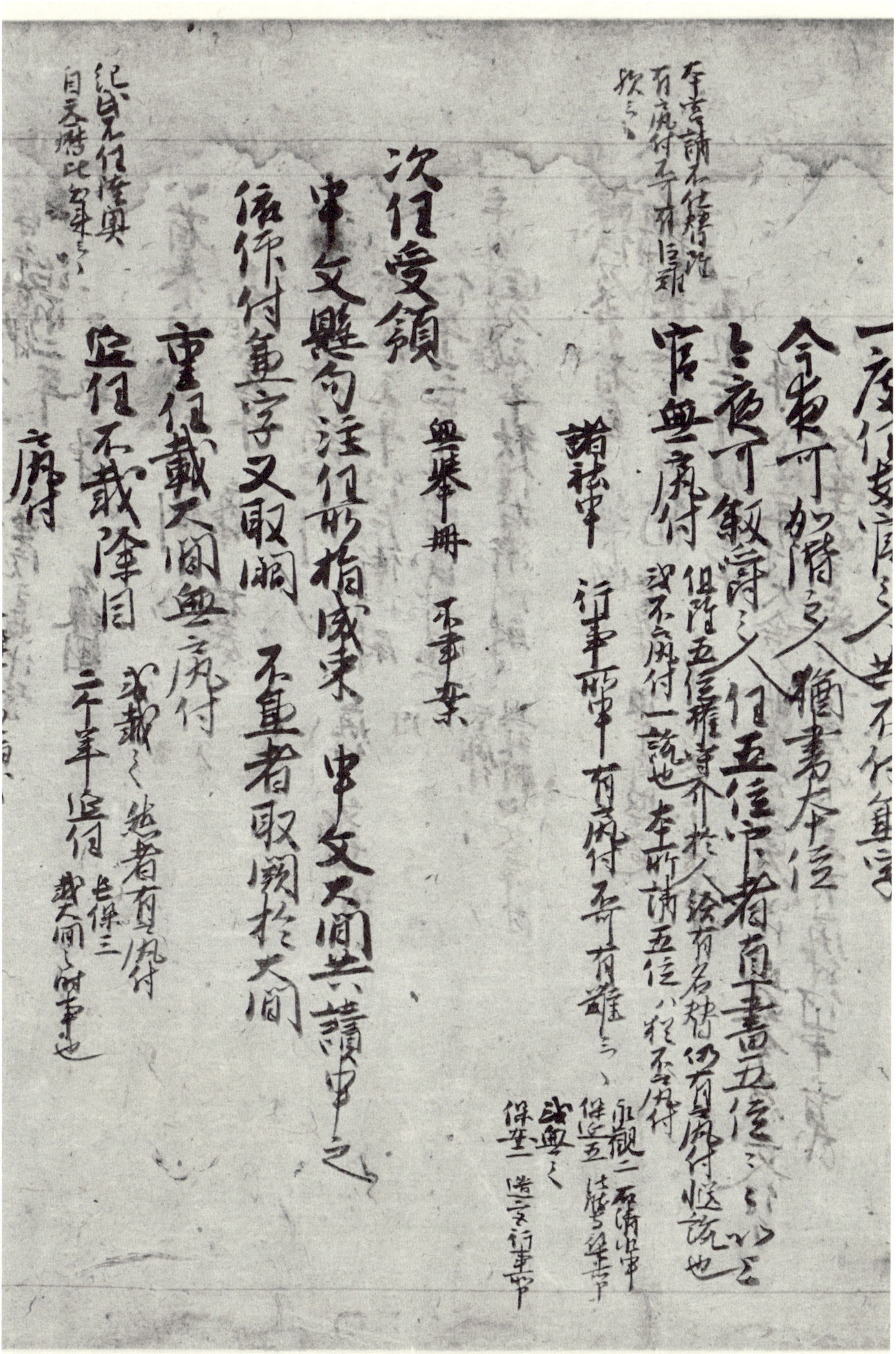

一度任要官之人并不任集字
令申可加階之人　猶書本位
之度可叙爵之人　任五位之者猶書五位云々　以之
奉宣請不任權官　有所付不可有此異　歟云々
官無所付　但除五位權守介於人給有名替仍有所付此說也
或不所付一說也　今所謂五位ハ猶不所付
諸社申　行事所申　有所付　不可有難云々
永觀二　石清水申　保延五　住吉造宮所
或無之　保延二　造宮行事所
次任受領　無替　不書替
申文懸勾注任所揩威某　申文大間無之　讀申之
依件付集字又取闕　不集者取闕於大間
重任載大間無所付　或載之　然者有所付
延任不載除目　二千年延任　長保三　載大間之例事也
所付
紀氏不任陸奥
自天暦比如此云々

自天暦以後[illegible]載大間之例未也

之府付
氏挙　大膳亮高橋氏

次任公卿
除仰任之　讀申大間　無申文
随官去留付魚字取綱
四位任中納言之時首書之從三位
於兼官者任五位下之次任之
有本官重任玄蕃下之時加宗下付魚字　保安三年例

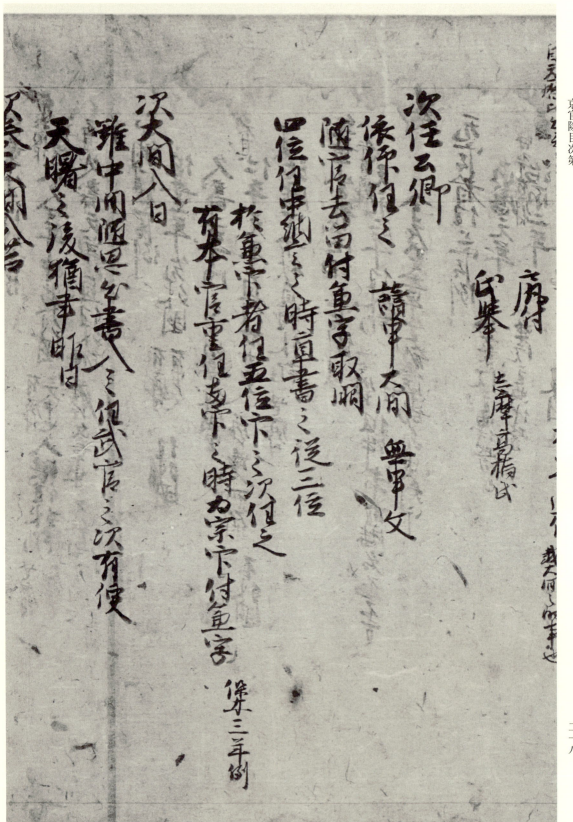

次大間入日
雖中間過恩公書入之但武官之次有使
天暦之後猶書耶曰
又長元大間公卿

天曙之後猶事畢日

次奏大間入筥

皆表紙ノ取紛宣旨一丁関白次候天子勅許之後置

先例公卿代 皆取持之重成之時皆放柳巻之能之不

固巻之也随巻見誤有無

紛奏大間

加礼紙不加封入成文筥

取硯下帳二毛移入次筥

叙位之後

有無随時

叙位封成文之後有之

礼紙文移 硯下帳ハ他筥之後入大間筥 有便宜

次叙位事

大間入筥ノ取紛候

依御定置小折紙共五位蔵人参進

作云續紙ノ 五位蔵人取下

次五位蔵人國續紙ニ巻於柳筥持参之大臣取之

不取柳筥

貫首例不揃 取紛候

今一毛投

[illegible]

貫首座前ニ横　取笏後

次依仰小揖貫首笏見合續紙取勝　第三巻　今一巻授之

自座下縿貫首之更取返貫首前取笏後之又

先操筆下首　筆染筆叙人　別成入之状

次依仰貫首笏更揖墨濡筆注第叙之　不掛算目

有申文ハ懸句入第三巻　申文也

叙ノ奥書年ノ月日願向座下放笏入第三巻

次取叙位更加之續勘以奉之加入大間巻　右

次参大間巻返給復座

入大間於巻　有叙位云　之後　取要國宰挿貫首第三巻　横

取揚大間巻右手推下硯巻於其際貫首大間於前板笏　以右手

引落巻文開白紙就座膝下取四巻　不貫　板　裏紙盧進入

之順退板笏小敬座後　不二寄座

之頒退挿笏小敬屈候 不牽座

御覧了返給

大臣指笏進寄給筥取廻頒付置筥候笏置尻 其間

置様硯筥踈了寄 次ミ筥

有切釋之文者加入奏聞笏御所

為是開白以御硯筥蓋中文 其開不定

開白不復者執筆返ミ大束 其儀在奥

次調成文封之

取成文置硯右ミ 縦 能ミ巻ミ調 大臣ミ成文ヲ抜ミ礼天 細ミ笏帋指之也 又五六遍巻

執筆眼ミ座ミ 調成文於前 礼置二所結圓成束緒 奥結所抜置ミ之中文細ミ指加

世ミ 大臣ミ成礼 中文ハ奥 多度ミ切ミニ切餘 之端文首於ミ板敷寄ミ調之 取小刀切結緒餘 先左次右 不置刀

手ヨル之 右手ミ取加也 以笏返置小刀緒餘入硯下 押板下準筆

不手刀ハ手引ミ筆下置緒目 置硯ミ 取成文入

[illegible]
大臣ニ成[illegible]
中文ヲ[illegible]
手ヨル之
度々ニ切ミテ切餘
以笏返置小刀諸餘入硯下小板下染筆
后手ニ取[illegible]
スチ刀ハチ了ニ筆下過諸目
封目ニ了間墨　之間将筆下ヲ染墨也
置筆ノ取成文加入
大間筥后
不加成文内
以筆西大間
以笏
西々返入
硯筥件返之
要ニ[illegible]二
其此
闕官寄物返以西返以笏入硯筥下小板下　要ニ　或指加
成束　指中央之頗見也
筥封成文後奏大間儀
奏大間入筥　以封成文了　墨将置筆ニ筥
束　指有々　指有綴従者　置指於大間筥於硯筥篠指筥進
寄奏之闕ノ返給復座校笏取成文入件筥
筥中入振
大間中　綴従右
成束右
闕筥中文書小指笏取筥退下
是寄易読也　長治二年　永久四年　天永二年
去秋如此

春秋以此

若有成残申文者移入第三筥下外記或又

如之開見可返申文餘也

次取大間筥公殿々授清書上卿返之

以大間筥置替於硯筥跡闕筥筆雑具等指分取

筥渡楯退起座后廻経簀子并年中行事障子

北入殿上々々大臣御倚子前并清書上卿授文夾杖

以紙縄巻捕結花門北退之

前徳大臣於御前以清書上卿給筥引直筥

未退下

次参議擬筥文

次参議撤筥文

関白不参々時内覧儀

大間并叙位入筥ノ取成文筥并三筥束（大間新聞 続内々）取

大束筥置円座推硯於座之右方奏大間筥返給復座

筥置結固大束筥置之方奏同復座（成文筥加入大間）了書硯

筥取出札成申ノ加大間以申続封之入成文筥

次取叙位筥三所加札成申ノ（明殺 続申）封之之（申続 封々）了墨如入

大間筥（枚数ナ時書続大間 札申中不引封）

次取成文筥三所封之如入円筥

以大間筥置筥硯筥跡取筥橋退殿之授清書上卿

作寸内覧、更退出

仰可内覧、更退出

功課定事

関白〈不参者執筆候天気仰之〉仰一大納言、〻〻定申、定了奏、

授定文於執筆、令奏関白、〻〻見了返給執筆、

加入大間、書准御所 所〈仲文分〉

白地起座事

称大間中籠於内座

勘申指油火揖衛重事

以下書物之枚了揃、束申加者、以申文揃任人

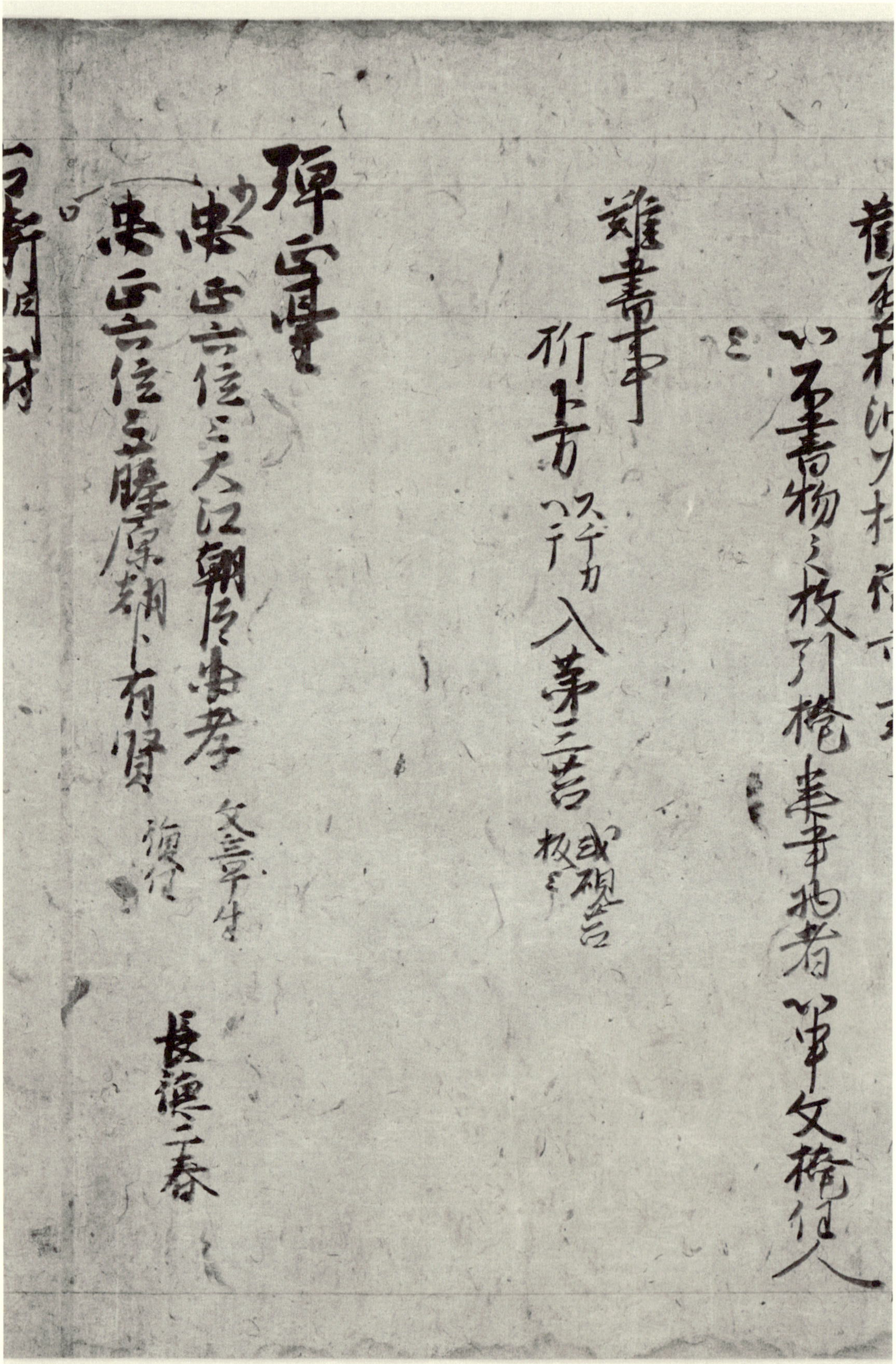
以下書物之枚ヲ捲束手取者筆文捲任人

雑書事

折下書 スチカハテ 入第三巻 或硯台 枚々

弾正忠

忠正六位上大江朝臣忠孝 文章生

忠正六位上藤原朝臣有賢 復任

長徳二年春

(19)

史正六位上藤原朝臣有賢　復任

長[德]二春

右衛門府

佐従五位下藤原朝臣成吉

大尉正六位上日向備真人[兆貢]

長徳三春

左兵衛府

右兵衛府

已上[鈎]様

縫殿寮

縫殿寮

助正六位上藤原朝臣行康　臨時内給

少允[redacted]　造神祇官内膳　成功[redacted]

少属正六位上藤原朝臣惟長

已上消様也

元永二秋

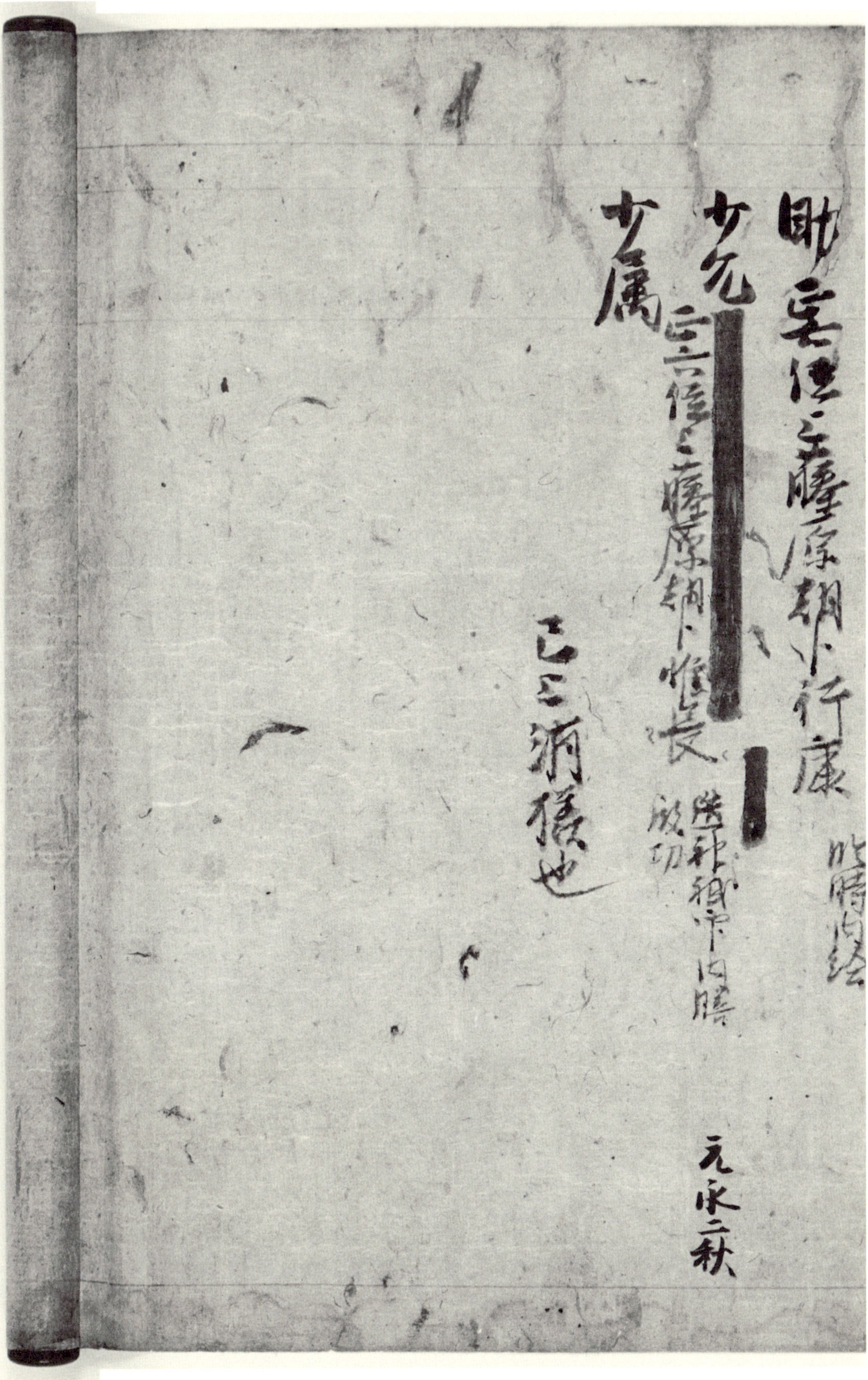
元永二秋

京官除目次第　裏書

（223）裏62　（223）裏61　（223）裏60　（222）裏59

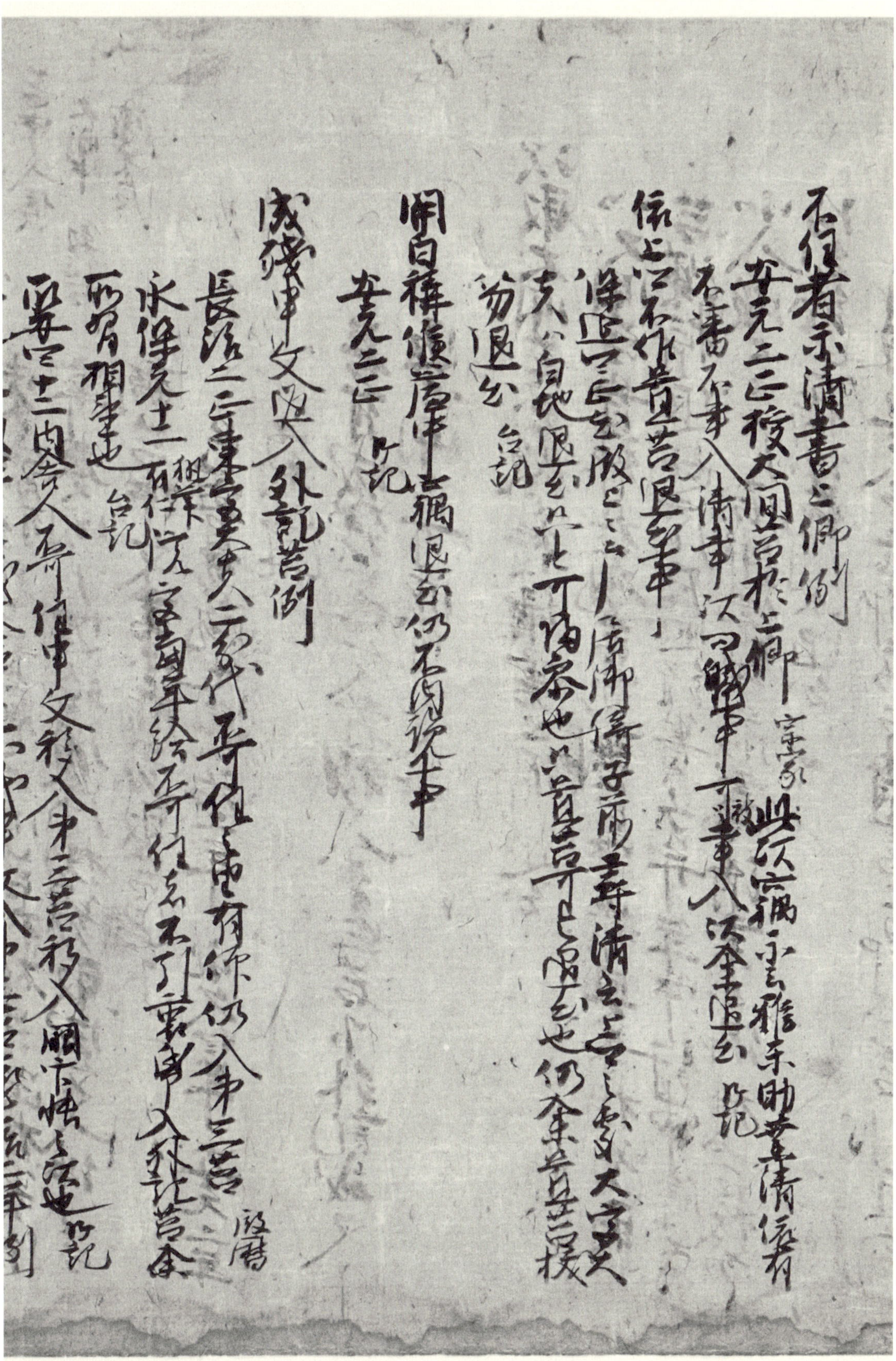

裏58
（222）

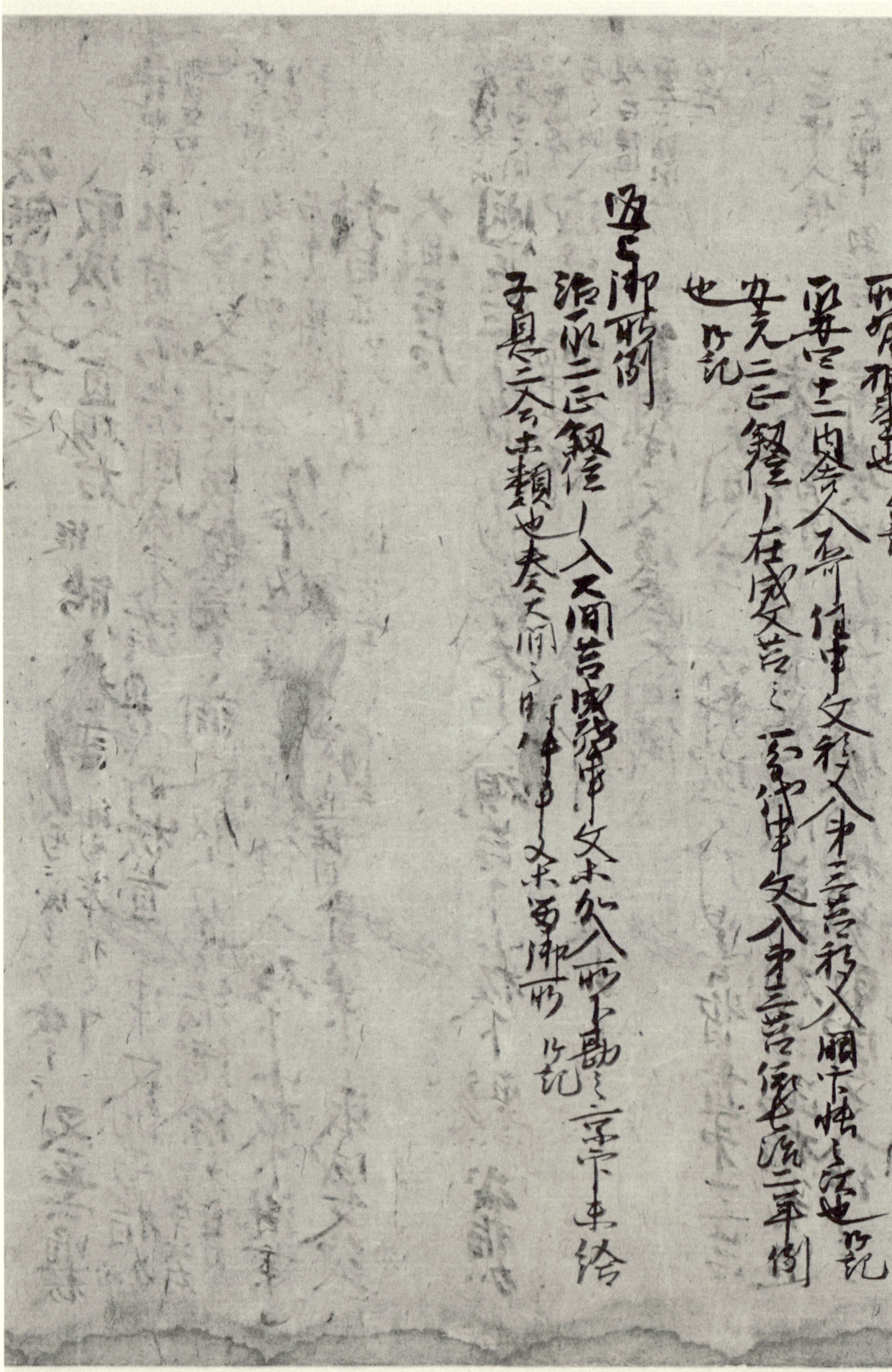

裏57（220）　裏56（220）　裏55（220）　裏54（219）　裏53（219）

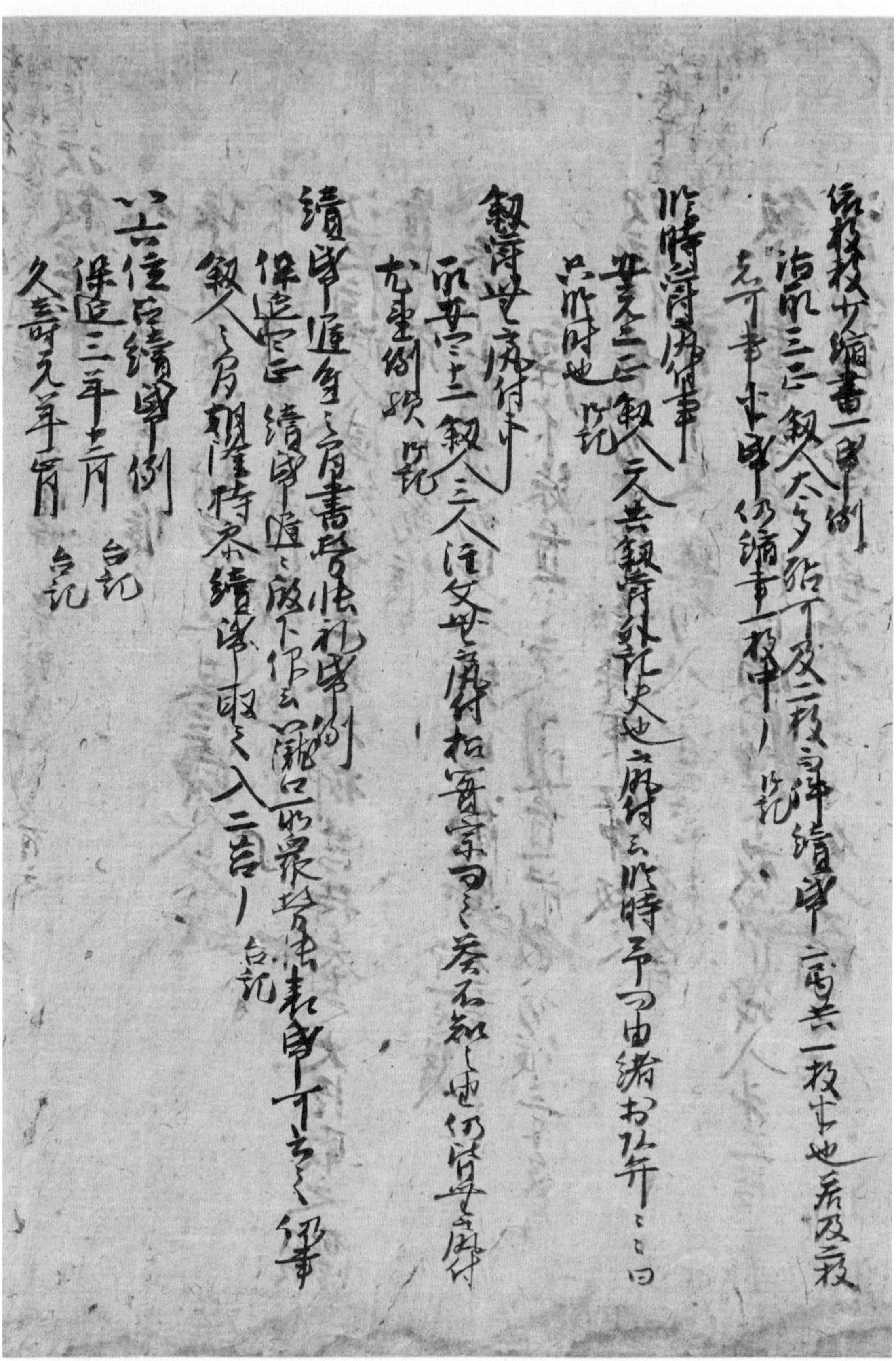

裏52（219）　裏51（218）　裏50（218）　裏49（218）

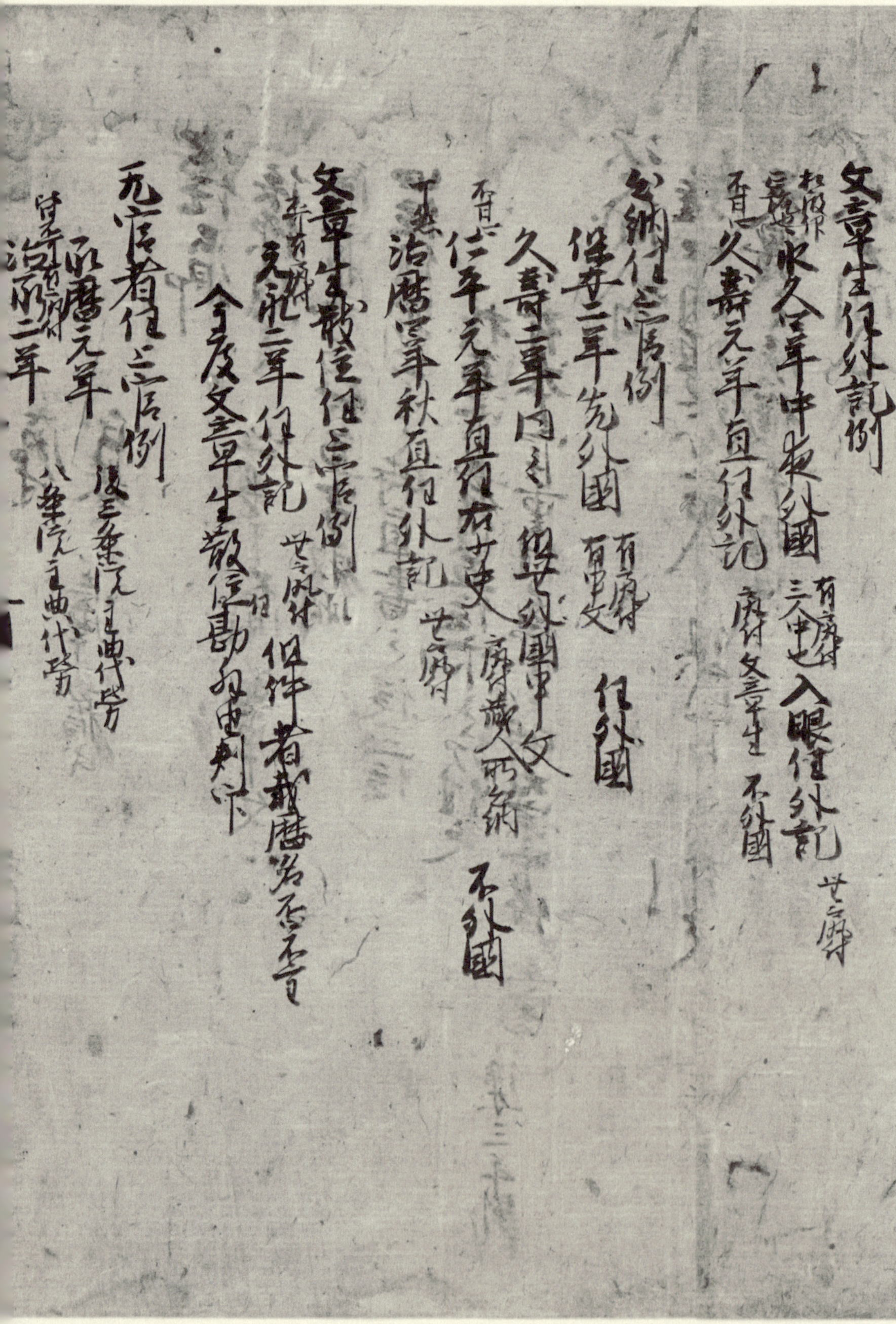

承暦元年
甘南備有時　治暦二年　已上無労付　八条院主典代労
不外国
一、有奏任民部丞例
長保元年　労付　有奏
文章生直任顕官例
寛徳元年任左衛門尉　労付　文章生
仁平三年秋任民部丞　円
長下外寸有労付　安元元年秋任右衛門尉　無労付　此外有他文章生
課試及第者直任顕官例
有行中　但於寸考　長徳三年任外記　無労付　但本丹波掾也
元永二年任左衛門尉　労　前文章得業生
件人十三年任大舎人助　労付　安度以何此外今度三人任ノ
今案不定也　但世之下吏有労付何事有哉

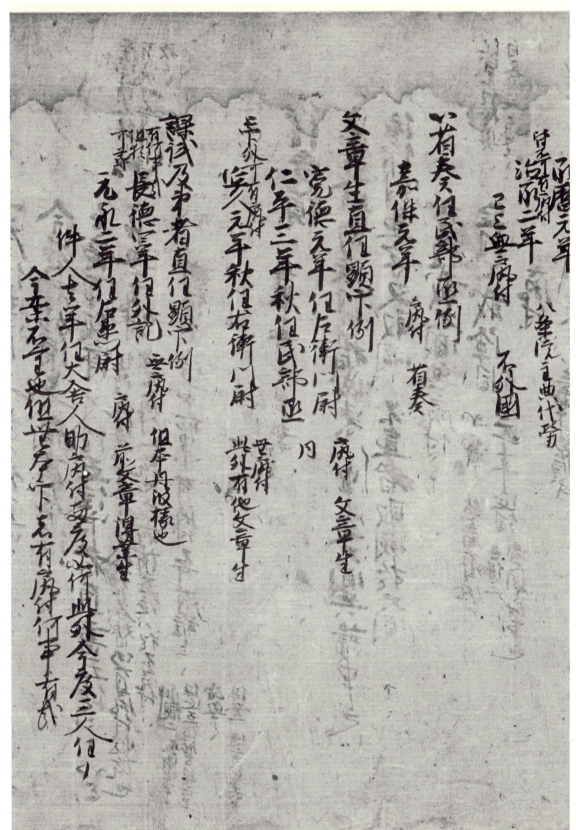

裏45（216）　裏44（216）　裏43（216）

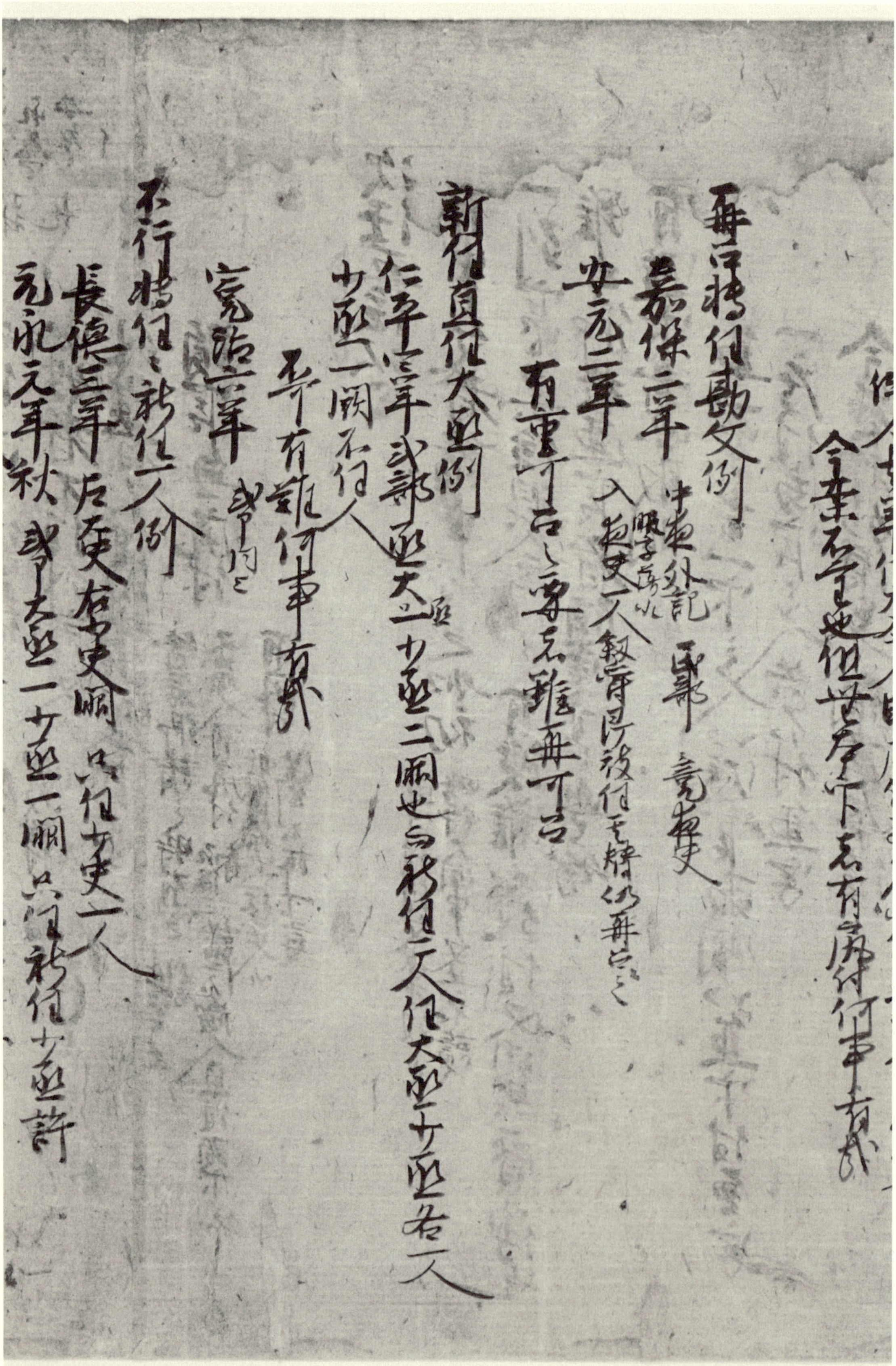

長徳三年　所望史本史所以行史之

元永元年秋　式部丞大丞一少丞一闕以行新任少丞許

但保安元年春者臨時新任行諸任等無

（214）裏42

召諸道勘文之儀事
次人々三 入眼 案次以筥召諸道勘文目持之将置成文上
而其次給顕下申文と奉々 覧

（213）裏41

雑々例
以府奏奉将曹 元府生
府付日本府奏
以府奏奉諸国掾府生
府付后近府生
次検非違使奏奉左門尉 元志
無府付
以内給当年一分代申内舎人
府付当年一分代

永保三秋
承保三春
永保三春
承保三秋

裏40
（212）

一内給当年一分代中内舎人
宛付日当年一分代　承保三秋
皇太后宮請付大進及大属　属者死闕也
大進無宛付　属宛付日
本官請　大進者死闕也　承保三秋
一切経雅時給例
宛付日　雅時給　進行佛用塗之功納　但勤仕者主典也　承保三春
左衛門陣史生
宛付日　本府奏　永保三秋
諸司奏有本司時無宛付例
元永三　右兵衛府奏　本大膳少属　請補如何
保安二年式部有奏　本刑部少録　同
二年近衛府奏　本主殿大属　宇治左府

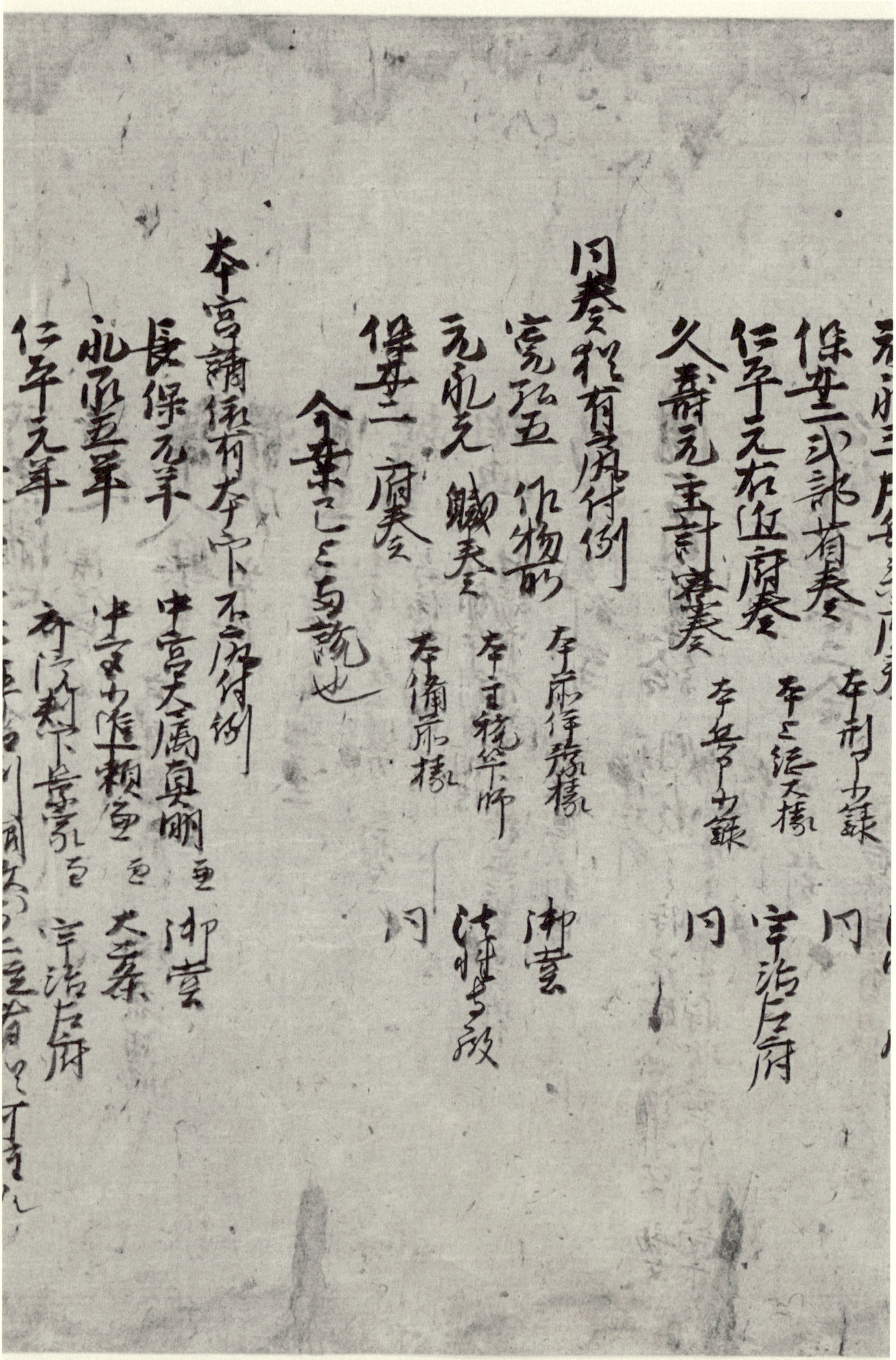

保安二 式部省奏 本刑部少録 同
仁平元 右近衛府奏 本[illegible]大属 宇治左府
久寿元 主計寮奏 本兵部少録 同
同奏抽有官所付例
寛弘五 作物所 本所[illegible]属 御堂
元永元 贓贖司奏 本主税算師 法性寺殿
保安二 府奏 本備前掾 同
今案[illegible]説也
本宮請任有本官不[illegible]付例
長保元年 中宮大属[illegible] [illegible] 御堂
永承五年 中宮少進[illegible] [illegible] 大殿
仁平元年 斎院判官下[illegible] [illegible] 宇治左府

仁平元年　斎宮寮下□□□　主治右府

ヽ二兼官不任諸司之例　綱政朝臣ヽ上位者非可任也

神祇官ヽ自解転任例

保安三年神祇下部祐季転任若有自解申文

無陣奏又無転任文

応徳三年有同転任又皆自解也　而今転任無文

被任之

其年府生

武官行転任例

右兵衛大志正位上　隆浦

少志　家統

少志　忠行

長徳元秋

権少志　諸之

裏35（209）　裏34（209）　裏33（209）

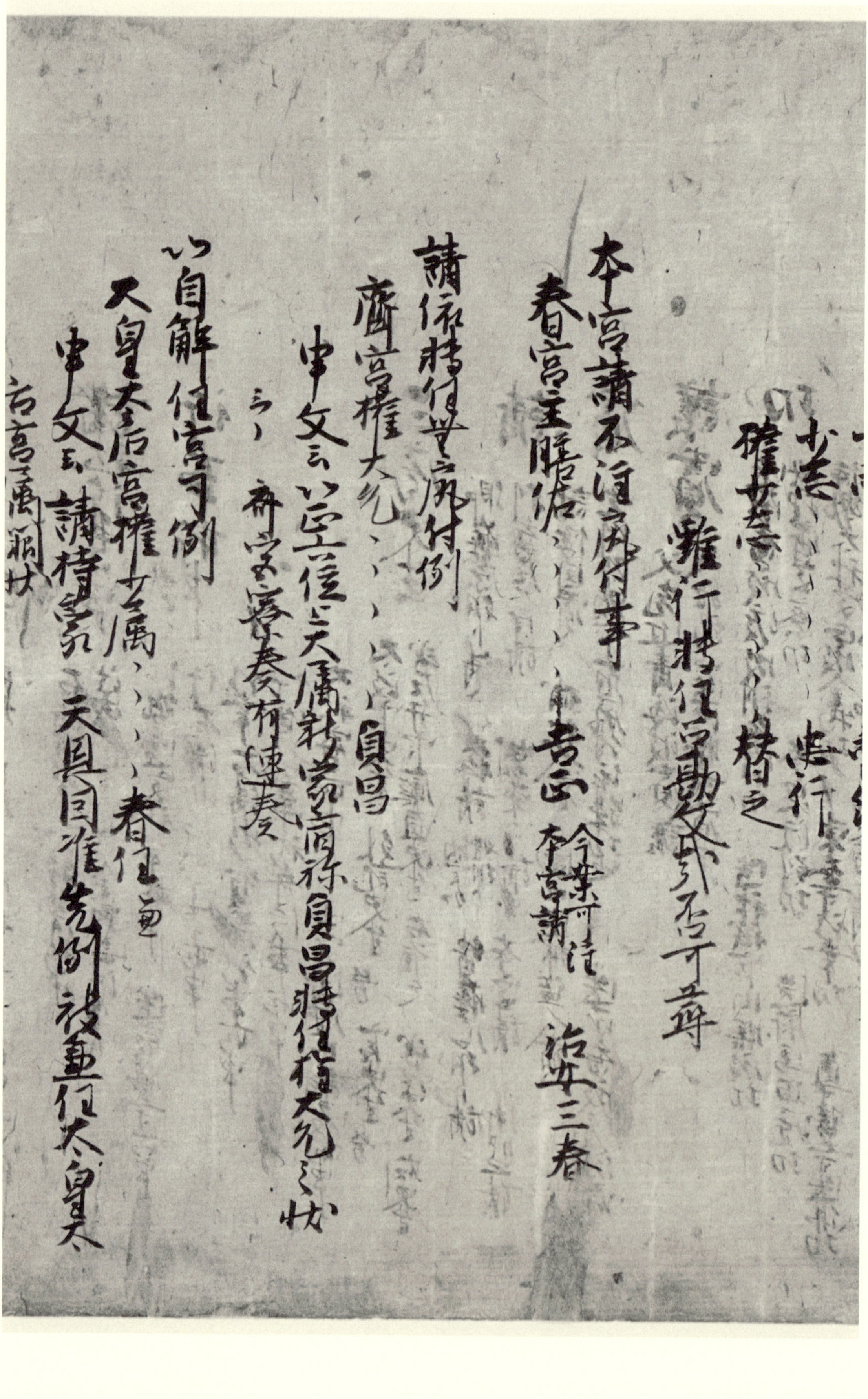

大[illegible]

中文状云、請特蒙　天恩因准先例被並任太皇太
后宮屬闕状
今案依本官請任之時、以自解一所申、津濟云々

以自解轉任一所申例

圖書少允、、、、、、信貞　申金剛壽院　應徳三春
中文云、以私物二千石造進所金剛壽院修新云

内匠少允、、、、、、親雅　延曆寺申　嘉保三春
中文云、以私物造進根本法華堂新物云、

右馬允、、、、、、、法成寺申　延久元秋
請文自解也　不副宣旨　成功也

大膳亮、、、、、、、西金堂行事一所申　寛治八春
自解也　不副宣旨　成功者也

(207)裏27　(207)裏28　(207)裏29　(207)裏30　(207)裏31

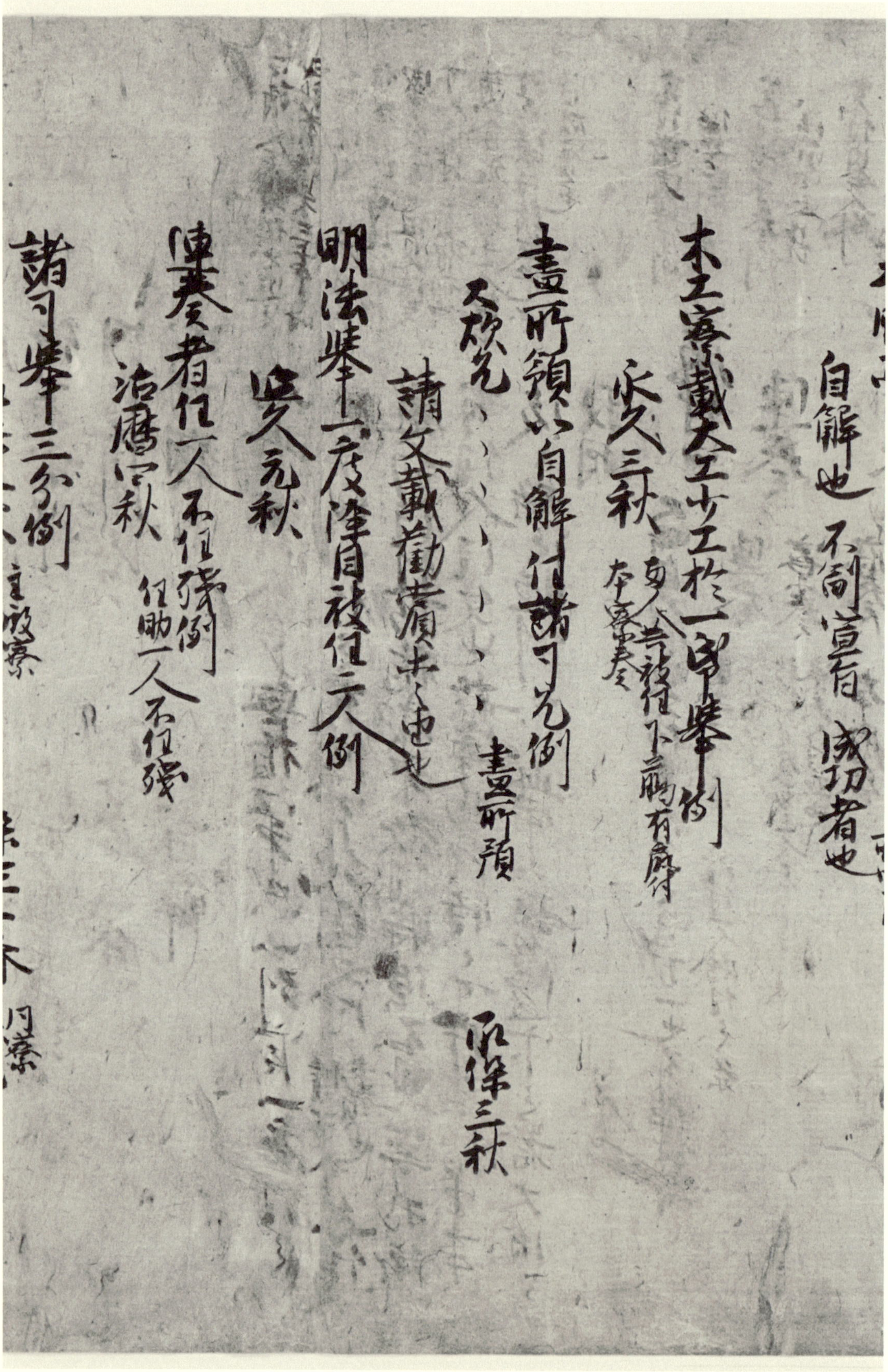

諸司奏三分例
承保二秋　主殿寮奏之
康和四春　掃部寮奏之
已上皆轄任也
保延二春　内蔵寮奏之
以上属奏之也

雑々成功宛付
造営貴布祢社功　元永二春　々々奏超越功、初斎院行禊用途
熊野遷宮功　治暦二春　申文云、進納熊野新宮用途云々、御厨任右衛門府雑具云々
初斎院御禊功　治暦三春　申文云、進納初斎院行禊用途五千疋并稲符　北畠殿筆
用途二千疋
功　右兵衛尉　元永二　申文云、八条院侍所一期斎院禊登料馬元功、又云々石清水行幸
用途料兵衛尉超越功也
今案、可注石清水臨時祭行幸功歟

今案、可注不請、旧有成行幸功歟

武官一切不任例

長治二十二　今武士一人許可任也、依女叙功人不注　所〃

先付他時給挙奏例

保延三十二院分字給付、関白撰出他時給可奏所給挙

不被採余之取之任之　台記

内舎人一列任例

安元二十二諸院宮申文並藤通関白撰給之、余不取之、其中内舎人申文不任之、勘申文之中　一分代

前横

多有之一列可任之故也　行記

無顕官挙例

治承二十二顕官挙之申文以一通可能胡下々之書以上

通之、仍無挙　御記

裏21（204）

裏20（204）

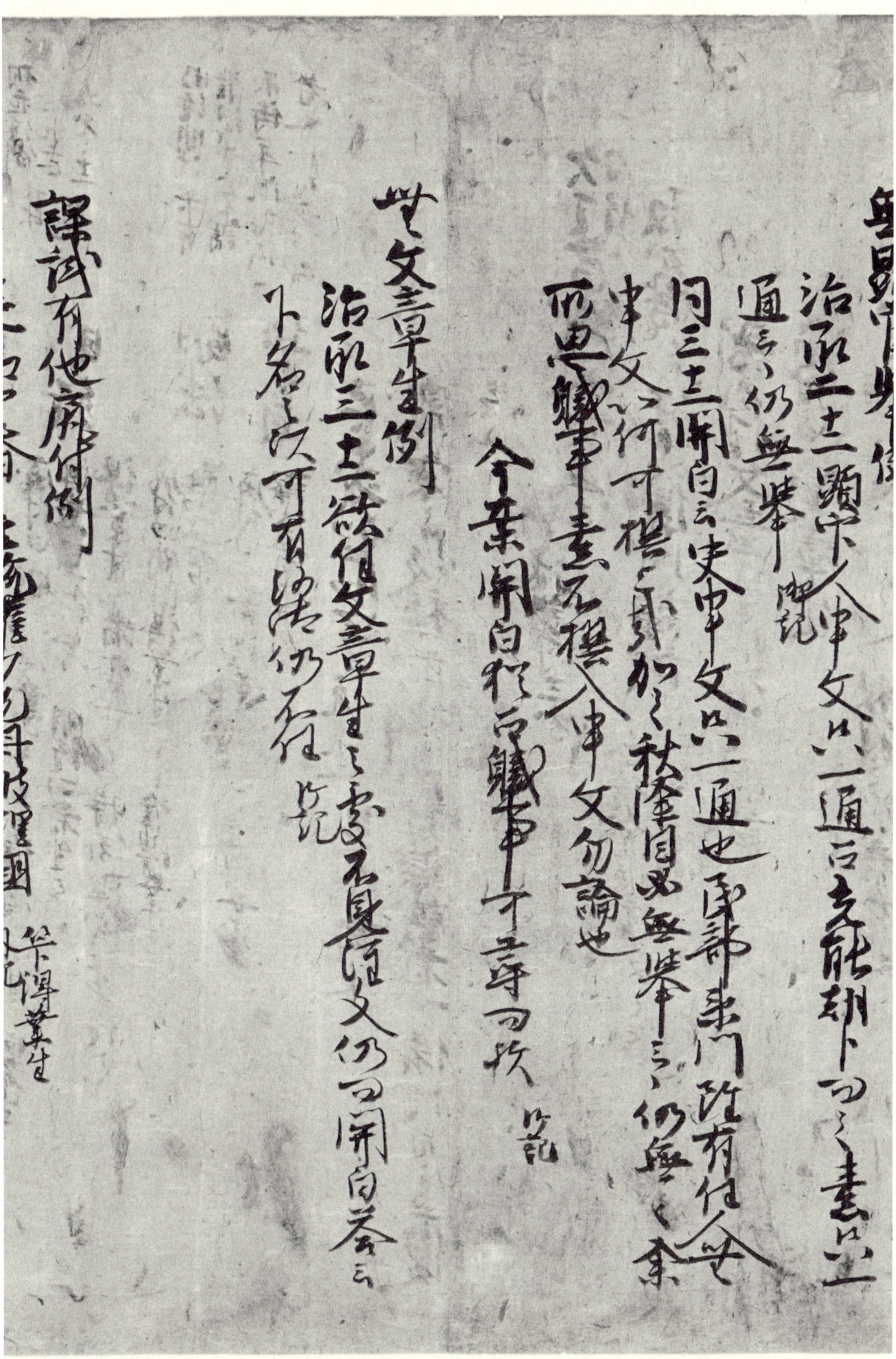

裏20（204）　裏19（203）　裏18（203）　裏17（203）

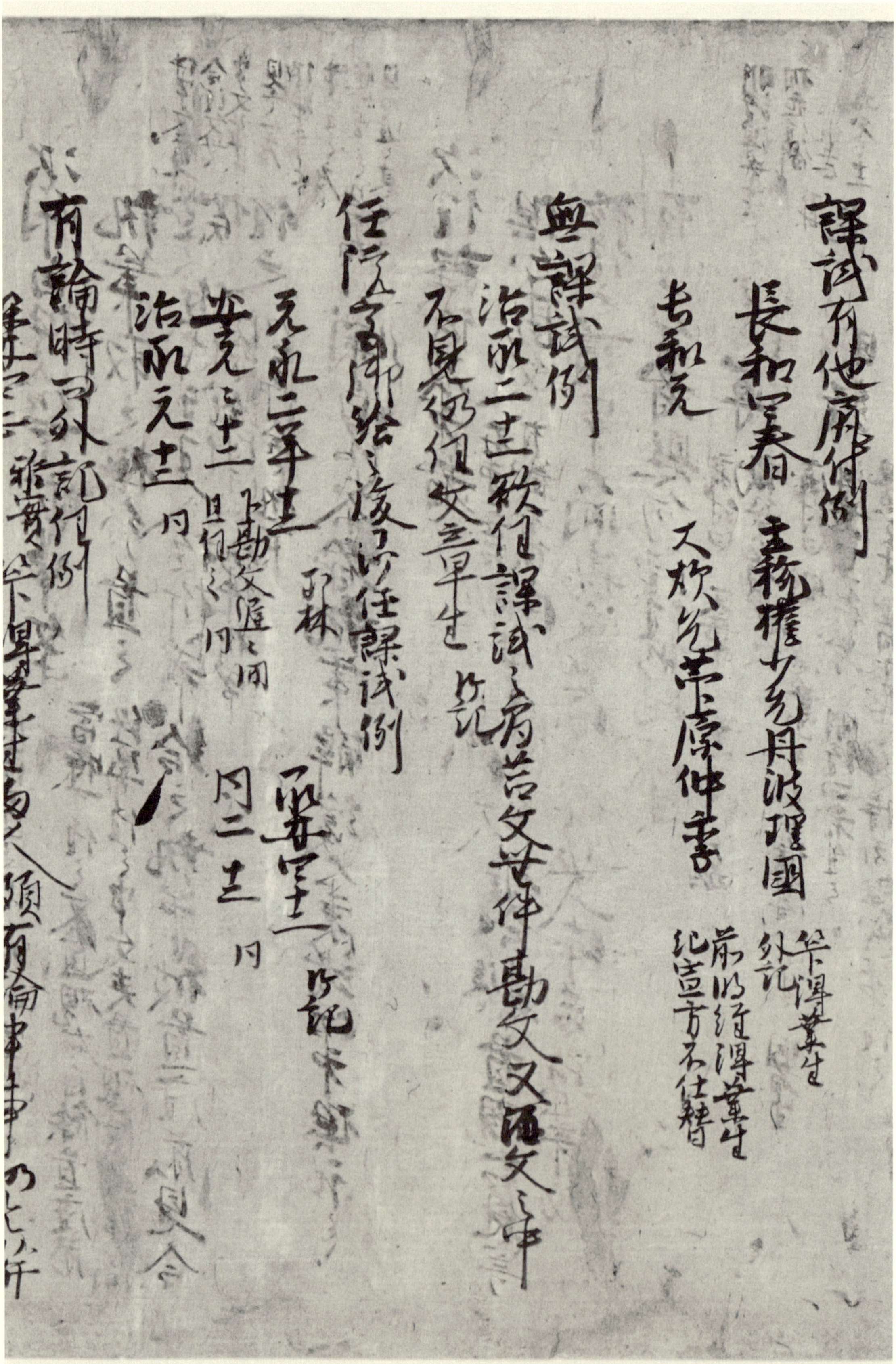

（203）裏17　（202）裏16　（202）裏15　（202）裏14

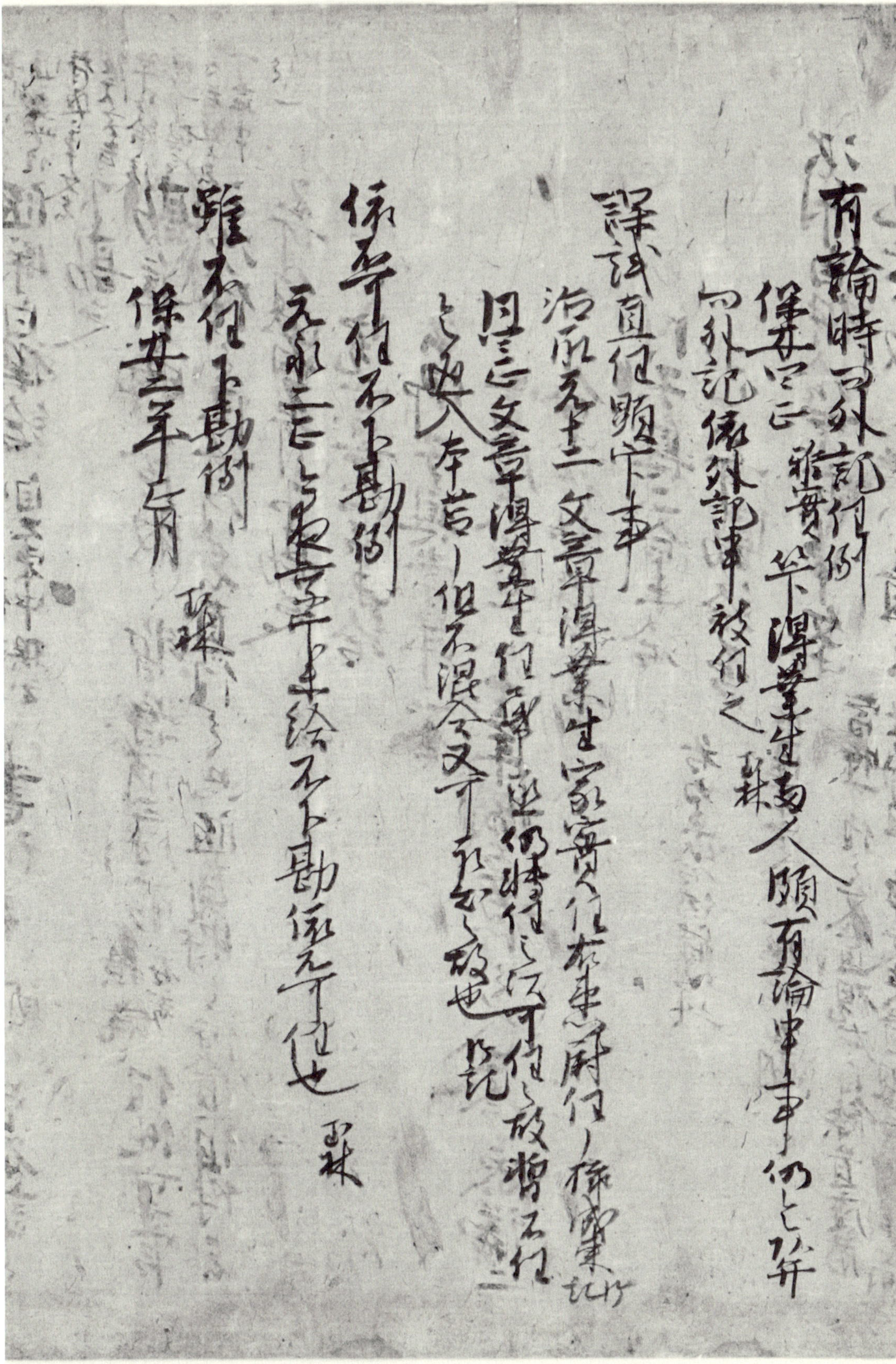
有論時可外記付例

課試宣旨下事

雖不付下勘例

裏13（198）

裏12（198）

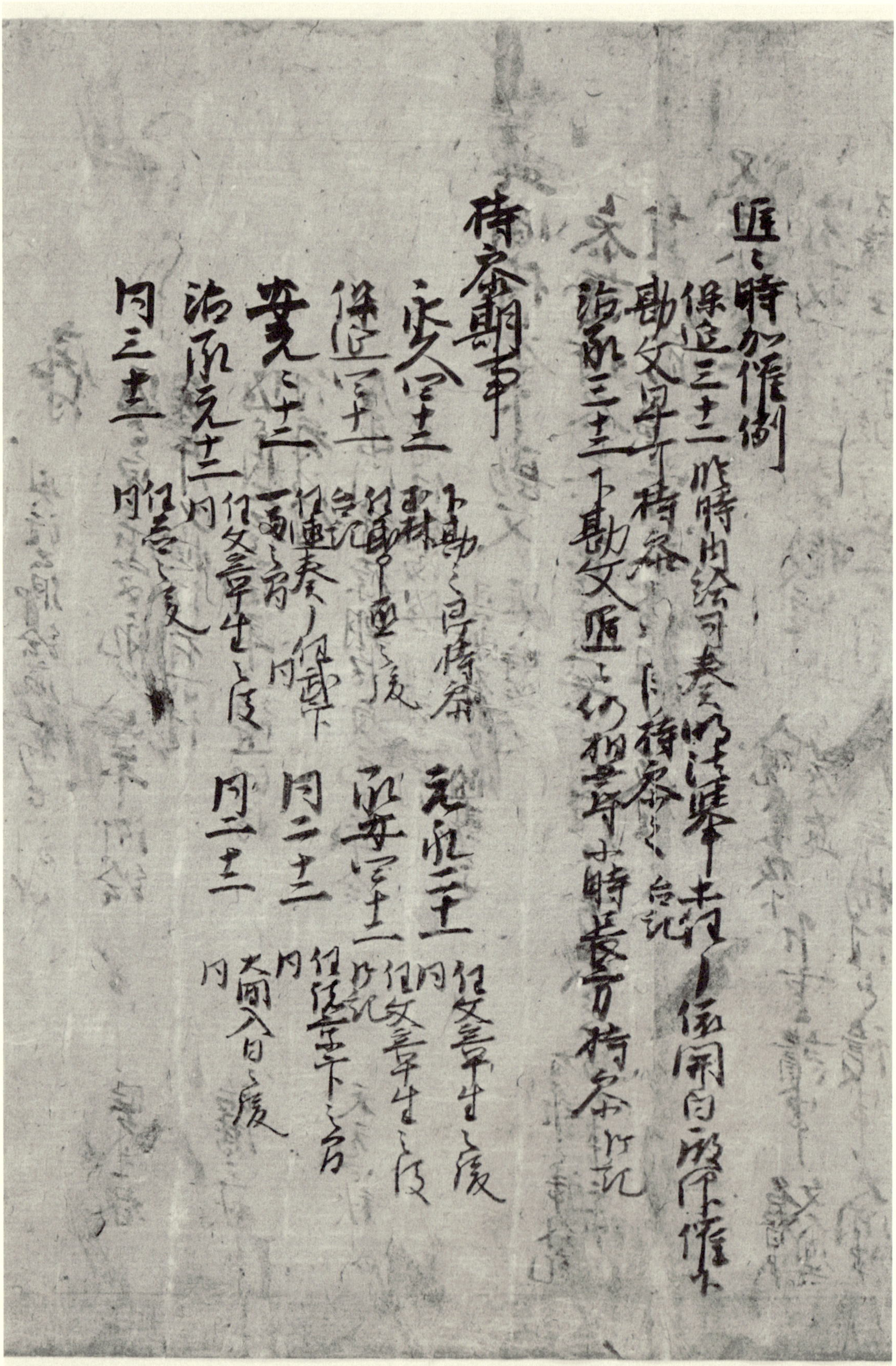

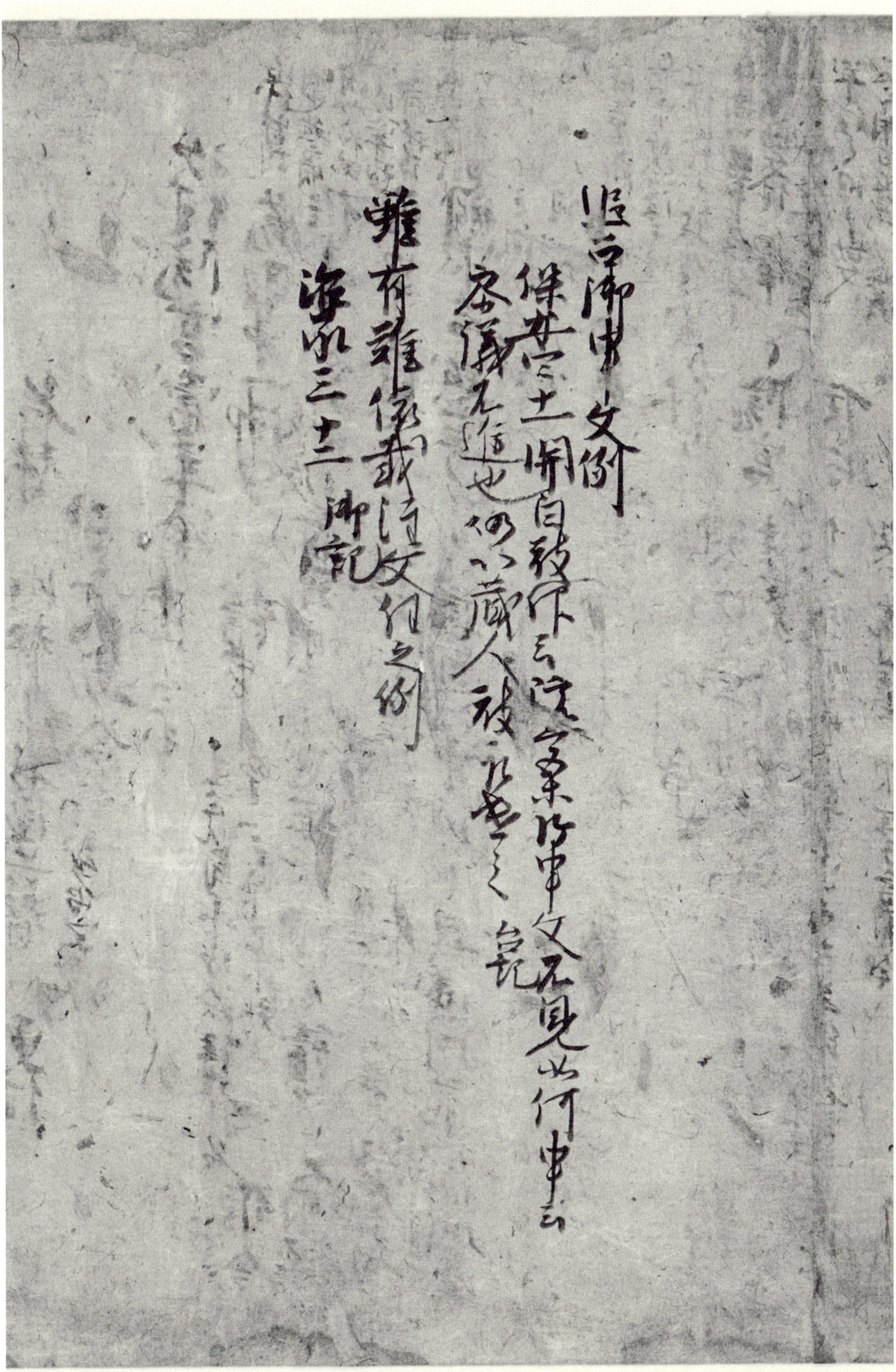
以御中文例
保安二十一開白被仰下云院宣案御中文不見何申云
参議兼通也仍以蔵人被尋之　追記
雖有雑條載清書之例
治承三十三御記

（193）裏9

（193）裏8

（193）裏7

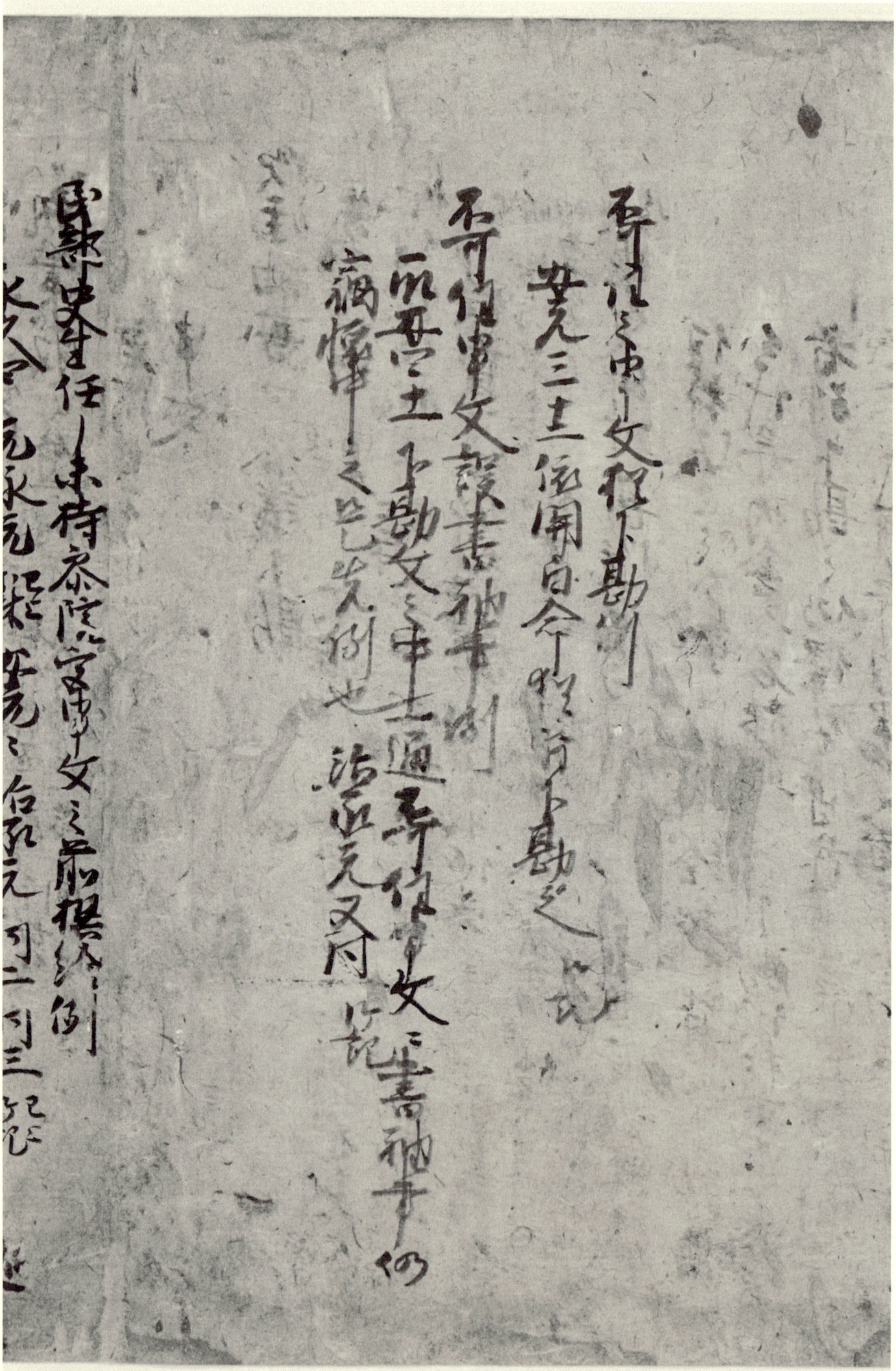

裏7 (193)

裏6 (192)

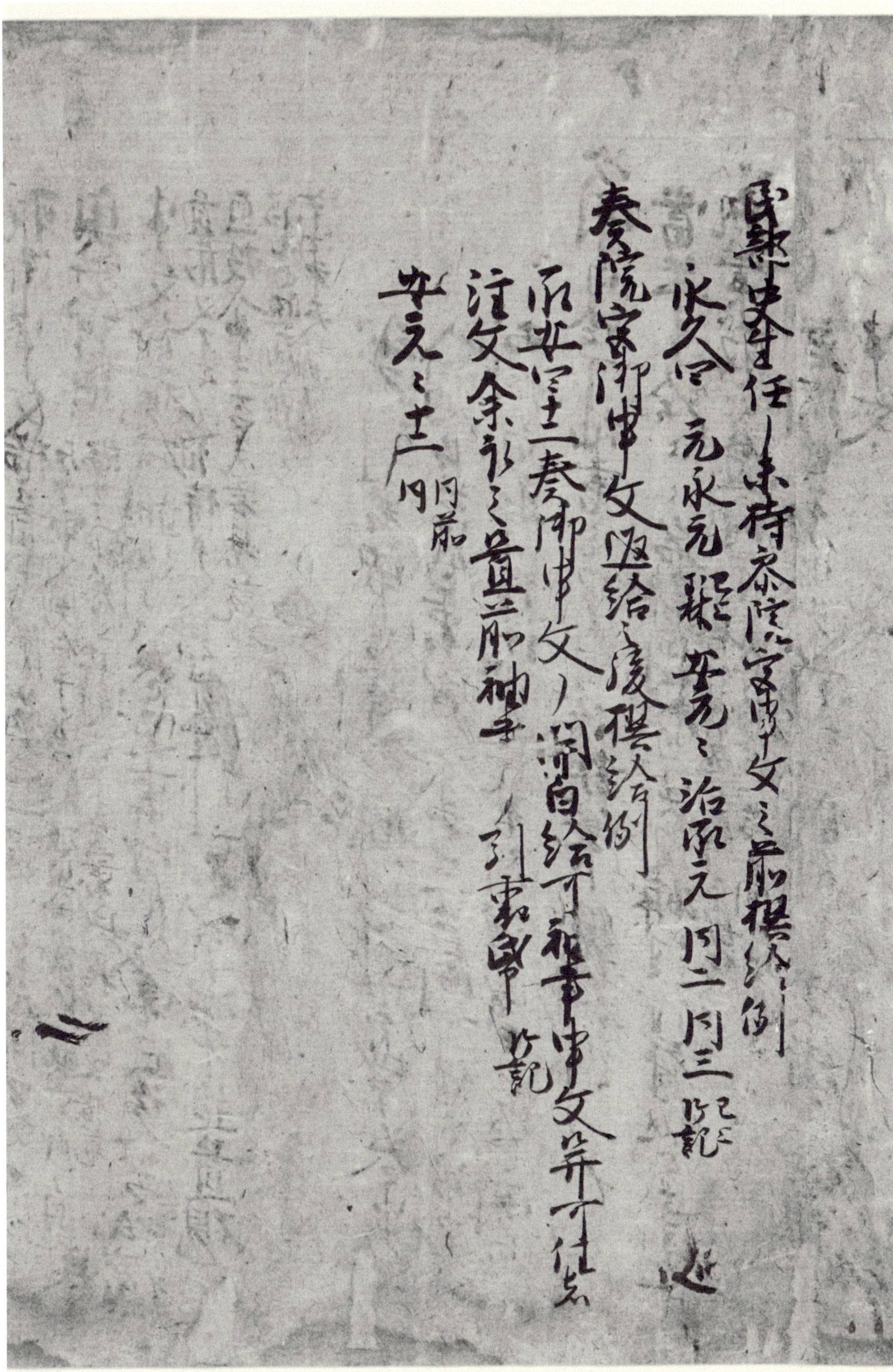

(191)裏5

袖書中間侍奏之時先下勘之例
永久四正廿三　玉林　安元二正廿一　御記　治承元十二　同記

(191)裏4

袖書未ノ間奏御申文返給後下勘例
元永二十三　玉林　治承二十三　同記

(191)裏3

袖書ノ下勘之後持参御申文事
元永二土　袖書下勘ノ與任者以持参御申文　玉林

(191)裏2

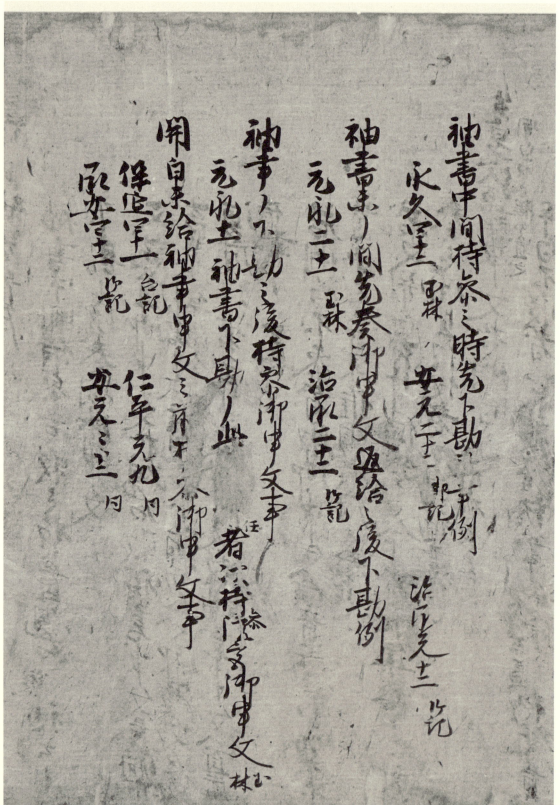

開白未給袖書申文之前不持参御申文事
保延四正十一　台記　仁平元九　同
承安四正十二　同記　安元二三　同

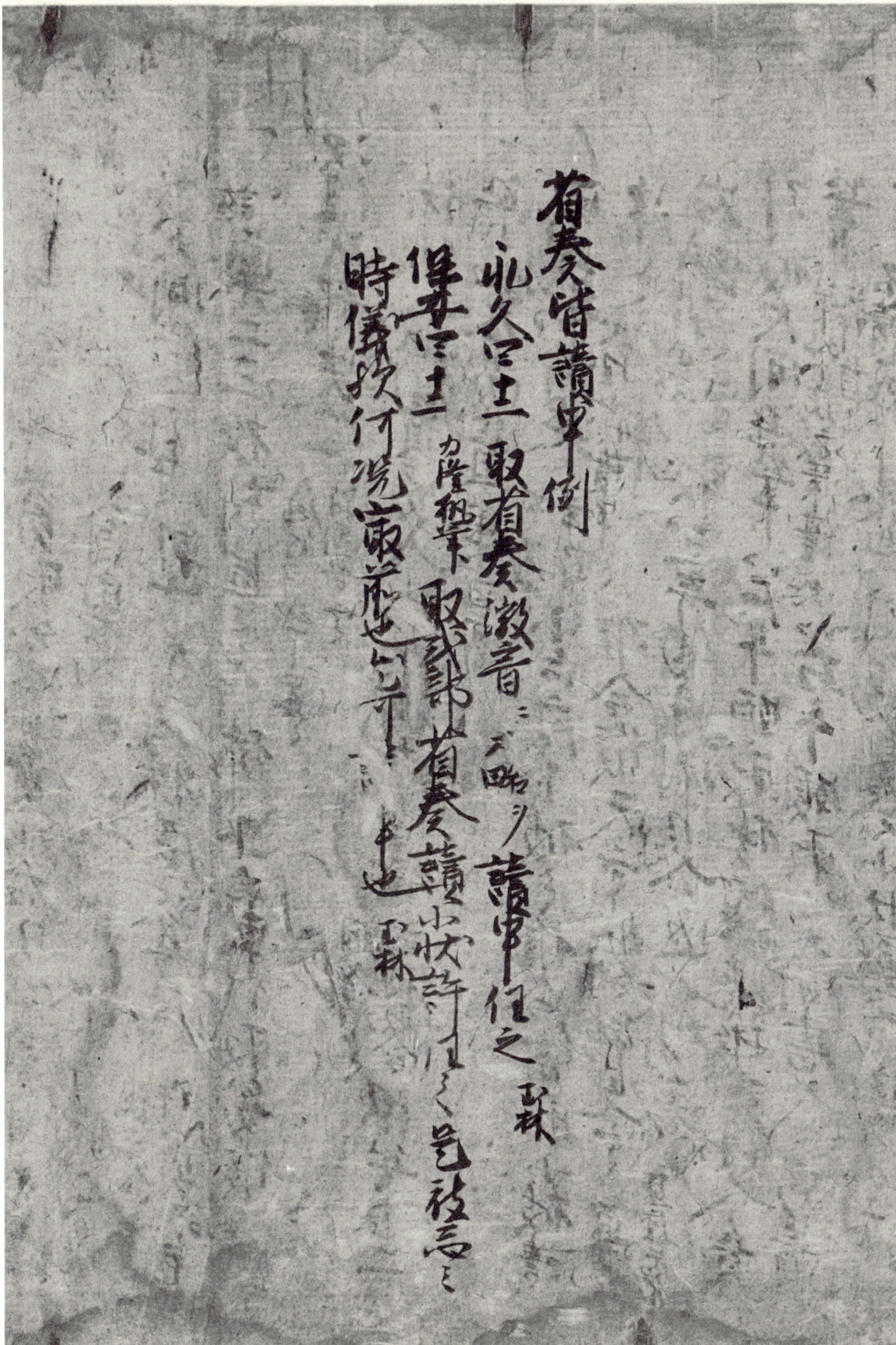

有奏皆讀申例

永久四　十二　取有奏、激音ニテ略シテ讀申、任之、云々

保安四　十二　加賀權守　取式部有奏讀、小状許讀之、是被忘云々

時儀敗何況宸筆也、以下一紙書也、云々

県召除目記

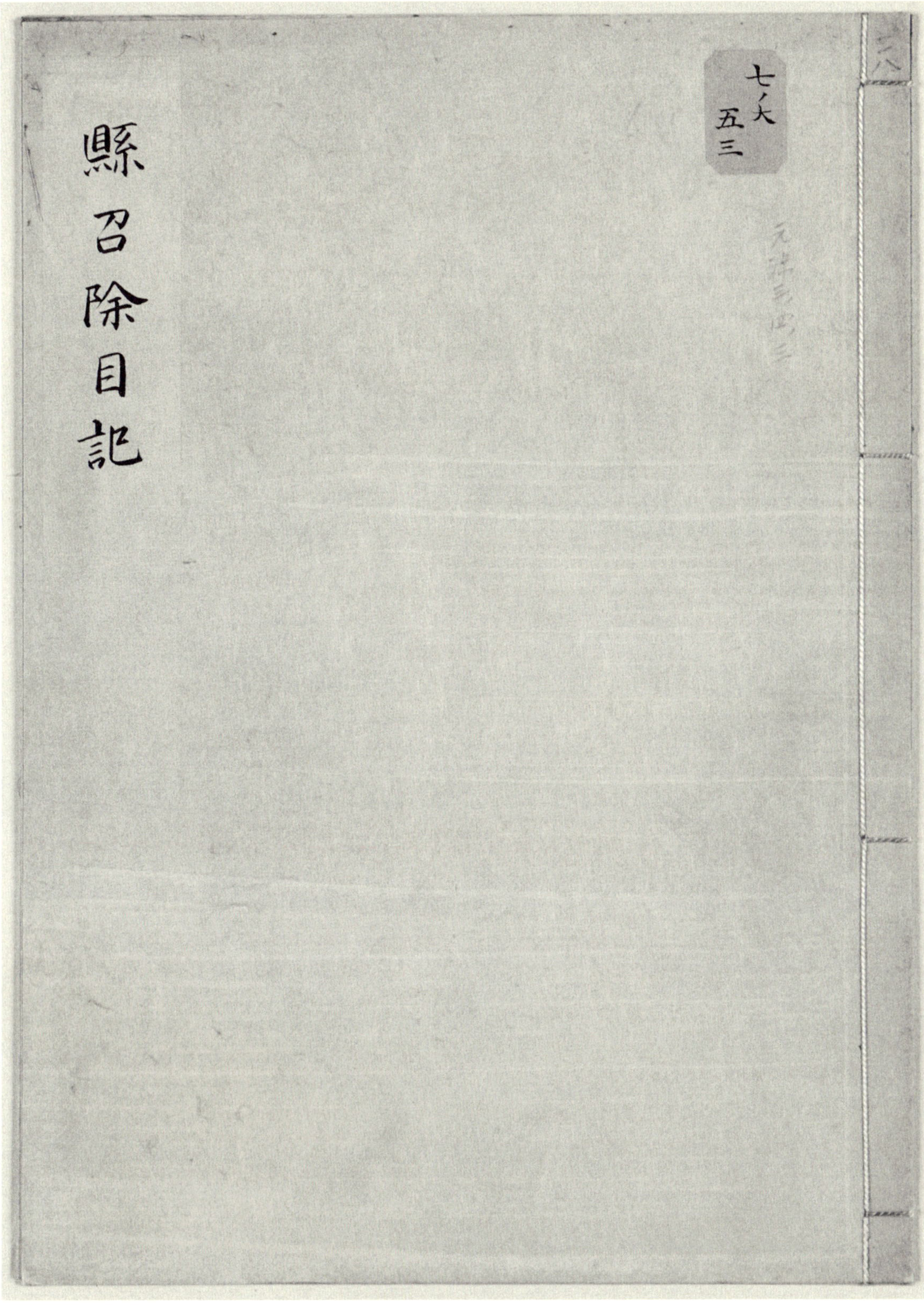
縣召除目記
七ノ大
五三

庚午四月三日書写初校相済

庚午四月四日再校同断

西坊城家

縣召除目記

右時代相考ヘ候処甘露寺元長吉田兼倶中原師富等書中ニ相見ユ除目ノ
儀式取行被レ候ハ然ル文明延徳明応年中時分ノ除目ニテ候其上応仁二年以
来八ケ年停止ノ除目初テ行ル、由有之候得ハ右文明年中ニ当リ候右除目
ノ外他事無御座候

廿五日　天晴風静　自今夜被始行縣召除目　奉行以
左中弁量光朝臣　今春併〻無益相催之間　愁以所狀時
眼亦同時　卿等退　付更未練　旁所催也　抑除目事
應仁二年以来八ケ年停止　已為物例歟　二〻十年停止　例度〻在之
於今無盡期〻處　中将殿御昇進事　無事被撰勝定院
贈太相國御例　以應永三年正月除目　為御兼國以後例　今
春亦為御兼國之間　且云彼例　且為再興　被為始行　一段遂
行之処　自去年以定　進〻被作御沙汰之　寡分以下停止
除目以下被行之条　亦為旁無沙汰之処　自將軍執奏　仍先年

座次行之説執筆事當時一流之仁雖非右内府未
拝賀也亞相之中右幕下拝賀其外無一流之仁又後日
先達不審也如今者可為闕如条々有編ん流之関白事可
爲 奏慶之上者後可避近例可後奏勅之由編命厳免之
間後然執筆流儀執柄執筆暦應後紛絶刻至院関白附屬さゝ下
永和是之四院関白附関白さゝ下寄慶也其外上古清盛為関白知足院
関白清雄為関白不為内覧之後勤仕例在之々々柳依而年給
事可為参内之由其て為之御沙汰不修後可為兄巧撰停止
年者一勤幷及絶者不一勤未給御沙汰二合年限又不一勤

（1ウ）

入〻一向不停止年来不及沙汰今大略同以見分地底不
相如形〻〻於執筆不弁〻〻筆者今度一献初任二合申
文之条分明也如形子細不見兼日書之記者也尽須奏可及上
奏沉一所 東二ケ間〻改替 及上末間以奏沉一所 以夜并不〻以実礼枕忘〻猶也及
晩以奏及下御宿廬 吉田三位兼倶下御座之趣門内 下場及之次所催置事之左出立〻 先到自長濱
令後続〻〻以白川前侍資氏卿申事由執柄出座御儀未
謁申之先下奏者御於官方申文者下改略之也奏御時
下仮御官人召事御奏次下召之毎度下内其分下始之云〻也
奏作略後申之起座向奥座〻之傾〻向大外記師富朝臣

（2オ）

宿清三位宗賢卿 權大外記康顕以下数輩在座文書小相續
其次以如山岳雖愚眼ゝ宗賢卿相續云無不親王迎給事
次宮下當時伏國平親王未参迎給 宮方給後為一人迎給之
事不叶事不叶之事被尋之其後又被尋之ゝ者此事所
古佐上参之候ゝ向粗申承様ゝ識一人迎給事不可ゝ
云殊ゝ申請ゝゝ皆 後来佐上層西相承令条相續ゝ
入夜向源中納言伊宿未着（色目如例 先文書之）主則参内以并相達ゝ
間密付申文（不開消息） 給人申文如山岳極力ゝ之ゝ
則来由ゝ左右經以左府以其方以并為関白黒方 参御間事

未定之勅問云々此事ハ為黒遣戸内西面之北第白波治定了然
西面不可然之由去年被治定也仍可被用御殿間東戸ノ内歟云々此所
当時為中殿不可然之由両方議云々凡此皇居以之
座准大盤所之上者御殿間於当弘廂之准凡然者無余儀之上
職事兼参進示一通於黒戸遣戸ノ者自小板敷ハ当日眼路有無便宜
者於項之可存可被経之云　奏聞事大略ハ於御殿間云々又此
於黒戸方右仰改下中座　束帯　無家司之間以其由自貫首参
参座下奉仰之詞　自上可下々除目　右仰諸司可催之由　退其所揖少速参退之者
此間中宮中納言為　奏慶参内経康子座　左少弁光長左大史　雅久有弘禾去座之　進立

（３オ）

弓場申次蔵人於監菅原至教出逢其後如例拝舞入無名門

昇小板敷居板上〈第二間小面〉則起座出上戸内々申入之乞小時自官返

戸下板遣居揖先奥次移居揚座今度人数賦次蔵人左少

弁元長触賦下蔵人方吉書結申之畢下之居座予下推久

有揖之次起座至参板下而庭揖之々次予下板遣居揖〈昇之後〉

〈七ヶ年無其事之 次之間之之無沙汰之〉其儀於宣仁門代官人〈不及召 来此所〉仰云時間ヘ官人

向板上方唱来申成剋之定〈兼告之〉次予正笏入宣仁門〈右足 内先〉則

於参議座末〈西壁 方之〉程北向揖脱左沓則懸左膝〈壁 方〉次脱右沓昇

其足則踏立テ副奥座壁小行至納言座程立直東面テ先突

左膝次突右膝居座次立左膝乍逃右足一揖之後立右足乍
持笏於左手以右手取引寄裾正笏坐三息斗後（思吉事並次弁昇之事也）逃
右足揖起座右廻傍壁而行於座末跪降左足（降昇共以一先壁方足之也兼後儲之説）
（忽忘先降左之但此説連綿之不一而失）若当次降右若当之居向座面（小）揖出宣仁門弄
昇ゝ之也云々堂上作或先若我座後移着奥座延文度曽祖父
如此但得日勘家記之處更若納言座之条善説也今度依内
府教命先若我座之由今記依以下若奥昇之且防前槐門説之
者先之右少弁元長大外記師富朔之左大史雅久有依未参着下
下立右仰之敬之（後雪之出座弁間長押膝行弁両局不合参進）
貴子奉之云々信弁家司蔵人只計其程之云々逃間

新大納言参著經廊子座前 政處東 安之 進ミミ場代 中次第人〃宣抜出
舁了不見處上昇少々起立當上肉之對面次遂着任先奥次起 逢其儀如何次拝
座北擬左廻 移見縁 押笏起座財底扇移 揚之取笏取之〃笏 合官人令數職次第人
左少弁元長見職下吉書結申之取目下史之不見
内次起座並參底下 内庭經之 漸夜半程関白參内之由
申之間予下廣見廊子座 着扇東 勤座之 揖如例次左中弁量光
頭下見之 着扇 勤座 左少弁元長不見之笏須之関白參御會呈
門經廊子座結予起上立左中弁同之 出着扇東 踏 踏居之 當左中
弁座程立向揖結予作下答揖了揖磬折 左中弁 同之 次進之
弓場代結此間左中弁起廊子之趣申次之予同起座房密伺

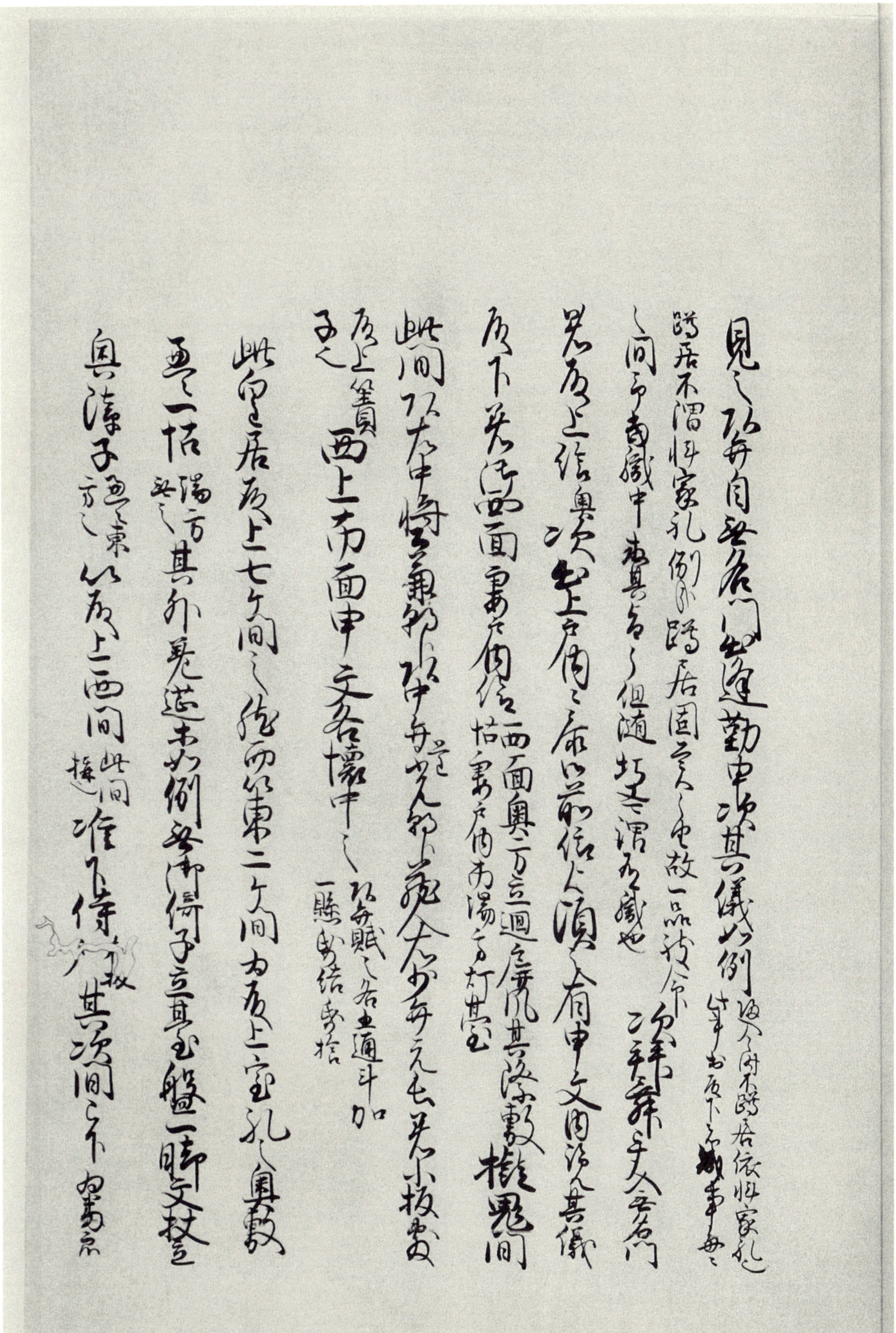

（5オ）

所侍間西方縁立障子内豎以下上縁唯内豎所頗高之間甚文之
之退跪給之后仮諸揖以縁之只ヽ内地上之唯之神仙門事不
内豎清仍先登上之殿坐入其右門昇小板敷了
先頭中将起小板敷経其座盤上進枝下踞揖文入上之給之
出鬼間東南小方伺御目起上出長押外膝行昇長押指壺
杖取挿取文給持空杖降長押降之頭廿二召持杖致座継亀居下
杖見文之如元給之指出給人不見及頭中将及平置枝長押
際亦之賜文降長押亀居置文於前解縁捻展懸向
取文給申三通給申了如元給之持左手以右手取杖

副文上退還入上戸置杖於本所懐文而還来小板敷次跪
内豎其儀大臣開笏文次見大臣文開笏但不副杖膝行
押紙左方置筥子入各度不見及之事矣殿下揖起座
經屏風西頭退入殿上方給不出自妻戸給出次殿下相具御
令下殿給扈従下殿人〻降之宣仁門辺先殿下令着沓
端給次令於宣仁門奉請益則入門〈先右足〉至横切座後〈中央程〉
深揖脱左沓懸左膝次脱右沓昇踏先安左膝
敷左足一揖垂右足副座褰裾作次殿下仰同
之由殿唯奉之聊頭面右方蹲官人〻〻来掃

一献職事奏人々称唯出職退居次執筆置笏膝下
命之執筆下吉書殿下披見不及結給結申文巻置
前給之同執筆退去次殿下御目並前筆之頗西揖了
仰大外記師平召官人今度前例官人退出之次大外記参職
被下吉書賜之如例結申退出殿下座下史々不足
次殿下居直西面揖賜之同申畢伏不及結出宣仁
給之執筆起揚次人々進大臣先之起座之方先々一揖路下右足
兄皆次殿下左足兄皆先之後出大臣今兄皆以下動之向座揖出宣仁
令室上殿下出之給之此入今日申文奏事執中将頭

蔵人弁政顕（今度元長不加之、挿笏入之故也、政顕元長同候之、与奏聞紙替之、兼以弁内々中定之云々）等在板

敷（其儀同内弁）、程也、此之下儀暫不見及之

奏聞間事、以子細問書者、内其所出御書者、左右侍

常燈殊無其事也

将之後参、也大臣次第奏聞、有申文撰定事、可密伺

見之、其儀先役中納言事者、着奥（口殺其次之不取画之例）、次役弁同着

奥之座（如上西面之）、次蔵人弁政顕着之（北方南面）、次蔵人左少弁元長

着之（南方北面）、次蔵人頭置硯在殺、持参御硯蓋置座中

以則仮滞方（東面）、次以弁蔵人少納言部兼持参申文

（7オ）

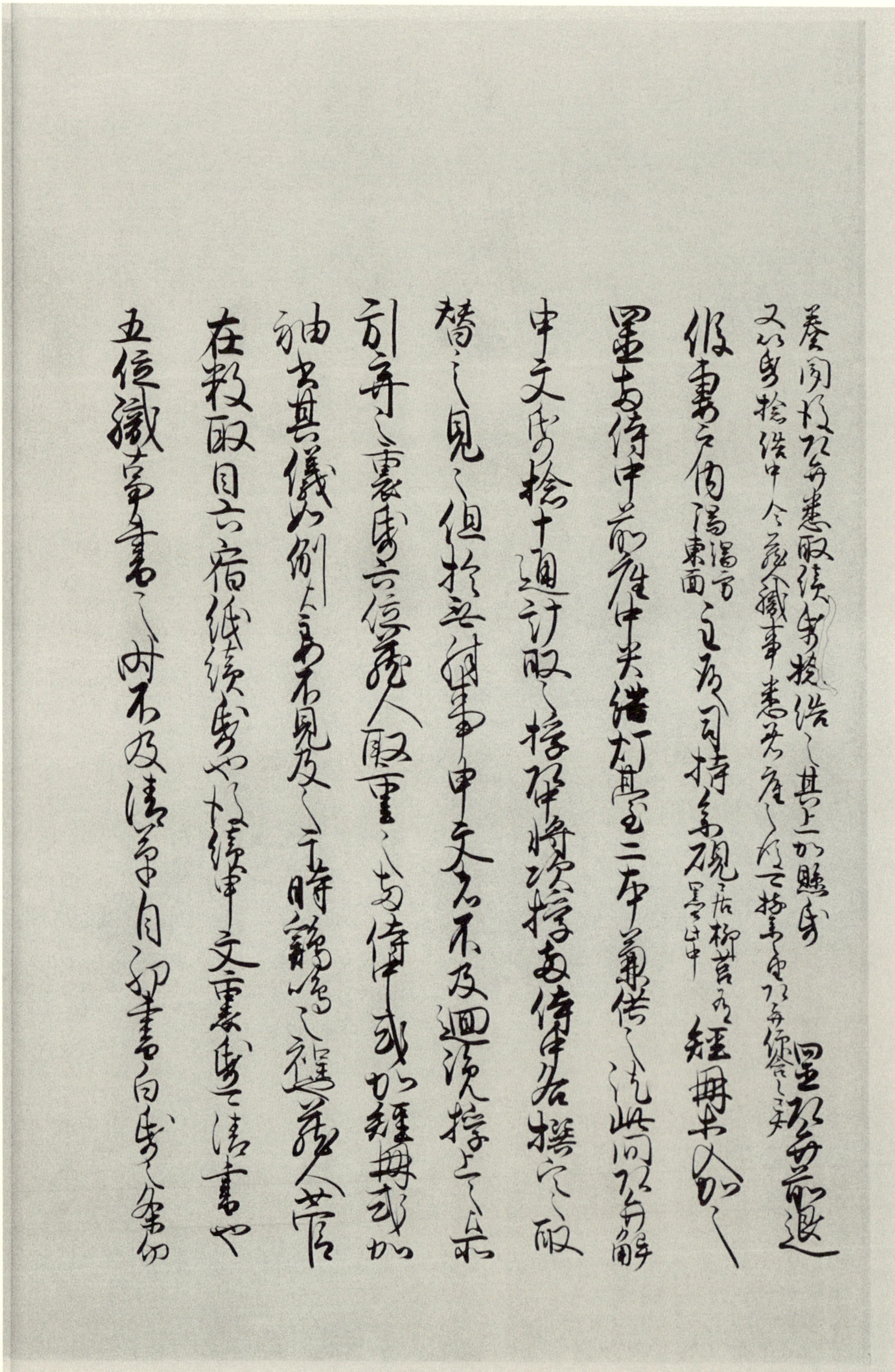

（7ウ）

論事也、摂政云、天盛御硯蓋（納書并目六等盛之）、次取捨結文押之
中々（中文取出了附筥　不及抛結々）、六位置筥前人不見及之、柳筥取之
加陳入杓目先刻以奉内方以一散大納言奉給前握持
奉仰之、称当也、此間殊儀始之、…告請、其儀先殿下
下殿後、次卿相揖、次下殿之下、先着端座給、次大臣揖
大納言於宣仁門請益、手次先端座、次執大納言請益了
着端、次中門中納言請益、手次先端座（端座之家礼也、以口請益　先端座事人之勤之）
次予正笏奉請益、先揖切座（…揖之下非従…以不記之）、次取下之
同紹予敬屈而奉之、次頭右中弁拓蔵人…

（8オ）

賦之、史則參進、數之退居、次又御目如初了之、招官人
仰下召外記之、史則出宣仁門召之、次大外記師富朝臣參進
賦（先於地上膝行之、後起之下知之）、令問文書具否給之、奉之、高稱唯退
須臾以筥參賦申召之、史退、次取下御目録了之、招官人
召外記一召之、史仰之、次大外記師富朝臣參進賦奉上宣（召文事之）
稱唯退下、次外記三人捧召文入宣仁門參進列立小庭（北上西面）
次取下居直捐給、間平伏（此間右大臣起座、依家礼也、仰一揖歟、然而無宗匠之故不令及下知也）
出宣仁門跪之後起、揚取下直入無名門、取上奥座給之、不
見及、次廣橋大納言起座、次帥起座、置笏捐出宣仁門、先之

廣橋新安亞相中山門中納言列弓場代立定名有揖東上北面而經列
後進立西方一揖東面參議南上東面或北上也次南上內善人令在內一人ゝ同參其若列諸卿列予外記
三人一人不足間下臈取之二合立之捧筥列納言列後此間座下起座上着沓前庭立少府廣橋大納言揖
座下起座上着沓前庭立少府廣橋大納言揖離列進立安居
門東方大立所也西面揖傾外記方之之捧硯筥趁來亞相不揖笏
懷之依中風不易手不合功之之取筥外記跪取巡授之外記授笏揖退次不揖以位次不及若揖入
安居門昇是以下不見傾之新大納言揖立上傾外記方外記捧
捧筥趁來亞相懷笏是又不易之后之取筥外記跪取巡授之件間亞相着笏予外記取之入懷之外記
笏揖退次亞相一揖此時亡揖者立上揖亡略之条亡宜之乎上首立上揖乎以內位次異新人揖之条於件揖之亡略之取筥一揖

（9オ）

次同時答揖了入無名門置弓前之座
不見小選中少門中納言揖離列立上不揖須外記方外記趨来
納言指笏外記跪捧之取莒外記退次納言一揖亦答揖之後入無名
此後聊経程幸亦揖離列経納言列跡進立無名門東腋大臣門腋人立所
一揖寂来之人立上揖之余善説之須外記方次外記持来莒之間検知莒納物大概見之
之後插笏不落之様能不用意也欲取莒外記磬折お余ぶ之磬折之取巡揆之
亦取之莒下除懸大指於莒端持之立外記授笏欲退之間不揖而寂来人不立付揖之
入無名門代至座之昇小縁座上簀子敷高之間依難懸膝今給楾小縁只下立地上准也
脱沓懸左膝於縁簀子擬小板敷之昇給沓召使取之賜共執色東行入西面

参考図版

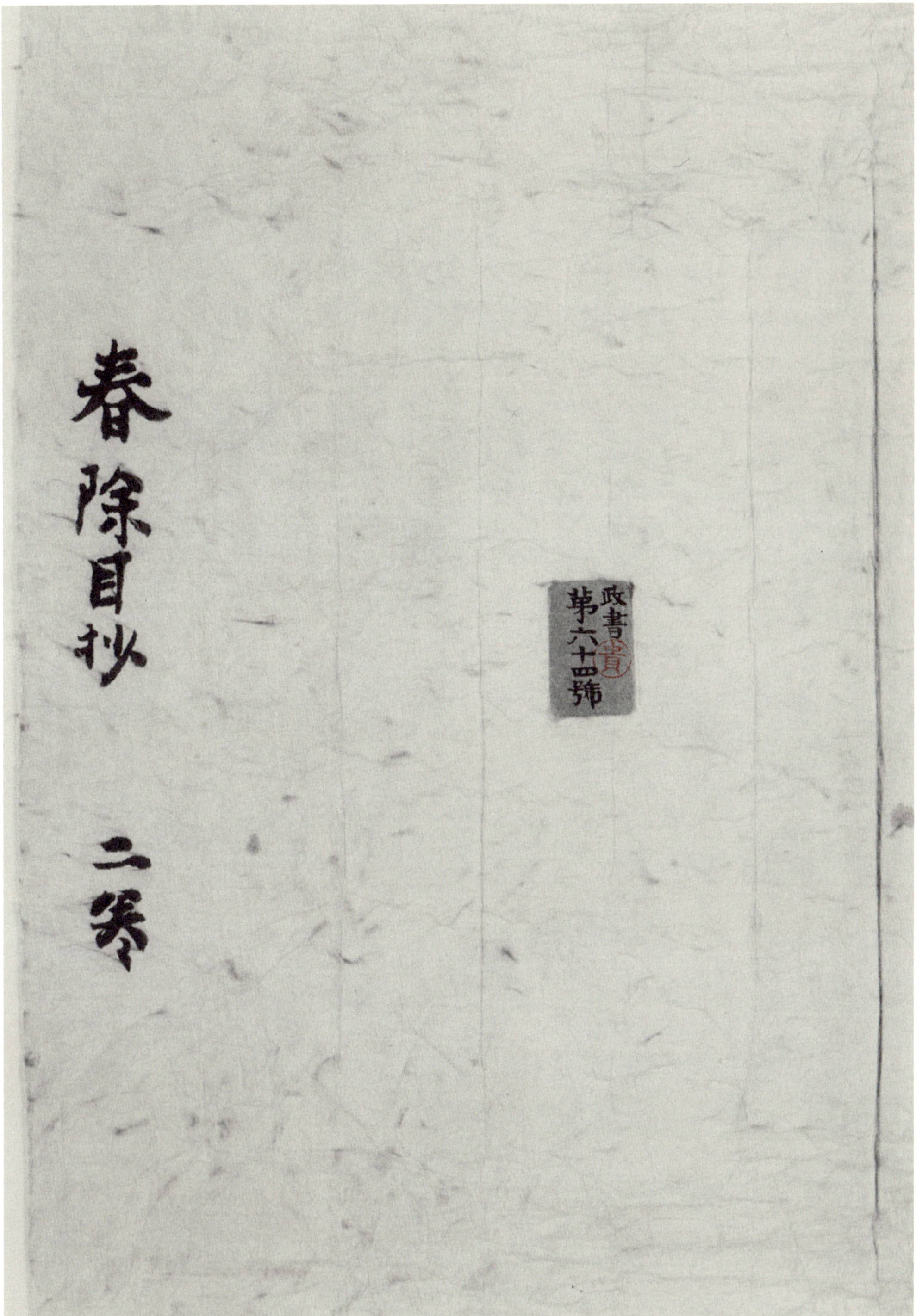

『春除目抄』外側包紙の上書

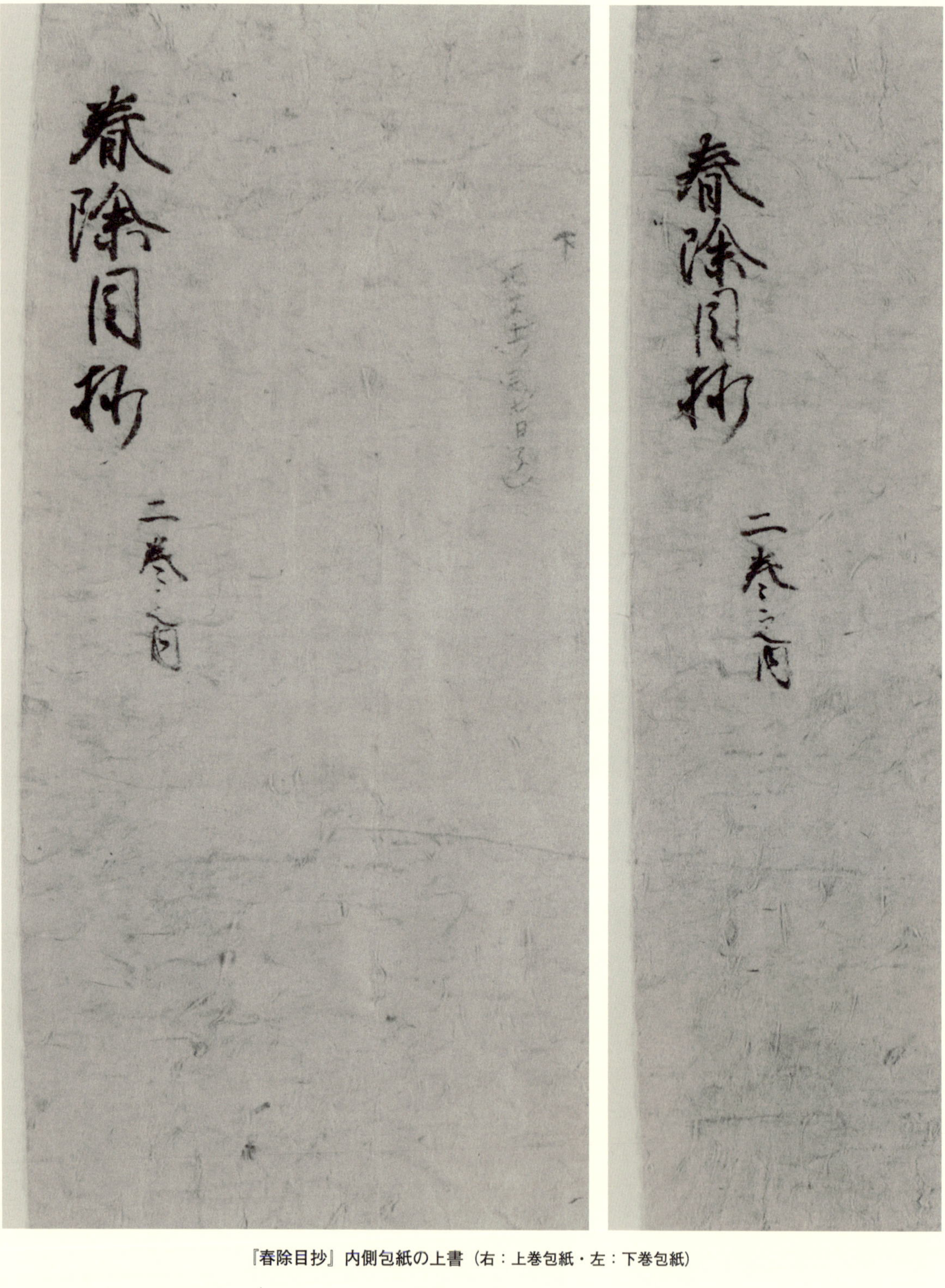

『春除目抄』内側包紙の上書（右：上巻包紙・左：下巻包紙）

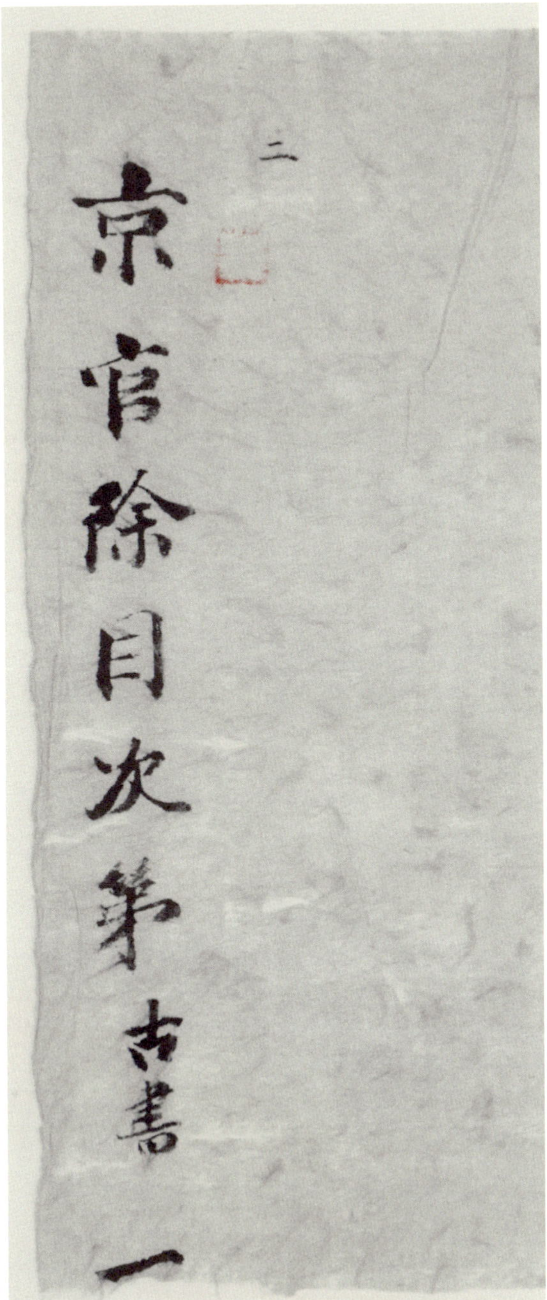

『京官除目次第』外題紙

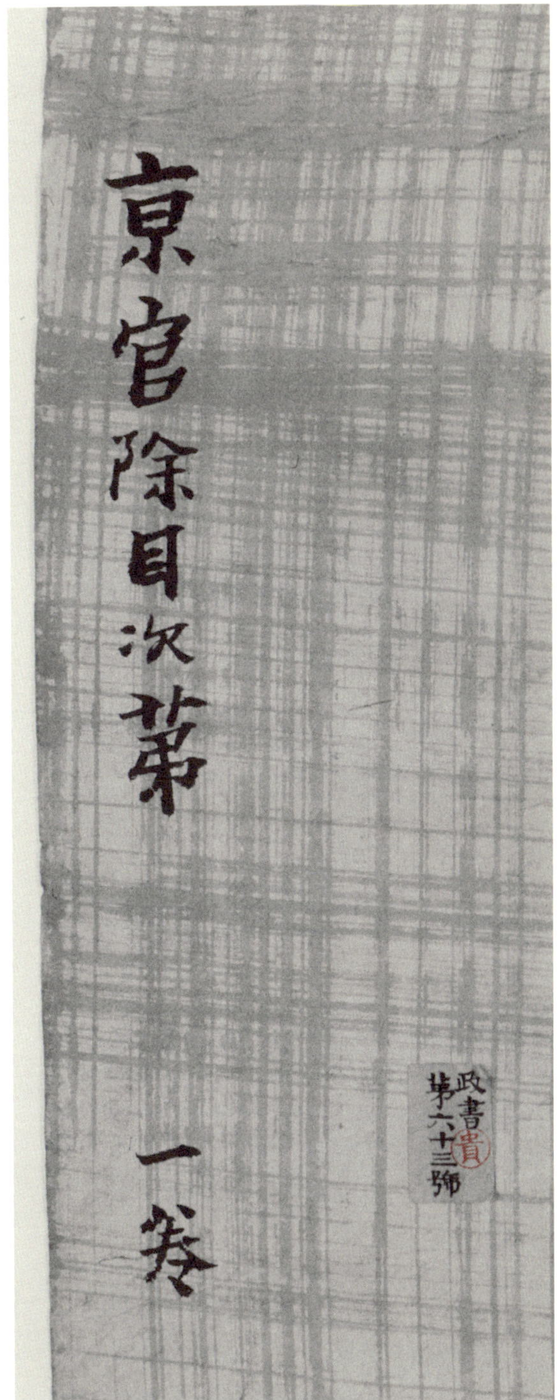

『京官除目次第』包紙の上書

尊経閣文庫所蔵

『春除目抄』解説

田島　公

はじめに

『春除目抄』は、春の県召除目、すなわち国司など地方官の補任（任命・人事異動）の儀式次第を、その進行を司る執筆の作法を中心に著した儀式書であり、後述するように、古くは柳原紀光（延享三年［一七四六］～寛政十二年［一八〇〇］）が書写本の奥書の中で指摘し、近年では、吉田早苗氏が明らかにしたように、九条良経（嘉応元年［一一六九］～元久三年［一二〇六］）の編著である（吉田一九八四b）。

春の除目は、通常、初夜・中夜・竟夜（終夜）の三夜にわたって行われる人事に関する大がかりな儀式であり、年中行事の中で貴族（公家）・官人の最大の関心事であった。春除目の儀式書は本善本影印集成でも第49冊に源有仁（康和五年［一一〇三］～久安三年［一一四七］）撰の『春次第』を徳大寺実定（保延五年［一一三九］～建久二年［一一九一］）が治承二年（一一七八）に改編した『春玉秘抄』の初夜（初夜上・中・下）部分を収録したが、この儀式書は、源有仁の祖父である後三条天皇や父輔仁親王の異母兄である白河天皇という天皇が伝えた説と、母方である村上源氏系公卿に伝えられた教命・口伝故実を集大成し、非摂関家の公卿を中心に用いられた「花園説」による除目の儀式作法を伝えたものである（田島一九九〇a・一九九〇b・二〇一一）。これに対して『春除目抄』は、春除目の際に摂関家の先人たち、特に編者・九条良経の曽祖父藤原忠実（承暦二年［一〇七八］～応保二年［一一六二］）や祖父忠通（永長二年［一〇九七］～長寛二年［一一六四］）、そして父兼実（久安五年［一一四九］～承元元年［一二〇七］）が、どのような行動・作法をとったかを家記類から抜書きし、除目の儀式進行に沿って、豊富な実例として掲げたもので、いわば九条家における除目の作法を集大成したものであるという（宮崎一九九二）。

一 『春除目抄』の概要・引用書目と諸本・伝来

『春除目抄』に関しては、吉田氏の紹介（吉田一九八四b・一九九二）のあと、宮内庁書陵部編・刊『図書寮叢刊　九条家本除目抄』上・下（一九九一年・一九九二年。以下、図書寮叢刊上・下と略す）の中に、最善本の九条家本を底本として、全文の翻刻が収められ、下には主担当の宮崎康充氏による解題も収録され（宮崎一九九二）、研究も殆ど尽されていて、本解題は屋上屋を架する感もあるが、論文や本の公刊から約四半世紀以上経ており、その間、関連する際立った文献学的な研究がない状況なので、以下、それらに依りながら、確認の意味も込めて諸本や伝来に関して略述する。

1 概要と引用書目

『春除目抄』は初夜上・中・下、中夜、竟夜（終夜）上・下の全六巻であるが、行論の都合で、その全体の構成を理解するため宮内庁書陵部図書寮文庫所蔵九条家本により、その目次を列挙すると別表（表1）のようであり、各巻に記された除目の儀式次第の概要を述べると以下の通りである（吉田一九八四bも参照）。

巻第一から巻第三までは、除目の日程が決まってから、除目当日のうち初夜の儀式次第を記す。

先ず、**巻第一**は、「職事」（蔵人）が除目の「日次」（日程）を陰陽寮に問うことから始まり、執筆の大臣が任命されると、図書寮が「大間」（大間書）の料紙を外記に渡すなど事前の準備が行われ、除目初日の当日は摂関による申文の内覧や朝餉での天皇への奏聞と昼御座で申文を撰ぶことなどが行われ、ついで、短冊を付す様や袖書の書き方、清涼殿・議所の装束、更に硯筥などの準備について記される。摂関以下が参内し、着陣の後、「召仰」があり、諸卿が一旦、宜陽殿西廂の議所に移り勧盃・下箸の後、続いて蔵人が、天皇がお召であるとの命令を伝えると、上卿は外記を召して筥文を持参させる。大臣以下は射場殿に列立した後、順次、清涼殿に設けられた天皇の御前の座に着いた。

巻第二では、初めに関白や執筆の大臣が天皇の御前の円座に着き、除目が始まる。先ず、「闕官帳」（今回の除目で補充する欠員の官を書き上げたもの）が天皇に奏上され、執筆は「大間書」（任官の対象となる欠員の官職の名称とその候補者を列記した名簿で、諸官を書連ねる際、闕官の行は空けておき、任官後その空間に追記したもの）を広げてから折り畳み（こうした作法を「大間」を「繰」るという）、墨を摺り、筆に墨を染めて、書き込む用意を整えると、「四所籍」すなわち内豎所・校書殿・大舎人寮・進物所の官人で年功者が諸国の掾・目などに任じられた。次に勧盃や指し油の事が行われ、参議が「院宮御申文」を持参するなど、様々な申文が持ち込まれ、関白のもとにもたらされた後、執筆に渡された。

巻第三では、初夜の儀の中心の行事である内給（天皇が申請権を持つ年給）・院宮給・公卿給の順に当年給の任命が行われた。次いで、任符返上・上召使・諸道諸院年挙が任じられ、それと並行して、申文を外記に下して、申請者の資格があるか否か「勘文」（調査）がなされたものを参議が持参し、それら「勘進文」が任じられる。その後、大間書を巻いて封を加え、更に「成柄」（任官申請が認められた申文［成文］を紙縒りで結んで束にしたもの）を整えて封じた。次に「闕官帳」を次の筥に入れ、「闕官寄物」（除目に際し、あらかじめ諸官司の欠員を書き寄せた文書）を元の通りに巻き返して硯筥に入れ、大間の入った筥を天皇に奏上した。こうして、初夜の儀が終了した。

巻第四は、中夜であり、執筆の大臣が早朝、諷誦を修した後、初夜と同様に、摂関・執筆以下公卿一同、参内着陣後、議所に着いてから、清涼殿の天皇の御前の座に着すと、大間の入った筥が天皇から下されて除目が再開される。先ず、大間が繰られたあと、昨夜の成残が任じられ、太政官の外記・史、式部丞・民部丞、左右衛門尉などに任じられることを希望する者の申文の中から、公卿が各自の候補者を推挙する「顕官挙」が任じられる。次いで、文章生や内舎人を「外国」（国司の掾など）に任じ、更に転任・宿官・兼国の前例を調べた勘文を召してから、参議以下を諸国の権守または介に任じる「兼国」、新たに五位に叙された蔵人や外記などを国司（受領）の権官（権守や権介）に任ずる「宿官」、紀伝道など諸道や勧学院・奨学院・学館院など諸院が関係の希望者を推挙する「年挙」、蔵人所の出納や近衛将曹・府生の兼国、諸司や所々の奏などを「下国」に任じ、更に院宮・大臣による臨時の「外任」や随時の京官を任じた後、最後に大間書・成文を封じて、それらを大間筥に入れ天皇に奏上し、中夜の儀が終了する。

巻第五と巻第六は竟夜すなわち除目の最終日であり、入眼（位階だけを記した位記や官職だけを書いた文書に、氏名を書き入れて完成させること）が行われた。先ず**巻第五**は、初夜・中夜と同様に着陣・参内・昇殿が行われ、関白や執筆の大臣以下が清涼殿の天皇の御前の座に着いたあと、大間筥が天皇から下され、大間が繙られ、成残の申文があれば、先に任じられ、また申文の下問と前例の調査を終えた申文による任官も随時行われた。そして、課試及第者と散位の文章生の任官が行われ、更に新任の京官や蔵人所の雑事を務める所衆・滝口が、勤務年数（「労」）や出勤日数（「上日」）が記された「労帳」を参考にして任じられ、転任の顕官や五位以上の官の任官までが記載される。最後の**巻第六**は、「受領挙」（公卿の推挙枠である受領「国司」の任命）から始まり、受領・公卿が任じられ、任命が終了し、新任者の名前が全て書き込まれ、日付けも書き入れ、巻かれて筥に入れられた大間書が天皇に奏上された。大間書は天皇の御覧を経て返給され、成文を封じた後、大間書と成文は清書の上卿に授けられ、除目は終了する。その後、除目に伴う叙位がある場合のことが記され、最後に清書された大間書と成文とが外記によって執筆の私邸に持参されるまでが記される。

以上が『春除目抄』に記された儀式次第の概要である。

こうした儀式次第のそれぞれの間間に、嘉保二年（一〇九五）正月から治承四年（一一八〇）正月に至る様々な除目・叙位関係の記事が良経の先祖の日記を中心に抜書きされている。

そこに引用される書は、良経の曽祖父藤原忠実の日記『殿暦』・祖父藤原忠通の日記『法性寺殿（関白）記』・父九条兼実の日記『玉葉』や藤原頼長の日記『台記』が大部分であり、引用にあたって、『殿暦』・『法性寺殿関白記』・『玉葉』は「御記云」として引用していて、『台記』が「記云」として引用されるように、区別されており、編著者良経が直接の父祖の記録とそうでない記録とを、はっきりと表記上、分けていることが指摘されている（吉田一九八四b、宮崎一九九二）。なお、『法性寺殿（関白）記』は『春除目抄』に引用されている全てが逸文であり、『台記』も逸文がかなり含まれているという（吉田一九八四a、宮崎一九九二）。

また、例外として、他家の日記としては大江匡房の日記『江記』・源俊房の日記『堀河左府記（水左記）』・藤原宗俊の日記『宗俊記』・藤原宗忠の日記『宗忠記（中右記）』が各一例引用されているにすぎない（吉田一九八四b、宮崎一九九二）。

この他、年月を明示した実例以外にも、先人の説、他の儀式書の説等が引用されており、それを吉田氏の調査により示すと以下の通りである（〔　〕内の数字は引用回数。吉田一九八四b）。

松殿仰（基房）〔51〕・家説（家例も含む）〔11〕・花園左府説（源有仁）〔10〕・大間抄（九条良経撰『大間成文抄』のこと）〔7〕・宇治左府説（藤原頼長）（「宇治左府記」も含む）〔6〕・御堂御流（藤原道長）〔4〕・知足院殿（藤原忠実）〔3〕・法性寺殿（藤原忠通）（「法性寺殿御次第」も含む）〔3〕・小野宮説（藤原実資）（実資説も含む）〔2〕・九条殿（藤原師輔）（「九条殿記」・「九条殿年中行事」も含む）〔2〕・伊通公（藤原）〔1〕・宗忠公（藤原）〔1〕・赤木軸（藤原宗忠撰『除目抄』）〔1〕・実房公（三条）〔1〕・上皇仰〔1〕・経宗説（大炊御門）〔1〕・北山説（藤原公任撰『北山抄』）〔1〕・雅実公（源）〔1〕

これらの事実から、兼実の次兄松殿基房の説が飛び抜けて多いことが知られるが、これは九条家本「大嘗会叙位除目等雑事注文諸公事子伝故実相承事」（後述）に見えるように道長より伝えられていた摂関家の説を松殿基房が忠通より継受し、良経に伝えていたことと関係する。更に『春除目抄』巻第二に見える「次左大臣依レ召着二円座一」に関する作法について、

引二寄下襲尻一事

一説、顧二座下方一、以二左右手一、（笏猶取加）取二下襲尻中程一、引寄置レ之、末方為レ下。宇治左府（藤原頼長）用二此説一。

一説、片手乍レ持レ笏、以二片手一自二袖下一竊遣二後方一、漸々緩寄。又片手取二移笏一、以二今片手一又同様緩二寄之一、左右相同。花薗左府（源有仁）用二此説一云々。但無レ慥説歟。

松殿（基房）仰載レ右、依レ為二正説一也。

とあるように（図書寮叢刊上52頁〜53頁）、良経は、兼実の教えを伝える松殿基房の説を「正説」とし、藤原頼長の説である「宇治左府」説や源有仁の説である「花園（左府）」説を「一説」とし、特に「花園」説を「無レ慥説」（確かでない説）として否定していることは注目される（田島一九九〇b・二〇一一）。源有仁の説も次に多く引用されるが、それは批判のためであることが知られる。この問題に関しては、良経の事績の部分で詳しく述べることにする。

2　諸本

以下、諸本に関しては、先行研究の指摘（吉田一九八四b・一九九一、宮崎一九九二）をもとに、学術創成研究費や基盤研究（S）により蒐集し、東京大学史料編纂所閲覧室で公開しているデジタル画像や史料編纂所架蔵の原本・写真帳などにより確認しながら略述する。

①宮内庁書陵部図書寮文庫所蔵九条家旧蔵本『春除目抄』三部

宮内庁書陵部図書寮文庫が所蔵する九条家本には、三部の『春除目抄』が現存するが、それは、（ⅰ）鎌倉期書写の六巻本、（ⅱ）鎌倉写の一巻本（零本）という巻子本と、（ⅲ）近世初期の冊子本である。以下、解説を加える。

（ⅰ）『春除目抄』第一〜第六　六巻。付　九条忠栄（幸家）自筆の元和元年の「目録」一枚　（函号　九・一六二）

九条家本。六巻本は鎌倉写。その内容を記した九条忠栄（ただひで）（幸家（ゆきいえ）。天正十四年［一五八六］～寛文五年［一六六五］）自筆の元和元年の目録（一紙。折紙）も一連のものとして整理されており、それぞれの巻の伝来を知るのに参考となるので、まず、忠栄自筆の「目録」を図書寮叢刊上の本文（7～10頁）や口絵写真も参照しながら以下に示す（吉田一九九一も参照）。

（江戸期包紙ウワ書）
「（九条道教）三縁院殿御筆
春除目抄目録　一紙
裏打」

目録
春除目抄第一　両部有㆑之。
初日上　自㆓撰日時㆒、至㆓置筥文㆒。
弘誓院（九条）教家卿、筆跡也云々。
此趣後慈眼院（九条）尚經公、御袖書也。
則續目在㆑判。又此両部之内、
無㆓袖書㆒有㆑之。但同筆歟。
（校合了。）
同抄巻第二　自㆓着圓座㆒、至㆓下勘公卿給㆒。
是又弘誓院（九条）教家卿、筆跡也云々。
後慈眼院（九条）尚經公、御袖書類本也。
元和元年九月上旬比、令㆓校合㆒了。
（校合了。）
同抄巻第三　自㆓任當年内給㆒、至㆓撤筥文㆒。
此壱巻、（九条）當家本紛失候間、可㆑令㆓書写㆒旨、（昭実）二條關白殿申候處、依㆑有㆓類本㆒給候者也。于㆑時元和元年九月六日也。重而以㆓彼類本㆒可㆑令㆓校合㆒者也。此筆者不㆑知之云々。
昭實公、元和元年七月廿八日、關白宣下也。改号者七月十三夜、上卿（近衛信尋）右府也、同年九月中旬、一刻間、令㆓校合㆒、則又以㆓殿下御本㆒也。
已上初夜、
（校合了。）
同抄第四　中夜
弘誓院（九条）教家卿筆跡之由、後慈眼院御袖書也。袖書与㆓一巻㆒續目在㆑判。」（以上、折紙表）
已上中夜、
右第四、（関白二条昭実）殿下御本見合之候處、彼二條殿御本百合斗（計）落歟。予（九条忠栄）令㆓書写㆒進候。于㆑時元和元年九月十七日。
（校合了。）
同抄第五　竟夜上
後慈眼院（九条）尚經公、御袖書云、
弘誓院（九条）教家卿、筆跡也。是又

續目在レ判。

此卷、元和元年九月十七日、取レ燭
已後、至二亥刻末一、令二校合一了。二条
關白昭實公、御本与二予本一無二相違一
者歟。

（校合了。）
同抄第六　竟夜下

後慈眼院（九条）尚經公、御袖書云、
弘誓院（九条）教家卿、筆跡也。
是又續目在レ判。
此一巻、關白殿昭實公、以二類本一
令二校合一、破損之所、貳枚十一合、
以二彼本一予令レ書二写之一者也。
悉令二校合一了。于レ時元和元年
九月上旬比也。
已上入眼。

（一行空白）

前關白前左大臣藤原朝臣（九条）忠榮

（三行空白）

「春除目六巻抄目録」（折裏端書）

以上から、元和元年（一六一五）時点では、当初、九条家には、弘誓院（ぐせいいん）すなわち良経の次男の教家（のりいえ）（建久五年［一一九四］～建長七年［一二五五］）の筆であると、後慈眼院すなわち九条尚経（ひさつね）（応仁二年［一四六八］～享禄三年［一五三〇］）が袖書に記す『春除目抄』巻第一・二・四・五・六と、尚経の袖書は無いものの、教家の筆と思しき巻第一がもう一部あったが、巻第三は紛失してしまったため、九条家にはこの巻は存在しなかったこと、しかし、同年、九条忠栄（ただひで）（後に幸家（ゆきいえ））が巻第三を二条昭実（あきざね）（弘治二年［一五五六］～元和五年［一六一九］）から書写させてもらおうとしたところ、「類本」（同種類の本）があるということで、それを昭実から譲られたことにより、九条家では全六巻揃うことになり、「兩部」のある巻第一も含め、全部で七巻存在したこと、更にこれら七巻すべてが、忠栄によって二条家所蔵本（現存せず）と校合されたこと、が知られる（吉田一九九一）。なお、忠栄筆の「目録」には包紙があり、江戸初期と思われる筆跡で「三縁院殿御筆　春除目抄目録　一紙」と記されており、後述する九条道房の『九条家記録文書目録』の注記と一致するが、三縁院九条道教（正和四年［一三一五］～貞和五年［一三四九］）筆の『春除目抄』または「春除目抄目録」が存在したかは不明であるという（宮崎一九九二）。

また、これらの各巻にも、以下のような外題、注記や識語・奥書や貼紙・頭書・裏書などが見える（以下、書陵部一九九一・一九九二、吉田一九九一、宮崎一九九二も参照）。

先ず、**巻第一**は後補表紙外題に九条道房の筆で「春除目抄第一」とあり、第一紙端裏書には細字の異筆で、

「第一 此内貳十七丁ト九丁ト兩所落事有之。但予所持別本有之間、先不注之。」

とあり、これに対応して、第十六紙（図書寮叢刊上31頁）に

此間二条殿／御本廿七丁／多之。但／予類本／可見合也。／（後筆）「類本／一覧、／廿七八丁／有之／落也。」

（／は改行を示す。以下、同じ）

とあり、更に第二十八紙の下部界線外注記（図書寮叢刊上46頁）には、

此間保安／二年ヨリ／九丁、二条殿／有之。／予又類本／可見合之。／類本／九丁有／之、此本／落之也。

と九条忠栄の脚注が記されている。

また、第十八紙の「次諸卿移着議所」に関する部分で、「大臣入議所西一間、随身褰幕、無随身之人、召使褰之、西行、更北折」の行の上（図書寮叢刊上34頁）には、

「弘誓院自筆之写也。依有相違書之了。経同廊東面柱内、入議所西一間、随身褰幕、無随身之人、召使褰之。或幕自本上之。」

と記された貼紙が付されている。なお、巻末に識語はない。

巻第二は後補表紙外題に「春除目抄第二 初日中 自参着円座至下勘公卿給」と九条道房の筆で墨書され、第四紙目の「内覧大臣執筆儀」（図書寮叢刊上54頁）に続く、「遅参大臣事」「納言執筆儀」「次奏闕官帳」（図書寮叢刊上55頁）の上には執筆の円座などの指図が記された貼紙が付されている。また、「次縿大間」（図書寮叢刊上62頁）の儀式次第を書いた第十四紙部分には「松殿仰」などの頭書が記され（図書寮叢刊上63頁）、第十八紙の「次摺墨染筆」の儀式次第を書いた部分（図書寮叢刊上67頁）には、やはり「松殿仰」を記した頭書と裏書が見える（図書寮叢刊上67頁）。そして巻末には、以下の寛永二十年（一六四三）八月二十六日付の九条道房の識語がある。

除書抄之内、於㆑家第一秘蔵也。可㆑禁㆓外見㆒者欤。号㆓六巻抄㆒。

寛永廿年八月廿六日、加㆓一見㆒了。

左大臣（花押）（九条道房）

巻第三は後補表紙外題に「春除目抄第三 初日下 自當年内給至撤筥文」と九条道房の筆で記され、第一紙目に残された本来の斐楮交漉紙の表紙には僅かに「除目抄」の文字が読み取れるという（宮崎一九九二）。また、「次任院宮当年給」の詳しい儀式次第が始まる第三紙には、虫損部分を長方形の四角で示すなど、虫損のある親本を書写していることが知られるとともに、筆跡が他の巻と異なっている。これは奥書に、

建武五年正月卅日加㆓一見㆒了。凡家門第一秘書也。

藤原朝臣（二条）良基（花押）

と、二条良基（元応二年［一三二〇］～嘉慶二年［元中五年・一三八八］）の一見の識語があり、また先に示した「目録」によって、この巻は二条家伝来の写本で、建武五年（暦応元年・一三三八）以前の写本であることが知られる。

巻第四は後補表紙外題に「春除目抄第四 中夜 悉被載中夜之儀」と九条

道房の筆で記され、旧表紙には九条政基（文安二年［一四四五］～永正十三年［一五一六］）の筆で「春除目抄第四　中夜」と題名が記され、その見返しに「弘誓院教家卿筆跡也」という九条尚経の識語があり、本文第一紙（現状の第二紙）にかけて、尚経の紙継目花押がある。これらは巻四から巻六までの三巻に共通することである。そして最終紙は本文料紙とは別の後補の料紙（楮紙）で、

寛永十八年七月、加二一見一。除書之内、
第一秘書也。
右大臣（九条道房）（花押）

とあり、寛永十八年（一六四一）七月付けの道房の識語が記されている。

第五巻は後補表紙外題に九条道房の筆で「春除目抄第五竟夜上」とあり、旧表紙には九条政基の筆で「春除目抄第五竟夜上」と題名が記され、更にその見返しに「弘誓院教家卿筆跡也」という九条尚経の識語があり、本文第一紙（現状の第二紙）にかけて、尚経の紙継目花押がある。また本文の料紙と別紙の最終紙には、

寛永十八年七月、加二一見一了。除書
之内、第一秘書也。
右大臣（九条道房）（花押）
弘誓院（九条）教家卿筆跡之由、後慈眼（九条尚経）
院殿被レ加二袖書一了。

と、寛永十八年七月付けの道房の識語が記されている。

最後に、**第六巻**は後補表紙外題に九条道房の筆で「春除目抄第五竟夜下」とあり、旧表紙には九条政基の筆で「春除目抄第六竟夜下」と題名が記され、更にその見返しに「弘誓院教家卿筆跡也」という九条尚経の識語があり、本文第一紙（現状の第二紙）にかけて、尚経の紙継目花押がある。

そして本文の「次諸卿起座向議所、書挙冊」（図書寮叢刊下66頁）に関連し、第二紙の「以蔵人召着公卿事」に引用された『玉葉』安元二年（一一七五）正月条に続く「次予取笏伺天気、顧座下仰之」（図書寮叢刊下67頁）なる貼紙があるが、これは、最初に紹介した忠栄自筆の「目録」に記されたように、忠栄が二条家本と校合して補って貼紙したもので、同様に、「次諸卿進挙冊」（図書寮叢刊下71頁）に関連し、本文第七紙の冒頭の「書案了未任受領之間持参例」（図書寮叢刊下72頁）から第十紙の最後の「挙冊不返給事」に引用する『法性寺殿記』保安四年（一一二三）正月条（図書寮叢刊下74頁）までは、本来の九条家本には欠落していたため、忠栄が二条家本で補写した部分である（宮崎一九九二）。最終紙はこれまでと同様に、本文料紙とは別の後補の料紙（楮紙）で、

除目抄六巻、皆以二家説一伝
授。除書之内、可レ備二第
一一者也、
寛永十八年七月一日右大臣（九条道房）（花押）

という、寛永十八年七月一日付けの道房の識語が記されている。

なお、宮内庁書陵部図書寮文庫所蔵の九条道房撰・筆『九条家記録文書目録』（函号　九・二七二）一巻の「二箱」の「除目文書目録」の三番目・四番目に、

六巻

春除目抄、号二六巻抄一、第一。初日上。弘誓院筆。
第一、同類一巻有之。第二、初日中。第三、初日下。第四、夜（中）夜。
弘誓院筆。第五、竟夜上。同筆。
第六、竟夜下。同筆。

一通

右六巻抄目録。三縁院御筆。

と見える。目録を整理した九条道房自身の、『春除目抄』に対する認識が知られ、それは忠栄の認識を踏襲していることが知られる。

（ii）『春除目抄』第一　一巻　（函号　九・一二五）

鎌倉期写。第一初日上だけの零本。紙背は「朱器大饗雑事」と題し、元久二年（一二〇五）十月十一日に新造された中御門京極殿に移った良経が、同所で行う翌元久三年正月の大臣大饗のための詳細な雑事定文であり（宮崎一九九二）、同文書は宮内庁書陵部編・刊『図書寮叢刊　九条家本除目抄』下に翻刻されている。

本書は、後補表紙外題に「春除目抄第一　初日上　自撰日時至置筥文」と九条道房の筆で記され、旧表紙には、本文と同筆の九条政基と思しき筆跡で同様の外題が記され（宮崎一九九二）、見返しには、九条家旧蔵（i）六巻本の巻第四〜巻第六と同様に、「弘誓院教家卿筆跡也」という九条尚経の識語があり、本文第一紙（現状の第二紙）にかけて、尚経の紙継目花押がある。巻末には識語はないが、紙背文書の端裏書として、「朱器大饗雑事」と墨書されている。

（iii）『春除目六巻抄』六冊　（九・五二三一）

表紙外題には単に「六巻抄第一」などとあるのみであるが、内題は「春除目抄巻第一」などとある。江戸初期写。半丁八行の冊子本。第一の末尾には奥書として、

此本校合者、慶安元年戊子臘月（十二月）上旬　従一位藤原（九条）幸家中付畢。

とあり、巻第二の末尾にはやはり奥書として、

此一冊令レ校二合之一畢。

慶安二年乙丑孟夏（四月）上旬記レ之。

とある。慶安元年（一六四八）と同二年にこれらの冊を九条幸家が（i）六巻本と校合させていることが知られる。なお、第三冊以下、第六冊までの四冊には九条幸家の「校合」の奥書は見えない。

②公益財団法人陽明文庫所蔵近衛家伝来本『春除目抄』二部

近衛家伝来の典籍を伝える陽明文庫には、『春除目抄』は二部現存し、共に近世写の冊子本（六冊本）である。

一つは、（i）近衛尚嗣（ひさつぐ）（元和八年［一六二二］〜承応二年［一六五三］）筆の題箋を持つ写本（**尚嗣本**と略称。請求番号　二一七―六五）と、もう一つは（ii）近衛家熈（いえひろ）（寛文七年［一六六七］〜元文元年［一七三六］）の書写本（**家熈本**と略称。請求番号　二一七―六六）がある。（i）尚嗣本は外題・内題共に「春除目抄第一」などとあり、半丁十二行の冊子本である。一方、（ii）家熈本の外題は「春除目抄第一」などとあって、「巻」がなく（内題は「春除目抄巻第一」などとある）、半

丁九行の冊子本である。共に巻第三に、

建武五年正月卅日加二一見一了。凡家門第一秘書也。
藤原（二条）朝臣良基

の本奥書があるが、他には本奥書・書写奥書が見えない。吉田氏によれば、このうち、（ⅰ）尚嗣本は、巻一は九条家一巻本（函号九・一二五）を、巻二から巻六までは九条家所蔵の六巻本（函号九・一六二）を、それぞれ直接の底本としており、一方、（ⅱ）家煕本は、尚嗣本と同系本もしくは尚嗣本を書写したものであるという（吉田一九八四b）。

③宮内庁書陵部図書寮文庫所蔵柳原家旧蔵本『春除目抄』六冊（函号　柳・四一二）

近世中期写の六冊の冊子本。外題は「極秘春除目抄或抄六巻抄　第一」などと記され、巻第三には、近衛家本と同様に、二条良基の建武五年書写の本奥書がある。六冊目の巻末にある柳原紀光の書写奥書に、

此六巻抄者、後京極殿良経公編集也。
摂關家秘蔵書也。爰余（柳原紀光）有二子細一而
令二書写一（陽明本也）、（第一自筆。自余助筆。民部丞　平忠種、）了。堅固可レ禁二
他見一。子孫能々可レ存二此義一也。
天明二年二月七日正二位藤紀光（朱印）［紀光］

とあり、天明二年（一七八二）に近衛家本（尚嗣本）を書写（実際の書写は、六巻中、第一は紀光の自筆で、第二から第六は民部丞平忠種の助筆による）したことが知られる（吉田一九八四b）。

④宮内庁書陵部図書寮文庫所蔵伏見宮家旧蔵本『春除目抄　中夜（五巻秘抄）』一冊（函号　伏・二八六）

⑤東京大学史料編纂所所蔵徳大寺家本『春除目抄　中夜』一冊（請求番号　徳大寺家本―59―2）

共に外題に「春除目抄」とあるが、内題には「春除目抄　中夜」とあり、同じ構成・内容で、同様の底本を書写したと思われる。墨付き十丁の近世初期書写の小型の冊子本で（法量は、④縦一九・〇cm、横一三・四cm。⑤縦一九・〇cm、横一三・〇cm）、共に薄口の雁皮紙の料紙に、『春除目抄』第四「中夜」のだいたい三分の一程度が過去の実例や先祖の日記を中心に透写され、細かい儀式次第は省略されている。儀式の概要を示す目録部分には朱の点が、その実際の「例」を示す部分には朱の合点が付されている。書写されている内容は、第一丁表から第七丁表までは、『春除目抄』巻四（表1参照）のうち、「参内着陣」（上152頁）（以下、（　）内は図書寮叢刊本の頁数を示す）から「及三通成束」（上167頁）の目次までが、第八丁表から第十丁表までは、『春除目抄』巻六（表1参照）の「諸卿進挙冊」（下71頁）の、「書案中間持参例」（下72頁）・「書案了未任受領之間持参例」（下72頁）・「受領未任訖間持参例」（下72頁）・「任受領了進挙例」（下72頁）・「伝関白奏挙例」（下73頁）・「諸卿不待召可進挙事」（下74頁）・「挙冊不返給事」（下74頁）の七項目とその実例部分が書写されている。そして、第十丁裏には以下の本奥書が影写されている。

右抄、五巻秘抄一覧之次、先　公（三条西実隆）
次第抄、後慈眼院（九条尚経）、有二勘物一、引合之處、無二相違一、
少々漏脱事、抄レ之了、
　天文十一年三月　日　（三条西公条）（花押影）

この奥書によると、三条西公条（文明十九年［一四八七］～永禄六年［一五六三］）が「五巻秘抄」なる書を一覧したついでに、後慈眼院すなわち九条尚経（ひさつね）の「勘物」がある、「先公」すなわち父実隆の「次第抄」を引き合わせた（校合した）ところ、相違がなかったが、少々漏れ落ちていた部分を書き抜いたもので、「先公次第抄」に当たるのが、宮内庁書陵部図書寮文庫所蔵『除目次第私抄』三冊（函号　四一五―四〇一）であるという。四で詳述するように、この書は、第一冊の三条西実隆の識語や子の公条の奥書などによると、文安二年（一四四五）三月に実隆の父公保（応永五年［一三九八］～長禄四年［一四六〇］）が春除目の執筆を初めて勤めた際に、二条持基（応永二十三年［一四一六］～明応二年［一四九三］）から賜った「次第」がもととなっており、持基自身の他、その子の二条持通（明徳元年［一三九〇］～文安二年［一四四五］）や持通の長男・政嗣（嘉吉三年［一四四三］～文明十二年［一四八〇］）、更に、享徳二年（一四五三）、正親町三条実雅（応永十六年［一四〇九］～応仁元年［一四六七］）が除目議の執筆の際に用いたものであった。その後、永正十六年（一五一九）に実隆がそれを「土代」にして、対応する『玉葉』の記事を引用して、公保の任例を加えて草稿を作成し、九条尚経が勘物を「押紙」として書付けて加え、更にこの草稿をもとに大永元年・二年（一五二一・一五二二）に公条が実隆と対して「読合」せをしたものであるという（吉田一九八四b）。

⑥京都御所東山御文庫所蔵禁裏本『春除目抄』六冊

（勅封　一五三―二―一～六）

渋茶表紙の冊子本。外題・内題共に「春除目抄巻第一」などある。縦二八・八cm、横二〇・六cmで、半丁十二行。「目録（天明五年五月改）」との墨書がある包紙に包まれた『御入記目録』（勅封　一五三―一）の冒頭に、

　除目　一合
　春除目抄　六冊

と見えるもので、表紙及び書風、更に同じ東山御文庫所蔵の良経撰『除秘大成抄』一～六（勅封一五三―三―一～六。別名『大間成文抄』）に後西天皇蔵書印である「明暦」の印があることなどから、本書も近世前期、万治四年（一六六一）正月の京都の大火以前の書写か。巻第一（勅封　一五三―二―一）に「朱器大饗雑事」が書写されていること、巻第三（勅封　一五三―二―三）に、

　建武五年正月卅日、加二一見一了、凡家門第一秘書也、
　　　　　　　　　藤原朝臣良基

の本奥書があること、更に本文の比較などから、九条家（六巻本）を書写したものか。

⑦東京大学史料編纂所所蔵裏松家本『春除目鈔抜萃』一冊
（請求番号　裏松家史料―168）

東京大学史料編纂所所蔵特殊蒐書「裏松家本」の中に、裏松光世（固禅。元文元年［一七三六］～文化元年［一八〇四］）の書写による以下の史料が見える（吉田一九八四b）。

外題は「春除目鈔抜萃」とあり、墨付き六十丁の冊子本で、内題は「春除目抄巻第一　抜萃／春除目抄巻第二　抜萃／春除目抄巻第三　抜萃／春除目抄巻第四中夜抜萃／春除目抄巻第五入眼抜萃／春除目抄巻第六　抜萃」と見え、以下の奥書がある。

寛政五年、以二左府（鷹司政煕）御本一抜萃。
七月廿二日、書功畢。　固禅（裏松）

内容は『春除目抄』巻第一から巻第六までから、記録部分を中心に適宜抄出したもので、寛政五年（一七九三）に、左大臣鷹司政煕（宝暦十一年［一七六一］～天保十二年［一八四一］）所蔵本（鷹司家本）を借用して、抜粋して書写し、同年七月二十二日に書写し終えたものである。

なお、関連して裏松家本には「（春除目鈔）朱器大饗雑事」なる外題をもち、「大饗雑事抄」と合綴された『春除目鈔朱器大饗雑事・大饗装束鈔』一冊（請求番号　裏松家史料―169）があり、「朱器大饗雑事」の最後には、裏松固禅の以下の奥書がある。

右朱器大饗雑事者、春除目六巻抄所レ載也。以二左府（鷹司政煕）御本一鈔出畢。
寛政五年七月廿六日　固禅

とあり、『春除目鈔抜萃』の奥書と併せると、鷹司家にも「春除目六巻抄」と称する『春除目抄』が所蔵され、それは「朱器大饗雑事」を含む写本であったらしい。

この他、京都大学附属図書館所蔵久世家・滋野井家・平松家本（請求番号　四／ハ／八）六冊の各旧蔵本、同館永久寄託菊亭家本（第二より第六までの五冊本）があり、書写年代はいずれも近世で、全て巻三の二条良基の本奥書以外に識語はなく、書写年代は陽明文庫所蔵の尚嗣本より下るというが（吉田一九八四b）、筆者は未見なので、省略する。

3　伝来

吉田氏によれば、九条良経が『春除目抄』の執筆を開始したのは、建久七年（一一九六）十一月に父兼実が関白を罷免された事件（建久七年の政変）から正治元年（一一九九）に至る、兼実失脚に伴って良経も閉門籠居した時期であり、『大間成文抄』の編集に引き続いてであったと推定されている。更に九条尚経の袖書によれば、良経の次男・教家が『春除目抄』の写本を作っていたことが知られる。また、確実な伝来の例として、宮内庁書陵部図書寮文庫所蔵『九条家文書』（函号　九・一〇六）所収で、端裏書に「秘書事」と記された九条忠教（宝治二年［一二四八］～正慶元年／元弘二年［一三三二］）筆の年月日未詳文書があげられる。この文書は「九条忠教秘蔵記録覚書」という文書名が付けられ『図書寮叢刊　九条家文書』一「九条家代々譲状遺誡類　二一」（117頁）に収められているが、以下のような注目すべき記載があることが指摘されている。

除目抄號二魚秘一、納二牡丹手箱一、後京極殿（九条良経）御抄也。閑ニ了見レ之、不レ可レ有二不足一。不レ可二他見一。努〱、當家（九条）并一條之外、不レ可レ有二他所一。
家之秘書、不レ可レ過レ之。（後略）

この文書によれば、九条忠教の「秘書」（秘蔵記録）の一つに「牡丹手箱」に収められた「魚秘」と号する「除目抄」があり、それが九条良経の作ったもので、九条家と一条家にのみ所蔵され、それ以外の他家が所蔵し、見ることを許されなかったことが知られる。この書こそ『春除目抄』であったとされる（吉田一九九一）。また、文明十二年（一四八〇）に成立した一条兼良（応永九年［一四〇二］～文明十三年［一四八一］）編『桃華蘂葉』の「當家相傳十二合文書事」によれば、

小司徒　除目抄也。大間成文抄、後京極（九条良経）御抄、魚秘抄写本、後京極筆、納レ之。
大宗伯　又除目抄也。記録抄等并魚秘抄、正本イ 月輪（九条兼実）御筆、納レ之。

とあるが、吉田氏はこの二つの「魚秘抄」は共に良経の『春除目抄』であり、当時の一条家では、『春除目抄』が良経ではなく、兼実の著作で、一本が良経筆のもの、一本が兼実筆の「正本」と認識されていたこと、更に九条家所蔵の『春除目抄』には、先に述べたように、追加のある写本系統とない写本系統の二種類の写本が存在することと兼ね合わせ、兼実筆の「正本」があり得ない以上、どちらも良経の自筆本であり、それが二つの系統の底本であった可能性を指摘されている（吉田一九九一）。なお、先に述べたように、二条家所蔵本系統巻第三の本奥書に二条良基の建武五年（一三三八）の識語があることから、二条家にも『春除目抄』が所蔵されていたことが知られる。

以上、まとめると、九条良経撰『春除目抄』は鎌倉後期には「魚秘（抄）」とも呼ばれ、九条家と一条家に伝えられており、一条家に良経自筆本が伝襲され、いつしかこれを兼実の著作と誤伝し、一条兼良が抄出して注釈を加えた。応仁元年（一四六七）九月十八日に一条兼良の邸宅が赤松勢等の襲撃を受け全焼し、桃華坊文庫も焼亡したが、枢要なものは光明峯寺に疎開させてあり（『後法興院記』）、その後、あらためて奈良の大乗院門跡に納めた時の目録（『大乗院日記目録』応仁二年閏十月二十四日条）には、良経自筆本『春除目抄』を含む函である「小司徒一合」・「大宗伯一合」が記されており、まだ辛うじて伝来していた。一方、九条家には良経の次男・教家が書写した『春除目抄』が伝えられ、十三世紀後半から十四世紀にかけて、忠教の頃には撰者など正しい由緒が伝えられており、十六世紀前半、尚経の頃にも伝来し、十七世紀前半、九条道房が修補を加え、九条家の蔵書目録にも記載されていたことが知られる。また、道家・忠教・経教など鎌倉・南北朝期の九条家の当主は、良経の『春除目抄』を基に除目次第を作成していたことも指摘されている（吉

田一九九二）。更に、時期未詳ながら二条家には別本が伝えられたらしく、『春除目抄』に基づく次第が作られ、江戸時代前期には近衛尚嗣による写本作成も行われ、柳原紀光らの書写本もある。

二　撰者九条良経の事績と故実の経承

ここでは、『春除目抄』の撰者である九条良経について、その経歴と著作について述べておく。

『尊卑分脉』や『公卿補任』などによれば、良経は、摂関家の嫡流藤原（九条）兼実の二男として、嘉応元年（一一六九）に誕生した。母は藤原季行の娘・兼子（長兄の良通と同母）である。その室に、源頼朝の妹坊門姫（久安元年［一一四五］～建久元年［一一九〇］）と一条能保（よしやす）（久安三年［一一四七］～建久八年［一一九七］）との間に生まれた女（むすめ）や兼実の兄・松殿基房（久安元年［一一四五］～寛喜二年［一二三〇］）の娘（寿子）などがおり、能保の女との間に道家・教家などがいる。

その主な官歴等を『大日本史料』第四編之八　建永元年三月七日条（「攝政従一位藤原良經暴ニ薨ズ」八五四頁～八八四頁）や先行研究を参考にして年表風にまとめれば以下の通りである（宮崎一九九二）。

治承三年（一一七九）　四月十七日、元服し、従五位上に叙位。十一歳。八月二十六日、禁色と昇殿を許される。十月九日、侍従に任官し、初めて官職に就く。

治承四年（一一八〇）　四月二十一日、御即位叙位で正五位下に昇叙。十二歳。侍従は元の如し。

養和元年（一一八一）　十二月四日、侍従より右近衛権少将に転任。

寿永元年（一一八二）　十一月十七日、左近衛中将に転任。

寿永二年（一一八三）　正月七日、近衛府の労により、従四位下に昇叙。左近衛中将は元の如し。八月二十五日、従四位上に昇叙。

元暦元年・寿永三年（一一八四）　十二月二十日、除目の際の臨時叙位で正四位下に昇叙。左近衛中将は元の如し。

元暦二年・寿永四年（文治元年・一一八五）　正月六日、従三位に昇叙。左近衛中将は元の如し。正月二十日、播磨権守を兼任。

文治二年（一一八六）　十二月十五日、正三位に昇叙。左近衛中将・播磨権守は元の如し。

文治三年（一一八七）　正月二十三日、従二位に昇叙。左近衛中将・播磨権守は元の如し。

文治四年（一一八八）　正月六日、源頼朝・藤原定能・源通親らを超えて正二位に昇叙。左近衛中将は元の如し。この年、同母兄の九条良通が早世したため兼実の嫡男となった。

文治五年（一一八九）　閏四月八日、権中納言に転任。左近衛中将は元の如し。七月十日、頼実・忠良らを超えて、権大納言に転任。十二月三十日、左近衛大将を兼任。

建久元年（一一九〇）　七月十八日、藤原兼房の後任として、後鳥羽天皇の中宮で良経の異母妹九条任子（のち宜秋門院）の中宮大夫を兼任。

建久二年（一一九一） 六月二十五日、一条能保の女（源頼朝の姪）と結婚し、以後、一条亭に妻が没する正治二年まで居住。

建久六年（一一九五） 十一月四日、任大臣の兼宣旨があり、十一月十二日、内大臣に転任。左近衛大将は元の如し。

建久七年（一一九六） 十一月、丹後局（高階栄子）と源（土御門）通親らの反撃を受け、父兼実が関白を辞職すると、勅勘を受け、閉門し、内大臣のまま蟄居することを余儀なくされる（建久七年の政変）。

建久九年（一一九八） 正月十九日、左近衛大将を止む。

正治元年（一一九九） 六月、勅勘・閉門を免ぜられる。六月二十二日、左大臣に転任。某月某日、一上の事を承けたまわり、以後、出仕する。十二月十六日、兵仗（左右の近衛番長各一人・近衛各三人）を賜る。

正治二年（一二〇〇） 七月十三日、最初の妻（一条能保の女）を失う。

建仁元年（一二〇一） 十月二日、母（藤原兼子）の喪に服して官職を解かれる。

建仁二年（一二〇二） 二月十一日、母の服解より復任。十一月二十七日、内覧宣旨を蒙り、氏長者となる。左大臣は元の如し。十二月二十五日、左大臣のまま、土御門天皇の摂政となり、太政大臣藤原頼実の上に列した（一座にはならず）。

建仁四年（元久元年・一二〇四） 正月五日、従一位に昇叙。摂政・左大臣は元の如し。十一月十六日、上表して、左大臣を辞任。十二月七日、太政大臣従一位藤原頼実、辞任により一座となる。十二月十四日、太政大臣宣下。摂政は元の如し。

元久二年（一二〇五） 四月二十七日、太政大臣を辞任。

元久三年（建永元年・一二〇六） 三月七日夜、薨去。享年三十八。摂政従一位。

さて、良経の突然の死に関しては、諸説があるので、関連史料を引用しておくと、以下の通りである。

『百練抄』十一　土御門院　元久三年三月七日条によれば「今暁、摂政俄薨去。三十八歳」とあり、七日の明け方に亡くなったという説もあれば、『皇帝紀抄』七　土御門院　によれば、「摂政太政大臣正二位藤良經、建永元年三月七日夜、頓滅。卅八。次日巳剋許、見付之。」と見え、七日の夜に突然死し、翌八日の巳の剋（午前九時から十一時）に発見されたと記している。亡くなった日と時間に関して、『百練抄』は良経の頓死事件を七日条に記して「今暁」とあるが、『皇帝紀抄』や『尊卑文脈』の記事から、亡くなったのは七日の夜から八日になる明け方と考えたい。

死因に関しては、良経は幼少から病弱だったこともあり、通説では病死と考えられているが、『尊卑分脈』藤原氏　冬嗣孫の「良經」の注記には「建永元二七薨、頓死。但於寝所自天井被刺殺云々」とあり、七日の夜に寝所で寝ている時に、天井から刺殺されたと殺人説が記されている。良経の叔父・慈円（久寿二年［一一五五］～嘉禄元年［一二二五］）の『愚管抄』巻六に「三月七日、ヤウモナク、ネ（寝）死ニセラレニケリ。天下ノヲトロキ（驚）云バカリナシ。院カキリナクナケキ（嘆）ヲホシメシケレト、云ニカイナシ。（中略）大方、故内大臣良通（九条）・コノ摂政（九条良経）、カヽル死トモセラレヌル事ハ、猶法性寺殿（藤原忠通）ノスエ（末）ニ、カヽリケルコトノ人ノイテクルヲ、知足院殿（藤原忠実）ノ悪靈ノシツルソトコソハ人は思ヘリケレ。」とあり、更に同じく『愚管抄』巻七に「タヾシバシ、コノ院ノ後京極殿良經、ヲ攝籙ニナサレタリシコソ、コハメデタキ事哉ト見エシ程ニ、夢ノヤウニテ頓死セラレニキ」と見え、当時の人々は藤原忠実の「悪霊」のせいだと思っていたとの説を伝えている。一方、三条長兼の日記『三長記』元久三年五月十日条によれば、「故殿（九条良経）頓死、後白河院御所為之由、彼狂女稱レ之。依二此言一及□云々。予（三条長兼）案レ之、故殿（九条良経）者國之匡弼也。伺二良臣去レ國之隙一、天魔為二天下結構一也」と記され、「狂女」が称したとしながら、後白河院の仕業だという説が書きとどめられている。良経の急死に関しては、当時から、様々な噂が流れていたようであるが、定かではない。なお、良経は、元久二年十月に左京の東北隅の中御門京極に移り住んだことから「中御門殿」・「後京極殿」と通称されるが、亡くなった「寝所」とはその邸宅内であったと思われる。

『愚管抄』巻七に「良経又政臣ニナリテ同藝群ニヌケタリキ。詩歌・能書、昔ニハヂズ。政理・公事父祖ヲツゲリ云々」とあるように、良経は**詩歌**に優れていたことが知られる。具体的には、建久元年九月十三日の「花月百首」（『玉葉』建久元年九月十四日条）、同二年閏十二月四日の「十題百首」、同四年九月末の「六百番歌合」などを主催し、その後、鳥羽院を中心とする歌壇で良経は御子左家の歌人らと共に中核的な位置を占め、建仁元年七月二十七日の和歌所設置に際して寄人筆頭となり、**『新古今和歌集』**の撰修に関係してその**「仮名序」**を執筆した。自撰の家集**『式部史生秋篠月清集』**（月清集）があり、歌合形式の自撰歌集に**『後京極摂政御自歌合』**もある。また、『本朝書籍目録』詩家には「詩十體、三巻、中御門攝政御集、」とあり、**漢詩集**として**『詩十体』**を撰したことが知られる。

更に**書道**においても、祖父忠通の「法性寺流」の流れを汲み、それを発展させ重厚にして腰高でスマートな書風は、後世**「後京極流」**と呼ばれた。良経の自筆としては、東京国立博物館所蔵重要文化財「九条良経消息（道家装束之事）」一幅、仁和寺所蔵重要文化財「般若波羅蜜多理趣経」一巻、三井文庫所蔵「詩懐紙」一幅などが知られている（古谷稔「後京極良経と法性寺流書法の展開―三井文庫本詩懐紙を中心として―」『ミュージアム』四九八号　一九九二年）。

著作としては、**日記**に**『殿記』**があり、一条兼良の『桃華蘂葉』の「當家相傳十二合文書事」によれば、「殿御記、一合、後京極攝政自筆御記」と見えるので、当時、良経の自筆日記が一条家に伝来していたことが知られる。現在では、『歴代残闕日記』三十二に『後京極摂政藤良経公記』（正治二年十二月・同三年［建仁元年］春）が、国立公

文書館内閣文庫に『後京極摂政部類』一冊（建久元年十二月、同六年二月・十月、建仁三年）、宮内庁書陵部図書寮文庫に九条家本『革命仗議記（良経公記別記）』二巻（正治二年・建仁元年［同文二種］／函号九―三七五）、京都御所東山御文庫所蔵『殿記　建仁四年　任大臣幷大饗』一冊（勅封　五五―一）などが残るに過ぎない。

儀式書では、『春除目抄』と対になる九条家本『**秋除目抄**』一巻（宮内庁書陵部図書寮文庫所蔵、函号　九―二七六、『図書寮叢刊　九条家本除目抄』下に所収）があるほか、『玉葉』建久六年（一一九五）正月十五日条に

　十五日、辛丑（己巳）、大（九条良経）将來、持ニ來除目抄出物一也。自ニ去（建久五年）年秋比一、自ニ舊大間成柄之中一抄出云々。尤要須之物也。春秋幷八巻。少々可レ直事等指示畢。

と見えるように、良経が古い大間と成文の中から様々な任官の実例や尻付の書き方などを分類集成した『**大間成文抄**』（『**除目大成抄**』）十巻がある（最善本の古写本は宮内庁書陵部図書寮文庫所蔵九条家本、函号　九―一〇五。翻刻として、近藤瓶城原編、角田文衞・五来重編『除目大成抄（大間成文抄）』　臨川書店　新訂増補　一九七三年、吉田早苗校訂『大間成文抄』上・下　吉川弘文館　一九九三年・一九九四年、がある）。

ところで、良経が儀式にも精通し、摂関家本流の口伝・故実を継承していたことは、以下の史料から知られる。先ず、宮内庁書陵部図書寮文庫所蔵九条家本『大嘗会叙除目雑事注文諸公事口伝故実相承事』（函号九―二三六）の第四紙には

　摂政　西宮（源高明）説、能（源）俊之時、尽了。
　關白　小野宮説、資（藤原）信之時、絶了。
　　口傳・故實、近代絶了。為レ之如何。忠雅（花山院）・經（大炊御門）宗両公、無ニ師説一。只以ニ狂惑・奇謀一、猥構ニ出新儀一、称ニ故實一、時人嘲レ之。然而他家皆失了。仍當世之人々、多習ニ彼等流一。仍謬説流布、可レ悲之世也。源氏家説、雅（源）通不レ傳ニ兩（土御門通親）息一。雖レ授ニ實（藤原）守一、々々又不レ授レ人死（唐橋通資）了。中（藤原宗忠）御門説、宗（藤原）家死後、無ニ相承一。
　以上、後（九条良経）京極殿所レ被ニ注置一也。自筆書相存。
　（後略）

とあり、九条良経が注し置いた自筆の書が引用されている。それによれば、良経の認識では、摂政家以外の諸家では公事に関する口伝・故実が「近代」途絶えてしまい、先ず、醍醐源氏・源高明（延喜十四年［九一四］～天元五年［九八二］）撰『西宮記』に代表される「西宮」説は源能俊（延久三年［一〇七一］～長承三年［一一三四］）で、藤原実頼（昌泰三年［九〇〇］～天禄元年［九七〇］）に始まる「小野宮」説は藤原資信（永保二年［一〇八二］～保元三年［一一五八］）で、それぞれ断絶してしまったこと。摂関家以外の藤原（花山院）忠雅（天治元年［一一二四］～建久四年［一一九三］）や藤原（大炊御門）経宗（元永

二年［一一一九］～文治五年［一一八九］）は、「師説」がなく、ただ、狂ったような奇妙な説を、「新儀」にもかかわらず「故実」と称しており、「時人」は嘲けるが、「西宮」説や「小野宮」説など他家が失われて継承する人がいないため、現在の人の多くは忠雅や経宗の流派の説を習ってしまうので、「謬説」が流布しており、悲しむべき世であること。一方で、「源氏家説」すなわち、源師房（寛弘五年［一〇〇八］～承保四年［一〇七七］）に始まり、その男・俊房（長元八年［一〇三五］～保安二年［一一二一］）など村上源氏系公卿に伝えられた「土御門説」を継承した久我流の家説（「久我家説」）を、叔父の源雅定（嘉保元年［一〇九四］～応保二年［一一六二］）から継承した久我源氏庶流源雅通（元永元年［一一一八］～承安五年［一一七五］）がその「両息」すなわち土御門通親（久安五年［一一四九］～建仁二年［一二〇二］）と唐橋通資（？～元久二年［一二〇五］）には伝えず、藤原（徳大寺）公能の三男・藤原実守（久安三年［一一四七］～文治元年［一一八五］）に伝えたものの、実守は誰にも伝えず亡くなってしまったこと。藤原（中御門）宗忠（康平五年［一〇六二］～永治元年［一一四一］）に始まる「中御門説」は、孫の宗家（保延五年［一一三九］～文治五年［一一八九］）が死んでから、相承する人がいないこと。良経は以上のような摂関家以外の諸家の口伝・故実の継承に関して、興味深いことを述べている（田島二〇〇九）。これは、次に続く記述に見えるように、良経が摂関家嫡流に伝えられた「御堂」説の正統な継承者であるという自負のもとに述べた認識であると共に、口伝・故実の上で最大のライバルとも言え、良経が「狂惑・奇謀」、「新儀」で「時人」の嘲笑の対象となったと酷評する花山院忠雅や大炊御門経宗にも大きな影響を与えた源有仁の「花園説」の継承に関して語らない点は注目される。

良経自身が摂関家本流の「御堂説」の継承者であったことは、同文書の第五紙に見える以下の記述に詳しい（田島二〇〇九）。

叔位・除目以下諸公事　口傳・故
實相承事

御堂（藤原道長）　宇治殿（藤原頼通）　京極大殿（藤原師実）
二条殿（藤原師通）　知足院殿（藤原忠実）　法性寺殿（藤原忠通）
於㆓十六㆒為㆓孤露㆒。然而先公訓 受得㆓厳君口傳之上、熟傳㆓松殿秘説㆒。於㆓松殿㆒
月輪殿（九条兼実）
親習㆑之。委事以㆓兄松殿（基房）㆒　後京極殿（九条良経）　為㆓猶子㆒。又為㆑聟。
為㆑師。
峯殿（九条道家）　後一条殿（一条実経）　前攝政（一条家経カ）

（一行空白）

松殿（基房）
十四喪㆑父、至㆓十六㆒、雖㆑傳㆓祖公訓㆒、委事習㆓松之殿㆒
├月輪殿（九条兼実）
├後京極殿（九条良経）
├猪熊殿（近衛家実）
├峯殿（九条道家）――一条殿（一条実経）――前攝政（一条家経）
└岡屋殿（近衛兼経）
秘事、授㆓後京極殿㆒之間、受□抄一書。

摂関家の叙位・除目以下の諸々の公事に関する口伝故実は、

　道長—師通—師実—師通—忠実—忠通—兼実—良経—道家—

　（下略）

などと継承されたこと、また近年では、兼実の兄の松殿基房から、九条家では兼実・良経・道家が、近衛家では家実・兼経が、それぞれ直接伝授を受けたことが記されている。

更に、「後京極殿」の傍注によれば、良経は「厳君」（父・兼実）の「口傳」を受けた上に、「松殿」（松殿基房）の「秘説」を「熟傳」、即ち詳しく伝えられ、更に基房は良経を「猶子」（養子）とし、「聟」となしたと記している。このように、先に引用した慈円の『愚管抄』巻七に「政理・公事父祖ヲツゲ（継）リ」と指摘していることは事実であり、公事である朝廷の儀式も父祖伝来の口伝故実を継承していたことが知られる。本書『春除目抄』はそのような良経の著作であるという認識の上で研究に用いられるべきであろう。特に注意すべきは、第四紙で全く触れていない、源有仁が集大成し、摂家に次ぐ家格・清華家である三条家・西園寺家・徳大寺家をはじめとする閑院流（藤原北家支流）に伝えられた「花園説」に関して全く触れていないにもかかわらず、先に述べたように、『春除目抄』の本文に引用（言及）される他家の史料としては、「花園説」が最も多く引用されるものの、批判的に引用されることである。

三　尊経閣文庫本の書誌と特徴

1　書誌と伝来

本書は二巻の巻子本で、尊経閣文庫編『尊経閣文庫国書分類目録』（侯爵前田家尊経閣　一九三九年）第七門第二類　儀式典例　一公事　叙位・除目（六八一頁）には

　春除目抄　二巻 天文一一年写　一　七—六四—書政

とあり、尊経閣文庫編『尊経閣文庫貴重書籍目録』一　石川県立図書館（東京大学史料編纂所架蔵謄写本　一九五二年　RS二〇〇五—一八）和書部第一　政書類　によれば、

　春除目抄　　二巻　第六十四號

　天文中鈔本。巻中ニ天文十一三七日了ノ文字有リ。紙背ニ十市遠忠等ノ消息文有リ。

とある。内容的には、『春除目抄』全六巻のうち、初夜部分（巻第一から巻第三まで）を抄録したものである。

上巻

先ず、上巻の書誌から説明すると、上巻には初日上（巻第一）部分が抄録されている。料紙の法量のデータは別表（表2）に記したが、縦一八・六cm、横約四一cm～五二cmの料紙十一紙からなる巻子本で、第一紙から第六紙の途中までと、第八紙から第九紙の途中、第十紙

から第十一紙の途中までには約一八cmの折目が、また、第十一紙の途中からは約九cmの折目が残っており、折本の形態であった時期があったことが知られる。また、第三紙目までは、朱点が各儀式の概要を示す目次的な部分に、朱の合点がその実例として先祖の日記などから引用する勘物部分の年紀に示されているが、以下には朱はない。

第五紙三行目の「硯一面、見次第。私略之。」や第九紙の冒頭から「雨儀」が始まるが、折目を境に「議所儀、私畧之。」とあり、その後、約二九cmの空白が続くように、省略されている部分が多く、全部がほぼ揃っている九条家本に比べ、かなり抄録された写本なので、史料的な価値はかなり下がる。

しかし、後に列挙するように、校訂上、尊経閣本の方が正しいと思われる本文を伝えている部分もあり、特筆すべきは九条家本（六巻本）では欠落している「執柄臣兼大臣者、或於直廬仰召仰事」の内容と勘物（二九～三二頁）が九条家本（一巻本。九・一二五）など類本と同様に存在すること、更に類本にもない文も伝えることである（後述）。また実隆・公条父子など中世後期の三条西家における儀式書の書写・作成の過程を知ることができることも重要である。

下巻

一方、下巻は、後補紙を除けば、全二十九紙の巻子本で、錯簡があるが、現状の内容をそのまま記すと、以下の通りである。

第一紙から第十五紙まで……初日下（第三）。書写識語（後述）あり。

第十六紙から第十七紙途中まで……初日上（第一）の「雨儀」。

第十七紙奥から第二十九紙……初日中（第二）。

本来であれば、上巻最後の十一紙目に下巻第十六紙以下が続き、第二十九紙の次に第一紙以下が続く筈であるが、現状のようになっている。

この内、朱点・朱の合点が第二紙の「同姓同位准后人尻付事」に続く『台記』久安六年正月記の冒頭と、第二十三紙から第二十五紙までにあり、第二十七紙の「去年任納言人二合下勘例」に引用する『玉葉』治承四年正月条の「任納言人當年給二合、他家説、依無事疑、不下勘之、而家説皆」まで、右側に朱の傍線が引かれている。

第十五紙目の奥に「天文十一　三　七日了」という識語があり、天文十一年三月七日に書写が終わったことを示すものと思われるが、これは、伏見宮家本・徳大寺家本の書写識語を勘案すると、三条西公条（文明十九年［一四八七］～永禄六年［一五六三］）の識語かと思われる。なお、第二十九紙目の奥の上端部分に「□第三巻」とある。

下巻の料紙の法量は、別表（表2）のようであるが、縦は約一七・五cm（第二紙のみ短く一五・七cm）、横は第十五紙のように六五・二cmの長い料紙を用いている部分もあるが、大部分は四二cm台から四八cm台の料紙である。また、第二紙より第七紙まで、約一九cm前後の折目が見える。

なお、参考図版二九〇頁に示したように、現状では、上巻と下巻がそれぞれ包まれていた内側の包紙が各一枚あり、共に「春除目抄（二巻之内）」と墨書されていて、二巻を包んだ外側の包紙が一枚あり、左側に「春除目抄　二巻」と墨書され、中央やや右寄りに「政書（貴）第六十四號」と書かれ、（貴）の朱印を押された紙片が貼りつけられている。法量はそれぞれ以下の通りである。

上巻の内側の包紙　縦三〇・三㎝、横三二・二㎝
下巻の内側の包紙　縦二九・八㎝、横三二・五㎝
外側の包紙　縦四四・四㎝、横四七・〇㎝
外側の包紙に貼付された紙片　縦二・八㎝、横一・八㎝

さて、本書の伝来に関しては、尊経閣文庫の図書類の来歴・由来を明らかにしてくれている、前田綱紀（寛永二十年［一六四三］～享保九年［一七二四］）が座右に置いて折に触れて書き綴ったといわれる『桑華書志』（尊経閣文庫所蔵）や、元禄・享保頃に前田家と諸方との往復書簡を録した『書札類稿』三十一冊（尊経閣文庫所蔵）のうち第七冊から第九冊の、三条西家の蔵書整理・修復に関する『三条西蔵書再興始末記』には、貴重な典籍を大量に所蔵する三条西家と前田家との間で元禄十五年（一七〇二）から宝永元年（一七〇四）の間にやり取りされた書状を収載しており、更に第十冊（「松雲公様より三條西様江被進候御書之御控」）にも、書籍の伝来の過程を知る上で重要な資料とされているが（近藤磐雄編『加賀松雲公』中巻「事業」第一篇「文学に関する事業」第八章「図書の保存及弘通」第二節　第四「西三条家」羽野知顕発行　一九〇九年）、現在のところ、尊経閣文庫架蔵の飯田瑞穂氏作成の書名目録を参考にして確認してみたが、本書に関連する記述を見出していない。一方、加賀藩士茨木氏の家臣で、廃藩置県後は石川県庁に勤め、官を辞して後は、前田家の為に家録編纂を行った森田平次（文政六年［一八二三］～明治四十一年［一九〇八］。諱は良見。『石川県史』第三編「藩治時代［下］」第三章「学事宗教」第五節「國學［下］」の「森田平次」の項参照）輯『松雲公採集遺編類纂』書籍部（金沢市立玉川図書館加越能文庫所蔵　特16・03—1。東京大学史料編纂所架蔵写真帳　請求番号　六一〇一—一）にも三条西家の蔵書を調査・修復に関係がある前田綱紀の往復書簡の写しが収載されているが、書籍部九十五「前田家（松雲公）書籍探索書下」に収められた貞享三年（一六八六）三月二十五日付けの「津田太郎兵衛」（津田光吉）の「見聞書籍等之覚」（写）によれば（東京大学史料編纂所架蔵写真帳『松雲公採集遺編類纂』十八）、

一除目申文抄　職事要　一巻
一除秘鈔　一巻
一春除目抄　六冊

奥書
建武五年正月廿日、加見了。
第一秘書也。　（二条）藤原朝臣良基
右三部、新写也。
（藤原実富）山本宰相殿口入之由、取次人菱屋庄兵衛。

とある。津田光吉は加賀藩の書物調奉行であり、前田綱紀の命によ

り数回、京都・奈良・鎌倉等各地に赴き、綱紀が求めた「遺書」を探索し、綱紀に報告をしている（前掲近藤磐雄編『加賀松雲公』中巻「事業」第一篇「文学に関する事業」第七章「図書の蒐集」第五節「図書蒐集の情況」羽野知顕発行　一九〇九年。菊池紳一『加賀前田家と尊経閣文庫―文化財を守り、伝えた人々』勉誠出版　二〇一六年）。その貞享三年三月二十五日付けの報告の中で、津田は、正二位前参議藤原（山本）実富（『公卿補任』霊元天皇　貞享三年条によれば、時に数え年で四十二歳）の口利きで、「取次人」である菱屋庄兵衛（ひしやしょうべえ）を通じて新写の『除目申文抄職事要』一巻・『除秘鈔』一巻・『春除目抄』六冊を調査しており、このうち『春除目抄』は六冊で、奥書に建武五年の二条良基の識語（本奥書）があったことを報告している。奥書はおそらくは巻第三のものであると思われるが、尊経閣文庫所蔵『春除目抄』は二巻の巻子本で、三条西公条と思しき天文十年の識語があるので、山本が見た写本は三条西家本とは違う写本と思われる。従って、この記述だけからは、綱紀が三条西家本『春除目抄』をいつの時点で、どのようにして入手したのかは不明であり、今後の研究に俟ちたい。但し、この報告から綱紀が『春除目抄』に関して関心を示していたことが知られ、そうすると前田家に入ったのは、貞享三年より後のことであろう。

2　省略部分―抄録の仕方―

九条家本（六巻本）と比較して、尊経閣文庫本で書写が略されている部分は影印本文の上欄に頭注として簡単に注記したが、錯簡を戻した状態で詳しく記すと以下の通りである（（　）内の漢数字は本書影印頁。〔　〕内のアラビア数字は尊経閣本では省略されている『図書寮叢刊　九条家本除目抄』上の該当頁・行）。表1も参照。

上巻　初日上

1「図書寮渡大間料紙於外記」（一〇頁）…〔15頁前5行目〕

2「御装束儀、畧之、」と「議所」装束（一九頁）との間…〔20頁後8行目～21頁前1行目〕

3「議所」装束の内、「硯筥」の内容（二〇頁）…〔21頁後4行目～23頁前1行目〕

4「外記、六位、進闕官帳、（割書略）、於大臣家（割書略）、留文返給筥、以人傳獻之」（二一頁）…〔23頁前7行目〕

5「召外記於里第賜硯墨筆」の内容（二三頁）…〔24頁後4行目～25頁前3行目〕

6「執筆大臣修諷誦於所々」・「刻限着束帯」（二五頁）…〔26頁後3行目・後1行目〕

7「参内着陣」・「使官人敷軾」（二六頁）…〔28頁前1～6行目〕

8職事（弁官）による召仰の部分の内容で、「大臣正笏承之小揖、職事退去」（二八頁）…〔30頁前1行目〕

9外記を召す部分の内容で、「使官人召外記」より「外記稱唯退去」まで（二九頁）…〔30頁後8・7行目〕

10「次召弁仰之」以下の注記部分（「不仰大弁」）及び「以官人召弁、

（中略）弁微（稱カ）唯退去」まで（二九頁）…〔31頁前1・2行目〕

11「次召外記問文書具否」以下の注記部分（「御堂御流問之」）及び「大臣以官人召外記」より「外記稱唯退去」までと、一行飛ばして「早速有召之時、不必問之」の一行（三二頁）…〔31頁後6～4行目・2行目〕

12「次問議所装束具否」に引用される勘物のうち「同年（元永二年）叙位御記（法性寺殿記）」・「久安四年正月記（台記）」（三五頁）…〔33頁後2・1行目〕

13「議所儀、私署之、」として以下空白。「次諸卿移着議所」・「次勧盃」・「次下箸」・「次蔵人来召」・「次召外記仰筥文」・「次外記取筥文列立」・「次大臣以下列立射場殿」の途中（「父子不列立」）の前行まで。（三六頁～三八頁）…〔34頁前1行目～42頁前8行目〕

14「次大臣以下列立射場殿」の内、「入夜者、主殿官人秉松明」（三九頁）に続く「前行、随身不前行、在主人後、或随身不取松明云々」及び「路間随身不追前」（三九頁）に続く「云々」及び「松殿仰」以下の割書…〔43頁前4・5行目〕

15「次外記列立納言後東庭」より「次大臣着殿上」の儀式次第中の「関白豫坐御倚子前」の前まで（四〇頁）…〔44頁前1行目～45頁前6行目〕。「雖無已次大臣、猶着殿上例」（四二頁）の前行の「仁平元年十二月記（台記）」…〔47頁前3行目〕

16「次関白及大臣着御前座」（四三頁）の内、「起座入殿上々戸、経中行事障子北頭弁簀子着座」…〔47頁前7行目〕

第二　初日中

17「関白依召着簾下円座」（一一一頁）…〔51頁後5行目～52頁前2行目〕

18「次左大臣依召着円座」（一一一頁）の内、「関白候天気」より、「正笏候」まで…〔52頁前5行目～前10行目〕

19「次召右大臣」・「次召内大臣」（一一三頁）…〔53頁前4～7行目〕

20「次奏闕官帳」（一一六頁）の「執筆」の座の図及び詳細な儀式作法に関しては全て略す。更に「保延三年正月記云（台記）」の傍注「執筆宇治左府、于時内大臣」を略す。…〔55頁後2行目～58頁前8行目。後5行目〕

21「次奏闕官帳」の「關白不候儀」（一二一頁）…〔61頁前3行目～62頁前5行目〕

22「次縿大間」（一二二頁）の儀式作法（「依仰小揖置笏」より「異説」である、源雅実が花園左大臣源有仁に授けた説の前まで）…〔62頁後7行目～63頁後2行目〕

23「次縿大間」の勘物のうち、『殿暦』・『法性寺殿記』・『台記』は記し（一二三～一二四頁）、「安元二年正月御記」以下の『玉葉』は略す。…〔65頁後2行目～66頁前6行目〕

24「大間縿了、居置取笏候」、「次摺墨染事」、「次任内豎三人」、「次任内豎三人」、「次召院宮御申文」の儀式作法・勘物まで全て（一二五頁）…〔67頁前3行目～72頁前10行目〕

25「次任内豎残」の内、「参議退出之後」より「返入労帳於第二覧筥」まで（一二五頁）…〔72頁後2・1行目〕

26「次任進物所」の内、「今度任了、引掩大間、引裏紙、注袖書之間、経程之故也。」及び「凡執事・膳部中各有所々籍也」より「但近代只載執事・膳部二人、不載所々籍」まで（一二八頁）…〔75頁前6・8・9行目〕

27「任四所次第事」より「関白不候儀」まで（一二八頁）…〔75頁後3行目～84頁後5行目〕

28「先是給諸申文」（一二九頁）の割注と「於関白」及び「関白置笏」より「次第撰分」までの儀式作法部分…〔84頁後4・3行目〕

29「関白不候之時、執筆進寄給之」（一二九頁）…〔85頁前3行目～88頁前11行目〕

30「次取院宮当年給、引裏紙並置」（一二九頁）の「先取御申文等」より「不引裏紙、入闕官筥」までの儀式次第部分…〔88頁後1行目～90頁前4行目〕

31「次関白給諸申文於執筆」（一三六頁）の割書及び「関白撰取申文」より「先例見引裏紙之所」までと「関白不候之時」より「撰取件申文等」までの儀式次第部分…〔95頁後10～6行目〕

32「次注袖書、召参議下勘」（一三六頁）の「先取一束」より「必可抜見公卿当年給束也」までの儀式次第部分…〔95頁後1行目～97頁前1行目〕

33「放籤事」（一五二頁）…〔107頁前2行目～110頁前3行目〕

第三　初日下

34「次任当年内給」（五二頁）の「取御申文」より「入闕官筥」まで…〔111頁後2行目～112頁前4行目〕

35「次任院宮当年給」（五五頁）の「取御申文」より「加成残返上也」まで…〔114頁前1～10行目〕

36「成文三通積時、成束」（六〇頁）…〔117頁後4行目「不用続紙用紙」。117頁後3行目「以爪破之」より118頁前4行目「二倍ニ引折入成文筥」まで。118頁後2～1行目「近代件紙」より「取替也」まで。120頁前8行目「安元々年十二月」〕

37「次任公卿当年給」（六八頁）の「取件束」より「不更見云々」まで…〔123頁後2行目～124頁前4行目〕

38「次任々符返上」（七二頁）の「取件束」より「後日尋取」まで…〔126頁後11～5行目〕

39「次任上召使」（七三頁）の「取申文」より「懸勾注任所指成束」まで…〔126頁後1行目〕

40「次持参下勘文」（七六頁）の「参議持参之」の後の儀式次第…〔128頁後1行目「大臣置筆」より129頁前3行目「直入成文筥」まで〕

41「次任勘進文」（七八頁）…〔130頁後3行目「或今夜皆任之」以下割書及び「取可任之束」より131頁前2行目「取放指成束」とその割書まで。132頁前3行目「成残申文」より133頁前1行目「不読申、同名替」まで〕

42「次巻大間、封之」（八四頁）の儀式次第で「或説」の前まで…〔135頁後1行目「夜漸深之間」より136頁前6行目「取大間入成文筥」まで〕

43「次調成柄、封之」（九〇頁）の儀式次第…〔140頁前5～10行目「大間入筥之後」より「加入大間筥」及び割書まで〕

44「次取闕官帳二巻移入次筥」の割書（九六頁）…〔144頁後11行目「付法性寺御次第、立次第」・後10行目「松殿仰」部分〕

45「次闕官寄物如本巻返入硯筥小板上」（九九頁）の儀式次第…〔146頁後9・8行目「或入大間筥」より「或封成文後」まで〕

46「次奏大間筥、退下」（一〇一頁）の「大間成文入筥了」より「自小板敷退」及び割書までの儀式次第…〔148頁前3～7行目〕

省略箇所は以上であるが、その省略の仕方は、儀式の内容部分を省略し、『殿暦』・『法性寺殿記』・『玉葉』など歴代関白の「御記」部分（勘物）は出来るだけ書写する方針を貫いている。

3　史料的な価値―校訂上の注目点―

尊経閣文庫本は巻第一から巻第三までの零本で、かつ書写の仕方も省略部分が多い抄録本であって、完本に近く鎌倉前期の古写本である九条家本（六巻本・一巻本）に比べるとその史料的価値は下るが、先に述べたように、中世の摂関家にあっては、九条家と二条家とに伝来し、写本系統が二つあったと考えられるため、実際に比較してみると、校異の上で尊経閣本にあって九条家本にない部分、尊経閣本の方が正しいテクストを伝えているのではないかと思われる部分が散見され、そこにこそ尊経閣文庫所蔵三条西家本の史料的な価値があるため、注目すべき校異を列挙すると、以下の通りである（（　）内の漢数字は本書影印頁。〔　〕内のアラビア数字は『図書寮叢刊　九条家本除目抄』上の該当頁・行。なお、尊経閣本の脱漏及び誤りと思われる部分や「也」と「之」など判断の付きにくい軽微な校異は取り上げない）。

上巻　初日上

1「長治二年正月廿一日御記云」（七頁）の「長治」〔12頁前7行目〕に、尊経閣本は「知足院御記」と朱で傍書する。九条家本には朱の傍書なし。

2「永久四年十一月廿一日御記云」（九～一〇頁）の「仰云、従明日可有除目、召仰諸司**与**、師遠稱唯」の部分、九条家は「仰云、（中略）召仰諸司、師遠稱唯」〔14頁後5行目〕とあり、「与」がない。

3「嘉承二年**正**月殿暦云」（一一頁）は、九条家本では「嘉承二年**四**月殿暦云」〔15頁後3行目〕とあり、尊経閣本が正しい。

4「天治元年十二月廿四日御記云」（一四頁）の「予**奏**云」は、九条家本では「予**答**云」〔17頁前9行目〕とある。

5「短冊付様」の最後の「袖書」部分（一八頁）の「大将請」を尊経閣本は本文中の大字であるのに対して、九条家本は「卿源朝臣請申」の傍書となっている〔20頁前2行目〕。尊経閣本が正しい。

6「議所」装束の後半部分（二〇頁）の「東**面**（南）両面副柱引廻紺幕」、「西壁倚**立**内豎所籍簡」を、九条家本はそれぞれ「東**面**（西）両面副柱引廻紺幕」、「西壁倚**主**内豎所籍簡」とする〔21頁前6・8行目〕。後者は尊経閣本が正しい。

7「移外座之後、承召仰例」の内、「**承**（永）久四年正月」（二六頁）を、九条家本は「**承**久四年正月」とする〔28頁後6行目〕。尊経閣本の訂正傍書が正しい。

8「或先仰弁云々、非尋**常**説」（二九頁）を九条家本は「或先仰弁云々、非尋説」〔31頁前3行目〕とするが、尊経閣本が正しい。

9九条家本欠落部分（「執柄臣兼大臣者、或於直廬仰召仰事」二九～三二頁）のうち、九条家本類本（九・一二五）である補訂部分〔219～220頁〕に関して、「保安四年正月十九日當日御記云」のうち、「雖執柄、為左大臣之時、召仰也。**先例也**。大臣於陣欲仰召仰云。予於直廬召仰已了**之由告之**。」（三一頁）を、九条家本類本は「雖執柄、為左大臣之時、召仰也。先例也之由告之。大臣於陣欲仰召仰云々。予於直廬召仰已了。」〔219頁後1行目～220頁前1行目〕とする。また、続く「仁平元年九月廿七日當日記云」（三一頁）で、「次召左少弁範家仰之」の双行割書部分「其詞同上。但無仰宣所司之四字也。北山年中上、唯有仰外記之文。無仰弁之文。西宮年中甲云、仰外記及弁。據西宮仰之。」を、九条家本類本は「其詞同上。但無仰宣所司之四字也。北山年中上、唯有仰外記之文。無仰弁、仰外記及弁。據西宮仰也。」〔220頁4行目〕とする。九条家本類本に脱文あるか。

10「父子不列立」の内、「雖納言、少依有参議父子不列例」（三八頁）の勘物「治承四年正月御記」（『玉葉』）中の「花山納言」は、九条家本には「花山納□」〔42頁後1行目〕とあるが、尊経閣本で補える。

11「次大臣着殿上」〔45頁後11行〕（尊経閣本なし）の勘物「元永二年十一月御記」（『法性寺殿記』）の「**有**沙汰事云々」（四一頁）は、九条家本では「万沙汰事云々」とする〔45頁後4行目〕。尊経閣本が正しいか。

12「次関白及大臣着御前座」（尊経閣本なし）に続く「雨儀」の勘物の「保安四年**正**月御記」（一〇五頁）を、九条家本は「保安四年**四**月御記」〔48頁後5行目〕とするが、尊経閣本が正しい。

第二　初日中

13「次左大臣依召着円座」（尊経閣本では「大臣着圓座」（一一一頁））の具体的な作法の中で省略した「深揖引寄下襲裾」の下に続く双行割書「頗顧座下方、右手取持笏、以座下方手取下襲中程之所、及引寄之三重ニ疊置也。末方爲下也。」〔52頁後6行目〕と同内容を、尊経閣本は、「引寄下襲尻事」と「一説」（宇治左府（藤原頼長）説）との間に、「松殿（基房）仰、頗顧座下方、右手**乍**持笏、以座下方手取下襲中程之所、及引寄之三重ニ疊置也。末方為下也」と、松殿基房の説として引用する。「松殿仰」は九条家本になく、「頗顧座下方」より「末方為下也」までの割書は、「深揖引寄下襲裾」の割書とする。

14尊経閣本では「納言執筆儀」（一一五頁）・「遅参大臣事」（一一六頁）の順番で記されているが、九条家本では、「遅参大臣事」以下〔55頁4～7行目〕・「納言執筆儀」以下〔55頁8～10行目〕の順で書写されて、「遅参大臣事」の前行に「◦」（挿入符）が付され、更に「納言執筆儀」の上に「(」が付されて、「納言執筆儀」以下を「納言執筆儀」の前行に移動すべきことが示されている。尊経閣文庫本はそのような指示はなく、当初から正しい。

15「大間礼紙入硯筥小板下例」（一二四頁）の実例として、九条家本では「保延二（三イ）年正月、初・中・竟」〔66頁前6行目〕とあるが、尊経閣本は「保延三　正　初　中　竟」（一二四頁）とあり、尊経閣本は九条家本に注記された異本と同じである。

第三　初日下

16冒頭の「次任当年内給」の「不難内給例」の実例として引用する「治承三年正月御記云」（『玉葉』）に関して、「内給二分代之例不打(マヽ)任」（五三頁）とするが、九条家本は「内給二分代之例不抑任」（113頁1〜2行目）とする。

17同じく、「次任当年内給」の「今夜不**難**内給例」（五三頁）は、九条家本は「今夜不**任**内給例」（113頁前4行目）とする。

18「次任院宮當年給」（五五頁）の「両院御給尻付事」（五八頁）に実例として引用する「保安四年十二月御記云」（『法性寺殿記』）に関して、「卒介相**議**」（五九頁）とあるが、九条家本は「率介相**儀**」（117頁前1行目）とする。尊経閣本が正しいか。

19「成文三通積時成束」の「一説」（六〇頁）を九条家本は「又説」（118頁前6行目）とする。

20同じく、「成文三通積時成束」（五九頁）の「展置結之例」の実例として引用する「保延三年正月記云」（『台記』）に関して、「横ニ四倍ニ折」（六二頁）を九条家本は「横四倍ニ折」（119頁後1行目）とする。尊経閣本の方が判りやすい。

21同じく、「成文三通積時成束」の「取替懐中紙撚事」（六四頁）に実例として引用する「長治二年正月御記云」（『殿暦』）に関して最後の「**於**御前自可捻也」（六四頁）を九条家本は「**猶**御前自可捻也」（120頁後3行目）とするが、尊経閣本が正しい。同所で最後の実例として引用する「安元々年十二月御記云」（『玉葉』）に関して、「仍又今一筋所持之帋**攕**ヲ取出用也」（六五頁）とあるが、九条家本は「仍又今一筋所持之紙**撚**ヲ取出用也」（121頁後7行目）とする。

22「次任公卿當年給」（六八頁）の「不蒙巡給宣旨之親王不請掾事」（七一頁）に引用する「仁平二年正月記云」（『台記』）に関して、「親王不蒙巡給宣旨**者**、不能請掾」（七一頁）とあるが、九条家本は「親王不蒙巡給宣旨**之**、不能請掾」（125頁前8行目）とする。尊経閣本が正しい。

23「次任上召使」（七三頁）の「今夜不任例」（七三頁）に引く「保延三年正月記云」（『台記』）に関して、「予取之、入加大間筥、下勘申文之、具ニ並置也、」（七四頁）とあるが、九条家本は「予取之、入加大間筥、下勘申文之**奥**ニ並置也、」（127頁前7行目）とある。ここは九条家本の方が、意味が通る。

24「次任勘進文」（七八頁）の「乍重一束任了取放例」（七九頁）に引く「承安四年十二月御記云」（『玉葉』）に関して、「一々取放挿成**文**」（七九頁）を九条家本は「一々取放挿成**束**」（131頁後2行目）とする。同じく「次任勘進文」の「読申事」（八〇頁）に引く「保延四年正月記云」（『台記』）に関して、「令答給、予未承師説。左右延申」（八〇頁）とあるが、九条家本は「令答給**云**、未承師説。左右**亘**申」（133頁前6〜7行目）とある。尊経閣本が正しいか。

25「次巻大間封之」（八四頁）の「巻時直誤事」（八七頁）に引く「安

元二年正月御記云」と「治承二年正月御記云」（共に『玉葉』、八八頁）は、九条家本は、「治承二年正月御記云」・「安元二年正月御記云」〔138頁前3～4行目〕の順で書かれ、「安元二年」の上から「（」が「（○治承二年」の上まで延びる挿入を示す勾を描く曲線と挿入位置を示す「○」（挿入符）が引かれる。尊経閣本はもともと正しい。同じく「次巻大間封之」の「功課定間且巻大間例」（八九頁）に引く「保延三年正月中日記云」（『台記』）に見える「持参功課定文」（九〇頁）に関して、九条家本は「封〔持欸〕参功課定文」〔139頁後3行目〕とするが、尊経閣本が正しい。

26「次調成柄封之」（九〇頁）の「結固之後、追指加少々例」（九二頁）に引く「安元々年十一〔二カ〕月御記云」（『玉葉』）に関して、「結固其緒、暫片鎰ニ結之、凡今夜、手筆テ成文能モ不被巻也。大略皆大巻。仍度々抜テ細巻也。」（九二頁）とするが、九条家本は「結固其緒、暫片鎰ニ結之。凡今夜、手亀テ、成文能も不被巻也、大略皆大巻。仍度々抜テ細巻也。」〔142頁前3～4行目〕とある。尊経閣本が正しいか。

以上、尊経閣文庫本と九条家本を比較し、校訂上、注目すべき校異を述べた。

なお、尊経閣文庫本『春除目抄』上　初日上の「雨儀」（三四頁）の「仰可令候之由例」に引く「元永二年正月 御〔同〕記云」（『法性寺殿記』）の記事に続く「大臣目之、已為流例。仍不注其例」（三五頁）を、九条家本は「大臣目之、已爲流例。仍不注之〔其イ〕例」〔33頁前6行目〕とすることから、尊経閣本は、九条家本を書写する際に、既に存在していた異本系の写本がその親本であることが推定される。

ところで、本書と同じ天文十一年三月の三条西公条の識語があり、「諸本」の項で示した④伏見宮家本・⑤徳大寺家本『春除目抄』に関しても、九条家本と比較した校異を述べておく。

九条家本では、

次召外記問文書具否、
外記申任由、大臣目之、　外記稱唯退下、
五位承之例
永久四年正月
同年十二月
（中略）
同（治承）三年正月　六位外記参入。仍仰五位可参由、同入眼日五位参上承之。
同（治承）四年正月
六位承之例
（中略）
早有召之時不問例、
保安元年正月入眼 御（法性寺殿記）記、召外記、為問文書具否召官人、追来之間、蔵人来召、

と見える部分〔153頁後6行目～154頁前11行目〕、④伏見宮家本・⑤徳大寺家本では以下のように記されている（一丁裏～二丁表）。

・（朱点）次召外記問文書具否
　（朱）五位承之例
◦保安元　正、師遠、　同二　正、　永久四　正、　同年十二、
安元二　正、入眼、治承二　正、
同三（治承）　正　六位外記参入、仍仰五位可参由。　同四　正、同入眼日、五位参上承之。
　（朱）六位承之例
（中略）
　（朱）早有召之時不問例、
保安元年正月入眼御記（法性寺殿記）、召外記、為問文書具否
召官人、遅来之間、蔵人来召、

『春除目抄』の儀式次第では、外記を召して文書が具わっているか否かを問う際に、五位の外記を召す例と、六位の外記を召す例が挙げられて入れ、九条家本と、④伏見宮家本・⑤徳大寺家本との大きな相違点は、五位の外記が承った例として挙げられる治承三年正月と同四年正月の例に関して、九条家本では、治承三年正月と同四年正月との間、どちらかというと治承三年正月に近い部分に注記されている「同入眼日五位以上承之」が、④伏見宮家本・⑤徳大寺家本では、治承四年正月の注記という形に完全になっていることである。すなわち、「同入眼日五位以上承之」という注記が、治承三年正月の注記か、治承四年正月の注記か、どちらが正しいかということである。

九条家本の通り解釈すれば、治承三年正月の除目で、六位の外記が参入したため、五位の外記が参るべきだと仰せたこと、同じく入眼の日には五位が参上して承ったことになる。一方、④伏見宮家本・⑤徳大寺家本では、治承三年正月の除目で六位の外記が参入したため、五位の外記が参るべきだと仰せたが、治承四年正月には、入眼の日に五位が参上して承ったことになる。これに関しては、『玉葉』治承三年正月十八日条によれば、「此日除目第二日也、（中略）余（九条兼実）以㆓令㆑置㆑軾之官人㆒召㆓外記㆒、為㆑問㆓文書㆒也。六位参入、仰㆓五位可㆑参之由㆒」とあり、兼実が軾（ひざつき）を置かせる官人に文書が備わっているかを問わせたところ、六位の外記が参入してしまったため、五位の外記が参るべきと仰せたことが知られる。そして、翌同十九日条には、「除目入眼也、（中略）余（九条兼実）先召㆓大外記（正五位上）（清原）頼業㆒、問㆓文書具否㆒、申候之由、余目之、外記稱唯退下」とあることから、この日は最初から正五位上の大外記清原頼業を召して、文書が具わっているかを問うたことが知られる。一方、『玉葉』治承四年正月二十七日条によれば、「除目中日也、（中略）余召㆓（清原）頼業㆒問㆓文書具否㆒」とあり、翌同二十八日条には、「入眼也、（中略）召㆓大外記頼業㆒問㆓文書具否㆒」と見えるので、除目の中日も最終日の入眼日も正五位上の大外記清原頼業が兼実に召されて文書の具備を問われているので、問題の「同入眼日五位以上承之」という注記は治承三年正月の方に掛かる注記と理解すべきであり、九条家本の書写が正しいと思われる。

四　実隆・公条父子の除目・叙位書の書写活動

ところで、尊経閣文庫所蔵三条西家本『春除目抄』二巻の史料的な価値のもう一つ重要な意義は、三条西実隆・公条父子の除目・叙位等の儀式書の書写活動という中で考える必要があるので、最後にこの点に関して少し詳しく述べておく。

中世末の戦乱の中、三条西実隆（康正元年［一四五五］〜天文六年［一五三七］）と公条の父子が六国史を書写した功績は坂本太郎氏が夙に指摘された通りである（坂本太郎「六国史の伝来と三条西実隆父子」『史料纂集会報』一二・一三　一九七〇年、のち『古典と歴史』吉川弘文館　一九七三年、『坂本太郎著作集』三　六国史　吉川弘文館　一九八九年）。特に『続日本紀』の永正本（現存せず。天理大学附属天理図書館所蔵兼右本が転写本。鎌田元一「卜部家本及び永正本『続日本紀』についての二、三の考察」『続日本紀研究』一九三号　一九七七年、のち『律令国家史の研究』塙書房　二〇〇八年、吉岡眞之・石上英一「書誌」『新日本古典文学大系12　続日本紀』一　岩波書店　一九八九年他）や東山御文庫本・高松宮旧蔵本・谷森善臣旧蔵本などの『続日本後紀』・『日本文徳天皇実録』・『日本三代実録』の書写識語から窺い知られることであり（坂本太郎前掲「六国史の伝来と三条西実隆父子」、吉岡眞之「続日本後紀」『皇室の至宝　東山御文庫御物』2　毎日新聞社　一九九九年、遠藤慶太「『文徳実録』の写本について」『平安勅撰史書研究』学校法人皇學館出版部　二〇〇六年、小倉真紀子「近世禁裏における六国史の書写とその伝来」田島公編『禁裏・公家文庫研究』三輯　思文閣出版　二〇〇九年）、更には『日本後紀』の唯一最古の古写本とされる大永四年（一五二四）、天文元年・同二年（一五三二・一五三三）書写の天理大学附属図書館所蔵三条西家本などから知られるところである（堀池春峰「解題」『天理図書館善本叢書和書之部第二十八巻　日本後紀』天理大学出版部［製作販売・八木書店］一九七八年、西本昌弘「『日本後紀』の伝来と書写をめぐって」『続日本紀研究』三一一・三一二合併号　一九九八年）。

三条西実隆・公条父子の除目・叙位の儀式書の作成・書写活動、特に尊経閣文庫本『春除目抄』の書写を考える上で重要な史料は、宮内庁書陵部図書寮文庫所蔵三条西家旧蔵の三条西実隆編**『除目次第私抄』三冊**（初夜・中夜・竟夜）（函号　四一五―四〇一）である。この書は、先に示した『春除目抄』巻四を中心に大幅に抄録した伏見宮家本・徳大寺家本『春除目抄』の天文十一年三月の三条西公条の書写奥書に見える「先公次第抄」にあたるもので、これに関しては、吉田氏の紹介があるので、それを参考に、巻頭の識語及び巻末の奥書を示すと以下の通りである（吉田一九八四b）。

第一冊　初夜

（巻頭識語）

御本云、
此次第者、先公（三条西公保）（文安二年［一四四五］三月）文安初度執筆時、後福照院殿下（二条持基）所レ賜也。是則自身并大染金剛院(二条持通)、近如法壽院(二条政嗣)等令レ用給云々。享徳二年(一四五三)青蓮華院(正親町三条実雅)同被レ用レ之。而今静令レ比二‐校玉葉
記一之処、如合二符契一、深生二敬信一了。凡除目、家々抄繁多、區々
説縦横、不レ得二口傳一者、必可レ迷二多岐一。所詮先守二一隅一、進退之条、
初度執筆之肝心也。仍以二彼次第一為二土代一。玉葉年々沙汰
之儀、粗載レ之。偏以二此記一可レ為二目足一也。
抑除目事、西郊亞相殿(正親町三条公氏)者、尊閤左禅府(三条実房)庭訓習礼。建保四年(一二一六)二月、
家説勿論也。爰正和入道大納言殿(正親町三条実躬)、為二京官執筆一稽古之時、
亞相殿(正親町三条公氏)御記在レ之。宰相中将殿(正親町三条実蔭)者、就二白河入道右府(三条)實親公一習礼。皆是三條
傳二竹林院左府(西園寺公衡)説一云々。但御神事中之間輕服事出來不レ被二參仕一也。嘉元元年(一三〇三)三月八日、八条(正親町三条公秀)
内相府閣下、直廬之儀、俄勲仕之時、被レ受二同左府(西園寺公衡)説一。彼家代々傳二九条説一之間、實兼公(西園寺)受二後光明寺峯寺(一条家経)説一。其時同傳二聞彼説一。而永仁正勲仕之時、訪二近衞浄妙寺(家基)説一、兩説相存之由、自稱之趣見二御記一。爾來建久
左大臣殿(三条実房)御説不レ傳レ之。雖二無念一、不レ及レ力事也。實豊卿(正親町三条)嘉慶元年(一三八七)
執筆、受二後普光園(二条良基)説一。其後度々勲仕、先公(三条西公保)又傳二後福照院(二条持基)
説一給。青蓮華院(正親町三条実雅)同レ之。小僧(三条西実隆)、如形大染金剛院(二条持通)末弟也。所詮後昆(こうこん)、以二此
次第抄之趣一、可二練習記憶一。誠是吾家(三条西家)之弊帚(へいそう)、唯傳二一子一
之千金也。不レ可レ避二座右一而已。
永正十六年(一五一九)孟夏(四月)晦日　桑門堯(三条西実隆)〔空〕──記レ之。

(奥書)

御本云、
右、後福照院(二条持基)次第大底為二土代一、玉葉記抄入レ之、
先公(三条西公保)任物等、少々又注二‐加之一、静加二披覧一、至要篇
目等、可レ書二‐入之一也。
永正十六年四月十二日去三日始之。桑門(三条西実隆)御判。
此草本、奉レ見二九条前博陸(尚経)一之處、勘物以二押紙一
被レ書二‐付之一、尤至要也。再讀之時、加二取捨一可レ令二
清書一而已。

第二冊　中夜(奥書)

此抄、以二御草本一如レ形遂二書寫一、奉下對二
禪府尊閤(三条西実隆)一讀合上了。更不レ可二外見一者也。
大永元年(一五二一)二月十七日　都督公條(三条西)
永正十六年四月廿一日、終レ功了。　桑門御判
勘物等事、注二初夜巻一了。
(一行空白)
以二御草本一書寫了。
大永二年(一五二二)正月　日　都督(三条西公条)(花押)
□〔三〕月廿六日　奉二讀合一了。

第三冊　竟夜

(第一丁裏識語)

(朱)私〵(朱)竟夜任物、凡不レ守レ株隨レ便歟。仍次第与二記録一
聊有二前後一之所等、着眼可二用意一者。

(奥書)

御本云、
三箇夜次第、如レ形加二抄出一終レ功、静用捨

可レ令二清書一。更不レ可二他見一者也。
初夜自二去三日一立レ筆。以上三巻今日終レ功了。
永正十六年四月晦日　　　桑門堯（空）——六十五才

（一行空白）

此抄、以二御草本一如レ形遂二書寫一、奉下對二
（三条西実隆）禪府尊閣一讀合上了。
（一五二一）大永元年二月廿八日　都督公條（三条西）

　本書は、第一冊の三条西実隆の識語や子の公条の奥書などによれば、13頁上段に述べたように文安二年（一四五五）三月、実隆の父の公保が、初めて春除目の執筆を勤めた際に（『叙位除目執筆抄』）、二条持基から賜った「次第」が基礎となっており、持基自身の他、その子の二条持通や持通の長男・政嗣、更に、享徳二年（一四五三）、正親町三条実雅が除目儀の執筆の際に用いたものであったが、永正十六年（一五一九）に実隆がそれをだいたいの「土代」にして、それに対応する『玉葉』の記事を引用して、公保の任例を加えて草稿を作成し、九条尚経が勘物を「押紙」として書付けて加え、更にこの草稿をもとに大永元年・二年（一五二一・一五二二）に、公条は実隆と対して「讀合」をしたものであるという（吉田一九八四b）。更に、『実隆公記』永正十七年（一五二〇）正月七日条によれば、「自二（尚経）九條一、除目次第愚抄、勘物等加レ之送給。尤可二秘蔵一々々」とあり、草稿作成の翌年に九条尚経が「勘物等」を加えて返してきたことが知られ、三条西公保が賜った二条持基の次第が『春除目抄』に基づくもので、実隆はもとの次第が九条家に伝襲されていることを知り、娘婿の尚経に草稿を一覧してもらったのであり、更に公条は実隆没後の天文十一年三月には、伏見宮家本・徳大寺家本『春除目抄』の奥書に見えるように、「五巻秘抄」と称される『春除目抄』を閲覧する機会があり、そこで父実隆の「次第抄」と比較対校すると共に、抄出したものの一部が本書尊経閣本『春除目抄』二巻であったとも指摘されている（吉田一九八四b）。このように公保の時に入手した二条家に伝わる『春除目抄』をもとに作成された除目次第を基礎に、三条西実隆は『除目次第秘抄』のもとを作成し、実隆・公条父子は、九条家伝来の最も重要な除目の儀式書である『春除目抄』の情報も知ることができたのである。こうして、摂関家に秘蔵されてきた除目の作法を知り得ることが可能となったのである。

　また、同じく九条良経編の『**大間成文抄**』（別名『除目大成抄』・『叙秘大成抄』）に関しても三条西実隆が書写をしていたことは、実隆自筆本は確認できていないものの、近世書写の流布本『大間成文抄』の奥書や『実隆公記』明応六年（一四九七）条から知られる。ここでは、まず、実隆が書写した写本を復原することが可能な、近世前期書写で、後西天皇の蔵書を示す「明暦」の朱印がある**京都御所東山御文庫所蔵『除秘大成抄』十冊**（別名『大間成文抄』。勅封　一五三—三—一～一〇）の本奥書を以下に示す。

第一　春外国一（当年給）（第一冊）

正平十九年（貞治三年・一三六四）四月六日、静一二‐見之一。
依二前関白（一条経通カ）經所一レ進也。
右一巻、申二‐請太相国（一条冬良）一、後京極摂政（九条良経）自筆、
密覧之次、馳二禿筆一、更不レ可
レ免二他見一者也。
明應第六四月五日
従二位行権大納言兼侍従藤原朝臣（三条西実隆）　判

第一　春外国国一（臨時給。未給）（第一冊）
正平十九年四月六日、於二燈下一静一二‐見之一。
依二前関白（一条経通カ）經所一レ進也。此書、除目之要樞、公
務之管轄者也。朕以受二彼一流之正説一。殊
執レ之進覧。尤為二報國之忠一矣。
右、申二‐請太相國（一条冬良）一、時々之間、馳レ筆了。
更不レ可二外見一焉。
明應第六孟夏（四月）十七日　判

第二　春外国二（第二冊）
右、以二太相国（一条冬良）本一後京極摂政自筆、書二‐寫之一。
不レ可レ有二外見一者也。
明應六年四月廿八日　判

第三　春外国三（四所籍）（第三冊）
以二後京極摂政自筆一書二‐寫之一矣。
明應丁巳（六年）端午（五月四日）前一日
権大納言藤判。

第三　春外国三（四道擧）（第三冊）
明應六年五月六日、書二‐写之一。　判。

第四　春外國四（第四冊）
嘉禄三年（一二二七）九月十日書寫了。
右大臣（九条実教）判。
以二右奥書本一書二‐寫之一。洞院（九条教実）
摂政自筆歟。尤可レ謂二證本一。
桃花坊（一条家）本闕巻、第四・第五・第六（九カ）
以二此本一所二写續一也。可レ秘二‐蔵之一。
明應第六初穐（七月）廿九日
権大納言藤（三条西実隆）判。

第五　春外國五（第五冊）
明應六年八月六日、書二‐写之一。
可レ秘レ之。
従二位権大納言兼侍従藤原朝臣（三条西実隆）　判。

第六　春京官一（第六冊）
明應第六五月十三日、開二梅窓一、染二禿筆一畢。判。

第七　春京官二（第七冊）
明應六年五月十八日、書レ之。
権大納言判。（三条西実隆）

第八上　春京官三（第八冊）

明應丁巳(六年)夏五(五月)念三(廿三日)、終二禿
筆之功一畢。
亞三台(権大納言侍従)拾遺判。

第八下　春京官三（第八冊）

明應第六林鐘(六月)朔、終二書寫功一了。
權大納言(三条西実隆)判。

第九　春京官四（第九冊）

明應六年七月廿九日、頃刻、染二禿筆一畢。
權大納言藤原朝臣(三条西実隆)判。

第十　秋（第十下　秋　十冊）

後京極摂政殿下抄自筆、蜜覧之
間、卒馳二禿筆一。不レ可二外見一而已。
明應六年上巳(三月三日)前日
權大納言(三条西実隆)判。

なお、宮内庁書陵部図書寮文庫所蔵**柳原家本**『**大間成文抄**』**一冊**（函号　柳―四二一）は、正徳元年（一七一一）七月に三条西公福(きんとみ)（元禄十年［一六九七］～延享二年［一七四五］）が実隆自筆の『春除目抄』のうち、第九・第十・第二（後欠）・第一上（前欠）・第一下を書写し、その順に合綴された冊子本であるが、第十の途中に

本帋裏云、
明應第六林鐘(六月)八日、終書写功。以上十二巻、終二一筆之功一者也。
不レ可二外見一。可レ秘〳〵。

とあり、東山御文庫本では書写し損ねた第十上の奥書が書写されている（吉田一九九三）。更に『実隆公記』明応六年六月八日条によれば、

八日、戊寅、**大間成文抄**、今日終二寫功一、懸二表帋一了。

とあり、更に同年八月六日条によれば、

六日、乙亥、（中略）**大間成文抄闕巻**三巻、終レ功。今日沙汰立之了。

とあり、実隆は明応六年の三月から六月にかけて、一条家所蔵の九条良経自筆本『大間成文抄』のうち、第一～第三・第六～第八・第十の合計十二巻を書写し終え、良経自筆本がなかった第四・第五・第九（第）の三巻分を、七月下旬ころから八月六日にかけて九条家所蔵の九条教実書写本をもとに書写し（吉田一九九三）、全部を揃えたことが知られる。このようにして、実隆は、摂関家にのみ伝えられていた秘蔵の『春除目抄』と共に重要な『大間成文抄』の写本も入手したことが知られる。

また一方で、実隆は摂関の家説に唯一対抗でき、閑院流藤原氏（三条・徳大寺・西園寺）など、除目・叙位で執筆を行う大臣にまで昇進する清華家の家格の家を中心に伝えられた源有仁の「花園説」を伝える儀式書も書写または買得によって入手したことが知られる。

先ず、源有仁が作成した『**叙位抄**』を徳大寺実定が改編した『叙玉秘抄』の写本のうち、書写年代が最も古い写本は、宮内庁書陵部図書寮文庫所蔵**三条西家旧蔵**『**叙玉秘抄**』**一巻**（函号　四一五―三四

四）であるが、巻末には三条西実隆筆で以下のような奥書が記されている（田島一九九〇a、田島二〇一一）。

右抄、以二教業坊（三条家）舊本一、自二去月（延徳三年十月）廿一日一、毎二暇日一連々染二禿筆一、今日終二其功一。本雖レ分二四巻一、合為二一巻一者也。穴賢、不レ可二他見一〳〵矣。

「翌日（十一月十五日）朱了。」（朱書）

延徳三年十一月十四日

権大納言兼行侍従藤原朝臣（三条西実隆）（花押）

都督卿（町広光）來臨。

同（延徳三年）十二月十四日、讀合了也。

これに関しては、『実隆公記』延徳三年の十月二十一日条に「眞證（覚遍）院僧正送二消息一云、『先度文書共如二目六一慥給了。仍**叙玉抄四巻**、只今所レ送也』云々。為レ悦々々。則**叙玉秘抄第一**立レ筆」とあり、十一月四日条に「**叙玉抄第二**終二書寫功一」、同十三日条に「**叙玉抄第三**終二書寫功一」、同十四日条に「**叙玉抄第四**終二書寫功一懸二表帋一了」と見えるので、この写本は、実隆が延徳三年十月二十一日から十一月十四日にかけて、「教業坊舊本」すなわち三条家伝来の古写本を、三条実量（実尚）の男・覚遍（真証院僧正）を介して、覚遍の兄である三条公敦（永享十一年［一四三九］～永正四年［一五〇七］）から借用して書写し、翌十五日、朱を加え、更に十二月十四日に来訪した町広光と読み合わせを行ったものである。このように実隆は閑院流の三条家から「花園説」の根幹儀式書の一つである源有仁撰『叙玉秘抄』の写本を入手したことが知られる。

次に、**三条西家旧蔵甘露寺親長自筆本『春玉秘抄』一巻**（現在所在不明）及び同本を正徳六年（享保元年・一七一六）正月二十八日に透写を終えた**尊経閣文庫所蔵『春玉秘抄』一巻**の奥書によれば、

右、春玉抄初夜部、有二子細一不慮買二-得之一。筆者故親長卿（甘露寺）也。

近日歸泉（明応九年八月二十七日、逝去）。俯仰之陳迹、尤可レ憐。可レ秘〳〵。中夜以下、靜可レ書二-續之一。此抄全部、草子一帖。

今度同買得文書之内也。

不レ可レ許二外見一而已。

□（明）□（應九ヵ）□（年）□季秋（九月）初三　（三条西実隆）（花押）

とあり、この書は、明応九年（一五〇〇）八月十七日に亡くなった甘露寺親長（応永三十一年［一四二五］～明応九年［一五〇〇］）が所蔵していた「文書」の内から実隆が売得したもので、親長が書写した『春玉秘抄』初夜部一巻である。源有仁が撰した春除目の儀式書である『**春次第**』を治承年間に徳大寺実定が改編した『春玉秘抄』は、先に述べたように有仁の儀式体系や作法をまとめた「花園説」を集大成した儀式書の中心的なものであり、実隆はその初夜部分を買得し、中夜以下の書写も目指していたことが実隆の奥書から知られる。

この他、「花園説」の継承者の一人である三条実房（久安三年［一一

四七］～嘉禄元年［一二二五］）が編んだ除目の儀式書を実隆が書写していたことが知られる。先ず実房が編んだ代表的な除目の儀式書である**『三槐抄』三巻**は、題名から知られるように「三槐」すなわち、左大臣源有仁・左大臣藤原（大炊御門）経宗・父で内大臣藤原（三条）公教（康和五年［一一〇三］～永暦元年［一一六〇］）の三人からの教えをもとに編んだ春の県召除目の儀式書で、初夜・中夜・終夜の三巻からなっており、最も古い写本として、東京大学史料編纂所所蔵特殊蒐書・徳大寺家本『三槐抄』三巻（請求番号　徳大寺家本32―1―1～3。吉田早苗「（口絵解説）徳大寺家旧蔵『三槐抄』古写本」『東京大学史料編纂所研究紀要』三号　一九九二年）が知られている。『実隆公記』明応七年閏十月十九日条によれば、

十九日、辛亥、霽。（中略）自二三條亞相（実香）一**三槐抄**以下除目抄物合被レ
送レ之。

とあり、更に同八年三月条には、

十六日、丙子、晴。**三槐抄**、今日立レ筆。（後略）
十九日、己卯、天晴、風吹。終日、**三槐抄**初夜、終功了。
廿二日、壬午、雨降。（中略）**三槐抄**初夜、終功了。

と見え、三条家に伝来していた『三槐抄』を、実隆は三条実香から借用し、書写していることが知られる（田島一九九〇b）。残念ながら、実隆書写の『三槐抄』の写本やその転写本は、現在のところ見いだせてはいないが、『実隆公記』の記述から、明応八年三月以降に書写したことは間違い。また、宮内庁書陵部図書寮文庫所蔵三条西家旧蔵本**『叙位次第』**一冊（函号　四一五―一八九。「叙位簿次第」・「叙位略頌」・『続教業記』正安四年・嘉元二年を含む。内題は「叙位」）も、以下の奥書が示すように、三条実房作の叙位の儀式書と言われている。

本云、
建保三年（一二一五）三月廿日、誂二長政一
令二書写一了。
同四月六日、自校了。此次第
禅閤（三条実房）依二院（後白河カ）宣一、所レ令二書進一
也。但未レ被二進入一也。努〳〵
不レ可二他見一也。
龍作（中納言）愚鷲（ぐど）判（姉小路公宣カ）
（一行空白）
右、以二三條亞相實香本一書二写之一。
此次第、入道左大臣（三条実房）殿御作也。尤
可二秘蔵一者也。
延徳三年（一四九一）九月盡日
権大納言正三位兼行侍従藤原朝臣（花押）（三条西実隆）

とあり、『実隆公記』延徳三年十月一日条には、

一日、甲辰、（中略）今日不二出仕一。**叙位次第、**建久左大臣（三条実房）殿御作也。書二写之一。

とあり、実隆は三条実香（文明元年［一四六九］～永禄二年［一五五九］）から借用した三条実房作の**『叙位次第』**の写本を、延徳三年九

月三十日から十月一日にかけて書写していることが知られる。三条実房は、九条道家の日記『玉蘂』承久二年（一二二〇）正月一日条に

入道左府（三条実房）、世以稱二大恩殿主御房一。是則公事為二諸人師一之故也。

とあるように、公事について詳しいと評された人物であったが、『叙位次第』は三条実房が院宣により後白河院（大治二年［一一二七］～建久三年［一一九二］）に進めるべく準備していたが、結局、進めることなく留めおかれていたものを、実房の次男・姉小路公宣（養和元年［一一八一］～嘉禄元年［一二二五］）と思しき人物（『公卿補任』によれば、公宣は建保三年三月二十日に某長政なる人物に頼んで書写させ、同年四月六日に、公宣（と思しき人物）が自ら比校したもので、その後、三条家に伝えられていたと思われる叙位の儀式書である。先に示したように、三条西実隆編『除目次第私抄』第一冊の巻頭識語に、「抑除目事、西郊亞相殿者（正親町三条公氏）、尊閤左禅（三条実房）府庭訓習礼。建保四年二月、亞相殿御記在レ之。」とあるように、除目儀に関して、実房の三男の正親町三条公氏（寿永元年［一一八二］～嘉禎三年［一二三七］）は実房の庭訓の教えを受け、習礼の指導を建保四年（一二一六）二月に受けていたことが知られる。『叙位次第』を公宣が実房より借りて書写させていることから、公宣も実房より庭訓の習礼を受けていた可能性がある。このように実隆は三条実房の叙位・除目の儀式書も書写していたことが知られる。

ところで、除目に関する儀式次第や関連する勘物や申文などの史料や記事を集成する洞院公賢（正応四年［一二九一］～延文五年［一三六〇］）編の『魚魯愚鈔』は、中世公家社会で最も詳しい記された除目の儀式書といえるが、この儀式書も三条西実隆が書写していることは、以下に示す公益財団法人古代学協会所蔵三条西家旧蔵**三条西実隆自筆『魚魯愚鈔（明応三・五）』十冊**（文書標目　一冊、巻第一～巻第八　八冊、符案第一～第四　一冊。請求番号　B12）の識語によって知られる（科学研究補助金・基盤研究（S）「日本目録学の基盤確立と古典学研究支援ツールの拡充」〔研究課題番号：二四二二二〇〇一〕及び東京大学史料編纂所特定共同研究課題「9・10世紀古文書に関する史料学情報の総合化研究」の経費で古代学協会の許可を得て撮影した高精細デジタル画像による。なお、朧谷壽「解題〔追記〕」財団法人古代学協会編『史料拾遺第八巻　魚魯愚鈔　下巻之三』臨川書店　一九七七年、村井章介・吉田早苗「平安博物館所蔵史料の調査・撮影」『東京大学史料編纂所報』第二一号　一九八六年も参照）。

◎『魚魯愚鈔（明応三、五）』識語

文書標目　一冊　冊末識語

（46丁裏）

右、以二正本一書二寫之一。當二盛夏之炎暑一、
筆跡懶惰（らんだ）、後見有レ恥而已。
明應甲寅（三年・一四九四）林鐘（六月）十三日
亞槐（権大納言）下拾遺郎（侍従）（花押）（三条西実隆）

巻第一　外記方上　一冊　奥書

（35丁裏）
永享九年（一四三七）二月十二日、修補一見了。　判
文安四年（一四四七）六月廿二日、了而加二熟覧一了。　槐樹判
康正二年（一四五六）四月六日、永日閑暇之躰、一見了。左槐判
以上、東山左府（洞院実煕）判也。

（36丁表）
右、為レ遂二一部之電覧一、借二-請徳大寺（実淳）○前左相府一、■■■（洞院）正本也。　且加二書写一
者也。不レ可二外見一而已。　昨日立レ筆、今日終レ功。符案等略而不レ写レ之。其外悉写レ之者也。
明應甲寅（三年）三月六日
権大納言藤原（花押）（三条西実隆）

巻第二　外記方下　奥書

（30丁表）
右、電覧（正本）之次、卒書-写之一。於二符案一者
別可二抄出一者也。
明應第三暮春（三月）十五日、於二灯下一
書レ之。
亞槐（権大納言）（花押）（三条西実隆）

巻第三　蔵人方甲　奥書

（20丁裏）
文安四年六月廿六日、早晨加二披見一了。　判（東山左府也。）

（21丁表）
右、自二（以二正本一）今朝一立レ筆、於二灯下一
終功矣。
明應第三季陽（三月）十六日
亞相拾遺（花押）（三条西実隆）
符案別巻可レ注レ之。

巻四　蔵人方乙　奥書

（31丁裏）
文安四年□（六カ）月廿八日、加二熟覧一了。　槐位判（東山左府也。）

（32丁表）
明應三年三月廿日、書-写之一。
去十七日立レ筆。十八・十九両日懈怠。今日終レ功了。可レ加二校合一而已。
権大納言藤原（花押）（三条西実隆）

巻五　蔵人方丙　奥書

（44丁裏）
永享九年二月廿八日、留中開二閑窓一、修補
一見了。
権亞相藤朝臣判（実煕公）
□（文安三年カ）熟覧、　内槐判（同）

（45丁表）
□（明応三年カ）三□（月カ）廿八日
□
□（去カ）廿日立レ筆、其後数日□□□。至

□□□□〔書カ〕寫之者也。
権亞槐（三条西実隆）（花押）

巻六　蔵人方丁　奥書

（42丁表）
永享九年二月廿八日、修補電覧了。（東山左府筆）　判
（同）文安四　七　三、熟覧了。　判

（三行空白）

右本、電覧之次、書寫之、加校合
以白麻可清書者也。
明應第三孟夏（四月）七日
権大納言（三条西実隆）（花押）

巻七　兩方随召文書　奥書

（38丁表）
永享九年二月廿八日、於灯下修補電覧了。　（実凞公）判

（三行空白）

右、一覧次、書寫之。以白麻
加清書、可令校正書而已。
明應第三孟夏（四月）初九自昨夕立筆、今朝終□〔功カ〕。
権大納言藤（三条西実隆）（花押）

巻八　任諸京官 雑々任人諸令已下　奥書

（46丁裏）
本云、
永享九年三月七日、於灯下修補電覧了。
権亞相藤原判（実凞公）

（47丁表）
明應三年四月十三日、終書寫之功。
加再治以白麻可令清書者也。
従二位行権大納言兼侍従藤原朝臣（三条西実隆）（花押）
四十歳

◎『魚魯愚鈔（明応三・五）』符案　自一至四

冒頭識語

（1丁裏）
魚魯抄八巻、去々年借受前左府（徳大寺実淳）、
電覧之次、如形令書寫之。但於
符案者、少々略而不寫之。然間件
正本、（洞院）公賢公自筆等相交者也。去年、於徳大寺紛失了。
至于今無其彙之條、依恐恨、適借
請中院（通世）黄門本、病間馳筆。早可令
清書也。第四末已下符案載而全
于本抄。仍不能書加而已。

第一の内題の識語

（2丁表）
魚魯抄　符案　明广〔應〕五十五、始之。十七〔九〕日終功。
第一

第四の内題の識語

（62丁表）

自レ一至レ三符案可レ写レ之。　第四臨時給以下全写之間、別不レ可レ写也。

魚魯第四　符案

奥書

（65丁裏）

以下符案、全在二本抄一。

（66丁表）

明應丙辰（五年）孟冬（十二月）十九日

書写畢、訛（誤）謬多

端歟。来者可二改正一矣。

権大納言藤（三条西実隆）（花押）

以上の識語に関連する記述として、『実隆公記』明応五年十月の以下の史料が見える。

四日、（中略）自二中院（通世）一**魚魯抄**全部被レ借二送之一。

五日、（中略）今日、**魚魯抄第一符案**寫レ之。

六日、（中略）**魚魯別録第四以下**料帋閇二調之一。

七日、（中略）**魚魯別録第四・第五**料紙堺形等相整、相加本遣二九條亭（政基）一、書寫之事所望申了。（後略）

十二日、（中略）**魚魯抄十巻**且返二遣中院（通世）一了。（後略）

十六日、（中略）**魚魯抄符案**書レ之。終日無二来客一。安閑也。（中略）**抑魚魯別録第六**、甘露寺禪門（親長）、**第八上**同中納言（甘露寺元長）書寫事各今日誂レ之者也。

十九日、晴、**魚魯抄符案**、今日終二書寫功一。（後略）

これらの記述から、『魚魯愚鈔』の本体部分は明応三年三月から四月にかけて、「文書標目」の巻は六月に、徳大寺実淳（文安二年［一四四五］～天文二年［一五三三］）が所持する洞院公賢自筆本で、洞院実凞（応永十六年［一四〇九］～長禄三年［一四五九］）の「修補」や「熟覧」・「一見」・「披見」などの識語があるものを、三条西実隆が書写したことが知られる。更に実隆は明応五年十月四日に中院通世より中院家本「魚魯抄」を全部（十巻か）借用し（十二日に返却）、『魚魯愚別録』部分の「符案」は明応五年十月五日から巻第一を書写し始め、同十九日に写し終え、巻第四の書写を十二月十九日に写し終えたことが知られる。

また洞院公賢が平安時代中期頃から発生した年給制に関係する「揚名介」に関して当時の有職家と問答した往復書簡を綴り合わせて、更に若干の文献を付け加えた『**魚書秘伝別抄**』（別名「**揚名介事**」）も実隆が書写していることが、名古屋市立鶴舞図書館所蔵本の以下の奥書より知られる（時野谷滋『律令封禄制度史の研究』吉川弘文館　一九七七年）。

銘云、魚書秘伝別抄　揚名介。

右正本、中園相國（洞院公賢）筆。諸家問答各自筆状續二加之一。不慮一覧之間、卒爾書二寫之一。秘中之極秘。頗書二其源奥一者欤。雖二子孫一、非二執心之器量者一、輙莫レ許二相傳一而已。
明應甲寅（三年・一四九四）南呂朔（八月一日）　亞槐拾遺郎（権中納言侍従三条西実隆）判

以上から、明応三年八月一日に実隆は除目に関係のある「揚名介」に関する洞院公賢編の問答集を書写していたことが知られる。

この他、『群書類従』巻百十の『大間書』の前に収められた花山院師継（貞応元年［一二二二］～弘安四年［一二八一］）撰の**『蟬冕翼抄』**も三条西実隆が書写していることが同書の以下の識語から知られる。

明應五年（一四九六）十二月廿一日、書二寫之一。追而可レ加二清書一者也。
右妙槐自抄、除目大綱尤至要也。先年、以二桃華坊（一条家）本一書二寫之一、相二加文書一之處、紛失訖。而今聊為レ示二後輩一、凌二老眼一、如レ形書二寫之一。子孫可二秘蔵一者也。
永正十六年（一五一九）三月十四日　桑門堯空（三条西実隆）六十五歳。
春日祭去月延引。上卿闕如之間、都督黄門（三条西公条）、今朝參行。安閑之間、終二此功一者也。孫童侍従實世（三条西）（のちの実枝）同參詣。母堂（甘露寺元長の女）同道也。

更に芳賀幸四郎氏の研究を参照すると、①**『除秘抄』**第一（『実隆公記』文明七年正月二十二日条）・②**『宮槐叙位記』**（徳大寺公継）（長享二年十二月十日条）・③**『除目抄』**一巻（延徳三年十一月十九日条・同年十二月一日条）・④**『女叙位抄（野宮左府抄）』**（徳大寺公継）二巻（明応四年正月二十一日・二十二日・二十三日、二月四日の各条）・⑤**『除目方記（三巻秘抄）』**（明応四年八月一日条）・⑥**『除目次第標目』**一冊（永正元年十二月七日条）・⑦**『摂家昇進抄出』**一巻（永正三年四月十九日条）・⑧**『故三条相国**（転法輪三条公敦）**除目記』**（永正四年六月十五日条）など、実隆が書写等に関わった除目・叙位の儀式書・日記などが確認されるが（芳賀幸四郎「公家社会の教養と世界観―室町中期における古典主義運動の展開―　第一章　公家の教養と和書　六　有職故実書・日記」『東山文化の研究』　河出書房　一九四五年）、儀式書の作成された時代が鎌倉中期以降のものとなるので省略する。

一方、除目儀の大間書に関しては、保元三年（一一五八）・四年の「大間書」の書写が近年知られるようになった。『思文閣古書資料目録』第二四三号（思文閣出版　二〇一五年）の「解説」によれば、「8　**大間書　保元三年秋除目・保元四年春除目　一巻**」は、二十八紙からなる巻子本で、保元四年正月の県召除目（第一～二十五紙）と保元三年十一月の司召除目（第二十六～二十八紙）からなり、巻末に、

三条内大臣（藤原公教）御執筆大間、以二正本一写レ之。

との奥書が書写されているので、この巻子本は三条内大臣藤原公教が除目の執筆を勤めた時の保元三・四年の大間書の「正本」を書写したものであるが、紙背に明応四年・同五年の仮名暦が用いられているという。（補注）ところで、「保元四年正月二十九日大間書」は、『群書類従』第七輯　巻第百十　公事部三十二所収『大間書』として収録されており、宮内庁書陵部図書寮文庫所蔵伏見宮家旧蔵の天文十三年（一五四四）二月二十二日付け万里小路惟房（永正十年［一五一三］～元亀四年［一五七三］）書写の古写本（函号　伏―六五九）が知られており、その底本は三条家伝来の本で、清原頼業が所持していた大間

書であることが以下の書写奥書から窺える。

右大間、於二右府(三条公頼)亭一覧之次、令二書写一了。
彼先祖、後三条内府公教(藤原)公、号二保元内府一。執筆之大間也。
頼業(清原)真人大間書也。文字一段大也。以二
作字一書レ之。執筆墨滅等大躰写レ之。
可二用捨一者也。
天文十三年(一五四四)二月廿二日
権中納言惟房(万里小路)

『思文閣古書資料目録』の「解説」によれば、「書写者は明らかにしがたい」とするが、『(三条西)実隆公記』明応六年(一四九七)四月には以下の記事が見える。

二日甲戌、晴、**保元大間**書寫レ之。(中略)入夜、於二常御所庇一、數刻雜談、除目間事等勅語。傾二一盞一退去。(後略)
四日丙子、天晴、俊通(富小路)朝臣來話。**保元大間**、今日寫レ之。揚名介事一紙自二前左府(徳大寺実淳)一被レ送レ之。則書寫了。

この記事と紙背に明応四年・同五年の仮名暦が用いられているにより、今回、再び出現した「大間書」は、藤原(三条)公教が除目の執筆をした保元三年十一月の司召除目と保元四年正月二十九日の縣召除目の際に、清原頼業(保安三年[一一二二]~文治五年[一一八九])が清書した「大間書」(「保元大間」)を、明応六年四月二日から四日にかけて、「正本」すなわち頼業自筆原本から三条西実隆が書写したものであり、実隆は「保元大間」も入手することが出来たのである。

更に、仁和三年正月以降の除目・叙位が行われた年月日や執筆の氏名が記され、前例を調べるのに便利な『**叙位除目執筆抄**』としては、宮内庁書陵部図書寮文庫所蔵**九条家本**一帖(函号 九―五〇六七)が、文明十二年(一四八〇)三月二十六日の縣召除目(入眼は二十九日)の執筆(内大臣大炊御門信量の初度)までを記しており、古写本としては最善本と言われているが、同文庫には**三条西家本**『**叙位除目執筆抄**』**一冊**(函号 四一五―二七〇)もあり、以下のような三条西実隆の識語がある。

右執筆抄、申二請禅閤(二条准后(二条持通))御本一、
書-寫之一。勘物・朱點等私加レ之
者也。求二白麻一可レ令二清書一。予不
レ可レ遣二他所一、可レ秘-藏之一。
延徳四年(明応元年・一四九二)仲春(二月)廿二日
権大納言藤臣(三条西実隆)(花押)

それによれば、三条西実隆が延徳四年(明応元年・一四九二)二月二十二日に二条持通所蔵本を申請して書写したものであることが知られる。なお、原表紙の外題には「執筆抄秘」とあり、表紙裏には、

□□□□□(四カ)日午時許、大外記頼業(清原)来、寛平已後除目執筆抄
□(持カ)□也。□召前、仰二雜事一。頼業令(有)レ申事等一云々。
□(参)例二巻立部注二加近例等一可レ進之由仰レ之了。頼業退出了。

と見え、前欠のため詳細は不明であるが、日記らしき史料からの抄

出記事に大外記清原頼業が来て、「寛平已後除目執筆抄」を持参したことが記されている。頼業は仁安元年（一一六六）頃に大外記となって以降、文治五年（一一八九）閏四月十四日に亡くなるまで二十四年間、大外記の地位にあったから、その間のことかと思われる。『叙位除目執筆抄』は仁和三年・四年の「叙位除目執筆人々」も記しているが、「寛平已後除目執筆抄」とは、書き継がれていた『叙位除目執筆抄』の原型であると思われる。三条西家本『叙位除目執筆抄』は、九条家本の最後である文明十二年の後、延徳四年正月六日の叙位の執筆（左大臣徳大寺実淳）まで、三条西実隆が書写したと思われるが（実隆の書写奥書が先に述べたように延徳四年二月二十二日）、そのあと、明徳二年正月六日の叙位の執筆（右大臣近衛尚通）から天文十四年（一五四五）正月二十日の縣召除目の執筆（権大納言三条西実澄の初度）まで、三条西公条と思しき筆で書き継ぎされている。その間、明応三年正月六日の叙位の執筆である権大納言実隆の初度、天文八年三月二十一日の執筆である按察使権大納言公条の初度、も記され、記載の最後の天文十四年正月の除目の執筆権大納言三条西実澄は、公条の男で、初名は実世であったが、天文十三年（一五四四）六月二日に、実澄と改め、その後、天正二年（一五七四）十二月二十四日に実枝と改名しており、延徳四年二月に三条西実隆が二条持通の所持する写本を書写して入手した写本は実隆・公条によって、中断時期を除いて、毎年の叙位・除目が書き継がれ、内大臣三条西実枝（永正八年［一五一一］～天正七年［一五七九］）が初めて除目の執筆をした時まで記されている。このようにして、『叙位除目執筆抄』が書されたのは、三条西家で実隆・公条・実澄（実枝）と三代にわたって除目の執筆を担当したことも知られる。

以上のように三条西実隆・公条父子は、藤原忠実・忠通・兼実と継承された摂関家本流の除目の儀式書である『春除目抄』を書写し、一方で、後三条・白河両天皇と源師房・俊房・雅実ら村上源氏系公卿の説を集大成した源有仁が作成し、治承年間に徳大寺実定が改編した『春玉秘抄』を所蔵し、『叙玉秘抄』を書写しており、摂関家に次ぐ清華家出身者の公卿が用いた「花園説」の儀式書も所持していた。更に中世の除目儀の執筆には必携とも言うべき、『叙位除目執筆抄』や洞院公賢撰『魚魯愚鈔』の写本も作成していることが指摘できる。こうした三条西実隆・公条父子の儀式書の書写活動の中で本書を再評価する必要があろう。

むすび

摂関家本流の「御堂説」の継承者である九条良経が、忠実・忠通・兼実の三代の説を中心に摂関家本流の除目の説や作法を集大成した『春除目抄』六巻は、鎌倉期の古写本で、現存、最善本である九条家本が伝えられ、既に図書寮叢刊本として翻刻されている研究状況下で、書写年代も新しく、初夜部分しか残らない零本で、書写の仕方もかなり省略部分が多い抄録本の尊経閣文庫所蔵三条西家本

『春除目抄』二巻を本影印集成に収めたのは、図書寮叢刊本ではその存在が知られていないながら校訂に使用されておらず、先に示したように、僅かであるが、校訂上正しいテクスト作成のために使用できることと、六国史の書写と同様に除目・叙位などの儀式書の伝来においても三条西実隆・公条父子の役割を再評価し、中世後期の禁裏公家文庫のネットワークを理解する上で（田島公「文庫論」『岩波講座日本歴史』二二　岩波書店　二〇一六年）、その抄録の仕方を含め、三条西家本の除目・叙位関係儀式書全体の中で検討する必要があると思われるからである。

なお、本書のもう一つの史料的価値は、三条西実隆及び公条に宛てた二十通に及ぶ紙背文書であるが、これら紙背文書に関しては、本冊収載の末柄豊氏の解説を参照されたい。

〔補　注〕

東京大学史料編纂所架蔵レクチグラフ『仮名暦　明応四年・五年』（請求番号　六八〇〇―二一九）は一九三九年六月に撮影されており、東京市の平山堂（東京市芝の骨董商平山堂商店）が所蔵していたことが知られる（藤原重雄氏の御教示）。『思文閣古書資料目録』掲載の仮名暦の写真と比較すると同じであることから、保元三年・四年の「大間書」の写本は三条西家→平山堂→思文閣と所蔵先が変更したと思われる。

〔付　記〕

宮内庁書陵部編修課長・同正倉院事務所長を歴任されたあと、前田育徳会尊経閣文庫常務理事として、『尊経閣善本影印集成』の企画・編集・刊行に尽力され、収録された貴重書の解題を多数執筆された橋本義彦氏が二〇一五年七月一日に逝去されました。今日の平安貴族社会史研究の進展に、一九九三年から刊行が始まった尊経閣文庫所蔵の『西宮記』・『北山抄』・『江次第』という平安時代の三大儀式書の影印本が果たした役割は大きく、解説を事実上担当された橋本氏の古代史学界に対する功績は計り知れないものがあります。また、個人的にも橋本氏から受けた学恩は大変深いものがあります。ここに謹んでご冥福をお祈りすると共に、吉岡眞之氏と共に本集成第七輯「平安鎌倉儀式書」の企画に加わった者として、遅ればせながら、完結を御報告させていただきます。

〔参考文献〕

宮内庁書陵部編・刊『図書寮叢刊　九条家本除目抄』上・下（一九九一年・一九九二年〔書陵部一九九一・一九九二〕、下には主担当者である宮崎康充氏による「解題」を収載〔宮崎一九九二〕）

田島公「『叙玉秘抄』について―写本とその編者を中心に―」（『書陵部紀要』四一号　一九九〇年〔田島一九九〇ａ〕）

田島公「源有仁編の儀式書の伝来とその意義―「花園説」の系譜―」（『史林』七三―三　一九九〇年〔田島一九九〇ｂ〕）

田島公「「公卿学系譜」の研究―平安・鎌倉期の公家社会における朝儀作法・秘事口伝・故実の成立と相承―」（田島公編『禁裏・公家文庫研究』第三輯　思文閣出版　二〇〇九年［田島二〇〇九］）

田島公「尊経閣文庫所蔵『春玉秘抄』解説」（財団法人前田育徳会尊経閣文庫編『尊経閣文庫影印集成49　無題号記録・春玉秘抄』　八木書店　二〇一一年［田島二〇一一］）

吉田早苗「『春除目抄』にみえる『法性寺関白記』逸文」（『東京大学史料編纂所報』一八号　一九八四年［吉田一九八四a］）

吉田早苗「『大間成文抄』と『春除目抄』」（土田直鎮先生還暦記念会編『奈良平安時代史論集』下巻　吉川弘文館　一九八四年［吉田一九八四b］）

吉田早苗「『春除目抄』と『秋除目抄』―九条良経の除目抄―」（『日本歴史』五一六号　一九九一年［吉田一九九一］）

吉田早苗校訂『大間成文抄』上・下（吉川弘文館　一九九三年・一九九四年、上に吉田氏による「解説」を収録［吉田一九九三］）

［尊経閣文庫所蔵『春玉秘抄』解説の補訂］

本集成49『春玉秘抄』解説のうち、尊経閣文庫本の祖本であり、戦後、所在不明となっている三条西家本に関して、48頁下段1行目から2行目に「戦後、大量に巻間に流出した三条西旧蔵本の売り立て目録（例えば弘文荘の目録など）にも見えず」と記したが、石田実洋氏のご教示によれば、反町茂雄『一古書肆の思い出』3　平凡社　一九八八年（のち、平凡社ライブラリー　一二六三　一九九八年）の「9　東西連合古典籍大市会の盛況」の「東西連合古典籍大市会」の項には、昭和二十二年（一九四七）十月二十二日に京都古書組合（京都市洞院通リ三条下ル）で開催された東西連合古典籍大市会に、甘露寺親長自筆の『春玉秘抄』を反町茂雄氏が出品したことが記されている。このことから、昭和二十一年来、三条西伯爵家から市場に出た甘露寺親長自筆『春玉秘抄』が古書肆反町茂雄氏の手元にあったことがわかる。この時、反町氏編の目録（ザラ紙一枚の二つ折り、四頁、掲載点数　一〇五点）が作成されたとのことであるが、購入者があったのか否かは不明である。以上、解説の訂正をさせていただく。

表1　九条家本『春除目抄』六巻（図書寮叢刊）の構成と尊経閣文庫本『春除目抄』との対照表

※【　】内の頁　九条家本＝図書寮叢刊の頁／尊経閣文庫本＝本書影印の頁

巻	儀式次第	九条家本	尊経閣文庫本
第一　初日上	兼日職事問日次於陰陽寮	○【上11頁】	○【六頁】
	以吉日被始行御修法	○【上11頁】	○【六頁】
	執政家同始行之	○【上12頁】	○【六頁】
	前一両日、職事向大臣第、仰其日可被行除目、可勤仕執筆之由、	○【上12頁】	○【六頁】
	大臣召外記、仰可具文書之由	○【上12頁】	○【七頁】
	或於里第有召仰事	○【上14頁】	○【九頁】
	図書寮渡大間料紙於外記	○【上15頁】	×
	当日	○【上15頁】	○【一〇頁】
	早旦職事（割注略）、内覧申文	○【上15頁】	○【一〇頁】
	次於朝餉奏聞之	○【上16頁】	○【一二頁】
	次於昼御座撰之	○【上17頁】	○【一三頁】
	短冊付様	○【上17頁】	○【一四頁】
	御装束儀	○【上20頁】	御殿×、議所○【一九頁】、硯筥（×）【二〇頁】
	外記進闕官帳於大臣家留文返給筥	○【上23頁】	×
	去除目候執筆之人、下公卿給於式部・外記等、大外記并式部丞依召参候侍所	○【上23頁】	○【二一頁】
	召外記於里第賜硯墨筆	○【上24頁】	（×）【二三頁】
	賜五位外記例・賜六位例・入闕官帳筥給之例	○【上25～26頁】	○【二四～二五頁】
	執筆大臣修諷誦於所々	○【上26頁】	×
	刻限着束帯	○【上26頁】	×
	着桜張下重例・着打下重例	○【上27頁】	○【二五～二六頁】
	参内着陣	○【上28頁】	×
	使官人敷軾	○【上28頁】	×
	移外座之後、承召仰例、他	○【上28頁】	○【二六頁】
	次職事就軾仰召仰事	○【上29頁】	○【二八頁】（「大臣正笏之小揖、職事退去」なし）
	次召外記、仰召仰事	○【上30頁】	○【二九頁】（「使官人召外記」以下「外記称唯退去」までなし）
	仰六位外記例	○【上30頁】	○【二九頁】
	次召弁仰之	○【上31頁】	（○）【二九頁】（「以官人召弁」以下なし）
	執柄臣兼大臣者、或於直廬仰召仰事	×【類本により翻刻　上219～220頁】	○【二九頁～三二頁】
	次召外記、問文書具否	○【上31頁】	（○）【三二頁】（「大臣以官人、召外記」以下「外記称唯退去」まで、及び「早速有召之時、不必問之」なし）
	次問議所装束具否	○【上33頁】	（○）【三五頁】（勘物の法性寺殿記・台記なし）
	次諸卿移着議所	○【上34頁】	×
	次勧盃	○【上36頁】	×
	次下箸	○【上37頁】	×
	次蔵人来召	○【上38頁】	×

次召外記仰筥文	○【上38頁】	×
次外記取筥文列立	○【上40頁】	×
次大臣以下列立射場殿	○【上41頁】	×
父子不列立	○【上42頁】	○【三八頁】
入夜者、主殿官人秉松明前行	○【上43頁】	(○)【三九頁】(一部略す)
次外記列立納言後東庭	○【上44頁】	×
次大臣着殿上	○【上45頁】	(×)【四〇頁】(「関白豫坐御倚子前」及び勘物あり)
「保安二年正月」以下「保安二年正月御記云」の6行	×【類本により翻刻上46～47頁】	(○)【四二～四三頁】(「仁平元年十二月記云」「台記」略す)
次関白及大臣着御前座	○【47頁】	(○)【四三頁】(「起座入殿上々戸」以下1行略す)
雨儀	○【上48頁】	○【一〇五頁】
次納言四人置筥文着座	○【上48頁】	○【一〇六頁】
第二 初日中		
関白依召着簾下円座	○【上51頁】	×
次左大臣依召着円座	○【上52頁】	(○)【一一一頁】(「大臣着円座」とした上で、儀式次第を殆ど略す)
次召右大臣	○【上53頁】	×
次召内大臣	○【上53頁】	×
右大臣執筆儀	○【上53頁】	○【一一三頁】
内大臣執筆儀	○【上54頁】	○【一一四頁】
内覧大臣執筆儀	○【上54頁】	○【一一四頁】
納言執筆儀	○【上55頁】	○【一一五頁】
遅参大臣儀	○【上55頁】	○【一一六頁】
次奏闕官帳	○【上55頁】	(○)【一一六頁】(「執筆」の座の図及び作法は全て略し、勘物のみ記す)
関白不候儀	○【上61頁】	×
次繆大間	○【上62頁】	(○)【一二一頁】(詳細な儀式作法は全部省略し、「異説」「源雅実が源有仁に授けた説」・「略説」「藤原忠実が藤原宗忠に授けた説」は略さず、記す。勘物のうち、『殿暦』・『法性寺殿記』・『台記』は記し、『玉葉』は略す)
大間礼紙入硯筥小板下例・置小板上例・同礼紙入闕官筥例	○【上66頁】	○【一二四頁】
大間繆了、居置取笏候、	○【上67頁】	×
次摺墨染筆	○【上67頁】	×
次任内豎三人	○【上67頁】	×
次召院宮御申文	○【上71頁】	×
次任内豎残	○【上72頁】	(○)【一二五頁】(「參議退出之後」以下「返入労帳於第二覧筥」まで略す)
次任校書殿	○【上74頁】	○【一二七頁】
次任大舎人	○【上74頁】	○【一二八頁】
次任進物所	○【上75頁】	(○)【一二八頁】(「今度任了、引掩大間、引裹紙、注袖書之間、経程之故也」及び「凡執事・膳部中各有所々

		籍也」より「但近代只載執事・膳部二人、不載所々籍」まで略す）
任四所次第事	○【上75頁】	×
此間居火櫃・衝重	○【上76頁】	×
次勧盃	○【上76頁】	×
指油事	○【上79頁】	×
参議持参院宮御申文	○【上79頁】	×
伝関白奏御申文儀	○【上83頁】	×
関白不候儀	○【上84頁】	×
先是給諸申文（割注略）於関白	○【上84頁】	（○）【一二九頁】（「先是給諸申文」あり。割注と「関白置笏」以下「次第撰分」まで略す）
関白不候之時、執筆進寄給之	○【上85頁】	×
次取院宮当年給、引裏紙並置	○【上88頁】	（○）【一二九頁】（「先取御申文等」以下「若二分代申文載別紙ヽ、不引裏紙、入闕官筥」まで略す。「不注袖書以前、並置例」以下「二分代申文返上関白例」まであり）
次関白給諸申文於執筆	○【上95頁】	（○）【一三六頁】（「関白撰取申文」より「先例見引裏紙之所」まで略す）
関白不候之時	○【上95頁】	×
次注袖書、召参議下勘	○【上95頁】	（○）【一三七頁】（「先取一束」より、「若無

		当年二合束者、必可抜見公卿当年給束也」まで略す。「最前下勘例」より「横置座前、注袖書例」まであり）
放籤事	○【上107頁】	×
第三 初日下		
次任当年内給	○【上111頁】	（○）【五二頁】（「取御申文」より「入闕官筥」まで略す）
次任院宮当年給	○【上113頁】	（○）【五五頁】（「取御申文」より「加成残返上也」まで略す）
成文三通積時、成束	○【上117頁】	（○）【六〇頁】（「不用続紙、用紙也」及び「以爪破之」より「二倍〻引、折入成文筥」まで、「近代」より「竊引入之、取替也」までなどを略す）
次任公卿当年給	○【上123頁】	（○）【六九頁】（「取件束」より「披申文之後、不更見云々」まで略す）
次任々符返上	○【上126頁】	（○）【七二頁】（「取件束」より「後日尋取」まで略す）
次任上召使	○【上126頁】	（○）【七三頁】（「取申文」より「懸勾注任所指成束」まで略す）
或任諸道・諸院年挙	○【上128頁】	○【七四頁】
次持参下勘文	○【上128頁】	（○）【七六頁】（「大臣

			置筆」より「若今夜不可任者、直入成文筥」まで略す）
	次任勘進文	○【上130頁】	（○）【七八頁】（「取可任之束、解短冊」より「取放指成束」まで、及び「成残申文」より「更任、不讀申、同名替」まで略す）
	次巻大間、封之	○【上135頁】	（○）【八五頁】（「夜漸深之間」より「取大間、入成文筥」まで略す）
	次調成柄、封之	○【上140頁】	（○）【九〇頁】（「大間入筥之後」より「加入大間筥」まで略す）
	次取闕官帳二巻、移入次筥	○【上144頁】	○【九六頁】
	次闕官寄物如本巻返入硯筥小板上	○【上146頁】	（○）【九九頁】（「或入大間筥」より「或封成文後」まで略す）
	次奏大間筥、退下	○【上148頁】	（○）【一〇一頁】（「大間成文入筥了、」以下「自小板敷退下」まで略す）
	此間、関白返上御硯筥蓋御申文退下	○【上149頁】	○【一〇四頁】
第四 中夜	次参議撤筥文	○【上150頁】	○【一〇五頁】
	早旦修諷誦如昨	○【上151頁】	
	刻限着束帯	○【上152頁】	
	参内着陣	○【上152頁】	
	次使官人置軾	○【上153頁】	
	次召外記問文書具否	○【上153頁】	
	次着議所	○【上154頁】	

次蔵人来召	○【上155頁】	
次召外記仰筥文	○【上155頁】	
次外記取筥文列立	○【上157頁】	
次大臣以下列立弓場殿	○【上158頁】	
次大臣着殿上	○【上158頁】	
次関白及大臣着御前座	○【上158頁】	
次納言四人置筥文着座	○【上158頁】	
次関白依召着円座	○【上159頁】	
次大臣依召着円座、正笏候	○【上159頁】	
次下給大間筥	○【上159頁】	
此間賜御硯筥蓋申文於関白	○【上161頁】	
次縿大間	○【上162頁】	
次摺墨染筆	○【上165頁】	
次任去夜成残	○【上165頁】	
下勘文去夜不持参者、今夜最前進之	○【上166頁】	
及三通成束	○【上167頁】	
若可下勘申文、出来者、先下勘	○【上170頁】	
次顕官挙	○【上171頁】	
次任文章生外国	○【上178頁】	
次任内舎人外国	○【上182頁】	
次召転任・宿官・兼国勘文	○【上184頁】	
次任参議以下兼国	○【上189頁】	
次任新叙宿官	○【上196頁】	
次任諸道年挙	○【上200頁】	
次任諸院年挙	○【上204頁】	
次任出納兼国	○【上206頁】	
次任近衛将曹・府生兼国	○【上207頁】	
次任諸司・所々奏	○【上207頁】	
次任院宮・大臣申臨時外任	○【上207頁】	
次下勘院宮内官未給・子息	○【上208頁】	

	二合等		
	随時早晩任可然之京官少々	○【上210頁】	
	或召滝口所衆労帳	○【上211頁】	
	次封大間	○【上212頁】	
	次封成文	○【上213頁】	
	次奏大間筥、退下	○【上217頁】	
	此間関白返上御硯筥蓋御申文、退下	○【上218頁】	
	次参議撤筥文	○【上218頁】	
第五 入眼 竟夜上	早旦修諷誦	○【下7頁】	
	刻限着束帯	○【下8頁】	
	参内着陣	○【下8頁】	
	次使官人置軾	○【下8頁】	
	次召外記問文書具否	○【下8頁】	
	次着議所	○【下8頁】	
	次蔵人来召	○【下8頁】	
	次召外記仰筥文	○【下9頁】	
	次外記取筥文、列立軒廊南庭	○【下9頁】	
	次大臣以下、列立弓場殿	○【下9頁】	
	次大臣着殿上	○【下9頁】	
	次関白及大臣着御前座	○【下9頁】	
	次納言四人置筥文着座	○【下9頁】	
	次関白依召着円座	○【下10頁】	
	次大臣依召着円座	○【下10頁】	
	次下給大間筥	○【下10頁】	
	此間賜御硯筥蓋申文於関白	○【下11頁】	
	次縿大間	○【下11頁】	
	次摺墨染筆	○【下13頁】	
	若有成残申文者、先任之	○【下13頁】	
	成文及三通之時、成束	○【下14頁】	
	若可下勘之文出来者、下勘	○【下16頁】	

	之		
	去夜所下勘之京官未給・子息二合勘進之	○【下16頁】	
	此間関白撰給可任之申文於執筆	○【下19頁】	
	次任課試及第者	○【下20頁】	
	次任文章生散位	○【下23頁】	
	次任新任京官	○【下25頁】	
	次召滝口所衆労帳	○【下38頁】	
	次任所衆滝口	○【下45頁】	
	次任転任顕官	○【下48頁】	
	次任五位以上官	○【下57頁】	
	諸国権守・介一列任之。但至人給者、中夜可任之。而近代載注文。皆入眼夜任之也	○【下61頁】	
巻六 竟夜下	次受領挙	○【下65頁】	
	挙間書受領挙	○【下68頁】	
	次諸卿進挙冊	○【下71頁】	
	次任受領	○【下74頁】	
	次任公卿	○【下78頁】	
	次大間入日	○【下80頁】	
	次巻大間入筥	○【下83頁】	
	奏大間返給復座	○【下84頁】	
	先是関白返上御硯蓋申文	○【下85頁】	
	次封成文	○【下85頁】	
	関白不参時内覧儀	○【下94頁】	
	次取大間筥出殿上、授清書上卿、退出	○【下96頁】	
	叙位儀	○【下98頁】	
	参議撤筥文	○【下110頁】	

表２　尊経閣本『春玉秘抄』法量表

＊単位はセンチメートル

『春除目抄』上				
紙数	縦	横		左端の糊代
表紙（後補）				
表紙見返（後補）	18.6	天	16.3	0.3
		地	16.2	0.2
第１紙	18.6	天	52.6	0.4
		地	52.7	0.4
第２紙	18.6	天	49.1	0.3
		地	49.0	0.3
第３紙	18.6	天	45.9	0.2
		地	46.3	0.4
第４紙	18.6	天	42.0	0.3
		地	42.0	0.3
第５紙	18.6	天	46.3	0.2
		地	46.9	0.4
第６紙	18.6	天	41.0	0.3
		地	41.0	0.3
第７紙	18.6	天	51.8	0.2
		地	51.8	0.2
第８紙	18.6	天	50.3	0.4
		地	50.3	0.4
第９紙	18.6	天	46.4	0.4
		地	46.4	0.4
第10紙	18.6	天	49.9	0.4
		地	49.9	0.4
第11紙	18.6	天	43.5	0.3
		地	43.5	0.3
軸付け補紙（後補）	18.5	天	12.2	軸部分4.7
		地	12.2	

『春除目抄』下				
紙数	縦	横		左端の糊代
表紙（後補）				
表紙見返（後補）	17.6	天	18.5	
		地	18.5	
表紙見返に続く後補紙	17.6	天	2.8	
		地	2.8	
第１紙	17.6	天	47.0	0.3
		地	47.5	0.5
第２紙	15.7	天	48.3	0.4
		地	48.2	0.3
第３紙	17.5	天	46.5	0.1
		地	46.8	0.3
第４紙	17.5	天	47.8	0.2
		地	48.0	0.2
第５紙	17.5	天	49.3	0.3
		地	49.5	0.3
第６紙	17.5	天	47.9	0.3
		地	47.9	0.3

紙数	縦	横		左端の糊代
第７紙	17.5	天	48.5	0.4
		地	48.0	0.4
第８紙	17.5	天	48.9	0.1
		地	49.0	0.2
第９紙	17.5	天	48.7	0.3
		地	49.1	0.3
第10紙	17.5	天	48.3	0.3
		地	48.3	0.3
第11紙	17.5	天	47.6	0.4
		地	47.6	0.3
第12紙	17.5	天	44.6	0.4
		地	45.0	0.3
第13紙	17.1	天	44.6	0.3
		地	44.5	0.3
第14紙	17.6	天	36.0	0.3
		地	36.4	0.3
第15紙	17.6	天	65.2	0.5
		地	65.2	0.4
第16紙	17.6	天	46.2	0.2
		地	46.6	0.2
第17紙	17.6	天	44.4	0.3
		地	44.2	0.3
第18紙	17.6	天	48.7	0.3
		地	48.9	0.3
第19紙	17.6	天	39.4	0.4
		地	38.9	0.3
第20紙	17.6	天	45.4	0.1
		地	45.4	0.2
第21紙	17.6	天	44.5	0.4
		地	44.3	0.5
第22紙	17.6	天	42.0	0.3
		地	42.3	0.3
第23紙	17.6	天	30.5	0.3
		地	30.6	0.4
第24紙	17.6	天	42.7	0.3
		地	42.6	0.3
第25紙	17.6	天	50.8	0.2
		地	50.7	0.2
第26紙	17.6	天	38.5	0.4
		地	38.8	0.5
第27紙	17.6	天	44.5	0.3
		地	43.9	0.3
第28紙	17.6	天	46.2	0.3
		地	46.4	0.3
第29紙	17.5	天	47.2	なし
		地	47.4	なし
軸付け補紙（後補）	18.0	天	4.6	軸部分4.7
		地	4.2	

尊経閣文庫所蔵

『春除目抄』紙背文書解説

末柄　豊

はじめに

尊経閣文庫所蔵『春除目抄』上下二軸は、全四十紙のうち、およそ半数の二十一紙に紙背文書が存在している（他に切封墨引ないしその痕跡だけを確認できるものが四紙）。このうち一点だけ二紙で一通をなすものがあるが（後掲翻刻**一五**）、残りはいずれも一紙で一通なので（ただし、後掲翻刻**七**は後闕であり、本来は二紙で一通をなしていた可能性が高い）、『春除目抄紙背文書』は、都合二十通の文書によって構成される文書群だということになる。すべてが書状で、形式上の充所は多様だが、実質的には、三条西実隆（一四五五～一五三七）およびその子公条（一四八七～一五六三）に充てられたものばかりである。これは、二次利用面の『春除目抄』が公条の書写にかかることに符合している。

書状には年記がないので、年次は主として内容によって推定することになる。確定できるものに限っても、最も古いのは永正十四年（一五一七）、最も新しいのは天文六年（一五三七）のものである。すなわち、少なくとも二十年間の長期にわたっている。長年にわたって書き継がれた年録などを例外に、同一の巻冊の紙背文書として残る文書は、一年ないし数年の範囲内に集積されたものが再利用された場合が多く、このように長期にわたるものは珍しい。

かつて、本書を含む三条西公条の書写にかかる除目関係書の紙背文書の特色を検討し、鳥の子紙（厚手の斐紙）の切紙を料紙とする地方からの来簡が多く、武士の手になる書状の比重が高いことを述べた(1)。当時、在京する人士相互の書状に用いられたのは、ほとんどの場合、杉原（楮紙の一種）の竪紙ないしそれを半折した折紙であった。折紙は伸展すれば竪紙になるので、二次利用をおこなうにあたっては、竪紙と同じものだといえる。一方、切紙の場合、竪紙とは縦の寸法が大きく異なり、一緒に再利用することが難しい（楮紙の竪紙は縦の寸法が二五～二七糎、斐紙の切紙は一八～二〇糎であることが多い）。また、斐紙は墨ののりがよく、典籍の書写料紙としても好適だが、楮紙とは堅さや墨ののりが異なるので、本書のように、斐紙の切紙の書状だけをまとめて再利用することは理に叶っている。

公条が斐紙の切紙の書状を翻して典籍の書写に用いたのは、確認される限り、いずれも父実隆が没した後のことである。一方、実隆がこのような書状の裏面を典籍の書写に用いた事例は見当たらない。だとすれば、実隆が死去した際、このような書状が反故として相当な分量にわたって蓄積されていたに違いない。そこで公条は、父の手許に遺されてあったものと、自らの手許で廃棄したものとをあわせて再利用したのだろう。そのため、比較的長期にわたる文書が一書の料紙として利用されるに至ったわけである。

また、公条がこのような料紙を用いて書写した複数の記録典籍の紙背文書を通覧しても、それぞれの書冊ごとに何らかのまとまりが存在することは認められない。再利用にあたって、差出人や年代による区分を意識することはなかったと考えられる。それだけに、『春除目抄紙背文書』の利用にあたっては、公条の書写にかかる他の記録典籍の紙背文書と見合わせることが必要だといえる。

以下、『春除目抄紙背文書』全点の釈文をかかげ、そのうえで、内容について注目すべき点を簡単に説明したい。

一　翻刻

一　鄧林宗棟書状〔上・第七紙裏〕

尊書再三読誦、仍』□（一カ）巻愚作之由、玄清』申上候、曲事候、』被加御詞
候、実以過分』之至候、田舎蟄居之間、』連々可申入候、背本意』存候
由、可被致披露候、』恐惶敬白、
（永正六年～十七年）臈月廿八日　（鄧林）宗棟（花押）
尊答
執侍閣下

二　畠山義総書状〔上・第六紙裏〕

自三条西殿（実隆）尊札幷』古今令拝領候、御懇之』至、畏存候、別而秘蔵無』
他候、必々自是可申入由、』可然様憑入候、恐々謹言、
（永正十四年）七月廿日　（畠山）義総（花押）
（豊原統秋）豊筑後守殿

三　大中臣広長書状〔上・第四紙裏〕

謹而令言上候、抑於』神前御祈禱抽丹誠、』一万度御祓令進上候、』将
又楊（陽）（鳳岡桂陽）蔵主様御秉払』之由、目出度存候、猶々、京都』儀、毎篇御扶助
奉仰候、』此等之趣、可預御披露候、』恐々謹言、
（永正十三年～十六年）卯月五日　（大中臣）広長（花押）
（光康）磯山殿

四　徳胤（畠山義総）書状〔下・第二八紙裏〕

「（端裏切封）（墨引）」
其後久不申入候、背』本意存候、仍雖軽微』至候、青銅千疋進入候、』
委細半隠斎（飯川宗春）可申入旨、』可得御意候、恐惶謹言、
（天文五年以降）十二月廿四日　（畠山義総）悳胤（黒印）
まいる
人々御中

五　十市遠忠書状〔下・第二七紙裏〕

「（端裏切封）（墨引）」
猶々、依無殊儀候、不申候』処、御書祝着之至候、委細』西室
院家様より可有御申』由、能々可得御意候、
如蒙仰候、此間不申入、遮而』尊書、過分之至、忝存候、仍』詠草一
帖、西室院家（公順）様迄』持参申候処、被懸御目、預御』添削、御合点早々
下給候、殊御』懇に被加御筆候、尤恐悦之至候、』弥御指南奉仰候、御
参社之儀候者、』必以参拝相積候御礼可申』上候、此等之趣、可預御披

露候、』恐惶謹言、

三月廿七日　　遠忠（十市）（花押）

清三位入道殿（清原宣賢、法名宗尤）

六　天室光育書状〔下・第二六紙裏〕

□夷則（七月）不図之　奎章、忻』□（慕カ）無量、躍手於穐露、焼香拝』□（誦カ）而暫不釈、幷仁風双柄拝』□、弗勝感荷之至、将亦此国（越後）一』□之儀、豊饒為半過乎、仍従是』□紅燭廿挺、進之候、誠以表』□答之不空曼乙也、此旨宜得』御披露候、誠恐誠惶不備、

晩春後六（天文五年以降）　　光育（天室）（花押）

木村左衛門尉殿（周盛）御幕下

七　某（一条房家カ）書状（後闕）〔下・第二三紙裏〕

仍十首当春無筋事を』書置候、既出船之事、せめてと』存候て、御めにかけ候、一々御こと葉を』□（そ）へられ候ハヽ』可畏入候、得風便候条令啓候、遥不』申入候、誠以所存之外候、聞召』及候哉、当国（土佐カ）弓矢年来取』乱候、我等体迄朝暮不得』隙様候、言語道断候、初春之』比候哉、御不例之由風聞候、』無御心元存候処、切度御平』喩（癒）之段伝言候、一身大慶候、』今一度高顔之望候間、上洛』年々存立候処、種々用談難』闕○後

八　十市遠忠書状〔下・第二二紙裏〕

「（端裏切封）（墨引）」

此間者久不令啓上候、』背本意存候、仍自歌合』一帖認、懸御目候、御判被』加御詞候而被下候者、可忝』存候、前々御無心儀共申』入候、殊哥数多番候、旁其』恐雖不少候、預御許容候者、』千万可為御芳情候、委細者、』従西室殿（公順）可有御申候旨、』可預御披露候、恐惶謹言、

七月十九日　　遠忠（十市）（花押）

清三位入道殿（清原宣賢、法名宗尤）

九　以仙（北畠材親）書状〔下・第二一紙裏〕

就当国（伊勢）安養院（寺）之儀、』委細承候、住持職事、』門徒之僧申合、焼香・』勤行等厳重申』付候、此時者、更自本寺』違乱不及覚悟候、此』旨可然様預御取合候者、』可為恐悦候、恐惶謹言、

七月十日（永正八年～十四年）　　以仙（北畠材親）

西（三条西実隆）三条殿

一〇　徳胤（畠山義総）書状〔下・第二〇紙裏〕

将亦源氏之御本、致校合度候間、永閑』下国之時下給候者、可為祝着候、

逍遥院殿（三条西実隆、法名尭空）御不例、近日者』御労衰之由、千万無御』心元存候、御良薬不可有』御服用之由、無勿体存候、』弥無御油断御養生簡要候、』竹田（定珪）牛黄円御用之由候間、』令進献候、仍一冊下給候、祝着至候、』猶以奉

憑計候、次伊勢物語之』事、御懇承候、恐悦候由、可得』御意候、恐
惶謹言、
（天文五年）七月十日　（畠山義総）悳胤（黒印）
まいる　人々御中
○余白に「左」「天筆和合楽」「さくらさかりの」「春色従東」「蕭颯」の習書あり。

一一　徳胤（畠山義総）書状〔下・第一九紙裏〕

御不例弥御本覆候由、』目出度祝着至候、猶以』御養生簡要存候旨、』
可預披露候、恐々謹言、
（天文六年）五月廿日　（畠山義総）悳胤（黒印）
（藤原範種）中務権少輔殿

一二　天室光育書状〔下・第一八紙裏〕

□微笑行脚被辱　春』□於旱地矣、薫披拝読、再三』□戯、雖有雲天
万里之阻隔、』不耐和泥合水之慈悲、野子』□歓雀躍、感激弗已、以此
趣』□（具カ）奏達、恐惶頓首謹白、
（天文五年以降）末春後之八　（天室）光育（花押）
□上　木村左衛門尉殿（周盛）御幕下

一三　畠山義総書状〔下・第一七紙裏〕

雖不珍候、背腸廿桶』進入候、御賞翫可為』祝着旨、可預披露候、』
恐々謹言、
（大永二年〜天文四年）六月十日　「八月十八到来、」（異筆）　（畠山）義総（花押）
（藤原範種）中務権少輔殿

一四　等忍書状〔下・第一六紙裏〕

尊書忝奉拝見候、』仍雖軽微之至候、鳥子』三十枚・目薬一包令』進上
候、何様与風』致上洛、旁御礼等可』申上候、委細者祐全』可申上候、
恐惶謹言、
（天文三年）二月廿三日　等忍（花押）
木村源次郎殿（周盛）御申

一五　真光院尊海書状〔下・第一五紙、第一四紙裏〕

御室御相続事、被仰□□（出）』□（了）運法印罷下候、先以珍［　　］（重　候カ）、』抑御法
流事、国師禅助［　　］（僧　正カ）』（法守法親王）（寛性法親王）禅阿院・常瑜伽院両御［　　］（室授カ）』□（与）申候、其後祖師
禅信［　　］（僧　正カ）』（静覚法親王）後光台院御室授与申［　　］』且依宿福深厚之薫力歟、［　　］（且　被カ）』
□（賞カ）師祖之余慶歟、尊海［　　］（雖　愚カ）』昧之器、掛忝被授下御法［　　］（流カ）』御書正文
可備』○平出叡覧由、了運法印申付□□』□（載カ）文伺　天気、真俗二□□（諦カ）』令存知
分候、更非自由之［　　］』□（凡カ）進存報国之忠、退恐［　　］』之鑒故、（覚道法親王）故宮
御成□□』随分励紛骨候処、御［　　］』儀、一身哀慟難忍存□□』御相続
御定後、申沙汰□』□（望カ）器候者、委任事、宜在』時宜候乎、尊海既及耳
順□』齢、残命只一瞬之間候歟、』□（天）性不敏、生涯薄運、泣□』□之所
感、咽愁涙上者、□□（更　非カ）』鬱陶之限候、偏期門跡□』外全以無他念候、

御法□〔流カ〕』間事、重事候之条、以参□〔可カ〕』令言上候、将又吹毛所難□』候者、
具可申披候、来十月□』中納言(一条房冬)可有進発間、令類□□〔可カ〕』致参洛候、其
間儀、可然□〔被カ〕□』御詞、内々御披露可□□〔畏〕□、』尊海誠恐謹言、
(享禄四年)八月十九日　　　　　尊□〔海〕
(三条西実隆)逍遥院殿

一六　徳胤(畠山義総)書状〔下・第一三紙裏〕

(端裏切封)「(墨引)」

去月八日尊書、昨日十一、』令拝見候、弥御勇健』目出度存候、就其御』
良薬之事、竹田(定珪)ニ申付』進上候、猶以御養生簡要存候、』次不審之
条々、大納言殿(三条西公条)江』可有御申由本望候、然者早々』奉憑候、猶半隠斎(飯川宗春)
可令言上』旨、可預披露候、恐々謹言、
(天文五年)卯月十二日　　　　　悳胤(畠山義総)(黒印)
(藤原範種)中務権少輔殿

一七　重吟書状〔下・第一〇紙裏〕

今月上旬候歟、捧愚札候之処、』不相違由候、いつくにとゝこ
をり候哉、』毎度如此候、口惜敷候、
□〔御カ〕書謹拝見、過分忝候、』□〔生カ〕世之思出、再三頂戴、漏』□士余薫、弥高
恩難謝候、』□〔御カ〕勇健、乍恐於愚僧本懐満』□〔足カ〕此事候、当年尤最前令祗候、』
□〔可カ〕奉拝　尊顔心中候之処、去年』□〔よカ〕り煩少瘡、依不合期延引、遺』□〔恨カ〕
無念候、抑中院殿(通胤)言語道』断次第、中々言葉もなく候、世間』□〔不カ〕定不
珍候へ共、あるましき事のやうに』驚存候、　尊意令愚察候、誠』□
入魂候つる、真光院殿(尊海)申遺候、御』□〔悲カ〕歎推量申候、猶桑宿(周桂)江中候間、』
□〔不〕能詳候、此旨御披露所希候、』恐々頓首、
(享禄三年)九月廿七日　　　　　重吟拝
木村藤次郎殿(周盛)

一八　畠山義総書状〔下・第九紙裏〕

(端裏切封)「(墨引)」

今度不寄存方外』軒下国、令閑談候、定』可被申達候、仍月村(宗碩)』斎下向
之時、尊書拝』見、恐悦候、旁必自』是可申入条、不能詳』□間、可預
披露候、恐々謹言、
(大永四年)九月八日　　　　　義総(畠山)(花押)
(藤原範種)中務権少輔殿

○一行目「存」の文字の右側に「寄」の文字の習書あり。

一九　重吟書状〔下・第六紙裏〕

自北地当来候間、綿子一把百目、』進献之候、誠志計候、左道憚
万端、』漸寒中候間、来春早々可令祗候、
□秋以後度々捧愚状候、不参』□〔候〕哉、去比　御書謹拝見、過分』□〔忝カ〕候、
生世之思出、再三頂戴、漏』□士之余薫、弥高恩難謝候、則』□〔御カ〕報申
上候つる、是も不相達候哉、遺』□〔恨カ〕千万候、今度外題事、周桂まて』
□〔申カ〕上候処、被染御筆到来候、祝』□〔着カ〕畏存候、御勇健乍恐於愚僧』□〔本カ〕懐

満足此事候、当年尤最前』□〔令カ〕祇候、可奉拝　尊顔心中候之』□〔処カ〕、去年夏より煩少瘡、依』□〔不カ〕合期延引、慮外無念候、抑中院〔通胤〕』□〔殿カ〕事、先日も申上候つる、言語道断、中々』□〔無カ〕是非候、世上不定不珍候へ共、あるましき事』□□〔のやうカ〕に驚存候、尊意奉察候、桑宿〔周桂〕へ』□〔申カ〕候間不能詳候、此旨宜預御披露候、』□〔恐〕惶謹言、

十一月十六日〔享禄三年〕　　重吟拝

木村藤次郎〔周盛〕殿

二〇　大乗院経尋書状〔下・第三紙裏〕

尚々、急便殊及黄昏』申入候間、雁札之為体、為恐候、

御慶賀申旧候、不可有尽期』□河内草賀孫三郎〔宗誠〕為御礼』□之由申候間、一筆令啓候、依』□□申被懸御目之由、色々申事候、』□歌道執心之者候、別而被加』□□候者、弥可畏入候、於愚拙』□祝着候、旧冬者不私取乱』□〔歳カ〕暮之御礼にも不参候、更非』□〔自カ〕由候、なかく懇可申入之由』□□、返々被召遣候者、可為』□〔本カ〕望候、如何様以上洛諸事』□〔可〕申入候間、不能一二候、恐惶』謹言、

正月十三日〔永正十六年〕　　経尋

逍遥院殿〔三条西実隆〕

二　内容

二十通のうち、後闕になっている**七**以外の十九通は、天地を若干闕く場合があるものの、おおむね本文・日付・差出・充所を備えている。同一人物の書状が複数存在するので、十一人の書状ということになる。以下、差出人ごとにまとめてみていくことにしよう。

①鄧林宗棟

鄧林宗棟[2]（一四四八?〜一五二二）は、臨済宗妙心寺派の僧。大徳寺・龍安寺・妙心寺などに歴住したが、実は晩出家（俗人として元服したのちに出家すること）の人である。細川京兆家の庶流野州家の教春の子で六郎勝之といい、応仁・文明の乱の当初には、惣領勝元の猶子として家督に定められていた。文明五年（一四七三）に勝元が没した直後、勝元の実子聡明丸（のちの政元）が家督に定められたのを契機に出家を遂げ、勝元が帰依していた妙心寺派に身を投じ、のちに雪江宗深の四法嗣のひとり特芳禅傑に嗣法する。妙心寺が永正六年（一五〇九）に後柏原天皇の勅許を得て大徳寺（それまでは妙心寺の本寺であった）とならぶ紫衣出世の寺になるにあたっては、その出自を活かして、重要な役割を果たした。

鄧林の名は、『実隆公記』に六度、『再昌草』にも二度見出すことができる。初見となる『実隆公記』明応七年（一四九八）閏十月十一日条には、鄧林が連歌師玄清（一四四三〜一五二一、宗祇の弟子）の草庵で連歌会を催して実隆を招待し、そこに宗祇・宗長らも同席したことが記されている。永正五年までは、京中に所在する南昌院の庵主として見えるが（『実隆公記』明応七年閏十月十一日、永正五年十月十

五日条など）、同六年には、丹波国船井郡八木（京都府南丹市八木町）の龍興寺（開山は義天玄詔）に止住している（『実隆公記』永正六年四月十六日条など）。晩年は同国桑田郡大田村（京都府亀岡市）の龍潭寺（開山は特芳）に退隠し、同寺で示寂した。

『再昌草』（永正六年九月、同十四年三月）によると、実隆は玄清の往来を利用して丹波にある鄧林と和歌の贈答をおこなっていた。詠草一巻について玄清を通じて実隆の添削を得たことを感謝し、「田舎蟄居」ゆえの無沙汰を詫びる**一**も、このような関係のなかで書かれたものであろう。鄧林が丹波に下った永正六年以降のもので、玄清の示寂が大永元年（一五二一）十一月十三日であることから、永正十七年が下限になる。

なお、玄清の草庵は帰牧庵といったが、これを命名したのも鄧林であった（『幻雲文集』帰牧庵記）。玄清ははじめ河田（肥田とも）兵庫助春仲といい、『新撰菟玖波集作者部類』鶴岡本および彰考館本によれば、「細川阿波守」の被官であったという。阿波守であれば、和泉下守護細川頼久のことをさすと考えられるが、細川高国（鄧林の実弟政春の実子）の被官に河田基清があるうえ(3)、春仲の春字は、鄧林の実父教春から拝領した偏諱である可能性が高いので、阿波は安房の誤りで（持春は下野守だが、政春は安房守に任ずる）、野州家の被官であったとみたほうがよい。すなわち、玄清はもともと鄧林の生家の被官であり、その関係で鄧林に奉仕していたと考えられるのである。

②畠山義総（悳胤）　**二、四、一〇、一一、一三、一六、一八**

畠山義総（一四九一～一五四五）は、能登守護畠山家の当主で、三十年間にわたる安定した領国統治のもと、同国鹿島郡七尾城（石川県七尾市）を中心に国内に文芸文化の隆盛をもたらし、同氏の黄金時代を築いた人物とされる。天文四年（一五三五）八月から同五年三月のあいだに出家し、法名を徳胤といった。

義総と実隆・公条父子との関係は非常に深く、永正十一年（一五一四）二月十七日条を初見として、『実隆公記』における登場回数は二百回を超える。父子に充てた義総の書状については、『春除目抄紙背文書』所収の七通を含めて都合三十一通が確認されるが、先に別稿(4)において詳しく検討を加えたので、その参照を願ってここでは説明を省きたい。なお、七通のうち、**二・一一・一三・一六・一八**の五通は実隆充て、**四・一〇**の二通は公条充てである。

③大中臣広長　**三**

大中臣広長（?～一五二二）は、伊勢神宮の祠官で、永正五年（一五〇八）正月に八十余歳で没した父則長のあとをうけ、同六年七月に大宮司に任じた。六年の任期を重任して同十八年におよび、子の伊長に継職している（『大日本史料』大永二年八月十七日条）。

『実隆公記』にその名が見えるのは、大永元年（一五二一）十一月九日条の一度だけで「宗碩来、前大宮司広長祓（万度）箱・熨斗蚫千本進上之」とある。広長は、宗祇の弟子であった連歌師宗碩（尾張の出身）

を通じて、実隆に万度祓と熨斗蚫を贈ったのである。**三**でも万度祓を贈るとともに、実隆の三男鳳岡桂陽（陽蔵主）が秉払を遂げたことをことほいでいる。鳳岡は、『実隆公記』永正十一年二月十五日条には「陽侍者」とみえるが、鳳岡の師了庵桂悟（永正十一年九月十五日示寂）の病状を心配する『実隆公記紙背文書』同十二年正月十一日至十九日裏の某人の仮名消息のなかに鳳岡の蔵主転位を祝う文言が見えており、同十一年二月から九月のあいだに蔵主になったことが知られる。『実隆公記』同十七年四月二十日条には「陽首座」とみえており、秉払は両者のあいだのことになるが、この間は同記の残存が少ないこともあり、これ以上に時期を特定することは困難である。

④十市遠忠　**五、八**

十市遠忠(5)（一四九七～一五四二）は、興福寺大乗院方の大和国民で、龍王山城（奈良県天理市）を拠点に大和盆地の南東部をその勢力範囲としていた。歌道に深い関心を持ち、家集や自歌合を多数残すほか、書写や所持になる歌書も多数が確認される(6)。

実隆に歌道の指導をうけたため、『実隆公記』には享禄二年（一五二九）以降、二十一度にわたってその名が見える。さらに、実隆に充てた書状も、**五・八**を含めて八通を確認することができる。すなわち、この二通以外に、尊経閣文庫所蔵『明月記紙背文書』に三通、明治大学中央図書館所蔵『除秘鈔紙背文書』に二通、金沢市立玉川図書館近世史料館所蔵加能越文庫本『松雲公採集遺編類纂』百三十三（古文書部三十五）所収「三条西家文書」に一通である。最後の一通は近代の臨写にかかるが、それ以外はいずれも三条西家旧蔵本の紙背文書として残されたものである（おそらく最後の一通も、三条西家旧蔵本の紙背文書を転写したものであろう(7)）。

八通すべて形式上の充所に清三位入道こと清原宣賢の名を掲げ、披露を求めるものになっている。宣賢の役割を明瞭に示す一通を『明月記紙背文書』から引いておく（四三号・第二〇紙裏）。

> 近日者不申入候、仍此一帖』乍恐預御添削、御合点』所仰候、毎々御無心之儀、』難申尽存候、次乍左道』蚊帳一帖令進覧候、兼又』名月御詠写被下候者、忝』可存候、先度環翠軒（清原宣賢、法名宗尤）』下向時、乍恐御言伝申入候、委細』可被申候、此等之趣、能々可預御』披露候、恐惶謹言、
>
> 　八月十六日　　遠忠（十市）（花押）
>
> 　清三位入道殿（清原宣賢）

詠草への添削および加点することを求め、蚊帳一帖を贈るとともに、実隆自身の詠歌の揮毫を望んでいる。先に環翠軒宗尤こと清原宣賢が大和に下向してきた際、言伝したので、委細をお伝えするはずだ、と述べており、実際に宣賢が遠忠と実隆とをつなぐ役割をはたす存在であったことが知られる。

ただし、**五・八**や『松雲公採集遺編類纂』所載の一通では、東大寺の院家西室にあった実隆の長男公順が、遠忠と実隆とをつなぐ役

割にあたっている。なかでも、**五**によると、遠忠は詠草を公順のもとに持参し、これを実隆が添削・加点したことが知られ、そこには宣賢の介在する必然性が見出されない。おそらく、最初に両人のあいだをつないだのが宣賢で、他の経路が登場しても、形式的にその名が残されたのであろう。

なお、書状の内容は、単なる年頭の賀札である『松雲公採集遺編類纂』所載のものを除くと、いずれも詠草への添削・加点、ないしは自歌合への判詞を求める、あるいはそれがなされたことへの謝辞を述べたものであり、遠忠の歌道への飽くことのない情熱をうかがわせている。

⑤天室光育　六、一二

天室光育[8]（一四七〇～一五六三）は、曹洞宗通幻派下了庵派の僧で、越後国春日山（新潟県上越市）の林泉寺の六世として知られる。林泉寺は、明応六年（一四九七）に越後守護代長尾能景（景虎〔上杉謙信〕の祖父）が父重景の菩提を弔うため上野国双林寺（群馬県渋川市）三世の曇英恵応を請じて開いた寺で、長尾氏歴代から篤い帰依を得ていた[9]。天室は曇英の法系をうけており、曇英―龍室元光―大愚本智―伝芝宗的―微笑珍慶―天室という嗣法関係にある。法嗣の益翁宗謙に林泉寺住持を譲ったのちは、退居所と思しい長慶寺に移っている。

また、明治大学中央図書館所蔵『除秘鈔紙背文書』には、つぎのような封紙が残っており、林泉寺住持たる天室が三条西家との交渉を有していたことが確実である。

「（封紙ウハ書）
越之後州林泉寺
進上　木村左衛門尉殿（周盛）御幕下　光育」

天室自身は『実隆公記』に現れることはないが、師の微笑珍慶は天文二年（一五三三）から翌年にかけて七度にわたってその名が見える。珍慶・椿慶両様の表記があり、もっぱら書状のやりとりによる交渉だが、天文三年四月十七日条には「林泉寺椿慶、特賜号事、今日禁裏御取□之云々」とあり、実隆を通じて禅師号を得ようとしていたことがわかる。

六・一二の充所に掲げられた三条西家の青侍木村周盛は、享禄二年（一五二九）三月から六月のあいだに藤次郎の称を源次郎に改め（『実隆公記』同年三月二十四日、六月十六日条）、天文五年正月ごろに左衛門尉に任じ（『言継卿記』同月七日条、『実隆公記』同月十一日条）、同十一年閏三月に叙爵して左衛門大夫といい（『歴名土代』）、永禄三年（一五六〇）から同六年のあいだに越前守に任じている（『言継卿記』永禄三年三月十九日、同六年五月五日条）。したがって、「木村左衛門尉殿」という充所は、天文五年以降のものなので、同六年に没した実隆よりは、公条に充てられたものである可能性の方が高い。内容は、二通ともに来翰に接して狂喜したさまを縷述するばかりだが、天室と京都との交渉をうかがわせる史料はほかに見当たらず、貴重だといえる。

なお、『謙信公御年譜』に天文五年春のこととして、七歳の景虎（虎千代）が林泉寺にて住持天室に就いて学問をはじめたとあり、天室は景虎にとって師僧というべき存在であったようだ。はたして天室は、弘治元年（一五五五）に、越後国北部の揚北衆と称される有力国衆のうちの中条・黒川両氏の所領争いを解決するため、景虎の意をうけて仲介にあたり（山形大学附属図書館所蔵『中条文書』霜月四日長慶寺天室光育書状）、同二年には、出家隠遁をくわだてた景虎から、思いの丈を述べる長文の書状を送られている（『歴代古案』所載六月二十八日長尾宗心書状）など、両人のあいだに深い信頼関係のあったことが確かめられる。

⑥某（一条房家カ）　**七**

七は後欠であり、差出の部分が残っていない。「当国」は京都から「遥」か彼方にあって、もうすぐ使船が出航するので、意に満たないものであるにもかかわらず詠草を送るというのだから、差出人は、海路での連絡を要する遠隔の地にあったことがわかる。さらに、「当国」は年来争乱が続いて手が空かず、上洛の望みが一向にはたせないとも述べている。

このような状況は、つぎに掲げる明治大学中央図書館所蔵『除秘鈔紙背文書』のなかの三条西公条に充てられた書状に記されたところとよく共通しているように思われる。

　厥后絶音問候、』国中取乱候によりて』慮外候、仍御樽代三百疋、』進之候、左道至極候、』同逍遥院（三条西実隆）御樽代五百疋、』進献候、御心得候て申』され候へく候、当家の』事、弓箭により』心ならす在国候、悉』皆御引立ひとへに』たのミ存候、国調候ハヽ、』上洛候て公私かた〳〵』御礼可申入候、くハしく』竹園上らふ（伏見宮貞敦親王上臈、転法輪三条実香女）まて申入候、』かしく、

　　六月七日　　　房冬（一条）

　〔西〕三条殿（三条西公条）

土佐にあった一条房冬（一四九八～一五四一）の書状である。「国中」が争乱状況にあって、「弓箭により心ならず在国」しているが、「国」が「調」えば上洛を遂げたいと記している。「国」の争乱のために怱忙に追われて上洛が困難だというのである。

房冬は『実隆公記』に四度登場するが、いずれも伏見宮貞敦親王（房冬室の兄弟）が仲介をはたしている。もっぱら贈答に関する記事だけなのだが、大永四年（一五二四）八月九日条によると、紙十帖を贈られたのは先に短冊に「愚詠」を書いて送った謝礼だとあり、和歌をめぐる交渉をうかがわせる。**七**において実隆に詠草の添削が求められていることともつながろう。

さらに、尊経閣文庫所蔵『台記抄紙背文書』（二次利用面は公条の書写）にも公条に充てられたつぎのような書状が残っている。

　猶去年十筋拝受、芳恵』難謝候、殊入道殿（三条西実隆）御懇情、』竹園（伏見宮貞敦親王）委申上候、可預御心得候也、

　当年早速可差上使者処、』兎角遅々慮外候、抑大礼（二月二十六日、後奈良天皇即位）』無事、千秋万

歳珍重候、委曲』勾当内侍(姉小路済子)令申候、仍任幕』事、以愚昧身過分大望雖』不相応候、偏為励子孫奉公』令言上処、浴雨露厚恩候、』併御啓吻謂候哉、心底歓喜』疲筆舌候、次雖些少鵝眼』弐千疋令推進候、連々商量』憑入存候也、恐々謹言、

(天文五年)六月十六日　(一条)房冬

(公条)三条西殿御方

天文四年(一五三五)十一月七日に房冬が左近衛大将に任じたことにかかわるものである。この任官については、『後奈良天皇宸記』に詳しい記載があり、土佐一条家の富裕さ、ないしは戦国時代に地方に下向していた貴族にあっても強く官位の昇進を望んでいたことを物語る逸話として知られている。

すなわち、同年九月二十七日および十月三日の二度にわたって貞敦親王が房冬の左近衛大将への任官を「懇望」してきたが、後奈良天皇は無理だと回答した。十一月四日の夜、貞敦は梶井彦胤親王(後奈良の弟)とともに禁裏を訪れて後奈良と雑談するも、その際には房冬の任官について何も触れなかった。にもかかわらず、翌五日に勅許の御礼と称して勾当内侍姉小路済子を通じて禁裏に銭一万疋を進上している。後奈良は、自分の承諾していないことだといいながら、認めてもらえないと「面目」を失ってしまうという貞敦の訴えを黙殺することもできず、任官については「心得」たが、一万疋については関知しないとして、銭を返却させた。七日には、貞敦から後奈良に対し御礼の消息が複数回送られており、後奈良は仕方がないと述べている。こうして任官がはたされたのである。

誕生以来土佐に在国したままで、一度も上洛を遂げていなかった房冬が近衛大将という顕職を帯びることは、後奈良としては到底容認し得なかったが、貞敦はきわめて強引な手法で実現したのである。この任官について、房冬自身の言葉で語ったのが『台記抄紙背文書』として残された書状である。自分にとっては過分な大望であるが、子孫が奉公を続ける動機付けのために願い出たもので、勅許があったのは公条の口添えのお陰だと述べている。そして、「些少」だが銭二千疋を贈るという。

『後奈良天皇宸記』による限り、公条の意見の介在する余地はなさそうなので、あるいは、房冬が朝廷の要路各所に現銭の配布をおこなったということかも知れない。それでも、追而書に公条から贈られた「十筋」(帯か)とともに、実隆からの「御懇情」に対する謝辞を述べており、土佐一条家と三条西家との交渉が継続的に存在していたことをうかがわせる。

しかしながら、**七**に立ち戻ると、差出人を房冬と考えることはできない。というのは、正月ごろに実隆が病気だとの風聞に接して心配していたが、回復したという報を得て安心し、「今一度」対面を遂げるために上洛を考えているが、なかなか困難だ、と述べているからである。差出人は、上洛して実隆に対面したことのある人物なのである。とすれば、差出人として適格なのは、房冬の父であると同時に、摂家一条家を継いだ房通の実父でもあった房家(一四七五～一

五三九）であろう。

房家は、応仁二年（一四六八）に土佐に下った前関白一条教房の子で、土佐に在国したままで権中納言への昇進を遂げていた。永正十三年（一五一六）十二月、初めて上洛して公武に出仕し、権大納言への昇進を遂げた。これは、前々年三月に嗣子なく没した叔父冬良の猶子として、房家の次子房通が摂家一条家を継ぐことになっていたため、房通をともなって京都にのぼったものである。房家はそのまま一年近く在京して房通を後見したが、同十四年十月、房通を摂家一条家の候人たちに託して土佐に下向する（『大日本史料』永正十三年十二月七日、二十七日、十四年十月十六日条）。以後没するまで土佐で過ごした（『公卿補任』）。

房家は『実隆公記』に十度登場するが、上洛していた期間の同記は残されていないため、両人が対面を遂げた記述は存在しない。それでも、大永七年十二月に『詠歌大概』（同月一日条）を、享禄四年（一五三一）に『伊勢物語』（同年二月七日、五月五日、五年四月二十五日条）を、いずれも房家の依頼によって書写し、貞敦を通じて送付したことが見えるなど、房家の歌道に対する関心が知られ[10]、詠草の添削を求めたことと齟齬しない。

なお現在のところ、確実な房家の発給文書を見出していないので、筆跡による検討はできない。結局、ここでは、**七**は一条房家書状である可能性が高いことを指摘するにとどめ、後考を俟ちたい。

⑦以仙（北畠材親）　**九**

以仙という名は、系図や記録上に所見を見出すことができないが、**九**のほか以下に掲げる二通の書状（二通目は写）が確認される。

東京大学史料編纂所所蔵『女叙蔵要紙背文書』

就栗真(伊勢国奄芸郡)之庄、委曲』令申候旨、被仰上』候者、可為本望候、依』御返事重而可申』談候、恐々謹言、

五月三日　　　　以仙

国立公文書館所蔵『曇花院殿古文書』

常徳院殿義尚公(ママ)

ヲリ紙

曇花院殿御領小向郷(伊勢国三重郡)御下知之旨令存知候、』従是可取沙汰申候、雖然、当(所脱カ)務之事者、国中』錚楯未落居条、可有御推察候、此等趣御返事』申候、可然御取合可為本望候、恐々謹言、

十月廿一日　　　　以仙

畠山式部少輔(順光)殿

上カキ

畠山式部少輔殿　　以仙

前者の『女叙蔵要』一軸は、三条西家の旧蔵本で、表紙見返しに「永正龍集己卯仲冬中旬比、粗抄』記之、静可潤色而已、／贋比久克空(三条西実隆)」と記されるように、永正十六年（一五一九）十一月に実隆がまとめた女叙位に関する故実書である。したがって、その紙背文書は実隆または公条に充てられた書状ということになろうが、以仙はそのなかで、禁裏御料所である伊勢国奄芸郡栗真荘（三重県津市）について、自らの言い分を天皇に伝えることを求めている。なお、この

書状は通常の杉原の竪紙に書かれたものである。

後者の『曇花院殿古文書』一冊は、尼門跡通玄寺曇華院の所領に関する中世文書二〇二通を臨模した近世写本である。[11] 充所に掲げられている畠山順光[12]は、足利義稙が将軍に再任した時期（一五〇八～二一）における側近の随一なので、将軍義稙に意を通じたものとみてよい。当時の曇華院門主祝渓聖寿尼[13]は義稙の妹という関係にあたる。ここで以仙は、同院領伊勢国三重郡小向（おぶけ）郷（三重県朝日町）について、義稙の命令を承知し、年貢納入について責任を負うことを約束する。ただし、今年は国内の争乱が収まらないため、順調な納入は難しいことについての理解を求めている。

右の二通から、以仙は伊勢国における有力者であったことが明らかである。したがって、**九**にみえる「当国」は伊勢国をさすことになる。伊勢国多気郡安養寺[14]（三重県明和町）は、諸山に列する官寺で、東福寺開山円爾の弟子である癡兀大慧を開山としており、東福寺大慈院（癡兀の塔所）の末寺とされていた。**九**において以仙は、安養寺に関する実隆の申し入れに対し、門徒の僧とよく話し合ったうえで、焼香や勤行をとりおこなわせているので、同寺の住持職について本寺から「違乱」があることは思いもよらない、と回答する。

実隆は、本寺にあたる大慈院の主張を伝達したわけだが、実隆の三男鳳岡桂陽は、東福寺大慈院の塔主了庵桂悟の弟子で、永正十一年に了庵が九十歳で示寂したのちも同院内の寮舎堆雲軒に止住していたので[15]、その関係から依頼されたのに違いない。了庵が師大疑宝信に最初に就いたのは安養寺で、鳳岡自身も何度か安養寺に赴いている。鳳岡をはじめとする了庵の弟子たちにとって安養寺のありようは重大事だったのである。

一方の以仙は、安養寺に対して焼香や勤行を「申し付ける」立場にあり、同寺の檀那というべき存在であったとみられる。『安養寺文書』には、嘉吉三年（一四四三）の北畠教具御教書および文明三年（一四七一）の北畠政郷（教具の子）御教書が残り、いずれにおいても、「御祈願所」であることを根拠に寺領の安堵がなされている。すなわち、安養寺は北畠国司家の「御祈願所」であった。

そして、『実隆公記』永正九年正月二十八日条に「陽侍者（鳳岡桂陽）同帰寺（東福寺）、扇子等遣之、可遣北畠（北畠材親、または木造政宗）之書状書与了」、『実隆公記紙背文書』大永元年（一五二一）十二月二十一日裏の鳳岡桂陽書状（後闕）にも「仍勢州へ明日便宜候、当年始而国司（北畠具国、のち晴具）へ書状遣候、然者一通被遣候て給候者、所仰候」とあるなど、実隆はたびたび鳳岡の求めに応じて伊勢北畠氏の者に送る書状を書き与えていたことが知られる。

また、以仙の書状三通をあわせみると、その勢力は、北勢の三重郡から神三郡のうちの多気郡にまでわたり、特定の郡には限られず、伊勢全域におよんでいることがうかがえる。やはり、北畠氏の者だとみるべきである。そのうえで、**九**は、前内大臣である実隆を直接の充所に掲げ、書止を「恐惶謹言」で結んでいる。この書札礼を『弘安書札礼』および『実隆公記紙背文書』に残る実例に照らすならば、以仙は大納言に昇った人物だと判断される。十六世紀の伊勢北畠一族において権大納言に昇ったのは、国司家の材親だけである。以仙とは、材親の法名であったと結論できる。

北畠材親[16]（一四六八～一五一七）は、伊勢北畠氏の本宗国司家の当主。政郷の子で、初名を具方といい、足利義材（義稙の初名）の偏諱をうけて材親に改めた。文亀二年（一五〇二）八月二十三日参議、永正三年四月五日権中納言、同七年九月十六日権大納言と、一見すると順調な昇進を遂げているが、いずれも材親自身は伊勢に在国したままで、同じ村上源氏の六条有継が主に実隆を通じて後柏原天皇に働きかけて実現したものであった。在国のままで昇進を重ねることには、後柏原が不快感を示したのはもちろん、仲介した実隆も決して心から賛同してはいなかった。永正八年二月に「雑熱」が治まらないために材親が出家したとの報を聞いた実隆は、「任官の罰」だとまで言い切っている。材親は、その後も出京することなく、永正十四年十二月に没している（『宣胤卿記』永正十五年七月四日条）。

以仙は材親の法名であるから、**九**は永正八年から同十四年までのあいだのものということはわかる。ただし、それ以上に時期を特定することは困難である。

⑧等忍　**一四**

等忍（生没年未詳）は、浄土宗西山派西谷義の僧[17]。『実隆公記』には八度登場し、大永七年（一五二七）五月十一日条に以下のように見えるのが初見である。

十一日、丁亥、晴、○中略 摂州能勢光明寺住持等忍香衣、宏善弟子云々、禁裏（後奈良天皇）御礼被申之、三百疋・檀紙十帖進上、御対面云々、予（三条西実隆）以状申勾当局（高倉継子）、前住如此云々、樽一荷・両種・五十疋遣長橋局、予方同前、不慮事也、勧一盞、雑談、学生人云々、寿鏡同道也、彼（宏善）帰路遣扇於永観堂了、○下略

これについては、『御湯殿上日記』同日条にも記載がある。

十一日、のせ（能勢）の光みやう（明）寺、御代かわり（替）の御れい（礼）に、こたかたんし（小高檀紙）十てう（帖）・三百疋もちて（持）まいる（参）、御たいめん（対面）あり、せうようゐん（逍遥院）（三条西実隆）よりとり（執）申さるゝ、

双方を見合わせると、摂津国能勢郡光明寺の住持等忍が、前年四月に践祚した後奈良天皇に対する代替わりの挨拶のために参内して対面をはたし、銭三百疋と小高檀紙十帖を献上したことがわかる。実隆が勾当内侍高倉継子に消息を送り、以前の住持も対面を遂げたという先例にもとづいて申し入れたことで実現したものであった。

等忍は、謝礼のため、継子および実隆に酒肴と銭を贈り、遣迎院の僧寿鏡に同道して実隆の許にも礼参している。実隆は等忍に酒をすすめ、人となりを「学生人云々」と記した。この時が初対面であったに違いない[18]。遣迎院は、東福寺の近傍に位置し、西山派の祖証空が没した寺院で、実隆が帰依する西山派本山義の拠点のひとつであったから、寿鏡が等忍と実隆とのあいだを仲介したと解される。

等忍の師としてその名がみえる宏善は、このころ永観堂禅林寺の住持だった人物で（『実隆公記』大永七年五月十日、天文二年四月三日

条）、『浄土伝灯総系譜』（『浄土宗全書』十九所収）には「宏善　字舜叔、住禅林・光明二大刹、後柏原帝賜紫方袍」とある。同書は宏善の弟子を二十五人掲げているが、そこに等忍の名はみえていない。等忍は房号のようなので、おそらくは他の呼称によって掲げられているのであろう。

一四は充所の木村周盛を源次郎と呼んでいることから、享禄三年（一五三〇）から天文四年（一五三五）までのあいだのものだと考えられる。享禄三年以後で『実隆公記』に等忍の名があらわれるのは、天文二年七月十六日条だけである。そこには、「祐全来、明日下向越前、等忍房当時越前安養院住持云々、彼方可遣愚状之由申之間、則書遣之」とあり、これ以前に越前の安養院に移っていたことが知られる。安養院は、あるいは一乗谷に所在した安養寺のことであろうか[19]。**一四**の文中に「委細者祐全可申上候」とあるとおり、ここでも祐全なる者が実隆とのあいだをつないでいる。

祐全は、『実隆公記』に百度以上登場し、三条西家における斎食に招請されることも多く、浄土宗西山派の僧であったとみられる。摂津・和泉や土佐、あるいは伊勢・尾張や越前など、各地と往復していることも知られる。等忍との関係では、享禄二年十月八日条に、摂津に下る祐全が「能勢光明寺等忍上人」に書状を送るように求め、実隆がこれに応じたことが記されており、五年以上にわたって、実隆と京都を離れている等忍とをつなぐ役割をはたしていたのである。

『実隆公記』にみえる祐全の動きを確認すると、享禄三年から天文元年までは二月または三月に実隆の許を訪れているが、その前後に地方との往復をうかがわせる記事はない。天文二年には二月二十六日に伊勢から帰京し、同三年には三月四日に越前から帰京している。すなわち祐全は、同二年七月に越前に下向して以来、翌年三月に帰京するまで同国にあり、等忍の許にいた可能性が高いのである。とすれば、二月二十三日付の**一四**は天文三年に越前で書かれたものであると考えてよかろう。

⑨真光院尊海　一五

尊海[20]（一四七二～一五四三）は、太政大臣久我通博（初名通尚）の子で、仁和寺真光院の院主。真光院守鑁（中院通守の子）の室に入り、御室静覚法親王（木寺宮邦康親王の子、後花園天皇の猶子）から附法をうけ、覚道法親王（後柏原天皇の子）および入道任助親王（伏見宮貞敦親王の子、後奈良天皇の猶子）という二代の御室の伝法灌頂において大阿闍梨をつとめた。十六世紀前半における仁和寺御室の法流を支えた人物だといえる。

真光院主として石山寺の座主を兼帯するとともに、大永二年（一五二二）ごろからたびたび土佐国足摺岬に所在する蹉跎山金剛福寺（高知県土佐清水市）に止住し、京都と土佐とのあいだを何度も往復している。示寂したのも同所である。また、天文二年（一五三三）冬から翌年春にかけて駿府（静岡県静岡市）まで下り、紀行『あづまの道の記』を著している。その活動範囲は東西にわたり、非常に広かった。

一五は、文中に「既及耳順□齢」とあり、尊海が六十歳になった享禄四年（一五三一）をさほど下らない時期のものだと知られる。さらに、十月以降に「参洛」する意思を示しており、この時点で尊海は京都にいないことがわかる。尊海は享禄二年十一月ごろ土佐に下り（『実隆公記』同年十月二十八日条、『再昌草』）、同五年七月以前に同国から上洛を遂げている（『再昌草』）。結局、同四年八月十九日に土佐で書かれたものだと結論できる。

『実隆公記』享禄五年正月六日条に「庭者自土左〔佐〕上洛、逢海賊負〔手〕□云々、真光院状十一月〔廿〕□八日、到来」とあり、土佐からの書信が届くには一ヶ月以上かかることがあったようだ。とすれば、八月十九日付の**一五**が実隆の手許に届いたのは、九月になってからであろう。享禄四年の『実隆公記』は九月以降の記事を欠いているため、この手紙についての記載は見出し得ないことになる。

「御室御相続事」が問題になっているが、後奈良の弟、覚道法親王が大永七年十月二十三日に二十八歳の若さで没したため、当時、御室は人を得ていなかった。のちに任助親王となる伏見宮貞敦親王の第四皇子は、同五年七月の生まれなので、この時まだ七歳である。下部に欠損があるため不明な点は残るが、**一五**は、後奈良天皇が法流の相承について何らかの問いかけをしたのに対して、尊海が応じたものである。真光院の歴代が法流を預かって御室に附法した事例をあげつつ、自らが静覚法親王から与えられた附法状を叡覧に備えたことを述べ、法流の相承に尽力する意思を示す。おそらく後奈良は、尊海に変事があれば御室の法流の相承が途絶えかねないことを危惧していたのであろう。

京都にあって、後奈良と土佐にある尊海とのあいだをつないでいた菩提院了運は、菩提院を兼帯した尊海の入室の弟子で、俗系でも甥にあたっていた（了運は中院通世の子だが、通世の実父は久我通博）。また、十月ごろに上洛を予定していた「中納言」は、土佐に在国する人物なので、一条房冬ということになる。房冬は結局上洛することはなく、尊海自身の上洛も一年弱延びて享禄五年七月になった。

こののち、任助親王は、天文八年十一月一日に親王宣下をうけて熙明親王となり、同年十二月二十五日に尊海を戒師として得度を遂げる。時に十五歳であった。入室が遅くなった背景を示すものとして、親王宣下を六年さかのぼる、『仁和寺文書』四（影写本）に所収されている尊海充ての三条西公条書状が注目される。

（端裏書）
「天文二

所々門跡領事、此』砌都鄙被致馳走、』門主御入室事、年中』急度相調候様、可有申御』沙汰由、内々　叡慮之』趣候、別而可被廻御遠慮候哉、』恐々謹言、

（天文二年）
九月廿九日　（三条西）公条

（切封ウハ書）
「真光院殿（尊海）　公条」

年内に門主の入室について取り計らうという後奈良の意思を伝えたものである。門跡領についての都鄙の「馳走」が入室の前提とさ

れており、各地の門跡領の退転にもとづく仁和寺の疲弊が入室の遅れにつながっていたことがうかがわれる。

一五は、かかる状況のもと、土佐に滞在していた尊海に問いただすほどに、後奈良が御室の法流の存続について心配していたことを物語る史料ということになろう。

⑩重吟　一七、一九

重吟[21]（生没年未詳）は、和泉国堺を中心に活躍した連歌師。牡丹花肖柏（一四四三～一五二七）の弟子で、同宿とみえることから、側近くにつかえていたことが知られる。肖柏の死後には、周桂とともにその家集『春夢草』をまとめた。

『実隆公記』には二十七度、『再昌草』にも三度登場している。初見は『実隆公記』大永三年（一五二三）九月十八日条で、肖柏が実隆に充てて派遣した使者に便乗し、沈香一包と杉原紙十帖を贈ったことである。これは、実隆に『源氏物語』の「銘」（外題）を揮毫してもらった謝礼であったが、以後も実隆に揮毫を求めることが多かった。

一七・**一九**ともに「中院殿」の急逝に接して老少不定の感慨にふけっている。権中納言中院通胤は、享禄三年（一五三〇）八月五日に三十二歳の若さで没した。「流布風気」によるもので、発病からわずか七日後のことであった（『二水記』同日条）。肖柏は中院通淳の子なので、中院家の変事は、重吟にとって亡き師の実家の大事であり、無関心ではあり得ない。

さらに、重吟が真光院尊海に弔問の書状を送ったのは、尊海が通胤の叔父にあたる（通胤の父通世は、久我通博の子で、中院通秀の養子に入った）うえ、京都と土佐のあいだを往復する際に堺に立ち寄ることが多く、旧知の関係にあったことによるのだろう。

一七・**一九**の二通は二ヶ月足らずの間隔で書かれたものであるが、両方ともに実隆の書状を受け取り、今生の思い出になると感激を伝えている。**一九**は冒頭で「秋から何度も手紙を送りましたが、届いていないでしょうか」と書き出し、実隆の書状に接して、「すぐに御返事をお送りしましたが、これも届かなかったでしょうか」と問うている。ここでいう即時に送った返書こそ**一七**のことだと思われるが、**一七**の追而書にも、「今月の上旬であったか手紙をお送りしましたが、届かなかったとのことです。どこでとまっているのでしょうか。いつもこんな状態で、残念です」とあるので、書状が届かないことも少なくなかったようだ。それで、相手からの返書が届かないうちに再度書状を送り、同じことを書いたものと解される。

一九では、在京する周桂を通じて実隆に揮毫を依頼した「外題」について、周桂を通じて受領したもののごとく、謝辞を述べている。この「外題」は、『実隆公記』享禄三年十一月五日条に「重吟外題事所望、則書之」と見えるものであろう。**一九**は十一月十六日付なので、実隆が染筆してから十日程度のちに重吟の手許に届いたことがわかる。逆に、同年十二月二日条に「重吟有状、送綿子、不慮事也」

と記されるのは、一九の追而書に「北地」から到来した「綿子一把百目」を贈るとあることに合致し、一九が実隆の手許に届くまでに半月程度を要したことが知られる。京都と堺とのあいだでの書状の往き来にしては、ずいぶん時間を要しているように思われるが、この当時、摂津を中心に細川高国と同晴元とが対峙を続けており、軍事的な緊張下にあったことが、通信を阻害した大きな理由であったに違いない。

⑪大乗院経尋　二〇

経尋（一四九九～一五二六）は、関白九条尚経の長男で、興福寺大乗院の門主。実隆の娘保子が生母であり、実隆からみて外孫しかも初孫にあたる。十六世紀初頭、五摂家において各門跡の附弟になるべき人材が払底し（『大乗院寺社雑事記』明応七年九月二十二日条）、大乗院門跡においても、尋尊の後継者であった政覚（二条持通の子）・慈尋（一条冬良の子）がそれぞれ明応三年（一四九四）・同七年に尋尊に先立って没してしまい、附弟を欠く状況であった。そのため、永正二年（一五〇五）、関白尚経の長男で七歳だった経尋が附弟に定められる。次男で九条家を継ぐ稙通が誕生したのは一年半後のことで、七十六歳の尋尊から大乗院門跡を相承させるべく、関係者のやむにやまれぬ選択がなされた結果だといえよう。

正月十三日の書状であり、冒頭には年頭の祝詞が位置する。河内の草賀宗誠が経尋の許を訪れ、経尋の紹介によって実隆への対面が叶った喜びを伝えに来たと報じ、宗誠は「歌道執心之者」なので、今後とも歌学の指導をおこなって欲しいとの希望を述べる。すなわち、これ以前に経尋が実隆に宗誠を紹介し、実隆は宗誠と対面していたわけである。

河内の草賀（孫三郎、ついで源介）宗誠は畠山氏の被官で、[22]『実隆公記』には十六度、『再昌草』には二度登場する。初見の『実隆公記』永正十七年十一月十五日条に「草賀連歌万句題申之」とだけあり、実隆との交渉はこれ以前に始まっていることがわかる。一方、二〇の充所には「逍遥院殿」と記されており、実隆が出家した同十三年を遡ることがない。さらに年代を特定する材料になるのが、『和洋古書善本特選目録』一六号（臨川書店、二〇〇八年）に三四番として掲載される以下の実隆の書状である。

先日尊書恐悦候、」草香（賀）孫三郎（宗誠）来候、茅」屋之体雖憚多候、依」芳命令対面候、自然」儀不可存等閑憑入候、」此趣可得賢慮候、其後」何事御座候哉、石水院（高山寺）」開帳にハ御上洛なとハ」候ましき事候やらん、旁」奉期面拝候、各御言伝」祝着由候、諸事難尽」紙上候、恐々敬白、

（永正十五年）八月晦日　尭空（三条西実隆）

充所を欠くが、自邸に来訪した草賀宗誠と対面したのは、充所の人物の依頼によるものだと述べている。とすれば、実隆がはじめて宗誠に対面したことにかかるもので、経尋充ての書状だと判断される。

この書状にみえる石水院の開帳とは、栂尾開帳とも称され、高山寺石水院の春日・住吉両大明神の神影を開帳する行事で、上皇や将軍をはじめとする上級貴族、あるいは興福寺の両門跡（一乗院・大乗院）や一部の院家（喜多院）の求めに応じておこなわれるものであった[23]。興福寺の両門跡の場合、維摩会で遂講したのちに「先途」の一環として実施しており、経尋も後年、遂講の翌年の大永二年（一五二二）に願主となって開帳を催している。

永正十三年から同十七年のあいだでは、同十五年十月十三日（『宣胤卿記』同日条）および同十六年五月二十四日（『後法成寺関白記』同月二十二日～二十四日条）の二度の開催が知られる[24]。前者は、石水院修造勧進のため七日間にわたった異例なもので、後者は、一乗院門主良誉の求めに応じた通常の一日だけの開帳であった。

経尋が自らの先途として臨む以前に開帳に「上洛」する可能性が考慮されるのは、前者であろう。さらに実隆が書状を書いた八月晦日という日付からも、前者の方が適当である。つまり、宗誠がはじめて実隆の許を訪れたのは、永正十五年八月であったと考えられる。宗誠は、翌年の正月に大乗院に参賀した際、実隆邸訪問の首尾を経尋に語った。これをうけて、経尋が実隆に今後とも宗誠に恩顧を与えるように依頼したのが二〇であったとみることができよう。つまり、二〇は永正十六年に書かれたものということになる。

おわりに

『春除目抄紙背文書』は、十一人の手になる二十通の書状を収めるに過ぎないが、ここまで見てきたとおり、きわめて多様性に富んだ文書群だといえる。すべてが京都以外の地にあった者からの来簡で、それぞれが書かれた国は、越後（天室光育）、能登（畠山義総）、越前（等忍）、伊勢（大中臣広長、北畠材親）、大和（十市遠忠、大乗院経尋）、和泉（重吟）、丹波（鄧林宗棟）、土佐（一条房家?、真光院尊海）の八ヶ国にも及ぶ。また、差出人の階層も多彩で、在国の公家衆（北畠材親、一条房家?）、顕密の高僧（大乗院経尋、真光院尊海）、林下の禅僧（天室光育、鄧林宗棟）、浄土宗西山派の僧（等忍）、神宮の祠官（大中臣広長）、連歌師（重吟）、守護（畠山義総）、有力国人（十市遠忠）という具合である。京都周辺の人士の手になる書状の比率が高い『実隆公記紙背文書』とは対照的である。

この多様性は、三条西実隆（および公条）の声価が地方にまで広く及んでいたことをよくあらわしているが、公条が『春除目抄』を書写する料紙として斐紙の切紙の書状だけを選び出したため、おのずと地方からの来簡だけを集めるかたちになり、その特性が際立つに至ったものともいえる。形状・紙質にもとづく選別によって意図せざる文書群のありようを現出した事例だといえる。紙背文書を文書群として把握するにあたって留意すべき点のひとつであろう。

［注］

(1) 末柄豊「畠山義総と三条西実隆・公条父子―紙背文書から探る―」(『加能史料研究』二二号、二〇一〇年)。

(2) 鄧林宗棟については、末柄豊「妙心寺への紫衣出世勅許をめぐって―鄧林宗棟を中心に―」(『禅文化研究所紀要』二八号、二〇〇六年)、同「龍潭寺所蔵特芳禅傑自賛像について」(『東京大学史料編纂所附属画像史料解析センター通信』三四号、二〇〇六年)を参照。

(3) 河田基清については、馬部隆弘「細川高国の近習とその構成―「十念寺念仏講衆」の紹介と分析―」(『年報中世史研究』四〇号、二〇一五年)を参照。

(4) 末柄豊前掲「畠山義総と三条西実隆・公条父子―紙背文書から探る―」。

(5) 十市遠忠については、井上宗雄「十市遠忠について」(『言語と文芸』九巻一号、一九六七年)および同『中世歌壇史の研究　室町後期　改訂新版』(明治書院、一九八七年)を参照。

(6) 武井和人「十市遠忠書写伝領典籍集成稿」(科学研究費補助金研究成果報告書『中世後期南都蒐蔵古典籍の復元的研究』研究代表者武井和人、一九九六年)を参照。

(7) 『思文閣古書資料目録』二二三号(二〇一一年)掲載の五三番・十二月廿三日武田元信書状および五四番・十二月廿六日大内義隆書状は、いずれも『松雲公採集遺編類纂』百三十三所収「三条西家文書」にみえる文書写の原本である。図版および解説からは、斐紙の切紙を料紙に用いていることが知られる。両者ともに、二次利用面の存在は認められないが、縦方向に料紙の縦の長さとほぼ同じ間隔で折り目痕が存在し、枡形本の料紙として再利用されていたことをうかがわせる。ことに、武田元信書状の奥にある折り目よりも左側の部分は、明瞭に他と異なって汚れており、表紙ないし裏表紙の一部であった可能性を指摘できる。その最奥に記される文字は、阜偏に虫損がおよんでいるものの「除」の一字であり、除目関係書の料紙として再利用されたことを推測するに足ろう。

(8) 天室光育については、相澤秀生「天文―永禄年間期越後における使僧としての禅僧」(『宗学研究紀要』二四号、二〇一一年)を参照。

(9) 遠藤廣昭「越後における曇英恵応開創を伝える寺院について」(『宗学研究』二八号、一九八六年)、伊藤良久「双林寺三世・林泉寺開山曇英慧応禅師の行状(五)―諸寺の歴住と開創―」(『宗学研究紀要』二〇号、二〇〇七年)。

(10) 井上宗雄前掲『中世歌壇史の研究　室町後期　改訂新版』も参照。ただし、『詠歌大概』や『伊勢物語』をも手許に備えていなかったとすれば、蔵書が貧弱に過ぎるので、実隆に書写を依頼したのは贈答用であった可能性も考慮すべきであろう。

(11) 『曇花院殿古文書』については、北爪寛之「国立公文書館所蔵「曇花院殿古文書」文書目録」(『栃木史学』二七号、二〇一三年)を参照。

(12) 畠山順光については、設楽薫「足利義材の没落と将軍直臣団」(『日本史研究』三〇一号、一九八七年)、萩原大輔「足利義尹政権考」(『ヒストリア』二二九号、二〇一一年）を参照。

(13) 曇華院門主祝渓聖寿尼については、末柄豊・川本慎自「『大日本史料　第八編之四十二』出版報告」（『東京大学史料編纂所報』五〇号、二〇一五年）を参照。

(14) 伊勢国多気郡の安養寺については、『明和町史』史料編、第二巻－文書史料－（同町、二〇〇六年）六一～六五頁、北畠国永の日次詠草『年代和歌抄』（『私家集大成』七巻・中世Ⅴ所収）四六六番歌の詞書を参照。なお、『年代和歌抄』については、稲本紀昭「北畠国永『年代和歌抄』を読む」（『史窓』六五号、二〇〇八年）に詳しい。

(15) 鳳岡桂陽の動静については、朝倉尚「鳳岡桂陽」（同『就山永崇・宗山等貴－禅林の貴族化の様相－』〔清文堂出版、一九九〇年〕附篇第二章）を参照。

(16) 北畠材親の動静については、『三重県資料叢書四　北畠氏関係資料－記録編－』（三重県、二〇〇八年）を参照。

(17) 三条西実隆と浄土宗西山派との関係については、田辺隆邦「『実隆公記』に現われた西山教団」（『龍谷史壇』六四号、一九七一年）を参照。

(18) 『実隆公記』大永三年三月十八日条に「能勢光明寺――来臨、大硯一面被恵之」、同年八月二十九日条に「道堅（佐々木岩山尚宗）・恵教（一空、二尊院十六世）来、能勢光明寺香衣所望事申之、予調法不可叶之由以書状申了」とみえるのは、とりあえず等忍より前代の住持だと考えておく。

(19) 越前国一乗谷の安養寺については、企画展図録『一乗谷の宗教と信仰』（福井県立一乗谷朝倉氏遺跡資料館、一九九九年）を参照。

(20) 真光院尊海については、鶴崎裕雄「真光院尊海と『あづまの道の記』について」（『国文学』六一号、一九八四年）を参照。

(21) 重吟については、木藤才蔵『連歌史論考　増補改訂版』下（明治書院、一九九三年）を参照。

(22) 畠山氏被官草賀氏については、小谷利明「室町前期の九条第修理と日根庄代官草賀国宗」（同『畿内戦国期守護と地域社会』〔清文堂出版、二〇〇三年〕第一部付論三、初出は二〇〇〇年）を参照。

(23) 安田次郎「中世の開帳」（大隅和雄編『仏法の文化史』〔吉川弘文館、二〇〇三年〕所収）。

(24) 京都大学総合博物館所蔵勧修家寺本に部分的に残っている中御門宣胤の自筆本でのみ伝わる部分で、増補史料大成には未収。東京大学史料編纂所架蔵写真帳『勧修寺家旧蔵記録』一三五による。「十三日、晴、伝聞、栂尾石水院之春日神影自今日開帳、可為七ケ日云々、先々只一日也、為修理之勧進云々」とある。

尊経閣文庫所蔵

『京官除目次第』解説

尾上陽介

一　内容

京官除目の次第について記した儀式書。召仰以下、一通りの儀式の流れについて過去の実例を掲げつつ示し、最後は任官結果を大間に記入する際の具体的な訂正方法を例示して終わっている。編者は未詳。

おもに国司などの地方官を任ずる県召除目に対し、京官（中央諸官司の官人）を任ずるものが京官除目である。県召除目が正月から三月までの時期に行われることから春除目とも称されるのに対し、京官除目は秋除目ともいうが、その時期は一定しない。およその傾向としては、十世紀初めには二月頃が多かったが、やがて十月から十二月頃が多くなっている。

京官除目は一夜で行う場合と二夜で行う場合があり[1]、次第も異なるが、この尊経閣文庫本『京官除目次第』（以下、本書という）は一夜儀のものである。

本書の内容は構成・表記などの点において、宮内庁書陵部所蔵の九条家本『秋除目抄』[2]『秋除目次第』[3]と類似している。付表1は本書とこれら二本、及び対照的に系統の異なる次第の例として陽明文庫所蔵の近衛家伝来『京官除目次第』[4]について、それぞれの次第の中で共通する項目を揃えて内容を掲げたものである。京官除目についての次第は他にも多く伝来しているが[5]、本書の表記がこれら九条家本と極めて類似していることが容易に看取できよう。

また本書は、「省奏皆読申例」以下、多数の裏書により京官除目の先例を示しているが、その内容についても、前述の『秋除目抄』や『春除目抄』、『大間成文抄』という、いずれも九条良経（一一六九〜一二〇六）編[6]の除目関係書と近い関係がある。付表2は本書の裏書について項目ごとに引かれている先例の年月注記と典拠を整理したものであるが、一見して分かるように、これらと重なるものが多い。

裏書に先例として掲示された記録名は「殿暦」・「玉林」（『法性寺関白記』）・「台記」・「御記」などであるが、この「御記」は『玉葉』を指しており、良経による呼称がそのまま引き継がれている。また、たとえば「袖書中間持参之時先下勘袖書例」（裏書5）として「治承元十二 御記」とあるが、これは『秋除目抄』に「治承元年十二月御記、書袖書之間、持参御申文、予取之置硯上、袖書申文下勘了奏之」と抄出されているものである。もとの『玉葉』の本文は治承元年十一月十五日条の「余書袖書之間、実守持参院宮御申文、（略）余取之置硯上、注袖書了、（略）召実宗朝臣（略）給文、仰可勘進之由、実宗取之退下、（略）次余奏院宮御申文」であるが、本書も『秋除目抄』もこれを十二月と誤っている点が注目される。

裏書とは別に本文の所々には頭書の形式による注記もあり、たとえば「次依仰奏闕官帳」の箇所（一八五頁）には、ア「長治二春、先披見闕官帳之後、移入文書於次筥、非常説也」と、イ「三省奏、清家外記入硯筥、仍無取移他筥之儀、他奏了取移入第二筥、」という二つの頭書があるが、これらを調べると、アは『春除目抄』二、イは『秋除目抄』にそれぞれ見える内容で、(7)アは『殿暦』長治二年正月二十五日条、イは『玉葉』承安四年十二月一日条によるものである。このように、頭書においても良経編書との関係が確認できる箇所がある。

なお、本文「次任々符返上」の項（一九七頁）に「具注公卿給尻付抄、」とある書物については未詳であるが、「次任新任京官」の項（二〇七頁）では「大略自大間成文抄中抄出之、」と、『大間成文抄』を素材としていることが明記されている。本書末尾の大間鉤様と消様も『大間成文抄』十に示された例の一部である。

一方、「次依仰繆大間」の項（一八七頁）には「長二尺四五寸許」とあるが、同じ箇所を『春除目抄』二は「其長二尺五六寸許、又説二尺二三寸許」、『秋除目抄』は「其長二尺三寸許、或二尺五六寸」としており、本書の内容とは微妙であるが明白に異なっている。また、「召転任勘文之程事」（裏書42）には「成束、次以頭弁召転任勘文、即持之、暫置成文筥南、其次給顕官申文、令挙之、」という『法性寺関白記』永久四年十二月二十二日条(8)が引かれており、『秋除目抄』にもこの記事は見えるが、本書にある「其次給顕官申文、令挙之、」の部分はない。このように良経編の除目関係書で確認できない箇所は他にも多い。

以上から判断して、本書は良経ら九条家で作成した除目関係書を主要な素材としつつ、他の要素も併せてまとめられたものと考えられる。成立時期は明確ではないが、京官除目がほぼ毎年行われていた鎌倉時代後期であろうか。

二　尊経閣文庫本の書誌

巻子本、一巻。後補表紙は藍色で外題はなく、後述の包紙及び外題紙に標題が記されている。本文は全十九張で、法量については別にまとめる。

そこに示した通り、料紙はおよそ縦二九・二糎×横四八・六糎程度（糊代除く）であるが、第七紙一〇・〇糎、第八紙四・〇糎、第九紙三六・六糎、第十六紙四四・一糎という横幅のものが混じっている。あるいは、もとは第七紙・第九紙は連続した料紙であったが、何らかの理由で右端から一〇糎辺りで切断し、第十六紙の一部を利用して第八紙を挿入した可能性もあろう。

包紙の法量は縦四二・八糎×横三三・二糎（最大値）で、「京官除目次第　一巻」という上書があり、「政書／第六十三号」と墨書し「㊝」の朱陽刻印のある紙片（縦二・八糎×横一・八糎）が貼付されている。

外題紙の法量は縦二五・〇糎×横三一・三糎（最大値）で、「京官除目次第　古書　一」という標題の打付書があり、その右上方に小さく「二」の墨書と、一糎四方の正方形の朱印（印文は薄くて判読できない）がある。

第一張の本文冒頭には「京官除目次第」という内題があり、その右下の第一張下部端に「康富」と判読し得る文字がある。これは筆跡から判断して(9)中原康富（一三九九？(10)〜一四五七）の自署と考えられる。

県召除目と比べて京官除目の廃絶は早く、十四世紀後半には延文四年（一三五九）・応安三年（一三七〇）・永和元年（一三七五）・明徳元年（一三九〇）と断続的に行われていたが、その次の永享五年（一四三三）度のものが歴史上最後の京官除目となった。尊経閣文庫本の記名が康富によるものであれば、この永享五年十二月二十七日に再興された京官除目のために参照された次第であろう。残念ながら『康富記』の永享五年記は伝わっていないが、除目当日、康富は実際に参仕していたことが確認できる(11)。

康富は清原良賢を師として公事を学んでいた(12)が、清原氏は平安末期の頼業が九条兼実の信頼を得て仕えており、康富が九条家の故実作法を清原氏を介して受容したことも想定し得る。本書はもともと九条家で作成された除目書の系統を受け継ぐ内容であったが、それを康富が入手し、その作法を学んだものであろうか。

なお、国立公文書館所蔵の『京官除目次第』（請求番号一四五／四四二、一冊）は、奥書に「明治十六年五月前田利嗣蔵書ヲ謄写ス」という修史館五等掌記樹下茂国の奥書があり、この尊経閣文庫本の謄写本(13)である。

最後に本書の伝来過程についてであるが、残念ながら今のところ明確な史料を見出せず判然としない。本書が康富の手にあったとすれば、あるいは『康富記』原本とともに天和二年頃に中原師庸（押小路流）から前田綱紀に進上され(14)、現在に至っていることも考えられよう。ここでは一つの可能性として提示しておきたい。

［附　記］

本稿執筆に際し遠藤珠紀氏からご教示を得た。末筆ながら明記して感謝申し上げる。

［注］

（1）十三世紀以降はほとんどが一夜儀であり、二夜儀は康永元年（一三四二）が最後である。

（2）請求番号九／二七六、一巻、九条良経編、鎌倉時代写。外題「秋除目抄〈一夜儀〉」、内題「秋除目抄〈一夜儀〉」、奥書「秋除目裁家説細抄也、可秘蔵々々、／寛永十八年六月右大臣（九条道房花押）」。『図書寮叢刊　九条家本除目抄』下（一九九二年）所収。以下、〈　〉は小字、／は改行を示す。

（3）請求番号九／二七七、一巻、九条道家筆カ。外題「秋除目次第〈并二夜儀、峯殿（九条道家）御筆〉」、奥書「寛永十八年七月四日一見了、峯殿御筆也、／右大臣（九条道房花押）」。欠損により巻頭を欠く。

（4）革文庫Ⅱの内（請求番号一一八五五）、一巻、鎌倉時代成立。内題

「京官除目次第〈一夜〉」。

（5）ここで触れた以外の主要な次第には、以下のような諸本がある。九条家本次第の概要については、吉田早苗「『春除目抄』と『秋除目抄』」（『日本歴史』五一六、一九九一年）参照。

①宮内庁書陵部所蔵九条家本『秋除目略次第』。請求番号九／二四九、一巻、九条道教・同経教筆カ。外題「秋除目略次第〈三縁院（九条道教）御筆、／奥後報恩院（九条経教）御筆、〉」、内題「秋除目略次第」。奥書「秋除目次第三縁院殿下御筆云々、／寛永十八年六月一見了、右大臣（九条道房花押）」。

②同『秋除目略次第』。請求番号九／二五六、一巻。外題「秋除目略次第」、内題「□除目略次第」。「次任当職文章生」まで。

③同『秋除目略次第』。請求番号九／二七八、一巻、鎌倉時代成立。外題「秋除目略次第〈一夜儀、一音院（九条忠家）御次第〉」、原表紙外題「秋除目略次第〈一夜儀〉」、同見返「一音院殿下御次第也、〈文永十年十二月八日被用此次第了、于時関白、〉」、内題「秋除目略次第〈一夜儀、関白作法、以南殿為御殿、東晴、〉」。奥書「文永十年十二月八日用此次第、／関白後始度、／（九条忠家花押）」、「一音院殿下御次第也、文永十年十二月八日除目被用此次第云々、／寛永十八年六月一見了、右大臣（九条道房花押）」。

④同『京官除目略次第』。請求番号九／二七九、一巻、九条忠教筆。外題「京官除目略次第〈弘安三年十二月七日／報恩院（九条忠教）御次第、同御筆〉」、原表紙外題「京官除目略次第〈弘安三年十二月七日〉」、内題「秋除目次第〈略、右大臣作法〉」、奥書「弘安三年十二月七日初勤仕京官除目執筆之時略次第也、〈三十三歳、太一定分重厄也、〉／秋除目初度勤仕家例／大入道殿（藤原兼家）　御堂（藤原道長）　月輪入道殿（九条兼実）」、「弘安三年十二月七日報恩院殿京官除目初度御執筆次第也、〈御自筆、〉／寛永十八年六月一見了、右大臣（九条道房花押）」。

⑤同『秋除目略次第』。請求番号九／二八〇、一巻、九条忠教筆。外題「秋除目略次第〈右大臣作法、報恩院御筆〉」、原表紙外題「秋除目略次第〈右大臣作法〉」、内題「秋除目略次第〈右大臣作法〉」、奥書「報恩院入道殿御筆次第也、／寛永十八年六月一見了、右大臣（九条道房花押）」。

⑥同『秋除目入眼次第』。請求番号九／二八一、一巻、九条経教筆カ。外題「秋除目入眼次第〈執柄執筆作法／後報恩院御筆〉」、原表紙外題「□除目入眼次第〈執柄執筆作法〉」、内題「秋除目入眼次第」、奥書「後報恩院御筆也、／寛永十八年八月六日　道房銘之」。

⑦同『秋除目抄』。請求番号九／二八二、一巻、九条経教筆カ。外題「秋除目抄〈後報恩院御筆〉」。前後欠、「次任々符返上」まで。

⑧同『秋除目次第』。請求番号九／四五三、一巻。外題「秋除目次第〈初日〉」、原表紙外題「初日　京官」、「初日　秋除目次第」。

⑨同『京官除目入眼次第』。請求番号九／四五四、一巻。外題「京官除目〈入眼〉」、原表紙外題「京官除目入眼」、内題「京官除目入眼」。二夜儀の二日目の次第。

⑩同『秋除目次第』。請求番号九／四五五、一巻。外題「秋除目次第

〈不載執筆作法〉」、原表紙外題「秋除目次第〈不載執筆作法〉」、内題「秋除目次第〈不載執筆作法〉」。中間欠、「次召内大臣」まで。

⑪同所蔵三条西家本『京官除目次第』。請求番号四一五／三三九、一巻、鎌倉時代成立。内題「京官除目儀／□□元年十二月廿二日〈一夜儀〉」、前半部分奥書「京官除目次第下／文保元年十二月廿二日用此次第了、〈懐中、〉／巻太之間、為二巻也、」。

⑫公益財団法人陽明文庫所蔵『京官除目次第』。革文庫Ⅱの内（請求番号一一八五六）、一巻、鎌倉時代成立。外題「除目〈京官〉」。巻頭に「顕官挙」、「功過定」あり。

⑬同『京官除目次第』。請求番号二一七／五七、一冊、近衛基熙筆、延宝七年成立。未見のため目録記載による。

⑭国立公文書館所蔵押小路家本『京官除目次第』。請求番号古一一／二六、一冊、室町時代成立。題簽「京官除目次第　全」、原表紙外題「県召（京官）除目次第〈初日〉」、奥書「此次第家本也、及破損之間、令修補了、勘例等委被注付、尤重宝也、可秘々々、／慶安元年十月下旬／大外記中原師定（花押）」。「次任々符返上文」まで。

⑮『一誠堂書店創業一一〇周年記念古典籍善本展示即売会目録』（一誠堂書店、二〇一三年）掲載『京官除目次第』。一巻。外題「京官除目次第〈二夜儀／秘〉」、内題「京官除目次第〈二夜儀〉」。未見のため目録記載による。

（6）これらが九条良経の編になることは、吉田早苗「『大間成文抄』と『春除目抄』」（土田直鎮先生還暦記念会編『奈良平安時代史論集』下所収、吉川弘文館、一九八四年）、同「『春除目抄』と『秋除目抄』」（注5前掲）参照。これらの翻刻は『図書寮叢刊　九条家本除目抄』上・下（一九九一・九二年）及び吉田早苗校訂『大間成文抄』上・下（吉川弘文館、一九九三・九四年）に収載されている。

（7）アは『図書寮叢刊　九条家本除目抄』上・五六頁、イは『同』下・三二八頁に見える。

（8）記事の日次は東山御文庫本『除目部類記』（勅封番号一五三／四）京官除目所収の『法性寺関白記』逸文により判明する。尾上陽介「東山御文庫本『除目部類記』所引『法性寺殿御記』『中右記』逸文」（田島公編『禁裏・公家文庫研究』二所収、思文閣出版、二〇〇六年）参照。

（9）中原康富の自署は、国立国会図書館所蔵の『康富記』原本の所々に数多く見られ、たとえば嘉吉二年九月十八日条・文安四年六月八日～十日条紙背端裏（すなわち十日条記事面左端）などに見える。

（10）康富の生年については諸説あるが、『中原家覚書写』（早稲田大学所蔵外記平田家文書『当家々伝并諸系図留』四、請求番号文書十三／K三／四）に従う。橋口裕子「中原康富と清原家との関わり」（『国文学攷』一一九、一九八八年）参照。なお、橋口氏はこの史料を『中原家由緒調』として紹介されたが、正しくは『中原家覚書写』の中の竪帳に見えるものである。諸説については桃崎有一郎「正親町（中原）康富の生年・享年と『康富記』応永8年記の記主について」（同編『日本史史料研究会研究叢書2　康富記人名索引』所収、二〇〇八年）参照。

(11)『師郷記』永享五年十二月二十七日条。

(12) 康富と清原氏との関係については、坂本良太郎「中原康富の学問」（『文化』一〇―一一、一九四三年）、橋口裕子注10前掲論文、落合博志「清原良賢伝攷」（久留島典子・榎原雅治編『展望日本歴史11 室町の社会』所収、東京堂出版、二〇〇六年。初出一九八八年）、井上幸治「中原康富の家系とその周辺」（『京都市歴史資料館紀要』二〇、二〇〇五年）、同「戦国期の朝廷下級官人―中原康富の子孫たち―」（『戦国史研究』五四、二〇〇七年）など参照。なお、康富はその『論語』談義を聴聞した貞成親王から「弁舌抜群、洪才者也、」（『看聞日記』永享五年八月二十九日条）と評価されるなど、その才能を周囲が認める人物であった。

(13) 冊子本であるため、尊経閣文庫本の裏書は末尾にまとめて書写している。

(14) 吉岡眞之「前田綱紀の典籍収集―「秘閣群籍」目録を中心に―」（科学研究費補助金研究成果報告書『高松宮家蔵書群の形成とその性格に関する総合的研究』所収、二〇〇八年）参照。なお、『康富記』原本は明治期になって石川県を通じて文部省に移管され、国立国会図書館所蔵となっている。

尊経閣文庫本『京官除目次第』法量表

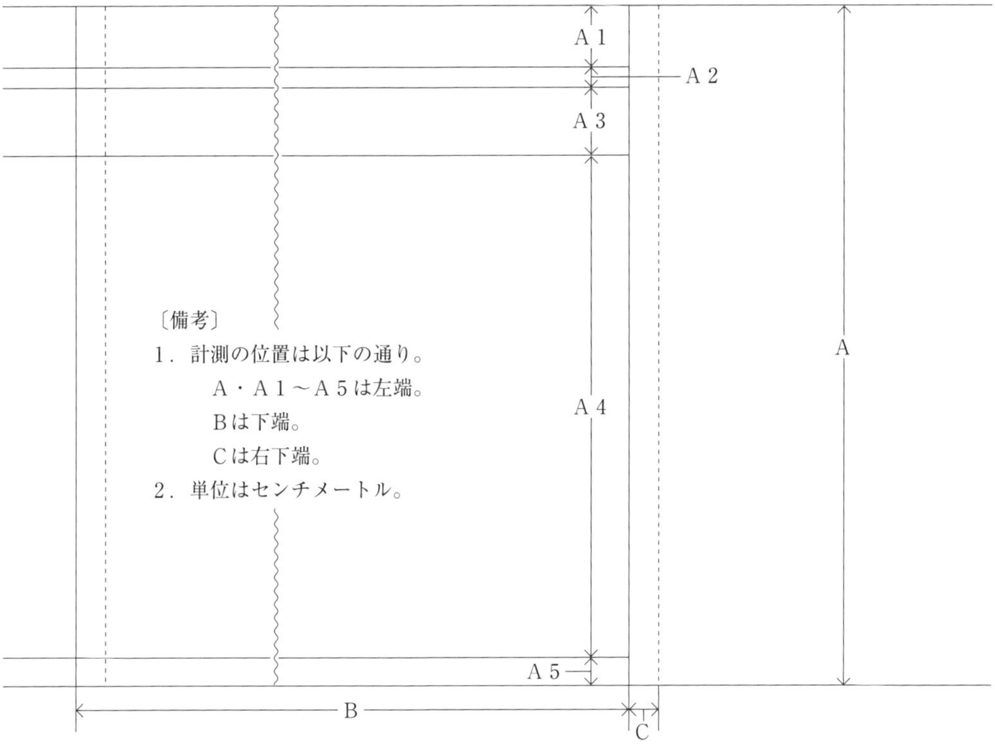

紙数	A	A 1	A 2	A 3	A 4	A 5	B	C
表紙	28.9						19.9	
第1紙	29.0	2.4	1.2	2.9	20.9	1.6	48.0	0.2
第2紙	29.1	2.6	1.0	2.9	21.2	1.4	48.4	0.3
第3紙	29.1	2.5	1.0	3.0	21.1	1.5	48.6	0.2
第4紙	29.2	2.7	0.9	2.8	21.4	1.4	48.6	0.3
第5紙	29.2	2.5	1.1	2.9	21.2	1.5	48.6	0.3
第6紙	29.2	2.7	0.9	2.9	21.3	1.4	48.6	0.3
第7紙	29.2	2.7	1.0	2.8	21.3	1.4	10.0	0.3
第8紙	29.2	2.5	1.0	2.9	21.2	1.6	4.0	0.2
第9紙	29.2	2.6	1.0	2.9	21.2	1.5	36.6	0.3
第10紙	29.2	2.7	0.9	2.9	21.3	1.4	48.6	0.3
第11紙	29.1	2.7	0.9	2.9	21.2	1.4	48.7	0.3
第12紙	29.2	2.7	0.8	3.0	21.3	1.4	48.7	0.3
第13紙	29.2	2.7	0.8	3.0	21.4	1.3	48.7	0.3
第14紙	29.2	2.8	0.7	3.0	21.4	1.3	48.7	0.3
第15紙	29.2	2.6	0.9	3.1	21.2	1.4	48.7	0.3
第16紙	29.2	2.6	1.0	2.8	21.4	1.4	44.1	0.3
第17紙	29.2	2.6	1.1	2.8	21.1	1.6	48.4	0.2
第18紙	29.2	2.6	1.1	2.8	21.2	1.5	48.6	0.3
第19紙	29.2	2.6	1.0	2.9	21.2	1.5	34.8*	0.3
軸	29.8						1.6	

*第19紙横幅Bは軸際までの値

表1『京官除目次第』内容一覧（【 】は最上位の項目ではないもの）

京官除目次第（尊経閣文庫本）	秋除目抄（宮内庁書陵部所蔵九条家本、九／二七六）	秋除目次第（宮内庁書陵部所蔵九条家本、九／二七七）	京官除目次第（陽明文庫所蔵本、革文庫Ⅱ一一八五五）
	刻限着束帯、	（巻首欠損あり）	諸卿着仗座、
大臣已下参着仗座、	参内着陣、	大臣已下参着仗座、	大臣着陣、令官人置軾、
次使官人敷軾、	使官人敷軾、	□敷軾、	
次職事就軾仰召仰事、	次職事就軾仰召仰事、	次職事着軾仰召仰事、	次職事来着軾、有召仰事、
次大臣召外記仰之、	次召外記仰之、	次召外記仰之、	次召外記、
次召弁仰之、	次召弁仰之、	次召弁仰之、	次召弁、
次更召外記問文書具否、	次召外記問文書具否、	次召外記問文書具否、	次又召外記、（略）問文書具否、
次問議所装束具否於大弁、	次問議所装束具否、	次問議所装束具否於弁、	次問議所装束具否於大弁、
次着議所、	□□着議所、	次諸卿移着議所、	次着議所、
【勧盃、】	【次勧盃、】	次勧盃、	【弁・少納言勧盃、】
【下箸、】	【次下箸、】	次下箸、	次下箸、
次蔵人来召、	（欠損）	次蔵人来召、	次蔵人来召、
			次大臣召々使、（略）仰云、外記召セ、
次召外記仰筥文、	（欠損、次召外記仰筥文カ）	次召外記仰筥文、	次外記参進、（略）仰云、筥文ニ候ヘ、
次外記三人取筥文列立日華門東庭、	次外記取筥文列立、	次外記取筥文列立、	【外記（略）更率三人参進、各取筥文列立議所南庭、】
次大臣已下列立弓場殿、	次大臣以下列立射場殿、	次大臣以下列立弓場殿、	次大臣以下起座列立弓場、
次大臣揖着殿上、	次大臣揖着殿上、	次大臣着殿上、	次大臣参着殿上、
次関白及大臣着御前座、	□関白及大臣着御前座、	次関白及大臣着御前座、	次関白并大臣着御前座、
次納言已下三人置筥文着座、	次公卿三人置筥文着座、	次納言三人置筥文着座、	次置筥文、
【不取筥文之人追着座、】	【不取筥文之人追着座、】	次不取筥文之人着座、	次参議着座、
次主上召関白、	（欠損、次主上召関白カ）		
次関白微唯着簾下円座、	【関白微唯揖、経簀子着簾下円座、】	次関白依（召着脱ヵ）簾下円座、	次依召関白参進着円座、
次関白伝召執筆、	次大臣依召着円座、		次関白召大臣、
次大臣敬折微唯、（略）経簀子入御座間、（略）	【大臣敬屈微唯、（略）経簀子入御座間、】	次左大臣依召着円座、	【大臣微音称唯起座、経簀子参進着円座、】

次已次大臣依召次第着円座、	【□次大臣候執筆之時、先着我座、】	次召右大臣、	【次々大臣応召着座、】
		次召内大臣、	
次依仰奏闕官帳、	次奏闕官帳、	次奏闕官帳、	次大臣奏闕官帳、
【御覧了返給、】	【御覧了返給、】	【返給復座、】	次御覧了返給、大臣取之復座、
次依仰縿大間、	次縿大間、	次縿大間、	次依仰大臣縿置大間、
	次依仰摺墨染筆、	次依仰摺墨染筆、	
次任式部史生、	次任式部史生、	次任式部史生、	次依仰任三省史生、
次任兵部史生、	次任兵部史生、	次任兵部史生、	次任兵部史生、
次召院宮御申文、	次召院宮御申文、	次召院宮御申文、	次召院宮御申文、
次任民部史生、	次任民部史生、	次任民部史生、	次任民部史生、
此間居火櫃・衝重、	此間居火櫃・衝重、	此間居火櫃・衝重、	
次勧盃、	次勧盃、	次勧盃、	
参議持参院宮御申文、	参議持参院宮御申文、		次参議持参院宮御申文、
先是給諸申文於関白、	先是給諸申文於関白、	先是給諸御申文於関白、	次御覧了返給、
次院宮当年給引裏紙並置、	次院宮当年給引裏紙並置、	次院宮当年給引裏紙並置、	【大臣（略）取院宮御申文裏紙、（略）並置申文於硯筥北、】
次関白給可袖書之申文於執筆、	次関白給可袖書之申文於執筆、	次関白給可袖書之申文於執筆、	次関白撰出可下勘之申文授大臣、
次注袖書召参議下勘、	次注袖書召参議下勘、	次注袖書召参議下勘、	【大臣（略）注袖書テ（略）召参議給申文、大臣仰云、勘進れ、】
次任院宮当年給、	次任院宮当年給、	次任院宮当年給、	次任院宮当年給、
成文三通積時成束、	成文及三通之時成束、		【成文三通ニ積ハ以紙檝結之、】
次任々符返上、	次任々符返上、	次任々符返上、	
此間持参下勘文、	此間持参下勘文、	此間持参下勘文、	参議持参所下勘之申文、
次任勘進文、	次任勘進文、	次任勘進文、	次任勘進申文、
次任諸司所々奏・三局史生申外国之者、	次任諸司所々奏、	次任諸司所々奏、	
次任出納兼国、	次任出納兼国、	次任出納兼国、	
次任院宮・大臣申臨時外任、	次任院宮・大臣申臨時外任、	次任院宮・大臣申臨時外任、	
次下勘京官未給・子息二合、	次下勘京官未給・子息二合、	次下勘京官未給・子息二合、	
次関白撰給京官申文等、	次関白撰給京官申文等、	次関白撰給京官申文等、	

次任課試及第者、	次任課試及第者、	次任課試及第者、	
次任当職文章生、	次任当職文章生、	次任当職文章生、	
若有文章生散位任之、	若有文章生散位任之、		
此間顕官挙、	此間顕官挙、	此間顕官挙、	
次任新任京官、	次任新任京官、	次任新任京官、	
或任瀧口所衆、			
次召転任勘文、	次召転任勘文、	次召転任勘文、	次以男共召蔵人頭召転任勘文、
次任転任顕官、	次任転任顕官、	次任転任顕官、	
次任五位以上、	次任五位以上、	次任五位以上、	
次任受領、	次任受領、	次任受領、	
次任公卿、	次任公卿、	次任公卿、	
次大間入日、	次大間入日、	次大間入日、	【可任之者皆悉書載大間了入日、】
次巻大間入筥、	次巻大間入筥、	次巻大間入筥、	次巻大間、
【取闕官帳二巻移入次筥、】	次取闕官帳二巻移入次筥、	次取闕官帳二巻移入次筥、	
次叙位事、			叙位、
次奏大間筥返給復座、	次奏大間筥返給復座、	次奏大間筥返給復座、	
先是関白返御硯筥蓋申文、	先是関白返上御硯筥蓋申文、	先是関白返上御硯筥蓋申文、	
次調成文封之、	次封成文、	次封成文、	
次取大間筥出殿上授清書上卿退出、	次取大間筥出殿上授清書上卿退出、	次取大間筥出殿上授清書上卿退出、	次御覧了返給、退授清書上卿、
次参議撤筥文、			
	叙位儀、	叙位儀、	
関白不参之時内覧儀、	関白不参之時内覧儀、		関白不参之時内覧儀、
(以下、大間鉤様と大間消様が続く)	(以下、秋除目二夜儀が続く)	(以下、秋除目二夜儀が続く)	(以下、無叙位時、俄起座時、難書事、任課試者事などが続く)

表2　『京官除目次第』裏書内容一覧

〔　〕は修正すべきもの、（　）は他の史料から補えるもの。頁数注記は、『秋除目抄』『春除目抄』は宮内庁書陵部編『図書寮叢刊　九条家本除目抄』下（一九九二年）、『大間成文抄』は吉田早苗校訂『大間成文抄』下（吉川弘文館、一九九四年）、『法性寺関白記』は尾上陽介「東山御文庫本『除目部類記』所引『法性寺殿御記』『中右記』逸文」（田島公編『禁裏・公家文庫研究』二所収、思文閣出版、二〇〇六年）のもの。

番号	項目	年月注記	典拠名	九条家除目抄との関係	備考
1	省奏皆読申例	永久四十二	玉林	『秋除目抄』（三三一・二頁）	『法性寺関白記』永久四年十二月二十一日条（一七四頁）
		保安四十二	玉林	『秋除目抄』（三三三頁）	『法性寺関白記』逸文
2	関白未給袖書申文之前持参御申文事	保延四十一	台記	『秋除目抄』（三三八頁）	
		仁平元九	台記	『秋除目抄』（三三九頁）	
		承安四十二	御記		
		安元々十二	御記		
3	袖書了下勘之後持参御申文事	元永〔元脱〕十一	玉林	『秋除目抄』（三三八頁）	『法性寺関白記』元永元年十一月二十九日条（一七六頁）
4	袖書未了間先奏御申文返給之後下勘例	元永二十一	玉林	『秋除目抄』（三三八頁）	
		治承二十二	御記		
5	袖書中間持参之時先下勘袖書例	永久四十二	玉林	『秋除目抄』（三三七頁）	
		安元二十二	御記		
		治承元十二〔十一〕	御記	『秋除目抄』（三三八頁）	『秋除目抄』も「十二月」と誤る
6	奏院宮御申文返給之後撰給例	承安四十二	御記	『秋除目抄』（三四一頁）	『玉葉』承安四年十二月一日条
		安元々十二	御記		
7	民部史生任了未持参院宮御申文之前撰給例	永久四（十二）	玉林	『秋除目抄』（三四一頁）	
		元永元（十一）	玉林		
		安元々（十二）	御記		
		治承元（十一）	御記		
		治承二（十二）	御記		
		治承三（十二）	御記		

8	不可任申文誤書袖書例	承安四十一（十二）	御記	『秋除目抄』（三四四頁）	『玉葉』承安四年十二月一日条
		治承元（十二）	御記		
9	不可任之申文猶下勘例	安元三（元）十二	御記	『秋除目抄』（三四四頁）	『玉葉』安元元年十二月八日条
10	雖有難依載注文任之例	治承三十二（十）	御記	『秋除目抄』（三四六頁）	『秋除目抄』も「十二月」と誤る
11	追召御申文例	保安（延）四十一	台記	『秋除目抄』（三四六頁）	『台記』逸文
12	持参期事	永久四十二	玉林	『秋除目抄』（三四八頁）	
		元永二十一	玉林		
		保延四十一	台記		
		承安四十二	御記	『秋除目抄』（三四九頁）	
		安元々十二	御記		
		安元二十二	御記		
		治承元十二（十一）	御記		『秋除目抄』も「十二月」と誤る
		治承二十二	御記		
		治承三十二	御記		
13	遅々時加催例	保延三十二	台記	『秋除目抄』（三四八頁）	『台記』逸文
		治承三十二（十）	御記		『玉葉』治承三年十月九日条、『秋除目抄』も「十二月」と誤る
14	雖不任下勘例	保安二年正月	玉林	『春除目抄』五（一二一九頁）	
15	依不可任不下勘例	元永二正	玉林	『春除目抄』五（一二一九頁）	『法性寺関白記』逸文
16	課試直任顕官事	治承元十二（十一）	御記	『春除目抄』五（一二三二頁）	『玉葉』治承元年十一月十五日条、『春除目抄』も「十二月」と誤る
		治承四正	御記		『玉葉』治承四年正月二十八日条
17	有論時問外記任例	保安四正	玉林	『春除目抄』五（一二三二頁）	『法性寺関白記』保安四年正月二十二日条（一八七頁）
18	任院宮御給之後即任課試例	元永二年十二（十一）	玉林	『秋除目抄』（三五三頁）	
		承安四十二	御記		
		安元々十二	御記		
		安元二十二	御記		
		治承元十二（十一）	御記		『秋除目抄』も「十二月」と誤る
19	無課試例	治承二十二	御記	『秋除目抄』（三五五頁）	『玉葉』治承二年十二月二十四日条

20	課試有他尻付例	長和四春		『大間成文抄』八（四四九頁）	主税権少允丹波理国
		長〔康〕和元		『大間成文抄』八（四五〇頁）	大炊允菅原仲季
21	無文章生例	治承三十二〔十〕	御記	『秋除目抄』（三五五頁）	『玉葉』治承三年十月九日条、『秋除目抄』も「十二月」と誤る
22	無顕官挙例	治承二十二	御記	『秋除目抄』（三五六頁）	『玉葉』治承二年十二月二十四日条
		治承三十二〔十〕	御記		『玉葉』治承三年十月九日条、『秋除目抄』も「十二月」と誤る
23	内舎人一列任例	安元々十二	御記	『秋除目抄』（三五八頁）	『玉葉』安元元年十二月八日条
24	先任臨時内給挙奏例	保延三十二	台記	『秋除目抄』（三五八頁）	『台記』逸文
25	武官一切不任例	長治二十二	殿暦	『秋除目抄』（三五八頁）	『殿暦』長治二年十二月十四日条、「武十」は「武官」とあるべきもの
26	雑々成功尻付	安元二春		『大間成文抄』八（四八二頁）	造営貴布禰社功（右馬少丞藤原経平）
		治承二春〔秋〕		『大間成文抄』八（四八六頁）	熊野遷宮功（左馬少丞藤原重佐）
		治承三春		『大間成文抄』八（四八九頁）	初斎院御禊功（左兵衛少尉惟宗兼定）
		安元二〔春〕		『大間成文抄』八（四九三頁）	功（石清水賀茂行幸功、左兵衛少尉平知家）
27	諸司挙三分例	承保三秋			主殿寮
		保延二春			主殿寮
		康和四春			掃部寮
28	連奏者任一人不任残例	治暦四秋			
29	明法挙一度除目被任二人例	延久元秋			
30	画所預以自解任諸司允例	承保三秋			大炊允
31	木工寮載大工少工於一紙挙例	永久三秋			
32	以自解称其所申例	応徳三春		『大間成文抄』七（四一六頁）	図書少允（宗岳）信貞
		嘉保三春			内匠少允親雅
		延久元秋		『大間成文抄』七（四一五頁）	右馬允（中原定則）
		寛弘〔治〕六春		『大間成文抄』七（四一八頁）	大膳亮（高階仲兼）
33	以自解任宮司例			『大間成文抄』九（五一三頁）	太皇太后宮権少属（紀）春任
34	請依転任無尻付例			『大間成文抄』九（五一三頁）	斎宮権大允新家貞昌
35	本宮請不注尻付事	治安三春		『大間成文抄』九（五一三頁）	春宮主膳佑（清原）吉正
36	武官行転任例	長徳元秋		『大間成文抄』九（五一一頁）	左兵衛大志（日下部）栄輔・少志（佐伯）慶統・少志（伴）忠行・権少志（長尾）替之

37	神祇官以自解転任例	保安二年(春)		『大間成文抄』七(三八四頁)	
		応徳三年		『大間成文抄』七(三八六頁)	『大間成文抄』は「応保三」と誤る
38	本宮請依有本官不尻付例	長保元年			中宮大属(麻田)真明
		永承五年(秋)		『大間成文抄』六(三三八頁)	中宮少進(源)頼兼
		仁平元年(秋)			斎院判官(藤原)景家
39	同奏(諸司奏)猶有尻付例	寛弘五(秋)			作物所(内蔵権少属秦忠辰)
		元永元(秋)		『大間成文抄』七(三七九頁)	職奏(大膳少属大神則季)
		保安二			府奏(左近将監藤井国貞)
40	諸司奏有本官時無尻付例	元永三			左兵衛府奏(少志宗岡為長)
		保安二			式部省奏(少録高階宗広)
		仁平元		『大間成文抄』七(三七九頁)	右近府奏(将監源資頼)
		久寿元			主計寮奏(少允惟宗忠行)
41	雑々例	永保三秋			以府奏挙将曹
		承保三春			以府奏挙諸国掾府生
		永保三春			以検非違使奏挙衛門尉
		承保三秋			以内給当年一分代申内舎人
		承保三秋			皇太后宮請任大進及大属
		承保三春			以功注臨時内給例
		永保三秋			左衛門挙少志
42	召転任勘文之程事	永久四十二	玉林	『秋除目抄』(三五九頁)	『法性寺関白記』永久四年十二月二十二日条(一七五頁)、『秋除目抄』には「其次給顕官申文令挙之」の部分なし
43	不行転任々新任一人例	長徳三年(春)			左大史・右少史
		元永元年秋		『秋除目抄』(三六一頁)	式部大丞・少丞
		延久元年	土右		
44	新任直任大丞例	仁平四年			式部丞
		寛治六年			式部丞
45	再召転任勘文例	嘉保二年			
		安元二年			
46	課試及第者直任顕官例	長徳四年			任外記
		元永二年			任左衛門尉

47	文章生直任顕官例	寛徳元年			任左衛門尉
		仁平三年秋			任民部丞
		延久元年秋			任右衛門尉
48	以省奏任民部丞例	嘉保元年			
49	無官者任上官例	承暦元年			後三条院主典代労
		治承二年			八条院主典代労
50	文章生散位任上官例	元永二年			任外記
51	出納任上官例	保安二年			任外国
		久寿二年			任外国
		仁平元年			直任右少史
		治暦四年秋			直任外記
52	文章生任外記例	永久四年			中夜外国、入眼任外記
		久寿元年			直任外記
53	以六位召続紙例	保延三年十二月	台記	『春除目抄』六（三〇九頁）	
		久寿元年正月	台記	『春除目抄』六（三一〇頁）	
54	続紙遅進之間書労帳礼紙例	保延四正	台記	『春除目抄』六（三一〇頁）	『台記』逸文
55	叙爵無尻付事	承安四十二	御記	『春除目抄』六（三一六頁）	『玉葉』承安四年十二月一日条
56	臨時爵尻付事	安元二正	御記	『春除目抄』六（三一六頁）	『玉葉』安元二年正月三十日条
57	依枚数少縮書一紙例	治承三正	御記	『春除目抄』六（三一六頁）	『玉葉』治承三年正月十九日条
58	返上御所例	治承二正	御記	『春除目抄』六（三〇四頁）	『玉葉』治承二年正月二十八日条
59	成残申文返入外記筥例	長治二正	殿暦	『春除目抄』六（三〇三頁）	『殿暦』長治二年正月二十六日条
		永保〔治〕元十二	台記	『春除目抄』六（三〇四頁）	『台記』逸文
		承安四十二	御記	『春除目抄』六（三〇三頁）	『玉葉』承安四年十二月一日条
		安元二正	御記		『玉葉』安元二年正月三十日条
60	関白称候簾中窃退出仍不内覧事	安元二正	御記	『春除目抄』六（三〇五頁）	
61	依上卿不候置筥退出事	保延四正	台記	『春除目抄』六（三〇七頁）	『台記』逸文
62	不任者示清書上卿例	安元二正	御記	『春除目抄』六（三〇七頁）	『玉葉』安元二年正月三十日条

尊経閣文庫所蔵

『県召除目記』解説

尾上陽介

一　内容

文明七年（一四七五）正月に行われた県召除目の記録。記主は当時参議左大弁であった町広光（一四四四～一五〇四）。

尊経閣文庫本は後述のように元禄三年（一六九〇）書写の新写本であるが、表紙題簽に「県召除目記」とあるのみで、内題などはない。記事は「廿五日、天晴、風静、自今夜被始行県召除目、」で始まるが、末尾は「東行入西面」で終わっており、某年の県召除目に関する後欠の記録である。内扉にある貼紙には、

県召除目記

右、時代相考申候処、甘露寺元長・吉田兼倶・中原師富等書中ニ相見、除目ノ儀式取行被申候、然者文明・延徳・明応年中時分ノ除目ニ奉存候、其上応仁二年以来八ケ年停止ノ除目初テ行ル、由有之候得ハ、則文明年中ニ当リ申候、尤除目ノ外、他事無御座候、

という本書成立年代に関する後人の考証[1]が記されている。ここに指摘されている通り、除目初日の二十五日条に「抑除目事、応仁二年以来八ケ年停止、已為初例歟、」とみえ、応仁元年（一四六七）三月以来、八年ぶりに再興[2]された文明七年の県召除目の記録であると判明する。記主についても、この年の県召除目の記録は『実隆公記』『親長卿記』『広光卿記』『言国卿記』『長興宿禰記』など[3]が伝わっているが、記事の内容から町広光の『広光卿記』と確定できる[4]。

この年の県召除目は正月二十五日から二十八日まで行われたが、広光の記録は自分が参仕した二十五日と二十八日の長文の記事からなる。尊経閣文庫本は二十五日条途中までのみの残闕本であるため、他本により記事を補い全体の翻刻を附載する。

二　著者

町広光は文安元年（一四四四）に権大納言町資広（前名藤光）の子として誕生した。母は阿波守一色満直女（『尊卑分脈』）。町家は柳原忠光男の権大納言資藤（広光祖父）に始まり、広光も蔵人・弁官を経て応仁元年三月に蔵人頭、文明元年（一四六九）十一月には参議左大弁となる。文明七年の県召除目には二十五日の初夜と二十八日の竟夜に参仕し、広光自身、周防権守・造東大寺長官に任じられている。この後、文明九年には権中納言となり、永正元年（一五〇四）六月十四日権大納言に昇進した翌日、六十一歳で没した。極位は正二位。

広光は朝儀に通じており、明応二年（一四九三）には賀茂伝奏[5]、同九年に後柏原天皇が践祚した後には御即位伝奏を務めた[6]。その薨去に際し、廷臣からは「識者」として惜しまれている[7]。この文明七年県召除目の記録は正月二十五日・二十八日条のみであるが[8]、内容は詳細を極めており、広光の朝儀に対する意識の高さがうかがえる。

なお、文明十一年五月十四日に一門の広橋兼顕が後継者の無いま

ま亡くなると、広光は当時九歳の嫡男を元服させ（守光と名乗る）、広橋家を相続させており、町家はいったん断絶した。(9)

三　尊経閣文庫本の書誌

袋綴冊子本（四ツ目綴）、一冊。法量は縦三一・〇糎×横二二・三糎。表紙は象牙色で、左上部に「県召除目記」と墨書したクリーム色題簽（縦一八・三×横三・四糎）が貼付されている。このほか、右上部にも「七ノ大　五三」と墨書した黄土色ラベルがある。また、表紙には鉛筆書が二箇所あり、右上端に「一一八」、黄土色ラベル右下方に「元禄三ノ四ノ三」と記されている。

表紙の次には内扉があり、中央に前掲の考証を記した貼紙（縦二三・六糎×横七・二糎）がある。内扉表面には、袋綴折目から右（すなわち綴目側）に一九・八糎の位置から左にかけて幅一・一糎程度の糊代部分があり、現状では料紙の上端から下端まで帯状にやや地色が濃くなっている。この糊代は、袋綴となっている内扉料紙右端と、それとは別に綴目側に入れた幅三・六糎の白紙とを貼り合わせたものである。さらに注意深く観察すると、内扉裏面の袋綴折目から五・六糎左の位置に山折りの痕跡が確認でき、この痕跡に沿って袋綴折目側には手擦れによる汚れが認められ、現状の内扉は同じく袋綴装であった元来の折目の位置をずらしていることが判明する。現状冊子の横幅は二二・三糎であるのに対し、折り目をずらす前の、元来の袋綴装での横幅は少なくとも二五・四糎（一九・八＋五・六）である。現状では元来の内扉裏面料紙部分は一六・七糎分（二二・三－五・六）しか残っておらず、折り目をずらして現状に改める際、料紙左端を約八・七糎分切断したと想定される。内扉表面の元来の料紙右端方、現状の糊代左端付近には、上端から二・二糎と三・七糎、下端から七・九糎と六・四糎の位置にそれぞれ綴穴の痕跡が確認できることから、あるいは元来の料紙の上部についても四・二糎程度（六・四－二・二）裁断したと考えられる。このように袋綴折目の位置をずらして料紙を裁断した痕跡は内扉にしか確認できず、その理由は不明である。

内扉表面右端方、糊代左側の辺りには墨書があり、「庚午四月三日書写初校相済」「庚午四月四日再校相済」という注記と、「西坂弥左衛門」「半藤元右衛門」と並記された人名がみえる。これらと表紙鉛筆書の記述から、「庚午」すなわち元禄三年四月三日と翌四日に、西坂・半藤の二名により書写を終え校正が行われたことが知られる。また、「之本無疑古本」という墨書もあるが、こちらは書体が他と異なっており、親本の表紙または内扉などにあった文字を書写した可能性もある。尊経閣文庫本が元禄三年にどの本を書写したのか、という点については残念ながら未詳である。(10)

本文は墨付九丁で、料紙の上部六・四糎、下部一・八糎、綴目側四・四糎程度の余白を設けて各面九行で書写されている。

本文の次には遊紙一丁・裏表紙（表紙と同じ料紙）がある。

四　諸本

文明七年県召除目の『広光卿記』は尊経閣文庫本以外にも伝来しており、すべて江戸時代の写本であるが、これらは全体を完備するかどうか、また二十五日条冒頭の欠損[11]の程度によって系統が分けられる。以下、管見の限りの諸本について提示する。

Ⅰ　全体を完備し二十五日条冒頭の欠損が少ない系統

①陽明文庫所蔵『文明七年除目事』

袋綴冊子本、一冊。請求番号近二一七／四五。法量縦二八・五糎×横二〇・六糎。本文墨付十七丁。表紙打付書「文明七年除目事」、内扉内題「文明七年除目事」（近衛尚嗣筆）[12]、一丁表内題「文明七　正月　除目竟夜陣清書事」。本奥書「右、文明七度、故広光卿記也、以彼正筆所写留也、不可外見而已、／黄門藤（柳原）資定」（／は改行、以下同）、奥書「以広光自筆之記勅本、一校了、／寛永五年二月初七」（近衛信尋筆）。江戸初期写。

広光自筆原本と直接対校していることが確実な唯一[13]のものであり、県召除目記の最善本である。次のⅡ系統と本奥書や内題・字配りなどの体裁が共通しており、祖本は同じものと考えられるが、本文冒頭附近の欠損はⅡ系統と比べて僅かである[14]。広光の原本から共通の祖本が書写された後、破損が少ない段階で書写されたものがⅠ系統、破損が進んだ後に書写されたものがⅡ系統になった可能性もある。なお、ここにみえる信尋奥書により、寛永五年（一六二八）二月段階では原本が「勅本」（いわゆる禁裏本であろう）として存在していたことが判明する[15]。

②国立歴史民俗博物館所蔵高松宮家伝来禁裏本『春除目初竟夜参事記』

巻子本、一巻。請求番号H／六〇〇／八〇。法量縦二七・八糎、全長八三七・一糎。本文墨付二十一張。外題「春除目初竟夜参事文明七」。巻頭識語「竟夜陣清書事／為不忽忘先所任筆也、／早可書改之、努々／穴賢々々」。江戸前期写。

唯一の巻子本であり、巻頭の識語など独自の内容が見られる。本文には誤写が目立つが、①の欠損を補える箇所も多く、極めて貴重である。

Ⅱ　全体を完備するが二十五日条冒頭の欠損が大きい系統

③陽明文庫所蔵『春除目記』

袋綴冊子本、一冊。請求番号近二一七／六二。法量縦二七・二糎×横二〇・二糎。本文墨付十七丁。表紙題簽「春除目記」（近衛尚嗣筆）、一丁表内題「文明七　正月　除目竟夜陣清書事」。本奥書「右、文明七度、故広光卿記也、以彼正筆所写留也、不可外見而已、／黄門藤不見」。江戸前期写。

④宮内庁書陵部所蔵柳原家旧蔵『春除目記』

袋綴冊子本、一冊。請求番号柳一一〇五。法量縦二七・八糎×横二一・〇糎。一丁表下方に朱陰刻蔵書印「柳原庫」あり。本文墨付十七丁。表紙子持野題簽「文明七年春除目記　完」、原表紙（宿紙）打付書「《左大弁宰相広光卿御記》／《文明七年》春除目記天文十七年卯《可除》／《御着陣事》／《執筆御勤仕事》」（《　》内は朱書、以下同）、一丁表内題「文明七　正月　除目竟夜陣清書事」。本奥書「右、文明七度、故広光卿記也、以後御正筆所写留也、不可外見而已、／黄門藤■■（町）資将 資定」。江戸前期写。

⑤京都御所東山御文庫収蔵『文明七年除目記』

袋綴冊子本、一冊。勅封番号一五三／七。法量縦二九・八糎×横二一・二糎。本文墨付十七丁。表紙打付書「文明七年除目記広光」。一丁表内題「文明七　正月　除目竟夜陣清書事」。本奥書「右、故広光可（卿）記也、以後（彼）正筆所写留也、不可外見而已、／黄門藤」。江戸前期写。

⑥京都大学総合博物館所蔵勧修寺家旧蔵『広光卿記』

袋綴冊子本、一冊。請求番号勧修寺家文書四〇二。法量縦二八・二糎×横二〇・五糎。一丁表下方に朱陽刻蔵書印「勧修寺」あり。本文墨付十七丁。表紙打付書「広光卿記春除目文明七年 着陣事執筆事于時左大弁宰相」、一丁表内題「文明七　正月　除目竟夜陣清書事」。奥書「以日野前大納（柳原紀光）言本命助筆令書写了、／安永九年十二月廿八日／参議左大弁（勧修寺経逸花押）」。

⑦国立公文書館内閣文庫所蔵『春除目記』

袋綴冊子本、一冊。請求番号一四五／三五〇。法量縦二七・七糎×横一九・九糎。一丁表下方に朱陰刻蔵書印「坊城藤氏／蔵書印」あり。本文墨付十七丁。表紙打付書「春除目記着陣事執筆事」「文明七年／左大辨宰相広光卿記」、一丁表内題「文明七　正月　除目竟夜陣清書事」。本奥書「右、文明七度、故広光卿記也、以御正筆所写留也、不可外見而已、／黄門藤（町）資将」、奥書「右、借請日野前大納言（柳原）紀光卿、秘本書写之、不許外見者也、／寛政二年四月廿八日参議左大辨藤原（坊城）俊親／《同廿九日校合了、》」。

ここでは、およそ考えられる成立順に配列した。⑥には本奥書がないが、体裁は他本と共通する。なお、右のほかに東京大学史料編纂所所蔵柳原家記録『広光卿記』（請求番号二〇〇一／一〇／九八）の内の県召除目記もこの系統に該当する。これは近代の謄写本ではあるが、「右、為珍本遂書写、内二枚兼原（町尻量原）朝臣手跡相交、自初丁四・五二枚也、堅固可秘々々、／安永二年八月廿五日／権中納言（柳原）紀光」の奥書があり、現在では所在が確認できない柳原紀光書写本の面影を伝えている。

Ⅲ　二十五日条途中までの部分のみの系統

⑧国立歴史民俗博物館所蔵田中穣氏旧蔵『除目不足記』

袋綴冊子本、一冊。請求番号H／七四三／四三九／六。法量縦二九・六糎×横二一・九糎。本文墨付六丁。表紙打付書「除目不足記広光卿記歟」。寛永四年（一六二七）頃、中院通村書写。(16)

⑨尊経閣文庫所蔵『県召除目記』（本稿参照）

⑧『除目不足記』は題名通り後欠で、欠落部分は⑨尊経閣文庫本と同じであるが、⑨の末尾が丁替わりの箇所であるのに対し、⑧は六丁表五行目途中までとなっている。一方、⑨は九丁裏一行目上部に欠損箇所がみえるが、⑧にはこの欠損がない。これらは共に残闕本を親本としており、共通の祖本によるものと考えられる。右の相違点も、⑨は改行など親本の体裁を努めて残す書写態度であったが、⑧よりも欠損が進んだ親本を書写したものと考えられよう。この系統にはⅠ・Ⅱ系統のほとんどに共通する内題がなく、独自の本文であり、Ⅰ・Ⅱ系統冒頭部分の欠損を補える点が貴重である。

［注］

（1）この貼紙の考証は、元禄三年の書写以後、前田家家臣によってなされたものであろう。

（2）今回の県召除目再興は、応永三年に十一歳で美作権守を兼国した足利義持の例に倣い、この年やはり十一歳になった足利義尚を同じ美作権守に任じるためであった。

（3）『大日本史料』第八編之八・文明七年正月二十八日条には、これら関連史料がまとめられている。このほか、東山御文庫収蔵本『文明七年除目記』（勅封一五三／八）は、この除目の奉行弁を務めた柳原量光の記録である。

（4）尊経閣文庫本の記事は『広光卿記』として伝わっているものと一致している。念のため内容を確認すると、例えば二十五日条で記主が着陣を遂げたことに関して「昇進已後七个年、無公事之次之間、于今無沙汰了、」（二七〇頁）とあるが、広光は文明元年十一月二日に参議左大弁に昇進している。また、二十八日条（尊経閣文庫本には欠く）で任官予定者が記された小折紙に「予造寺官事被載之、」とあるが、造東大寺長官に任じられたのは広光である。

（5）『宣秀卿御教書案』一（宮内庁書陵部所蔵『中御門家記』、函号五〇〇／六九）。

（6）『宣胤卿記』永正元年六月十五日条には亡くなった広光について「当代御即位伝奏也、不被遂行、定遺恨歟、」とある。即位儀は広光没後の大永元年（一五二一）にようやく実現した。

（7）『二水記』永正元年六月十五日条には「今日帥卿広光卿死去、当時有識者也、人皆惜之、」とあり、『宣胤卿記』同日条にも「今日前権中納言正二位賀茂社伝奏大宰権帥藤原広光卿薨去、六十一歳、（中略）日野一家商量此人之外無人、凡又当時識者也、可悲々々、」とみえる。

（8）二十五日条には、今回の除目における年官申文の扱いについて「子細等見兼日連々記者也、」とあり、広光がこれらの日条以外にも普段から日記を筆録していたことが知られる。県召除目記以外の広光の日記では、禁色勅許に関する応仁元年四月十六・十七日条や、文明改元記の同三年四月二十八日条などが伝わる。

（9）『晴富宿禰記』文明十一年七月二十日条には、「我家事者無執心、当時之様不可如断絶、仍諸子息等皆入釈門」という広光の言葉がみえる。この後、高辻章長二男（母は広光女）で永正十五年誕生の資将が町家を継承するが、再び断絶した。

（10）『尊経閣文庫国書分類目録』（一九三九年）によれば、元禄三年にはこの『県召除目記』のほかにも、『叙位次第』『叙位略次第』『叙位入眼次第』『臨時除目次第略』『小除目略次第』『小除目叙位准后宣下次第』などの叙位・除目に関する書籍が模写されており、これらの親本がまとまって伝来していた可能性もある。

（11）一丁表、本文の冒頭から八行分のほぼ下半分に欠損を示す空白がある。

（12）以下、近衛尚嗣・信尋の筆跡については、名和修陽明文庫長の御教示を得た。

（13）広光の「正筆」を以て書写したという点は全く同じであるが、名前のところは「資定」、または訂正して「資将」、または空白となっている。

（14）二十五日条冒頭の欠損箇所を尊経閣文庫本で示すと、二行目「量光朝臣」・三行目「目」・五行目「毎事被模」である。

（15）寛永五年正月には慶長六年（一六〇一）以来の県召除目が再興されており、関連して広光の除目記も参照されたと思われる。なお、この後は広光の県召除目記原本について言及する奥書が確認できない。禁裏にまで火災が及んだ寛文十三年（延宝元年、一六七三）の大火などで、原本は失われたのであろう。県召除目も寛永五年度が歴史上最後となった。

（16）この本は同じく通村筆のア『直物抄』第一・イ『直物抄』第六・ウ『直廬除目入眼事』（永享二年正月）・エ『県召除目申文成柄等』（永享四年・同九年）・オ『臨時除目記』（大永七年七月十三日宣下次第・応永三十年八月・同三十五年三月）・カ『県召除目聞書』（天文八年三月）・キ『明正女帝御即位条々』とともに一つの紙袋に収められ伝来している。アには「寛永四正廿六日染筆、同二七夜書写了、同八日加朱点一校了、」（「同八日」以下は朱書）、イには「寛永第四沽洗初九終書功畢、敢莫免外見々々々／従二位行権中納言兼中宮権大夫源（中院通村）」という奥書がそれぞれあり、この本も同じ頃に書写されたものか。

【附載】『文明七年県召除目記』全文翻刻

一、尊経閣文庫本を底本とし、『文明七年除目記』（陽明文庫所蔵）を以て対校した。

一、尊経閣文庫本に欠く二十五日条途中からは『文明七年除目記』を底本とし、『春除目初竟夜参事記』（国立歴史民俗博物館所蔵）を以て対校した。

一、尊経閣文庫本の抹消・補書などについては、可能な限りその体裁を残した。

一、各丁表裏の終わりの箇所に」を付し、表裏の始めの箇所の行頭に、その丁数および表裏を(1オ)(1ウ)のように標示した。

一、字体は概ね現時通用のものに改め、読点（、）と並列点（・）を加えた。

一、底本の空白部分のうち、欠損文字があったと判断される箇所には、概ねその字数を計って□や［　］を挿入し、残画によって文字が推定できる場合には、その文字を□の中に入れた。

一、対校本によって補った文字は、［　］で括った。

一、抹消されている文字には、ミを左傍に付した。

一、重ね書きされている文字については左傍に・を付し、先に書かれた文字が判読可能な場合は、×を付してその文字を傍注した。

一、対校本との異同など校訂に関わる注は〔　〕で、人名など本文内容を補足する注は（　）でそれぞれ括り、傍らに付した。

(1オ)廿五日、天晴、風静、自今夜被始行県召除目、奉行頭左中弁量光朝(柳原)臣可令参陣之由兼日相催之間、慭以領状、時服等当時［難］得、進退殊更未練、旁所纒頭也、抑除目事、応仁二年以来八个年停止、已為初例歟、二三十年停止例度々在之歟、於于今無尽期之処、中将殿(足利義尚)御昇進事、毎事被模勝定院(足利義持)贈太相国御例、仍応永三年正月(二十八日)除目有御兼国、(美作権守)以彼例今春可有御兼国之間、且云嘉例、且為再興、雖為如形可被遂行之由、自去年必定連々被経御沙汰畢、［然者］宴会以下停止、除目計可被
(1ウ)行之条、可為如何様哉之由、有猶豫、仍元日平」座被行之訖、執筆事、当時可然之仁難得歟、右(九条政基)・内(鷹司政平)両府未拝賀也、亜相之中、右幕下(三条公敦)［未］拝賀、其外無可然之仁、又雖有先達前官也、如今者可為闕如〔及〕条勿論歟、然而関白(二条政嗣)幸可有奏慶之上者、雖為邂逅例、可被参勤之由、綸命(後土御門天皇)厳重之間、被領状申訖、凡執柄執筆、暦応(二年正月)後紛陀利花院関白(一条経通)于時関白左大臣、・永和(元年三月)是心院関白(二条師良)于時関白左大臣、両度也、其外上古法成寺関白(藤原道長)・知足院関白(藤原忠実)・法性寺関白(藤原忠通)等為内覧臣勤仕例有之云々、抑諸卿年給事可為如何哉之由、連々有其沙汰、所詮雖可為意巧、於停止年者可勘
(2オ)弃歟、然者不可未給沙汰歟、二合年限又不可勘」入之、一向於停止年者不可及沙汰歟、令大略同心、且外記局所存如然云々、於乱来昇進之輩者、今度可献初任二合申文之条、勿論歟、如然子細等見兼日連々記者也、昼程参殿上番衆所、東二个間々被構殿上、末間御番衆所、御殿并所々御室礼物忩之程也、及晩頭参殿(政嗣)下御宿廬、吉田三位兼倶卿陣屋也、惣門之内馬場殿也、以此所准里亭可在出立云々、先刻自長渓令渡給云々、以白川少将資氏朝臣申事由、執柄出座、陣儀等謁申之、先可有着陣、於官方申文者可被略之也、着陣之時可候

陣官人召事、仍参議可召之、毎度可為其分、可得其意之由有仰、暫
(2ウ)読申了起座、帰参殿上了、頃之向大外記師富（中原）朝臣」宿、清三位宗賢（清原）
卿・権大外記康顕（中原）以下数輩在座、文書等相調、真実以如山岳、驚愚
眼了、宗賢卿相談云、無品親王（邦高親王）巡給事被宣下、当時竹園平親王未蒙
巡給宣旨給、然為一人巡給之事不［可］叶事不得其意歟之由其理歟
之由存之云々者、此事一昨日於殿上有其沙汰之間、粗申愚存了、誠
一人巡給事不得其意歟之由報之了、暫［後］帰参殿上、広亜（広橋綱光）相参会、
条々相談了、入夜向源中納言（庭田雅行）陣屋、着束帯色目如例、有文玉帯、畢則参内、頭弁
相逢之間、密付申文、不副消息、［然者之時可報之歟、依参大略□前例］、諸人申文如山岳、随身
之只今到来多之、尤為纏頭者哉、此間頭弁為関白里第奏聞間
(3オ)事」未定、為勅問云々、此事可為黒遣戸内西面、之由、兼日被治定了、
然西面不可然之由其沙汰出来、仍可被用寝間妻戸内歟云々、此所
当時女中候所也、是又可為如何様哉之由御不審云々、凡此皇居、以
公卿座准大盤所之上者、寝間相当朝餉之准歟、然者無余儀之上、職
事進退等可宜、於黒遣戸者、自小板敷可当御眼路、旁無便宜者哉、
頃之頭弁帰参、相語云、奏聞間事大略可為寝間云々、又只今於里第
有召仰、殿下出座、束帯、無家司之間、以其由自簀子参進座下、奉仰
之詞自今日可有除目、召仰諸司ヨ、此分云々、退、其所狭少、速進退云々者、此間中御門中（宣胤）
(3ウ)納言為奏慶参内、経床子座右少弁元長（甘露寺）・左大史雅久（壬生）宿祢等在座云々、進立」弓場、申次蔵人
将監菅原在数出逢、其儀如例、拝舞了、入無名門、昇小板敷着殿上、
第二間、北面、則起座出上戸、内々申入之歟、小時自高遣戸下殿、遂着陣、
先奥、次移着端座、令官人敷軾、次蔵人右少弁元長就軾下、蔵人方

吉書結申了返下之、着床子［座］下雅久宿祢了、次起座、直参殿下、
為扈従云々、次予下殿、遂着陣、昇進已後七个年、無公事之次之間、于今無沙汰了、其儀、於宣仁
門口召官人、不及召来此所、仰云、時問へ、官人向殿上方、帰来申戌刻之由、
兼告示了、次予正笏入宣仁門、為先右足、則於参議座末西壁方也、程北向、揖脱左
沓、則懸左膝、壁方、次脱右沓昇、其足則踏立テ副奥座壁北行、至納言
(4オ)座程立直、東面テ先突」左膝、次突右膝居座、次直左膝、乍逃右足
一揖之後、直右足、乍持笏於左手、以右手取［聊］引寄裾、正笏坐、三息
計後、思吉事、蓋次第昇進事也、逃右足揖起座、右廻傍壁南行、於座末跪降左足、
降昇共以可先壁方足之由、兼存儲了、然忽忘、先降左了、但此説連綿也、不可為失、着沓、次降右、着沓了居向座、
北面、揖出宣仁門畢、昇高遣戸堂上、抑或先着我座後、移着奥座、延
文度曾祖父（柳原忠光）［一品］如然、但後日引勘家記之処、直着納言座之条善
説也、今度依内府（三条公忠）教命先着我座之由、令記給、仍直着奥畢、且訪
前槐（日野勝光）門説了者、先々右少弁元長・大外記師富朝臣・左大史雅久宿
祢等参殿下、可有召仰之故云々、後聞、殿下出座端間長押際、弁・両局等各参進簀子奉之云々、依無家司無召、只
(4ウ)計其程進云々、此間」新大納言（武者小路資世）奏慶、経床子座前政官等無之、進立弓場代、「中次蔵（底本小字、対校本ニヨリ改ム）
人菅在数出逢、其儀如例、次拝舞了、不着殿上、昇高遣戸堂上、
内々有」御対面、次遂着陣、先奥、次起座、此後左廻、如何、移着縁［端］、後聞、
起奥時落扇、移端之後為［及］手取之云々、如何、令［弁］官人令敷軾、次蔵人左［右］少弁元長着軾下吉書、結
申之後、則下史云々、不見為［及］、次起座、直参殿下、為扈従云々、漸
夜半程関白参内之由申之間、予下殿着床子座、両局等動座了、揖如例、次左
中弁量光朝臣着之、両局動座［給］、左［右］少弁元長不着之、如何、頃之関白参内、
入四足門、経床子座結、予起上立、左中弁同之、「於両局等」（底本小字、対校本ニヨリ改ム）踏蹲ゝ

居了、於左中弁座程立向揖結〔給〕、予以下答揖之後、磬折畢、（左中弁同之、）次進
立弓場代給、此間左中弁起床子、可勤申次云々、予同起座、密伺」
（5オ）見之、頭弁自無名門出逢、勤申次、其儀如例、（帰入之時不蹲居、依非家礼也、此事於殿下者職事
毎々蹲居、不謂〔家礼〕非家礼例哉、蹲居固実之由故一品〔忠光〕〔教〕被命之間、予当職中存其旨了、但随〔意〕巧、又可謂有識也、）次拝舞畢、入無名
門着殿上給、（奥、）次出上戸、内々参御前給歟、頃之有中文内覧、其
儀、殿下着御〔殿〕西面妻戸内給、（西面奥方立廻屏風、其際敷帖、妻戸内南端方〔高〕〔立〕灯台、）擬鬼間、
此間頭左〔右〕中将公〔正親町〕兼朝臣・頭〔左〕中弁ｃ（量）光朝臣・蔵人右少弁元長
〔等〕着小板敷、（殿上簀子也、）西上南面、中文各懐中之、（頭弁賦之、各五通計加一懸紙、結紙捻、）
此皇居殿上七个間也、然而以東二个間為殿上室礼也、〔此間番衆所也、〕奥敷畳一
帖、（端方無之、）其外差筵等如例、無御倚子、立〔長〕台盤一脚、文杖立
奥障子、（畳東方也、）以殿上西間（此間〔民部〔白川〕卿〔忠富〕〕構也、）准下侍、（有板戸、）其次間已下為番
（5ウ）衆」所、〔下〕侍間西方縁立障子為隔、以殿上縁准為小板敷、頗
高之間、笥文公卿進退難治之間、仮被構小縁了、只可為地上之准
也、神仙門事不為沙汰〔及〕、偽〔仍〕着殿上之時、直入無名門、〔直〕昇小
板敷畢、

先頭中将起小板敷、経台盤上進杖、下跪、挿文入上戸参進、於鬼間
妻戸北方伺御目、起上於長押外膝行、昇長押指寄杖、殿〔下〕抜取
文給、持空杖降長押、（後サマニ降也、）乍持杖敬屈候、（亀居、）殿下披見文、了
〔補書〕「如」元給〔結〕之、指出給歟、不見及、頭中将及平〔手〕置杖長押際参進、賜
文降長押亀居、置文於前解紙捻、展懸紙取文給申〔結〕、三通給申〔結〕畢、如
（6オ）元結之特〔持〕左手、以右手取杖」副文上退帰、入上戸置杖於本所、懐文
而帰着小板敷、次頭弁内覧、其儀大略同前歟、次元長大略又同前、

但不副杖、於長押遣右方簀子歟、各委不見及之、事畢殿下揖起座、
経屏風南頭退御殿方給、不出妻戸給、如何、次殿下為着陣令下殿給、
予相続下殿、令佇立宣仁門辺、先殿下令着陣端給、次予於宣仁門奉
請益、則入門、（先右足、）至横切座後（中央程、）深揖、脱左沓懸左膝、次脱右沓昇
跪、先突左膝、〔次突右膝〕敷左足、一揖、直右足、刷衣裳正笏候、
（6ウ）次殿下御目之由〔間〕、微唯奉之、聊顧面右方招官人、々々来後、仰」可
敷軾由、官人参進、敷軾退居、次頭弁量光朝臣参進軾、奉下吉書、
殿下披見、不及給給（結）、如元巻置前給之間、頭弁退去、次殿下御目、
如前奉之顧面、招官人仰右少弁可召之由、（今夜参陣弁也、）官人退召之、次右
少弁参進軾、被下吉書、賜之如例結申、退於床子座下史歟、不見、
次殿下居直西面揖賜之間、予半伏〔平〕、（不及直足、）出宣仁門給之後、予起揚、
次予逃右足（座上方先之、）一揖、跪下右足着沓、次下左着沓畢、（先之陣官人来後令着沓、以下動〔効〕
之、）向座揖、出宣仁門令堂上、殿下堂上給歟、只今為中文奏聞、頭
（7オ）中将・頭弁・」蔵人弁政顕〔勧修寺〕（今度元長不加之、憚四人之故也、仍政顕・元長等内覧与奏聞相替云々、兼頭弁内々申定之云々〔×云〕、）
在小板敷（其儀同内覧、）程也、此已下儀暫不見及之、
奏聞間事、以子間妻戸内〔為〕其所出御、妻戸左右供常灯〔掌〕外、無
殊事歟、

暫之後奏聞畢、次於鬼間有申文撰定事、予密伺見之、其儀、先頭中
将入妻戸着奥、（只板敷也、不敷畳、如例、）次頭弁同着奥、（已上両頭北上西面也、）次蔵人弁政顕着
之、（此方〔北〕、南面、）次蔵人右少弁元長着之、（南方、北面、）次蔵人将監菅在数持参御硯蓋
置座中央、則候端方、（東面、）次頭弁・蔵人少副卜部兼致持参中文、」
（7ウ）（奏聞後、頭弁悉取〔整〕続紙捻結之、其上加懸紙、又以紙捻結中令〔持〕蔵人、職事悉着座之後可持参之由、頭弁仰含之畢、）置頭弁前、退候妻

戸内端、端方、東面、主殿司持参硯、居柳筥、墨此中、有短冊等入加之、置両侍中前座
中央結、灯台二本兼供之訖、此間頭弁解申文紙捻、十通計取之授頭
中将、次授両侍中、各撰定之取替云々、見之、但於無殊事申文者不
及廻覧授上之歟、所引弃之裏紙六位蔵人取重之、両侍中或加短冊、
或加袖書、其儀如例歟、委不見及之、于時鶏鳴之程也、蔵人菅在数
取目六宿紙続紙也、後続申文裏紙可清書也、五位職事書之時、不及
(8オ)清草自初書白紙之条、勿」論事也、撰定畢盛御硯蓋、袖書并目六〔以〕等横盛之、次紙
捻結文之惣之中云々、中文数少之時、強不及惣結歟、以六位置御前歟、不見及之、抑
(足利義政)室町殿為御見物自先刻御参内、有御一献、(二条持通)大閤令参給、(勝光)前槐府同参
候云々、珍重也、此間陣儀始之由、頭弁相告諸卿、其儀、先殿下下
殿、位次公卿相続下殿、々下先着端座給、如先、次広橋大納言於宣仁
門請益畢着端座、次新大納言請益之後着端、次中御門中納言請益
畢着端、両卿家礼也、可蹲居事歟、只請益如何、可勘之、次予正笏奉請益、着横切座、両度揖已下作法併如先、仍
不記之、次殿下令目給、予敬屈而奉之、次顧右方招官人、々々来後、仰
(8ウ)可敷」軾之由、則参進敷之退居、次又御目如初奉之、招官人仰可召
外記之由、則出宣仁門召之、次大外記師富朝臣参進軾、先於地上膝行之後着之、以下効之、
令問文書具否給歟、奉之高称唯退、頃之頭弁参進軾、申召之由退、
次殿下御目、予奉之招官人、外記可召之由仰之、次大外記師富朝臣
参進軾、奉上宣筥文事也、称唯退下、次外記三人捧筥文入宣仁門参進、列
立小庭、北上西面、次殿下居直揖給間、予平伏、此間両卿起座、依家礼也、抑可撤軾事也、然而無御気色之間、
不令及下知、如何、出宣仁門給之後起揚、殿下直入無名門着殿上奥座給歟、不
見及、次広橋大納言起座、次予〔揖〕起座、着沓揖出宣仁門、先

(9オ)之」広橋・新両亜相、中御門中納言〔等〕列弓場代、立定各有揖、東上北面、予経
列後進立西方一揖、東面、参議南上東面、或北上也、以南上為善歟、今夜為一人之間、無其差別、諸卿列畢、外
記三人一人不足間、下﨟取重二合立之、捧筥列納言列後、此間殿下起殿上着御前座給 有小時広橋大納言揖殿下起
殿上着御前座〔給、〕有小時広橋大納言揖離列、進立無名門東方、
大〔臣〕立所也、西面〔指笏、〕揖顧外記方、(外記)々々捧硯筥趨来、亜相不揖〔指〕笏懐之、
依中風所労手不合期云々、取筥、外記跪取巡授之、外記抜笏揖退、次不揖、仍位次不及答揖、入無名門昇、
是以下不見〔□〕前例、如例歟、〕頃之新大納言揖立上、顧外記方、外記捧「(衍)捧」筥趨来、
亜相懐笏是又所労之故歟、取筥、外記跪取巡授之、此間亜相落笏畢、外記取之入懐歟、外記〔抜〕笏揖退、次亜
(9ウ)相一揖、此時可揖者立上、揖可略之条可宜歟、幸上首立上揖畢、仍為位次異初人揖之条、於件揖者可略之、取筥可揖」〔之条可略宜歟、但四个揖非無、一説也〕、
(中御)□□門・予同時答揖畢、入無名門置御前之儀不見、小選中御門中
納言揖離列、主上不揖(立)顧外記方、外記趨来、納言指笏、外記跪授之、取筥外
記退、次納言一揖、予答揖之後、入無名門〔畢、〕此後聊経程畢、
予揖離列、経納言列跡進立無名門東脇大略同初人立所、一揖、最末之人立上揖之条、善説也、
顧外記方、次外記持来筥之間、検知筥納物大概見之、之後、挿笏不落之様能所用意也、
欲取筥、外記磬折、於参議者必磬折也、取巡授之、予取之筥下際懸大指於筥端持之、立、外記抜
笏欲退之間、不揖而最末人不加有此揖也、入無名門代、至殿上□昇小縁、殿上簀子頗高之間、依難懸膝、今度被構小縁、只可有地上准也、脱沓懸左膝於縁簀子擬小板敷也、昇、諸卿沓召使取之、賜共雑色〔畢、〕東
行入西面」

(以下、陽明文庫所蔵『文明七年除目記』を底本とし、国立歴史民俗博
物館所蔵『春除目初竟夜参事記』を以て対校する。)

(6ウ)妻戸、経大盤所公卿座也、并子間前南折、経黒遣戸前南行、入御殿西面妻

不入中央、聊寄北方、
戸、先右足、先之位次上首已着座了、経御簾南際至第二間、頗副御簾礙左袖於御簾也、東行、至第
三間聊進歩南方、隔先笏三四許尺跪、先突左膝、御簾方、次不及突右膝、
則膝行、或突整左右膝之後、更膝行、一説也、然先突左、次突右、次進右之条見苦、如（仍）突左、則自右膝行、宜説也、先右、次左、次
調右膝落居、東面、置笏於板敷、以右手取笏左下方引廻、笏ノ下方ヲ円座方ニ成也、不敢令鳴也、
以左右手微々押遣之、有小時左手押板敷、以右手笏ノ左中央当テ押之、如此間、以袍袖令隠手、並置先笏了、掻
合衣袖整左右袖端也、逆行、先左膝ヲ引退、次引右膝、次引左膝、右ト均調ナリ、次至本所、初持笏跪所也、頗居向艮
（7オ）方」引退不土損□（自向良）、拔笏退居、向御簾起上、左足ヲ裾下ニ入テ不廻大輪、如初副御簾西行
出妻戸、先右足、禅閤（一条兼良）御自筆御次第云、先降左足云々、聊進北方、引直裾更昇妻戸長押先右足、長押際敷
座、先突左膝、次突右膝、次敷左足退右足、揖直右足、繆寄裾正笏候、次御簾動、関
白揖起座給之間、予平伏、不逃足、着執筆円座、賜畢揖後、予起揚、
先之新大納言・中御門中納言依家礼下簀子了、次執筆候天気、以
笏引寄三四笏畢、置笏移第二笏文於第三笏、取笏揖之、取闕官帳笏
就簾下奏之、抜笏復円座、天覧了、被押出笏、被押張御簾也、次指笏、如元
就簾下賜笏、復座置前、抜笏置之、次取大間置前、巻取懸紙、持上
前自奥巻之、被入硯笏下方、次取大間、頗居直東面、逃左足繆大間
給、頗経程之後繆畢、直足安座給、次取墨摺給、三个度［摺給、］其数頗少、既至天明之間、省略歟、
先之置火櫃・衡重、関白前蔵人右少弁元長置之、置当間、着座後方也、納言前侍
従雅（木幡）冬置之、置着座後簀子也、予前六位蔵人役之、着座後簀子也、次置衡重、殿下前元
（7ウ）長」置之、納言前雅冬置之、経大臣座与納言座間、進着座前置之、予前蔵人卜（部脱カ）兼致置之、
次献盃、其儀、頭弁持盃、経南簀子参進、入執筆当間跪座下方、元
長取瓶子相従頭弁奉擬関白、受酒飲之、弁饒濁、更受之奉之、執筆
目位次飲之、更受元長入之退下、目賜、次広橋大納言揖起座、参進執筆座下

指笏、賜盃復座、揖直足目位次飲之、授新大納言抜笏候、新大納言
給盃、目位次飲之、授中御門中納言、々々々置笏賜之目予、［飲之
授予、］々置笏及手賜之飲之、置杯於座前、此間執筆被任四所籍歟、
両三人任畢後、取笏伺天気給、院宮御申文之由歟、次顧座下目予給、
予敬屈奉之、逃足一揖、降長押経簀子、昇当間長押先左足、参進執筆座
下、跪候、被仰院宮之御申文由、敬屈奉之、左廻降長押、経本路出
殿上、於小板敷召出納仰之、二通一通東洞院殿（大炊御門信子）御中文、加報（封）、々上信一字在之、別当（信量）大炊御門大納言署也、雖御出家已
後、任先例被献之者也、一通室町殿御中文、封上綱一字有之、広橋大納言署也、以上、出之、取之副笏文在内、如先経簀子参
（8オ）進執筆座下、跪奉之、任人之程也、有小時」置筆取文給之間、乍持
笏於左手、以右手「以右手」（衍）奉之、経本路退入妻戸着座、其儀如初、
先之已天曙了、准后（信子）・大閤令候御座西方簾中給、前内府同参候早
出云々、執筆就簾下奏院宮御申文給、天覧畢、引裏懸紙被返下、賜
之復座、此間自簾中被出大束申文、諸申文袖書目六等悉結一束被下之、御硯蓋留御前、執筆他人之時、関白乍御硯蓋
申出之、撰賜執筆者也、賜之、置硯右給、此間四所籍残・院宮御申文等被任之歟、
頃之引見大束申文中給、取笏召男共、蔵人菅在数参進、奉仰退、伝
頭弁召之由、則頭弁経簀子参進、聊有御問答事歟、有小時退後、相
語云、内給申文不見、如何之由被咎仰之間、如例加袖書盛大束中之
由申之処、袖書臨時内給事也、本内給申文不見之由被仰之、内給・
臨時内給共以加袖書之条、先規勿論候、猶々可被撰御覧之由申之
間、令承諾給云々、思直給歟、如何、撰出内給申文任之給、次抜出
二合申文束置前、不解短冊一通ッ、抜取加袖書、如元指入、□
（8ウ）［袖書申文聊指之給、為不指合歟、］十余通袖書之後、取」笏目予給、予敬屈奉之、揖起座、

経簀子如元参進執筆座下、跪候、被下申文一束、下勘十一通之由被仰之、置笏賜之、〈一束、二合申文有短冊一通、更任申文有短冊、〉取副笏、〈数多申文取副笏条無便、幸更任申文一通在之間、件文計取副笏、当座不思得之条、其外懐中可宜由、且旧抄之趣如然、未練之至也、〉経本路退於殿上、召外記、此間申文数委勘之処、二合申文十一通・更任一通、已上十二通也、然十一通由被仰之、見誤給歟、追可申其由也、有小時権少外記清原賢親来小庭、跪小板敷下申文、下勘十二通由仰之畢、帰着本座候、〈雖不可帰着、執筆参木不候座条不可然之間、以別□令復座了、〉先之広橋亜相起座、相続新大納言起座了、中御門・予外無人、依冷然弥催睡眠了、此間□〔被〕、頃之［有］入御歟、漸巳刻計任人了、報〔封〕大間整成束入筥、就簾下奏之、復座整硯已下□予揖起座出殿上、〈中御門先之退下了、〉執筆退出給之間、於高遣戸辺奉謁、無為珍重之由、始終祗候珍重之由、被感仰之、祝着了、頭弁仰六位蔵人、大間筥・御硯已下内々進女中、硯已下撤之、下外記畢、予祗(9オ)候之上者、任本」儀雖可撤之、近代［強］無其儀之間、存略之、

廿八日　天晴、今日除目竟夜也、昨日中将殿御衰日之間、被延引畢、予可参陣之間、時服等所相調也、午天之程参殿上之処、殿下為直衣始、自先刻参内云々、頃之退下、直経南庭、自［東廊］西面妻戸被参武家畢、直衣始行粧、殿上人資氏朝臣・雅冬・卜部兼致、〈各束帯、〉地下前駈俊通・頼弘、〈各衣冠、〉随身三人、番頭已下也、此間予向頭弁許、今夜之儀等聊相談、抑昇進事必然之間、且相賀訖、奏慶事、陣清書奏聞之後、則雖如形可翻袖云々、尤報可然之由訖、今夜刻限被相急畢、執柄秉燭之時分可有御参内、任人不可有幾、於御前之儀者定早速可事終歟之由、殿下被申之云々者、頃之起座直参殿下御宿廬、依召也、則参御前之処、冷泉〔為富〕大納言・新大納言・中御門中納言・伯〔資益王〕二位・小幡〔雅豊〕二位入道・大蔵卿〔東坊城顕長〕・為広〔冷泉〕朝臣已下済々焉、有小時御杯(9ウ)出現、有三献、三献之時、殿下御酌也、次第参進、傾盃了、」予参之時、今夜令参陣哉否被尋仰、兼又清書上卿可為誰人哉、御存知大切之由被仰之、広光〔町〕参陣勿論候、清書上卿可為勧修寺〔教秀〕大納言由其沙汰候、大間於御前可被下候歟之由、令申候処、勿論之由有御気色、宿徳臣執筆之時不出殿上、於御前授大間於入眼上卿之条、旧例也、漸及晩天之間、人々退去、頃之参殿上番衆所、広橋大納言相逢、任人間之事聊相語之、源中納言昇進事必定了、無其闕之間、冷泉大納言職事密々被借召之、其闕令出来者、雖為何時可有御沙汰之由、被仰之云々者、彼卿〔雅行〕納言之第一、戚里之重臣也、可謂勿論也、於前官者、右衛門督〔四辻〕季春卿、上首也、強無所望之聞之上、息子左中将季経〔四辻〕朝臣八座事今夜可有御沙汰云々、以息子昇進之恩休其身、超越之愁哉、所推察也、抑政〔冷泉〕為朝臣上首也、然四位参議事、於家無其例之間、強非可諍申歟、然者正階事□執中之間勅許、清書之次、於陣可被宣(10オ)下云々、旁以珍重也、及晩頭室町殿御連歌畢之由、有其沙汰、」此間前内相府〈小直衣、〉被参竹園之間、於庭上聊謁申訖、入夜向源中納言許着束帯、〈色目如一昨日、〉此間関白已参内也、予装束之後則参内、令佇立殿上辺、中院〔通秀〕・勧修寺両亜相参会、聊言談、大納言入眼奉行事、其例邂逅歟、雖引勘不得所見云々、今度博陸〔政嗣〕執筆之間、亜相奉行可然哉、暦応・永和之例無覚束、執筆同官之時、誠納言於今度者聊可有

其沙汰者歟之由令申処、両亜相被同心了、此間上下已参集相具云々、然執柄□写小折紙給之由、頭弁相語之、小折紙一覧之処、予造寺官事被載之、強雖無其用、大弁八座之時必兼之、乱後無其次之間、于今無沙汰、然無尽期間、内々申入之畢、初夜鐘已後陣儀始行、左相府（政嗣）自高遣戸下殿、随身発前声直着陣端座給、宣仁門之内、主殿官人取松明、如夜々、陣官人参進、直沓畳上裾退、相続中院・勧修寺両亜相、予等自高遣戸下殿、次第着陣奥、次予於宣仁門外正笏請益、左相府御気色之後、（10ウ）入門先右足、」着横敷座、其儀如初夜、正笏候、次左府御目、予敬屈、次顧陣官人方、官人来後、仰云、軾、直参進敷之退候、次左府御目、予如先敬屈、次顧右方、招陣官人仰云、外記召セ、官人唯退出宣仁門召外記帰候、次大外記師富朝臣参進軾、奉上宣、文書具否事也、高称唯退、頃之頭弁量〔光〕朝臣参進軾、申召之由退、次左府起座給、予平伏如初夜、出宣仁門給間起揚、左府直着殿上奥、給歟、不見、次両亜相次第起陣、直列弓場、各有揖、東上北面、予起座揖等如例、出宣仁門、経納言列後、進立無名門西腋方一揖、東面、次筥文外記三人列納言後、有小時大納言揖離列、進立無名門東腋、西面、無揖、此間諸大夫男進彼卿後密有申旨、後聞、可報左右之間不可取筥文之由、頭弁相示之故云々、是依中将殿御見物事也、此間関白揖起殿上給歟、暫之後、左府起殿上着御前座給、下重尻之音遥聞了、次中亜相顧西〔面〕、外記持来硯筥跪、亜相指笏取筥、外記奉之、抜笏退、次亜相揖、次勧亜相・予答揖之後、中亜相入無名門参進、昇殿上参進御前、置硯着座歟、不見及、［有］小時勧亜相揖離列立上不揖、顧面、次外（11オ）記持来筥跪、亜相指笏取筥不揖、外記退」入無名門参進、置筥之儀等如例歟、有小時予揖、経納言列跡立上、一揖後顧外記方、次外記清原賢親持来筥磬折、予指笏之間、外記取巡筥授之、予取之、其作法如初夜、外記抜笏揖、欲退之間、予不揖進入無名門昇小板敷、懸左膝、入西面妻戸、経大盤所前折南、入西面妻戸参進至第二間、副御簾至第三間、聊進出寄南方膝行落居、置筥取巡推寄先筥際、逆行之後、抜笏左廻立上、其作法等併同初夜、仍委不記之、帰出妻戸、引直裾更入妻戸、則着座一揖正笏候、次頭中将公兼朝臣持参筥、膝行置之、逆行退出、公卿不足之故也、雲客取筥之時不持笏、次御簾動、左府敬屈之後、揖移着円座給、予可平伏之処、忽以失念、自後方頭弁密相告之間、仰天平伏了、于時執筆已着円座給之程也、尤為失也、可恥可恐々々々々、次執筆参進簾下、賜大間筥復座、次又参進賜成柄復座、次切大間封、則於座右繆之給、此間置火櫃・衝重、関白前蔵人右少弁元長役之、納言前侍従雅冬役之、（11ウ）予前蔵人菅原在数置之、繆大間畢後、摺墨給、此後勧」盃、其儀、頭弁持参盃、元長持瓶子相従、頭弁奉気色執筆之後、受酒飲之、更受之奉杯退、次執筆目位次飲之、受酒給、元長入之退、一揖起座参進執筆座下指笏賜盃、持右手不副左手、復座、不取尻居、置盃、抜笏揖直足取盃、不取尻居、目位次飲之、副尻居授位次、々々目予之後飲之、居笏被指寄、［予］置笏及手賜盃、以左手置尻居於座前、次副左手飲之了、置尻居上置前、此間執筆取笏目［予給、］予深敬屈、次揖起座、下簀子南行、東ニ折テ経納言座後、参進執筆座、下賜申文、仰云、下勘二通、置笏賜之、取副笏文内、左廻、経本路出殿上召外記、権少外記清原賢親来小庭、忩仰可下勘之由下之、先之密披見之処、親王巡給・勧修寺大納言二合申文等也、頃之外記持来勘上文、予取副笏文

内、如先参進執筆座下、乍持笏於左手、以右手献之、左廻退去、経
本路復座揖候、此間次第任人如例歟、数刻之後、執筆取笏召男共、
(12オ)二音、蔵人菅在数参」進、奉仰退、頭弁召云々、次頭弁参進、奉仰退
召瀧口所衆労帳云々、無程持参之、労帳二巻、居柳筥、奉執筆取空筥退帰、次
元長持参小折紙、是賜外記令付位小折紙也、非執筆、関白写給也、奉執筆退、此間執筆被任諸請
中文并小折紙、頃之取笏顧座下、仰受領挙之由、中院大納言奉之起
座、出殿上着小板敷、次勧亜相起座着殿上、次予揖起座出殿上方入
上戸、経台盤上并両卿後、着殿上第一間也、東上南面、片足在簀子、准小板敷、
次中亜相以出納召外記、清原賢親来小庭、仰受領挙之由、頃之外記
入新叙文於筥、在籤端、端巻之、自覧之、先中亜相取之、披見之後押下、次勧
亜相披見之後、入筥押下之、次予挿笏於左腋引寄筥、取文披見之処、

式部藤原員友

民部中原豊安

検非違使坂上明時」

(12ウ)如此見之、可挙名字、豊安可挙之由存定之、如元自端巻之、入筥押下之、外記賜
之退、頃之外記帰参、覧挙、三人分、各有裏紙、不巻之、三ヘニ押折之入筥、先中亜相取之、外
記進筆、書名字返下之、外記賜之、取裏紙加懸紙封之、副筆献之、
取之封上書名片字取副笏、次勧亜相、其儀如先、了取副笏、次引寄
筥取挙、披見之後乞取筆、播磨国ノ下ニ書豊安之二字、以前人挙達同国、不可書之也、
次位署下書広光二字、其下書上字、如元入筥押下之、返筆外記
給之、封了賜之、取之後又乞筆、封目上ニ書名片字広、返筆、取副挙
於笏、次三卿次第起座、帰着御前座、則[又]次第起座、奉挙於執
筆復座、予同之、無殊作法、此間任人已畢、封・成柄被入簾中、次
大間被巻之、此間中亜相已下起座、於末有一盞、中亜相直退出、勧
亜相復座、執筆巻大間返賜、加成柄召勧亜相、賜之退出歟、此間予
聊有急用逐電之間不見及、為無念、頃之帰参之処、大間筥加成柄、在台
(13オ)盤上、勧亜相不」見、有小時帰参、則召外記於小庭賜大間筥、自高
遣戸下殿本儀、自無名門率清書参木可着陣也、着陣、端、外記参進、置大間筥退、先之予
同下殿、於宣仁門召外記見硯之処、執筆硯・筆・大間・懸紙等在
之間、取替他硯・筆、加黄紙・折堺可持参、於彼懸紙者可撤之由仰
含了、外記無故実之故也、爰折堺未用意之由申之、早可遣取之由仰
之、臨期違乱、為之如何、此間立寄床子座令休息、右中弁兼顕朝臣(広橋)
同来、暫睡眠之間、陣官人来云、先可有着座之由上卿下知之、仍予
参進、於宣仁門外請益、着横切座、揖等如例、次上卿召官人、硯・折堺可
持参之由仰外記歟、権少外記清原賢親持参硯、置第一参議座退、次
上卿気色、微唯、一揖起座、着沓一揖、移着第一座、揖等如例、正笏候、
次上卿目予、微唯之後、以左手置笏於座下、指入膝下、次以右手取硯筥右
下角、入大指於中、以左手副左下角、押下硯於奥方、為開参進路也、次以左手取
(13ウ)笏、副右、」逃座上足右、一揖、立揚参進以奥足踏板、以端足踏畳、但掌灯指合之間、大略踏畳中央了、為之如何、
上卿前、先突奥膝、上卿置笏取出大間賜之間、予指笏賜大間、横左上、持之、
或□、或懐中大間、然今度大巻、以外重之由有其沙汰、取副笏又可懐中条、無其便之間、如此進退了、左廻、経本路至本座、南
面ニ跪テ突奥方膝廻内方、置大間於前横左上、抜笏、置座下膝下直足、次
以左右手取硯左右下角、頗引寄座前、次取笏気色上卿、々々目許之
後置笏、如初、次入水瓶入之、無指作法、但一両度ニ入之、次取墨、先可見墨口也、然失念了、取加袍

袖、以左手押硯筥左下角為不令鳴也、摩之、乃文字摺也、廻之時凡摺様有口伝・故実等也、［中付見、］先七
八十度計摩之後見摺口、次五十度計摺之又見摩口、次三十度計摺
之見摩口、如元返置之、次取筆染之、次又取一管染之、今度筆ノ下方不懸筆台［推］
之、寄硯方置之、先之上卿以官人召弁、参議一人、不足故也、右中弁兼顕朝臣参進、着予座
末揖等如例、畢、次予取出折堺置座下、硯左、以左手押巻、以右手巻取懸
(14オ)
紙、」折堺二巻在懸紙内、不及巻返之、以右片手押折之、入硯筥続板下、不交左手、
次取折堺一巻於座下緣持右手、懸人指之儀如例、置畳上、自奥更巻返之置前、
次取今一巻付畳押遣弁、々置笏取之、巻返歟、次予押下硯於両人座
中央、其儀如先、次以左右手取大間、縦置座前、以左手押大間中程、以右
手取大間端方展付畳、先上方、次下方、引開之、一尺余引展之、至元之折目、次遣右
手於大間左方巻取半計、大指ハ上ニア、リ、残入中、次以左手可折取ヲ捕、大指ハ上、残ハ下ニ、
大間ヲ右ヘ動指而開延之、端方ト均成テ巻ヲ押付、以左掌付折目、
元折目在之、次以左手取大間、其様准右手、以右手右方可折所ヲ捕、准左手、引開大間
於左方□巻重之間、作法定令錯乱歟、為之如何、頗経程悉開畢、
入右手於畳目下折返之、端方在上、次不及放之而自下国中分程引延之、
授下﨟、々々取之引寄我前、次予引開勅任所、次取折堺於笏気色上
(14ウ)
卿、」々々目許之後、置笏於座下、次置折堺於座前、横左上、已下効之、次以
右手取有硯筥黄紙、両三枚、［重之置、］取一枚巻之置前、残黄紙返入硯筥、次
取［黄紙］持左手、次以右手染筆書勅任、

勅

太政大臣［官］

権大納言ーー　　雅行

権中納言ーー　　公興

参議ーー　　公兼兼、

参議ーー　　量ー光

参議ーー　　季経兼、

右大弁　　［量光］兼、

文明七年正月廿八日

(15オ)
如此書了置筆、聊披見之後、巻之置前、横、［次］資開置大間可書所、以
左手取折堺、以右手取筆染之、書物任文官、［奏］

太政官謹奏

神祇官

権少副従五位下卜部宿祢兼［緒］

左中弁ーー　　兼顕

右中弁ーー　　政顕

左少弁ーー　　元長

中務丞

ーー

ーー

随書開大間、其儀無殊作法、毎度置前、至下国書之、自何国令書哉由、」
(15ウ)
相尋弁之処、自越後国之由申之、仍至其前国書之、置筆、置召名於
前、取出撥［掻］板、次取小刀切残紙、置召名於前、次返置小刀・板等、
切残紙入硯筥、此間外記密来座後、入折堺一巻於硯筥退、予取之、
半巻計開之、自続目放之自下敗［放］之、自上敗［放］合之、次与弁、次所放置紙自奥巻返之置

前、次開大間可書所、公卿兼国之所也、次取折堺、次染筆書物任〔奏〕、
太政官謹奏
能登国
権守従三位菅原朝臣顕長兼、
｜｜
｜｜
書畢置筆、聊披見之後、於座右放残紙置前、次自懐中取出小折紙開
置前、書造寺官、
太政官謹奏　」
造東大寺
（16オ）
長官従三位藤原朝臣広光兼、
文明七年正月廿八日
書了放余紙、次書宮城使、書了懐小折紙、
太政官謹奏
修理左宮城使
使正四位下藤原朝臣兼顕兼、
文明七年正月｜｜
次開大間、端方書下名、
四位
藤原朝臣兼顕
五位
藤原朝臣政顕　」

（16ウ）
藤原朝臣元長
文明七年｜｜
六位無可然之仁之間不書之、勿論事也、悉書畢置筆、此間弁授清書
文三通於予、一通物任〔奏〕、一通物任〔奏〕武官、一通兵下名也、予取之置前、横、次取出挟〔掻〕板、次
取出続飯ヘラニ付テ入硯右置也、続合奏任、巻之置前、次挟〔掻〕板等返置、次取奏任
置前、勅任以下別紙等彼是七通巻加奏任袖、次巻大間置前、則懐中
之、次取笏気色上卿之後、逃足一揖、則指笏取大間横持之、如初、参進、至
上卿前突左膝、置大間於座前、取巡献之、次取出召名付畳献之、次
取出小折紙同付畳献之、上卿各取之揖許之間、抜笏一揖復座、揖
置笏引寄硯於座前、直筆取笏候、此間已天曙畢、次上卿開大間随開自端巻之、
授召名、一々校合畢、如元巻大間、整召名置前、次取笏気色、次弁
（17オ）
揖起座、次予」揖起座、着沓一揖、至本座揖直足、正笏候、次上卿
入召名於筥、大間・成柄在前畳、以官人招外記、令持筥就弓場奏聞、返給復座、
外記置筥退、次上卿目許、予微唯之後揖起座、着沓揖、左廻出宣仁
門直堂上、此以後事不見及、定如例歟、事訖上卿起座、出宣仁門更
着陣、奥、次元長出陣、就上卿座下、仰正四位下藤原朝臣政為叙従
三位、可令作位記之由退、次上卿移着端座、令官人令敷軾、次召内
記、少内記清原賢親参進、奉位記事退、次上卿撤軾退下、此間正親
町宰相中将公兼朝臣、如木雑色并随身二人召儲之歟、就弓場奏慶、申次蔵人菅在数、其儀如例、次拝
舞畢着殿上、則起座入上戸、参御所方退去、直参武家云々、次右大
弁宰相量｜〔光〕朝臣同奏慶、申次同前、拝舞了着殿上、則退下、参武家
云々、如木雑色并小雑色少々召儲之歟、為卒尓儀之間勿論々々、抑

（17ウ）「両頭事、御前之儀之間、頭弁着殿上端、招六位蔵人菅」在数仰之、
則召出納於小庭下知之云々、出納定仰小舎人歟、小舎人向本所可
令告知者也、

（本奥書）
「文明七度、右、故広光卿記也、以彼正筆所
写留也、不可外見而已、
黄門藤（柳原）資定」

（奥書、近衛信尋筆）
「以広光自筆之記勅本、一校了、
寛永五年二月初七
」

尊経閣善本影印集成 50
春除目抄(はるのじもくしょう) 京官除目次第(きょうかんじもくしだい) 他

発行 平成二十八年五月二十五日
定価 (本体二八、〇〇〇円+税)
編集 公益財団法人 前田育徳会尊経閣文庫
東京都目黒区駒場四―三―五五
発行所 株式会社 八木書店古書出版部
代表 八木乾二
東京都千代田区神田小川町三―八
電話 〇三―三二九一―二九六九〔編集〕
〇三―三二九一―六三〇〇〔FAX〕
発売元 株式会社 八木書店
東京都千代田区神田小川町三―八
電話 〇三―三二九一―二九六一〔営業〕
〇三―三二九一―六三〇〇〔FAX〕
製版・印刷 天理時報社
用紙(特漉中性紙) 三菱製紙
製本 博勝堂

ISBN978-4-8406-2350-6 第七輯 第10回配本

Web https://catalogue.books-yagi.co.jp/
E-mail pub@books-yagi.co.jp